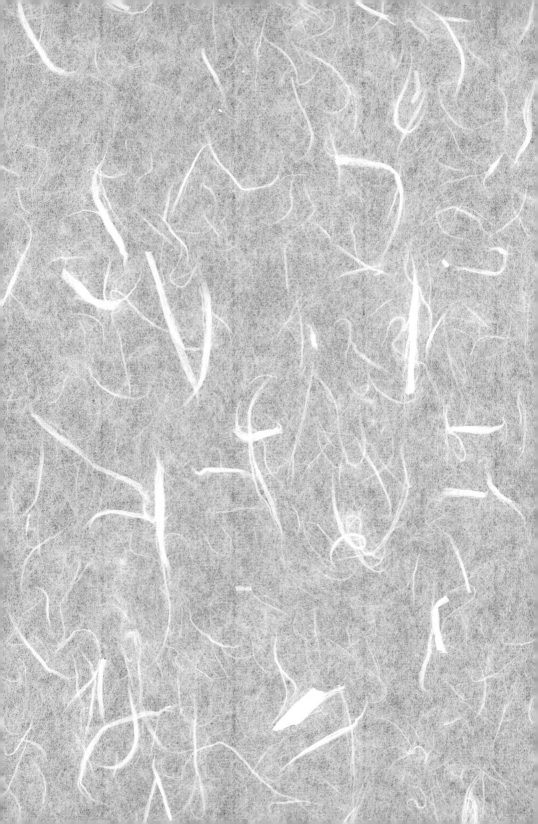

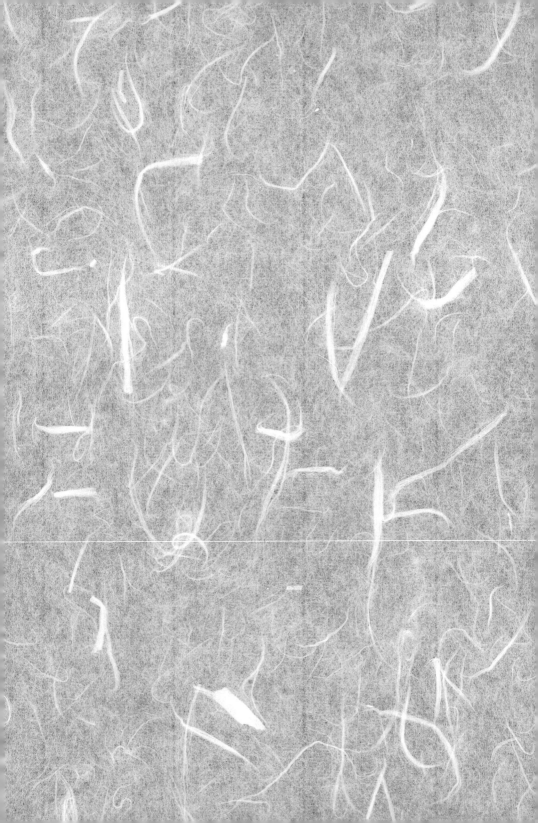

愛と奉仕

山陽学園創立130周年記念誌

学校法人 山陽学園

吉備人出版

校 歌

William B.Bradbury

1　のどけき春の　花のあしたも
　　しづけき秋の　月のゆうべも
　　操の山の　ときわの松の
　　心をこそは　われ学ばまし

2　照る日もあつき　夏のまひるも
　　雪降りしきる　冬のよわにも
　　旭の川の　清き流れに
　　心をこそは　われ洗わまし

3　学びしみさを　洗いしこゝろ
　　わが身の栄の　為にはあらず
　　ひろく世の為　はらからのため
　　ささげまつろう　外やあるべき

中学・高校　新校舎

大学　看護学部棟

山陽女子中学校・高等学校

山陽学園大学・短期大学

幼稚園園児

きざはしの式

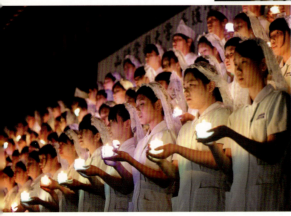

ナーシングセレモニー

「愛と奉仕」を説いた人々

上代 淑

上代晧三

上代 淑人

上代淑記念館

愛と奉仕

山陽学園創立130周年記念誌

発刊にあたって

山陽学園 理事長　渡邊 雅浩

　山陽学園が山陽英和女学校として産声をあげたのは、1886（明治19）年です。以来、130年間営々として、教育活動を通じ多くの有能な人材を輩出してきたことは、社会から高く評価されており、うれしく存じています。

　開校当時、わが国はまだ近代国家としてスタートして間がなく、政治や経済、社会、教育などの新体制は試行錯誤の状態でした。人びとの意識や暮らしも、封建社会の陋習(ろうしゅう)に縛られ、新しい時代を希求する風潮には程遠い状況でした。

　このようなとき、岡山キリスト教会の信者たちが集い、「女性が能力を発揮する社会をつくることが、国の発展に資することである。そのためには女学校の開設が必要」との信念の下に立ちあがりました。この進取の精神と行動力に敬服し感謝の念を抱いています。

　その後、ナショナリズムの台頭やアジア太平洋戦争と戦災、校舎の焼失、戦後の復興、経済の成長期などを経て、その時代、時代にのしかかる慢性的な資金不足による経営危機に耐えながらも、多くの関係者のご支援の下で、持続・発展してきました。

　130年もの長い間、組織を持続するということは、産む苦労に劣らない努力を要することです。先人たちのたゆまぬ尽力のお陰で今日があることを、私どもは胆に銘じなければなりません。

　わが学園の建学の精神である「山陽英和女学校設立趣旨」に謳っている「男女は両輪、両翼の如し」は、現代でいう男女共同参画社会を

見据えたグローバルな課題への基点です。当時から、このことを視野に入れた先見性に驚嘆するとともに、これからも教育を通じてその実現に向け貢献していかなければならないと強く決意しています。

　「設立趣旨」には「基督教ヲ以テ道徳ノ基トシ」と明記されています。この想いを敷衍（ふえん）し具現することによって、人間を陶冶する教育を推進したのは、長年校長を勤めた上代淑です。「愛と奉仕」を教育理念に掲げ、自ら模範を示しながら実践した教育です。

　これら建学の精神や教育理念は、「山陽スピリット」としていつまでも継承していかなければならないものであり、私立学園としてのアイデンティティそのものです。山陽学園では、学生・生徒たちが卒業後、新しい時代、新しいフィールドで活躍するために必要な知識を授けるとともに、山陽スピリットを重要な教育の柱と考えています。

　山陽学園は、現在、総合学園として進化を遂げています。大学では2009（平成21）年に看護学部を新設し、2013（平成25）年には大学院を設置しました。卒業生は病院や医療機関などで活躍しています。一昨年には中学校・高等学校の新校舎を建設しました。時計台を擁するレンガ造りの美しい建物であり、すばらしい学習環境が整いました。また、長い歴史と伝統のある学園として、資料を収集し、展示する資料館の整備をすすめています。これらは次の時代へ向けての新しい山陽学園の姿となります。

　このたび上梓した『愛と奉仕―山陽学園創立130周年記念誌―』は、これまでの学園史とは若干趣を変え、時系列による編年体ではなく、事柄ごとに130年を顧みることにしました。歴史書という固いイメージを払拭し、親しみやすい構成に努めました。多くの方々にお読みいただき、山陽学園の130年の歩みを回顧し、これからの新しい130年へ向けての発展に心を馳せていただければ望外の幸せです。

学園史発刊の歓び
― 「温故知新」を目指して ―

山陽学園大学・山陽学園短期大学 学長

齊藤 育子

　一つの学校の歴史は、ある意味でかつての時代を映し出す鏡であり、同時に日本の教育を顧みる鑑でもあります。1886（明治19）年に創設された本学園も、時代の流れのなかで、設立当初の山陽英和女学校から山陽女学校へ、そして山陽高等女学校と、さらに戦後は山陽女子中学校と山陽女子高等学校へと、その名称も変更されてきています。一般に名称変更の背景には、それぞれの時代の思潮や教育制度が反映されています。世間一般の多くの学校では、校名のみならず、そこでの教育内容や方法も当時の政治や経済の影響を大きく受け、求められる理想の人間像によって変更せざるを得なかったと思います。

　けれども山陽学園は、上代 淑先生が自らの生涯を賭して実践された「人間性の陶冶」を主眼とする教育を、戦前・戦後ともに変わらず一貫して行ってまいりました。それを「愛と奉仕」という教育理念として高く掲げ、少しもぶれずに130年も継承し続けて、今日を迎えております。平井キャンパスにおいても、まず短期大学に始まり、更に大学と大学院が創設され、今年は助産学専攻科（1年課程）をも開設するに至りました。

　その間2009（平成21）年には、「男女共学」の大学にするという選択をしましたが、教育の根本を変えることは決してありませんでした。私は、それを誇りに思いますと同時に、今後も変わらず、この「愛と奉仕、そして感謝」の精神を、人間教育の基盤に据えることを最

も大切な課題であると考えています。

　このたび130年史が、多くの方々の手によって上梓される運びとなり、有難く嬉しく存じております。これまでも、節目々々に発刊された数々の学園史がありますが、それぞれ前刊より後の新しい学園の歩みが具(つぶさ)に追加されております。各時代に生きて学園のために献身された方々の手になる記述は、後に続く者の温故知新の手だてとして貴重そのものです。各時代時代に直接問題解決に苦悶された方々の手になる学園の沿革からは、深く読み込み誠実に解釈をすすめるならば、現在の当事者への尽きざるアドバイスや人間としての真の叡智・賢慮が多々汲み取れるからです。

　言うまでもありませんが、私たちの学園でも、それぞれ与えられた役割を果たすべく、各部局に分担して学園運営に当たっています。それを通じて直接に経験し実施して得た知見は、いずれも、現在学園に関係するものだけでなく、学園外の方々にとっても、さらには後の世に生きる人々にとっても、まさに、「故(ふる)きを温(たず)ねて新しきを知る」ことで、本質的に「自己省察」「自己向上」の一助ともなる点で、実に重要な意味があると思います。

　わが山陽学園も、昨今の日本の人口構造の変化に応じ、新たに変わらなければならないことも多々あるでしょう。しかしいずれの場合にも、教育理念である「愛と奉仕」を基盤にすえ、人間ならではの「品性」の陶冶・向上を教育本質の主眼として堅持しつつ、同時に時代や地域の要請にも応え得る立派な人物の育成に専心したいと考えております。

　その意味で、このたび公刊いたします『愛と奉仕―山陽学園創立130周年記念誌―』も、学内外の心ある皆様方それぞれのお立場で、他人(ひと)事ならぬ「わが生き方」との関わりで、主体的・実践的にお読み頂ければ幸いに存じます。

130年の絆を、未来につなげて

山陽女子中学校・高等学校 校長
塩山 啓子

　このたび、多くの皆様の思いが集まり『愛と奉仕―山陽学園創立130周年記念誌―』を刊行することができましたことは、このうえない喜びでございます。

　山陽学園の130年の歴史の中では、創立当初のさまざまな苦難もさることながら、なんといっても第2次世界大戦での岡山大空襲は想像を絶するものがありました。そのたびごとに、たくさんの卒業生、生徒、教職員、保護者、地域の方々に支えられながら、山陽学園は今日までその伝統を引き継いできました。そして、学園の精神を胸に秘めた女性たちが、その子供や孫、そしてまたその子供に本校の教育を受けさせたいと願って続いてきた学校です。本校が伝統を守り発展させていく所以は、そこにあります。

　ここに上梓する『愛と奉仕―山陽学園創立130周年記念誌―』は、編年体ではなくテーマごとに130年を振り返るというスタイルをとり、なんと20名以上の執筆者がかかわることになりました。それぞれは個人的な研究対象であったり、自らが勤務した30年以上を振り返ったり、立ち上げた事業を検証することにつながったりとさまざまではありますが、是非このことを今書き残そうという、個々の熱意が伝わるものになりました。

　今この一冊を振り返ってみますと、さまざまなテーマで各執筆者が130年を見通したとき、いつもそこには学園の設立時の精神があり、上代淑先生の信念に満ちた生き方があったことに気づかされま

す。それは、保身という言葉を知っていたとは思えない生き方であり、無欲で純粋で、その人生は常に教育の本質を語っていました。相手の心をとらえて離さない愛に満ちた言葉の数々は、現代に生きる私たちが迷ったとき、道を見失ったときに安心して帰ることのできる場所でした。そこから私たちは、普遍的な教育活動を見つけ、現代に生かすことができます。その大きな財産を山陽学園が持っていることに、あらためて気づかせてくれる1冊となりました。

また、長年学園の一員として共に働いてきましたが、知らないことが本当にたくさんありました。特に山陽学園大学・短期大学でいかに意欲的に多くの教育研究活動が行われてきたか、あらためて知ることができました。学園の精神の下、今後多くの園児、生徒、学生、教職員が集うことで、異なった価値観を認め、幅広い人間理解を進めながら、幼稚園から大学院までを見据えた新たな教育活動が展開されていく可能性を実感しています。

40年前に刊行された『山陽学園九十年史』の中で校長の上代晧三先生は、「創立の精神と意義を回顧しながら、今もなお生き続けている教育の姿勢を、そして学園として失ってはならないものを、あらためて新しい光の中で見定める。それが、先輩としての責務である。」と述べておられます。

現在私たちは、教育理念である「愛と奉仕」そして感謝の精神のもと、上代淑先生が残された「日々のおしえ」を女子教育の柱とし、「一人ひとりの生徒を大切に」を合言葉に、日々前進しております。今日まで続けている教育をより一層確立し、学園として大切にしなければいけないことは何かと、常に原点を振り返りながら日々問い続ける姿勢からこそ、未来は切り開かれていくと考えます。謙虚さを失わず、時代と共にありながら、本質を見失わない。私たちは、上代晧三先生の問いかけに、答えることができているでしょうか。

発刊にあたりましてご尽力いただいたすべての方に、心からの感謝を申し上げます。

目 次

発刊にあたって……………………………………………………………… 2

学園史発刊の歓び ―「温故知新」を目指して― ………………………… 4

130年の絆を、未来につなげて …………………………………………… 6

第1章　開学当時の社会経済状況と建学の精神 ………………………… 10
第2章　岡山の女子教育と山陽学園　―創立期の人脈を辿る― ……… 22
第3章　学園の試練の歴史 ………………………………………………… 34
第4章　上代淑と門田界隈の文化ネットワーク ………………………… 56
第5章　上代淑と旭東日曜学校 …………………………………………… 79
第6章　学びの環境の充実 ………………………………………………… 96
　コラム　引っ越し ………………………………………………………… 103
　コラム　旧本館から新校舎へ …………………………………………… 117
第7章　山陽学園の地域貢献活動 ………………………………………… 118
第8章　山陽学園と図書館 ………………………………………………… 138
　コラム　上代淑研究会 …………………………………………………… 157
第9章　音楽の伝統 ………………………………………………………… 159
第10章　山陽学園とスポーツ …………………………………………… 172
第11章　山陽学園の文化活動 …………………………………………… 186
　コラム　発信する平和意識 ……………………………………………… 188
　コラム　教育の道を切り開いた3人の女性―新島八重、広岡浅子、上代淑― …… 196

第12章　山陽女子中学校・高等学校の学園生活 ……………………… 219
　コラム　校歌制定は上代淑の提案か ……………………………… 224
　コラム　でーれーガールズ映画撮影 ……………………………… 259
第13章　山陽女子中学校・高等学校の教育 …………………………… 260
第14章　山陽学園短期大学の教育 ……………………………………… 276
第15章　山陽学園短期大学附属幼稚園の教育 ………………………… 284
第16章　山陽学園大学の教育 …………………………………………… 298
　コラム　グローバル化と共生理念 ………………………………… 320
第17章　山陽学園大学看護学部・助産学専攻科の創設 ……………… 322
第18章　山陽学園大学大学院看護学研究科の創設 …………………… 331
第19章　山陽学園同窓会の歴史 ………………………………………… 334
第20章　上代淑の教えを受けた母が育てた息子たち ………………… 341
　コラム　上代淑は日本人初の女性校長か ………………………… 353

資料編

　山陽英和女學校設立趣旨 …………………………………………… 356
　上代淑先生遺訓　日々のおしえ …………………………………… 360
　入学者数の変遷 ……………………………………………………… 361
　年表 …………………………………………………………………… 363
　創立から高等女学校になるまでの科・校名の変遷 ……………… 369
　学部・学科・コース等の変遷 ……………………………………… 370
　近代における門田地域で展開された教育事業及び社会福祉事業の人脈図 …… 382

編集後記 …………………………………………………………………… 384

---- 第1章 ----

開学当時の社会経済状況と建学の精神

　国づくりの根本は教育である。人びとが社会で豊かに暮らすことができる礎は教育の力であるといっても過言ではない。教育によって人が育成され、人によって社会がつくられ、人の活動によって社会経済が発展し、文化が醸成されるのである。

　幕末から明治維新期にかけて、西欧列強が高い経済力、技術力、軍事力でもって押し寄せてきたとき、わが国は西洋文明を逸早く取り入れ、近代国家を建設することが急務となった。そのためには一部の支配階級の活躍だけではなく、国民一般の知的レベルの向上が不可欠であった。

　当時、わが国が列強の植民地にされることなく、西洋の制度や文明をスムーズに取り入れ、それをわが国へ適合させ、独立国家として発展することができたのは、国民の高い知的教養があったからである。これは江戸時代の教育に負うところが大きかったといえる。

江戸時代の教育

　わが国では、江戸時代に藩校、私塾、寺子屋などにより、武士の子弟から庶民の子どもにいたるまで、幅広く教育が実施されていた。藩校では、藩士の子弟に、儒学を中心に人間（武士）としての教養や生き方などを教えていた。私塾は、市井の儒学者や幕末には洋学者などが任意に開設し、その学識を慕って集ってきた塾生たちを指導していた。

　特に寺子屋は全国に3万とも5万ともいわれるほど広く普及し、子どもたちに読み、書き、算など日常生活に必須の知識を身につけさせていた。しかもこの教育は、藩など誰からも強制されたものではなく、親が自主的に学ばせ、子どもは学んでいたのである。教育の裾野は、生産力の向上や商品経済の発達とともに広まっていった。当時、わが国の識字

率は世界一であった。

明治初期の社会状況

　明治維新になり、西洋諸国の仲間入りをするためには、西洋文明を取り入れ、近代国家と見做（みな）されることが喫緊の課題であった。西洋の政治経済、社会制度を受容し、産業を興し、真の独立国家を創るにあたっては、広く庶民の知的レベルの向上が不可欠であった。

　幕末、西洋列強と修好条約を締結し、鎖国を解いたけれど、新政府の基盤は弱く、何はともあれ政治経済制度の確立と富国強兵、西洋文明の取り入れに力を注がなければならなかった。廃藩置県、地租改正、秩禄処分、学制など国家を形成する基盤の整備に、矢継ぎ早やに着手していった。その後、藩閥政治に対抗し、人民の権利や自由の拡大をめざす自由民権運動も展開され、さらに、わが国の将来の発展の桎梏（しっこく）となる不平等条約の改正も急務であった。このためには、わが国が近代国家であることを内外に宣明することが必須の要件と考え、上流社会の社交場「鹿鳴館」をつくるなど、表面上の近代化をも取り繕っていた。

　そのように西洋に窓口を開いた時代であったことが、まだ女性蔑視の封建的家族道徳観が蔓延し、女性の中等教育不要論が支配していた風潮のなかでも、女学校の設立、しかもキリスト教主義の女学校の設立を後押しする強力な力になったと考えられる。

明治初期の教育制度

　明治の教育制度は、1872（明治5）年の「学制」にはじまる。体系的な学校教育制度のはじまりである。この「学制」の序文には、「邑ニ不學ノ戸ナク家ニ不學ノ人ナカラシメン事ヲ期ス」とある。「従来の封建制下の教育の在り方を強く批判して、個人主義、実学主義などの教育を標榜し、基礎的な学校教育をすべての人々に付与しようとする制度構想とそれへの民衆の自発的参加を促していることにおいて、優れて近代的な教育宣言

であったと見ることができる。」（文部省『学制120年史』）ものであった。儒教思想に基づく教育を排し、欧米の近代思想に基づく教育を行うこととし、一般の人びとが等しく教育を受けられるようにするというものである。

「学制」の実施後、制度がめざすものと現実とのギャップなどの問題点も顕在化し、それを調整、適合するための改正として「教育令」が施行され、それも数度の改正を経るなど試行錯誤がはじまった。欧米において実施されてきた近代教育を歴史や文化、風土の異なるわが国で定着させることは簡単なことではなかった。

女子の中等教育は、1872（明治5）年に東京に開設した東京女学校にはじまる。1882（明治15）年、東京女子師範学校附属高等女学校の設立に当たり女子中等教育を担う「高等女学校」の学科課程を示した。それは中学校に比して、英語、数学、理科などの内容を簡略化し、修身、国語、裁縫、家事などを多く加えて成立しており、その後の高等女学校教育の原形となった。

当時の女子中等教育において、キリスト教主義学校も重要な役割を果たした。横浜、東京、長崎など主に都市部に設立され、外国人女教師などによる外国語教育を通じて、女性の啓発に大きな貢献をした。

このとき、ミッションスクールとして創設された女子の中等教育機関は、1870（明治3）年に開校した横浜のフェリス女学院をもって嚆矢とし、京都の平安女学院、神戸女学院（いずれも1875年）、そして同志社女学院（1876年）、梅花女学校（1878年）などが順次開校した。

1889（明治22）年までに創設された女学校は28校にのぼっている。山陽英和女学校（1886年）もこの時期に開設した。

ミッションスクールとして開設された女学校は、キリスト教の本部などから人的、資金的援助がなされている学校が多かったが、山陽英和女学校は、当初から「自給（self-support）」による学校運営を採り、アメリカン・ボードからは、教師の派遣など宣教師たちによる人的支援のみであった。

「山陽英和女学校設立趣旨」にも「基督教を以って道徳の基本とし、英

学を以って高等普通文学を教授し、且つ漢学、裁縫、唱歌等を加え、智徳兼備の女子を養成し、聊か憫然たる婦人社会の改良を謀らんとす。」と記されている。

キリスト教精神を基盤に人間としての教育を行うが、宗教それ自体を教えるものではないことを宣明にしているのである。このため、財政的にはたびたび危機に見舞われた。

この頃、岡山県内のキリスト教主義の女学校は、1885（明治18）年に高梁教会の福西志計子が開校した順正女学校と、その翌年1886（明治19）年、岡山のカトリック信者千坂つるが設立した岡山女学校（現在のノートルダム清心学園）だけであった。順正女学校は、後に県立に移管されたため、現在まで教育活動を継続しているのは、本学園と清心学園の2学園である。

これらの女学校は、裁縫や家事など一部、旧制中学校とは異なる科目が加わっているが、普通教育をする学校であった。

明治の後半になって、実科高等女学校設置の方針が打ち出された。これにより、女学校は普通教育を重視する高等女学校と家政、家業を重視する実科高等女学校の複線化となり、学校は多様化してきた。この時代に就実高校は、岡山実科女学校として1904（明治37）年に開校している。

山陽英和女学校の開設

明治新政府にとって、欧米列強の圧力や支配を排し、わが国の独立を確立するためには、これまでの旧制度や封建的陋習を打破し、欧米の諸制度や近代思想、生活習慣などを取り入れ、根付かせることが急務であった。

近代国家建設は、エリートたちだけの活躍で実現できるものではなく、広く国民一般が新しい知識、技術などを身につけることが不可欠である。これは教育の力に負うところが大きいのである。

岡山の地にも、次第に欧米主義の風潮が漂うようになり、一部の知識人の間では、新しい教育熱も高まり、女学校開設の要求も出はじめた。岡

山でこれをリードしたのは宣教師でありキリスト者たちであった。1879（明治12）年に、岡山にミッションステーションを設立し、東山に宣教師館が建設され、宣教師ベリー（J.C.Berry）、ケーリ（O.Cary）、ペティー（J.Petee）などが宣教活動をはじめていた。

岡山キリスト教会の熱心な信者たちは、岡山に女学校を設立したいという強い願望をもっていた。その設立準備のため、1886（明治19）年7月17日夜、岡山区東中山下の日本組合岡山基督教会で集会を開いた。参集者は、石黒涵一郎（弁護士、山陽自由党創立者）、小原俊治（岡山電信分局長）、中山寛（弁護士、岡山県会議員、自由党員）、丸毛真応（岡山教会旭東講義所創設者）、大森馬之（実業家、岡山県会議員）、大西絹、穢所信篤（上道郡長）、福家篤男（銀行員）ら十数人であった。

この会議では、女学校を設立しても運営上、財政的維持が困難であるとか、教授内容が高尚すぎて生徒に受け入れられないのではないか、キリスト教主義の学校は時期尚早ではないかなどの懸念もあり、決定には至らなかった。当時はまだ、特に地方では、旧来の社会的習慣や封建的な家族道徳観が蔓延し、女子教育不要論が支配的であった。

信徒のひとり、岡山県尋常師範学校附属小学校教師小野田伊之吉（元）は、石黒、小原と女学校設立のため、宣教師ケーリとはかり、先行の神戸英和女学校（神戸女学院の前身）、梅花女学校、同志社女学校などのミッションスクールを調査、研究し、女学校の開設準備をした。

大西絹

最大のネックは財政基盤の確立と教員の確保であった。

当時教会で、娘たちに聖書を教えていた岡山教会の信者、大西絹は、聖書研究会に集まった信者からその都度、1厘、2厘と集めていた募金を女学校設立のため献金し、それが最初の資金となり、各界から募金が集まり開校に至った。小原は、毎月

小野田元

の校舎の家賃を負担した。教師については、小野田が、自分の教え子で、神戸英和女学校の助教を勤めていた西山小寿に、これから開校する山陽英和女学校の教師になるよう依頼した。西山は神戸英和

1890年頃の新入生

女学校を退職し、山陽英和女学校の教師となる。女学校設立に係わった人びとは、このようなさまざまな"産みの苦しみ"を、女学校開設という篤(あつ)い思いで克服し、開校に漕ぎ着けた。

　開学後、しばらくして、山陽英和女学校にとって建学の趣旨に水を差すような由々しき事態になってきた。自由民権運動の衰微に伴って、欧化主義や民主主義の反動ともいえるナショナリズムが勃興しはじめ、1890（明治23）年に発布された教育勅語によって儒教精神の復活による忠君愛国の教育が求められてきた。

　山陽固有の教育理念である人としての尊厳を大事にし、自立して考え行動する女性を育てる教育に、いわゆる良妻賢母型教育が色濃く浸透してきたのである。このため、1892（明治25）年、学則が変更され、正則英語、高等普通教育の語句が消え、本校の設置目的を、婦徳の涵養を旨として、婦女子としての性格を完備させることにあるとしたのである。

　男女の役割を明確にする旧来の家族主義的教育となり、「設立趣旨」の精神に反するような状況となった。国粋主義へ向かう社会の風潮に一定の譲歩を余儀なくされたのである。この頃の山陽女学校での女子教育は、学科が高尚すぎて実際に適さないといわれ、生徒数が増えなかったことも譲歩の背景にあったのかも知れない。

　慢性的な財政困難が続いていたなかで、1895（明治28）年に学校の存廃をも検討しなければならない重大な財政危機にみまわれた。収支不足により、負債は嵩(かさ)み、利息の督促などにより、校舎の敷地まで処分しなけ

ればならないような事態になっていた。

　学校委員の新庄厚信は「まだこの学校を文部省の手に渡すべきでない。刀折れ矢尽きても、歯をもって爪をもってでも闘おう。」と悲痛な思いで訴えた。銀行からの借り入れ、学校規模の縮少、経費の節減などで危機を凌いだのである。

　私立学校としての存続の岐路であった。この「どこまでも私立女学校としていく」という英断によって、130年の私立学校としての歴史を営々と刻んでくることができたのである。

新庄厚信

　このときの苦難を克服したことは、今日、私立の学園として発展している山陽学園にとって、極めて重要な意味をもつものである。私立学校としての矜恃と確固たる信念に基づく英断に対し、敬意と感謝の念を表わさなければならない。

　1898（明治31）年、高等女学校令により、山陽女学校は高等女学校の認可を受けた。当時は、岡山県唯一の高等女学校であり、翌年に、岡山県立高等女学校が設立されている。高等女学校は「女子ニ須要ナル高等普通教育ヲナス」と唱われているが、「賢母良妻」になるための基礎教養をつけることを基本理念としていた。これに伴い、岡山県から補助金が交付されることになり、財政的には、一時的にひと息つくことができた。その一方で、文部省訓令第十二号が発せられ「宗教教育の禁止」ということになる。このことは、建学の精神を逸脱することにつながり、私立学校としては最大の危機である。

　山陽の教育の真髄は、キリスト教思想に基づき、人間として立派な女性を育てることであり、ナショナリズムが高揚してきたとはいえ、それに迎合する教育一辺倒になったわけではない。キリスト教教育は潜在化することになっても、本来の教育が通奏低音として続けられていたと思われる。

建学の精神

　学校の開設にあたっては、学校でどのような教育を施し、どのような生徒・学生を育成するかについて宣明にしたものが建学の精神である。特に私立学校では、その存立基盤としてきわめて重要なものであり、至高の教育目標でなければならない。

山陽英和女学校設立趣旨

　建学の精神が長い歴史に耐え、学校が持続・発展していくためには、地球的視野の下、人が人として社会生活を営むうえでの理念や指針となるものでなければならない。単に、開校当時の風潮や生徒・学生が興味をもっているようなもの、その時代特有の課題を解決するためのもの、一時の社会政策に資するようなものなどであってはならない。普遍的な価値を有するものでなければ、歴史の波に耐え、伝統として継続

西山小寿

することはできない。新しい課題や困難な事態に直面した時には、常に原点である建学の精神に立ち戻って考えるべきである。

　建学の精神が明確であってはじめて、学校は社会から認知され、存立意義が評価されるのであり、学生・生徒が入学することにつながる。

　この観点から山陽学園の建学の精神である「山陽英和女学校設立趣旨」を読み解く。「山陽英和女学校設立趣旨」は、1886（明治19）年に西山小寿が筆を執り、漢文調で宣言している。

　彼女は、岡山キリスト教会の信者たちの篤い想いを体しながら、女学校設立を格調高く宣したのである。

　その冒頭は、フランス皇帝ナポレオン一世と夫人との対話から始まっている。ナポレオンが、夫人に「フランスを強盛する術は何か。」と問うと、彼女は「フランスを真に強大かつ文化の国にしようとするならば、まずフランスの母親たちを教育しなければならない。」と応えたと。この対

話は、「山陽英和女学校設立趣旨」に一貫して流れるエッセンスである。山陽学園の設立意義を端的に、そして的確に語っているものであろう。

一つの家庭は男性と女性とによって組織され、一つひとつの家庭が集合して国家をつくっているとして「男女は車輪や翼のようなものである。両輪、両翼の均衡がとれてはじめて、それがまともに前進する」と述べている。「真正の婦人は温順で謙虚な道徳を備え、智識・徳性において男性に劣らず、志望・精神において高低なく、共に社会の利益をはかるべきである。」と高らかに宣している。

「男女はその性質を異にするから、男性が外で仕事につとめ、女性が内で家庭をととのえるということは通念である。男性が外で働くとき、女性が内でその手足となり、心を合わせ、力を合わせ相談し合い助け合って、家庭を維持することによって社会に貢献できる。」と記している。「女性が内で家庭をととのえるということは通念であり、内で家庭を維持する」ことによって社会に貢献すると述べているように、当時はそれが疑う余地のない実状であり、将来を展望しても女性が外で働くことなど考え及ばない時代であったのだ。当時は、イギリスやアメリカにおいても、敬虔、従順、貞淑などを女性の美徳とするヴィクトリア時代の女性像を求める風潮が支配的で、「女性の場は家庭にあり」という固定的な性役割分担が強要されていた時代であった。

「男性が学問を大いにすすめ、知識に富み、有為ですぐれた才能を身につけたとしても、家庭においてこれをたすける婦人がいなくては、その行動は円滑ではなく、そのすぐれた才能を伸ばすことはできない。以上が女性の力を国家・社会が必要とすることの理由の一つである。」としている。

これを読むと、女性が家庭の中で「内助の功」を期待されているように思えるが、女性が家庭内で男性に盲目的、隷属的に従うというのではなく、女性が外（社会）で働くことがなかった当時の社会経済情況下では、知性、徳性、品性ともに優れ、精神的に自律した女性が、男女間の役割を分担しながら協働することが最大の社会貢献策であったのだ。当時は女性の教育が十分でなく、精神的に自律できず、家庭内での役割も果た

せていないのが現実であった。

　このことは単に、いわゆる良妻賢母の女性をつくり出すことを意味しているものではない。盲目的に夫に従えとか、単に生物的な母親になれ、というものではなく、人間として自立した賢い女性になることをめざすものである。当時の男尊女卑といわれていた社会経済状況下では、女性が人として自立し、母性として子どもを生み慈み育てるということが人間社会の礎をつくり、発展につながるという崇高な役割を担っているという意味である。

　当時のわが国の社会において、否、世界的にみても、男女が同じフィールドで、同じように働くということは論外であった状況下で、男女は両翼、車の両輪であると唱える「設立趣旨」は極めて開明的、先端的なものであったといえる。

　明治以降今日まで、男女の関係すなわち「車の両輪」の意味するところは、時代の変化とともに大きく変わってきた。現代社会では「両輪」「両翼」は男性を助ける賢明な家庭人にとどまっているだけにはいかない。「車の両輪」といえば、女性が家庭内から外（社会）へ出、男性と同じフィールドで男性に伍して、活躍することが期待されているのである。現代では「車の両輪」は、そのように読み替えることによって、「設立趣旨」は現代の男女共同参画社会にマッチしているのである。

　この読み替えは、建学当時の不明や見通しの甘さを現代的視点で書き直すことではなく、当時としては将来の時代の変化を包摂する最先端の目標であったのだ。読み替えることによって130年前の「設立趣旨」は現代に生き続け、現代においてもその価値は揺らぐことはない。

　現代の男女共同参画社会では、女性は男性と同じように活動し、働く時代とはいえ、母性としての女性の役割の重要性は当時と何ら変わらない。次世代を担う子どもに愛情を注ぎ健全に育てる慈母となる女性を育てることの大切さを強調しているのである。このことは、男女が共同して子育てをすることの大切さが主流になっている現代でも変わることはない。

　この視点から「女性の国家社会にもつ力はいかに大きいことか。その

国を富強に平和にするのも、立派な婦人の力による。」「文化の進展にともない女子教育は盛んとなり、女性の教養風俗も進歩し、男性が大学に学ぶならば女性もまた大学に進学し、男性が専門学科を修得するのならば女性もまたこれを修得しなければならない。」としていることは正に正論である。

「設立趣旨」は、当時置かれていた女性の状況を次のように捉え、憂いている。

「女性の学問知識が男性と天地のように隔たっていて、どうして両性が翼のように均衡を保てるか。むしろ男性にとっても有害ですらある。あるいは男性にもてあそばれる品物にすぎぬ。つまらぬ物にすぎぬ。」と嘆いている。女性の知識の遅れていることだけでなく、意識も低く、生活実態が劣悪と感じていたのである。

そして「女性は男性と共に天の神に愛育され、万物の上に位すべきものであって、男性の奴隷や玩具のようなものとなり、専制のもとに苦しみ、鳥や獣のような悲惨な状況に陥っている我が同胞の姉妹を、憐れと思う心はないのか。もしあるのなら、なぜ率先して手を打たないのか。そもそもその方法とは何か。その場はどこか。伝統的な音曲や礼儀作法によって人にへつらい従うことを教えるのか。こんなことでどうして真正の女性を生み、智徳兼備、家にあっては夫の翼となり、外にあっては社会の手本となり、温順謙遜な道徳心を備え、真正の教育を子供にほどこすことのできる、今日切実に求められているところの女性とすることができよう。ではそれを得る方法如何。それは、智徳兼備の教育を授ける女学校を設立する以外にない。」と結論づけている。(設立趣旨の現代語訳は、山陽学園地歴部『どんぐり』No.31による)

このように山陽学園の建学の精神は、明瞭であり、その主旨が開校当時だけでなく、現代にも、将来にも通じる普遍的価値をもっているので、学園の存在が社会から高く評価されている。これが、山陽学園が今日まで、持続・発展している源である。

これまでの本学園の教育のなかで、建学の精神のひとつ「基督教をもって道徳の基とし」ということは「愛と奉仕」として教えてきたが、もうひ

とつの建学の精神「男女は車輪や翼のようなものである」という点は、それほど重視されてこなかったきらいがあるように思える。「(男女は)両輪・両翼の均衡」という建学の精神の現代における意義があまり考慮されてこなかったのではなかろうか。

　社会経済が高度に発達し、女性も男性に伍して社会で活躍する男女共同参画となっている現在、そのために何が必要かを的確に判断し、社会に貢献できる力をつける教育を実施することが求められている。それには人間としての教育はもちろん前提となるが、知の力をつけることが重要である。

　本学園では、これまで、ややもすれば、人間としての教育が前面に出ていたように思える。人間性を高めることと知の力をつけることは相反するものではない。両者が一体となって、現代社会を担う人材を育てることができるのである。

　建学の精神を現代においてどう理解し実践するかについて、再考しなければならない。

（渡邊雅浩）

第2章

岡山の女子教育と山陽学園
―創立期の人脈を辿る―

教育県岡山の評価

　かつて戦前期にあっては、岡山県は東京府、京都府は別として、長野県、山口県と並ぶ教育県の一つとして高く評価されていた。
　その根拠としては、「名君」池田光政による郷学閑谷学校の創設、幕藩体制期及び維新期における寺子屋・私塾の広範なる展開、明治期における女学校の創設と女子教育の意欲的取り組みなどが挙げられるのが通例であった。
　岡山県における女学校の展開は、明治10年代後半に設立された順正女学校、玫瑰(まいかい)女学校、山陽英和女学校の3校が先導的役割を果たし、その後明治後半期に県立、市町村立、組合立、私立を合わせて15の女学校が新設されて計18校を数え、男子中学校の11校をはるかにこえるに至っている。
　先導的役割を果たした3校に共通する点は、その設立と経営に当たったのは、すべて熱心なキリスト教徒たちであったという事実である。明治初年から10年代にかけて、岡山県内には、カトリック、プロテスタントに加えてロシア正教(ハリストス正教)の3系統のキリスト教が伝播しており、順正女学校と山陽英和女学校はプロテスタントの宣教師と信徒たちによって設立され、また玫瑰女学校はカトリック派によって開設されていく(注1)。

初期県政における先駆者の活躍

中川横太郎の活躍

　明治期の岡山(区)には、「奇人」と称せられ、その言動をもって地域の

住民に愛された人物が居た。その名は中川横太郎と言い、彼と西毅一、野﨑武吉郎の三者は終生「刎頸(ふんけい)の友」として交流した。

三者の接点は、1871（明治4）年廃藩置県で発足した岡山県政（備前国管轄）であった。

1871（明治4）年から翌1872（明治5）年にかけて、福沢諭吉(注2)と親交していた西毅一は岡山県学校督事、大属の地位に就任し、1872（明治5）年政府の推進する「学制」発布の推進に取り組む。こ

中川横太郎
（野崎家塩業歴史館蔵）

の時、彼と共に国民教育としての「小学教育」の普及に取り組んだ人物が権少属の中川横太郎(注3)であった。この時点、県の勧業掛として県政における農商務政策を担当していたのが野﨑武吉郎であった。

福沢諭吉の『学問ノスヽメ』が流布する直前、学校督事として西毅一は1871（明治4）年11月「立県教導告諭」を作成して、学制頒布以前に岡山県教育の基本方針を県民に示している(注4)。

1．新しく学校を興するにあたり風紀を正しくする要がある。劇場等は有害無益である。
2．野蛮と文明の違いは学校の教育にある。
3．世界には多数の国があり、西洋諸国は文明開化の国々である。わが国は士農工商一体となり刻苦努力し報国の志をもち諸外国に対抗すべきである。
4．文明の国は女子の学校を設けている。女子の教育のため学舎を設け、筆算洋学の教師をおく。

ここでは、1871（明治4）年の段階で岡山県の教育政策を推進する最高責任者の西毅一の頭の中には、「女子の学校」を設立し「女子の教育」を推進しなければ文明国にはなれないという明確な認識があったということである。

西毅一に対し、政府の布達した「学制」の趣旨を布達し、児童の就学に奔走したのは中川横太郎であった。「学制」の根本方針は「邑に不学の戸なく家に不学の人なからしめん事を期す」るため、第一着手は「小学」の設

立と普及にあった。小学普及の後に中学設置を実施していくことが政府の「学制」実施の方針であった。

　岡山県政では、中川横太郎の巡回によって1873（明治6）年末には、小学は「専ラ教育ノ普及ヲ旨トシ其地方ノ便宜ニ任セ、寺院又ハ空屋ヲ借受ケ小学教科ヲ講習セシメ、一時管内ノ校数五百ヲ過ルニ至ル」状態となっている（『文部省年報』岡山県の部）。当時、一村に一小学校を設置し、教室、教師、教材教具を揃えて小学教育を実施することは、村財政にとっては甚だ困難な状況を呈し、それが原因となって1873（明治6）年には作州地方では大一揆（血税一揆と呼称される）が発生している。

中川横太郎の人脈

　中川横太郎の正妻は大西雪であった。雪の妹は大西絹で、彼女は1886（明治19）年の山陽英和女学校の発足から同校の経営に参加し、教師として教壇に立つと共に、寄宿舎の責任者として活動する。

　横太郎は明治10年代初めに芸妓炭谷小梅（注5）を落籍して面倒をみるが、キリスト教に帰依した小梅の要望を聞き入れて神戸の女学校で修業させる。しかし、帰県後、彼女の要望を受け入れてその関係を清算し、彼女は明治20年代以降は石井十次の良き相談相手として岡山孤児院の母として終生尽力することとなる。

　横太郎と小梅の間に生まれた登与（とよ）は、神戸女学院に学び、のち青木要吉と結婚する。青木要吉は山陽女学校の第4代校長に就任した人物で、彼の弟は山本唯三郎（注6）である。唯三郎の妻多喜（たき）は山陽英和女学校創立の発起人石黒涵一郎の娘である。唯三郎は第1次大戦中の日本の成金王であり、山陽女学校にも資金的援助をしばしばおこなっている。

　日本の女性民権家として著名な景山英子の姉は岡山の米商沢田正泰に嫁いでいた。当主正泰は児島味野の名望家野﨑武吉郎が抱えていた代言人であり、国会開設の恩赦で大阪の刑務所を出獄し、三蟠港に帰岡した時、後楽園を式場にして大歓迎会を開催した発起人が野﨑武吉郎であったことは以上の関係による。

　刎頸の友であった西毅一の娘艶子は白岩竜平と結婚するが、その時の

媒酌人は野﨑武吉郎であった。新夫の白岩竜平は野﨑武吉郎が学資金を提供して上海に留学させた青年であった。なお、中川の実弟には養子に出た杉山岩三郎という岡山県経済界を動かした人物が存在した。
　このような血肉の人脈の外囲には中川横太郎の生き方に共鳴した岡山教会の外国人宣教師たちに加え、金森通倫、安部磯雄、野﨑家関係者の野﨑定次郎、小西増太郎（野﨑家総務部長、奨学金責任者、トルストイと交流した神学者）などが存在しており、さらに岡山市民の圧倒的支持をうけて彼の挑戦は続いていくこととなる。

自由民権運動と女性の覚醒

男性の意識改革をはかった民権運動

　1874（明治7）年政府内部に分裂が生じ、下野した板垣退助らによって「上流民権」が全国的に展開する。これに照応するかたちで、備中国でインテリ、豪農らが時の県令に対して「奉矢野権令書」を建白して、いわゆる「下流民権」も展開する。政府もこれに対応して1879（明治12）年より各府県に府県会を開設していく。当時既に岡山県は備前・備中・美作の三国が統合しており、県議会には地方の豪農層が住民代表として議員に就任していた。そして、他地方の呼びかけに応じ、福沢門下の小松原英太郎（山陽新報主筆）の指導により、国会開設請願運動がくり広げられることとなった。
　この時、明治初年児島湾開墾事件がおこった際、微力社、有終社を組織して旧藩士を束ねて活躍した中川横太郎は西毅一を誘い、国会請願運動の先頭に立つ。
　時の県令高崎五六は県会議員の国会開設運動を禁止したため、民権派は県会議員をはずして11月3日付で「国会開設願望ノ建言依頼書」と題する小冊子を作成し、僅か2カ月間で2万500人余の署名を集めることに成功した。当時、岡山県の人口が30万人程度であったことを考えると、何故このような成果が生まれたかは興味あるところである。
　その要因は2つある。第1は、発起人として中川の外に新庄厚信、西

毅一ら11人が名を連ねたが、小松原英太郎を除く10人は全て岡山藩士族であって、一人の県会議員をも含んでいないため、高崎県令は弾圧する口実を失い黙認せざるを得なかった。第2は、小冊子の内容が人民の国政参加の意義を説くとともに、租税決定権はあくまで国会が持つべきであるという主張（租税の立憲主義確立）が広く県民の共感を得たものと思われる。

　高崎県令は11月24日付で伊藤博文内務卿に対して、「小冊子」と共に岡山県下の国会開設運動の状況を「上申書」として提出する。高崎県令の楽観論に対して「小冊子」をみた伊藤内務卿は、租税の立憲主義確立の主張に驚愕して「小冊子」を12月3日付で内閣諸公に回覧した。

　こうした流れの中で、1879（明治12）年12月29日には岡山区石関町の岡山神社境内で国会開設建言のための最終会議が開催された。

　西毅一が座長となり、県下31郡区の有志者総代約700人が参加し、約2万500人の賛成署名も確認された。

　「……嗚呼、我々カ信スル明治ノ政府ヨ、国会ハ実ニ民命ノ繋ル所ニシテ、又隆替の由ル所ナリ、政府ハ之ヲ開ケヨ、是ヲ開イテ我々人民ニ参政ノ権利ヲ与ヘヨ、参政ノ権利ヲ与ヘテ我々人民ニ開明ノ政治ヲ翼賛セシメヨ」と訴えた岡山県下人民の請願書は1890（明治23）年1月元老院に提出され、その後における全国的請願運動の口火を切ることとなった。

女性の覚醒と運動

　男性を中心として展開した岡山県自由民権運動は、女性の覚醒と、その運動の核となる「岡山女子懇親会」の結成を促していく。

　その契機となったのは、1882（明治15）年5月の岸田俊子の来岡であった。俊子は当時の女政客として有名であり、3日間に亘って岡山で演説会を開催し、「政府は人民の天、男は女の天」「夢の説」「岡山県女子に告ぐ」などの演題で女権の拡張を説いた。

　俊子の女権拡張を説く雄姿をみて、英子は感激した。英子の母楳子は福沢諭吉の『西洋事情』や『学問ノスヽメ』を愛読していた新思想のもち主であり、1872（明治5）年設立された最初の女学校である岡山女子教訓

所の教師であった。英子は1883(明治16)年母の楳子、竹内寿江(竹内正志の母)、友人の小林(小林樟雄の妹)、津下粂子(津下正五郎の妻)らと協力して、私塾蒸紅学舎(じょうこうがくしゃ)を設立し、岡山区磨屋町の浄福寺を借りて教室を開き、夜は昼間就学できない勤労婦人や貧家の子女の教育にのり出していた。この学舎では読書、算数のほかに討論会を開いて、相互に新知識や新思想の交流をはかる進歩的な教育法を採用し、貧富・性別による差別教育を排除して自由・平等な教育を実現するという実践活動をおこなっていた。

この活動の上に立って、英子は俊子の岡山滞在中に竹内寿江、津下粂子らと相談し、前記の蒸紅学舎や岡山女子懇親会に約50～60人の婦人を集めて参加していく。英子は「人間平等論」の演題で演説し、炭谷小梅も「谷間の桜」という演題で人間に与えられた天賦の自由をたたえた。

炭谷小梅
(「岡山教会百年史」)

小梅は神戸にて修学の後、横太郎と袂を分かって石井十次の岡山孤児院を支えるが、1893(明治26)年4月公刊の『女学雑誌』第342号に「芸者と手掛(妾)とに勧めず(ず)」という寄稿文を発表し、「芸者がめかけになることは勧めない。あくまで芸の道に生きなさい」と勧めて、芸者の職業婦人としての自覚を要請し、また男性に対しては一夫一婦制の確立を要請した。

他方、英子は高崎県令から蒸紅学舎の閉鎖命令を受け、1885(明治18)年11月末には長崎で大阪事件に連座して逮捕されるに至ったが、1889(明治22)年2月11日の帝国憲法発布の大赦令によって出獄するに至ったことは先述した如くである。なお、この時、出獄した景山英子、小林樟雄、加藤平四郎に付き添ったのは代言人石黒涵一郎であり、早速に野﨑武吉郎は彼等の落着先の岡山日報社に朝鮮真鶴1羽を贈り祝意を表している(「野﨑家文書」に3月9日礼状が到着している)。

この後、英子は小林樟雄との婚約を解消して自由党左派の闘志大井憲太郎と結婚するが、彼の変心をきっかけに離縁するに至る。その後上京して角筈(つのはず)女学校経営をおこなうが挫折する。この後、福田友作(中村正

直門下生）と結婚するが、数年間の内に死別するに至る。1905（明治38）年には『妾の半生涯』を著し、以後は足尾鉱毒事件でたたかう田中正造の下に身を寄せ、反物の行商をしながら彼の運動を支える道をえらんでいく。

中川横太郎の目標とその手法

教育・衛生・牧畜の三事業

　中川横太郎に関して、久米龍川は「岡山の文化建設者」と評価し、また西毅一は「彼は日本の国を憂えて、一生懸命に立派な国家を実現しようとした珍しい人物だ」と高い評価を与えている（注7）。さらにまた、1890（明治23）年3月、産婆看護婦養成所の設立のため募金に奔走する姿をみて、「教育狂」と評して周辺の知人に協力を要請している。

　横太郎が終生のテーマとした教育、衛生、牧畜はどのような連関を有していたのであろうか。

　横太郎は1886（明治19）年の山陽英和女学校設立に際しては、当初から表面には顔を出すことなく裏方に徹することを宣言している。恐らくは翌年の岡山薬学校、1890（明治23）年の産婆看護婦養成所の設立までの構想を抱いていたのであろう。その際、彼の一番危惧したことは伝染病（腸チフス、コレラ、ペスト）の流行であった。一度発生すれば、有為の青年と女子が死に至ることは歴然としている。そのために、彼は上下水道の整備を提言する。しかも、上水道よりも下水道の早期整備が優先されるべきことを主張する。

　ちなみに1900（明治33）年岡山に第六高等学校が誘致されるが、その成功には競合した広島、兵庫、坂出より上下水道のインフラ整備が進んでいることが評価されているものと思われる。勿論、この事実を政府、議会などに知らせ、裏面

牛乳缶を手に持つ中川横太郎
（野﨑家塩業歴史館蔵）

において積極的に奔走した貴族院多額納税者議員野﨑武吉郎の活躍があった。

そして、最後に残った課題が牧畜であった。多くの青年女子が伝染病に立ち向かうためには、個々人の体力養成が肝要である。この立場から、横太郎は岡山区内北方の長泉寺裏に牧場を建設し、馬、牛、鶏、豚を飼育し、当面は牛乳の生産と販売に着手するのである。

幟(のぼり)と辻説法

中川横太郎は三事業達成のために、幟を作成し、岡山区(市)域の要地において市民に演説(辻説法)をくり返して展開した。

彼がどのような幟を作成し、どのような演説をおこなったかは大変興味あるところである。現在、演説の原稿と思われるものが3点、幟が2点残存している。

原稿の一つは、1893(明治26)年作成したと思われる「支離滅裂」と題する原稿である(注8)。はたして、この原稿によって辻説法をおこなうに際し、どのような幟を用意したのかは興味あるところであるが、残念ながら不詳である。

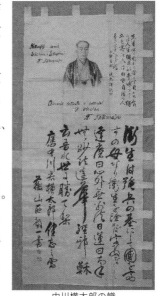

中川横太郎の幟
(岡山県立記録資料館蔵)

なお、「支離滅裂」の内容は教育に関するものであり、岡山市民は夜の世界に遊ぶことを止め、その金を教育のために寄付したらどうかという、極めて辛口の提言であった。

幟の一つは最近、中川家子孫より県記録資料館に寄贈されたもので、未使用である。絹布に毛筆で描かれており、これに竹竿を通せば幟が完成するものとなっている。内容は西毅一、福沢諭吉、桂田富士郎の言葉を記し、中央上部に福沢諭吉の肖像を掲載している。

西毅一の文言は幟全体の3分の2を占め、「衛生は強兵の基にして国を富すの母なり、衛生を除かば宗教なし、達磨曰心外無別法、日蓮曰南無

妙法蓮華経、耶蘇云吾れ世に勝てり」と記してあり、この文言は中川横太郎のもとめに応じて記したものとしている。

　福沢諭吉の引用された文言は「先生云く、自から労して自から食ふは人生独立の本源なり、独立自尊の人は自労自活の人たらさるへからず」である。

　医学士桂田富士郎の文言は、一つはダーウィンの「Kampf ums Dasein」で、英語では「struggle for existence」で邦訳では「生存競争」、他の一つはドイツ医師・病理学者のルドルフ・ウイルヒョウ（Rudolf Virchow 1821～1902）の言葉で、「omnis cellula e cellula」で邦訳は「全ての細胞は細胞から」というものであった。なお、桂田富士郎はドイツ留学中にウイルヒョウと接見している可能性もあり、当時ウイルヒョウはベルリンの上下水道を中心に公衆衛生の向上に尽力していた人物であった。

　はたして、横太郎がこの幟を使用していかなる辻説法を展開したかは想像してみるしかないが、極めて興味をそそられるところである。

女子教育への期待

　山陽女学校は明治期に何度かの財政危機に見舞われた。その時、陰の力となって募金活動をおこなった人物が中川横太郎であった。

　1898（明治31）年の危機の際には、寄付金簿を作成し、その序文に西毅一に依頼して「慈母良妻の母即山陽女学校也」と記して募金活動に奔走した。

　また、1899（明治32）年には、山陽新報に死亡広告を出し、いわゆる生葬礼をおこなって市民より多額の香典を入手して、山陽高等女学校（1898年10月改称）へ寄付している。

　最近、野﨑武吉郎関係史料（注9）の中に、1897（明治30）年10月横太郎の女子教育に対する熱烈な思いを寄せる書状が発見されているので、長文であるが紹介しておこう。

　　　　岡山県女学校拡張ノ意見
　　　国ノ品位ハ即チ人民ノ品位ニアリ人民ノ品位雄大高尚ナラサレハ

国家ノ富強隆盛得テ期ス可カラサルナリ而シテ品位雄大高尚ノ人民ヲ養成スルノ源ハ家庭教育ノ品位ヲ高尚優美ニスルニアリ家庭教育ノ品位ヲ高尚優美ニスルハ即チ其母タル女子ヲ教育シテ高尚優美ニスルヨリ必要ナルハナシ

　近頃我岡山県女子高等学校設立ノ輿論漸ク之レニ趨クハ一時新ヲ競ヒ奇ヲ喜ヒ世上ノ流行ヲ趁ヒ朝ニ起リタニ倒レ幾回ノ頓挫ト幾回ノ曲折トヲ経過シ来リテ此ニ至リシモノニシテ最早国運ノ進歩自然ノ大勢沛然トシテ止ム可カラサルモノナリ此ノ間ニアリテ始終堅忍ノ志ヲ懐キ十年一日ノ如ク撓マス屈セス能ク之ヲ維持シテ幾多ノ生徒ヲ教育シ其効果ノ燦然観ルヘク嘉ミスヘキモノヲ岡山市ノ東操山ノ下ニアル山陽女学校トナス

　顧フニ女子教育必要ノ輿論大勢斯ノ如ク成熟セリト雖モ国家ノ進運ト共ニ国利民福ヲ増益スル須要ノ新事業モ亦之ニ従テ勃興スルヲ如何セン岡山市上水下水工事ノ如キ衛生上一日モ其起工ヲ忽ニス可カラサルナリ商工学校設立ノ如キ富強上又急ノ尤モ急ナルモノナリ然レトモ限リアルノ民力ヲ以テ限リ無キノ新事業ニ供ス假シ始メアリテ終リナク其成功ヲ見サル時ハ諺ニ所謂一モ取ラス二モ取ラサルモノニシテ策ノ得タルモノニ非ス故ニ深ク我岡山県ノ経済ヲ顧ミ確乎不動終始一貫ノ目的ヲ立テ之ニ着手セスンハアルヘカラス因テ反覆熟考スルニ水道工事固ヨリ起スヘシ商工学校是レ亦設クヘシ女子高等学校ノ設立ノ如キ左ノ案ニヨレハ経済上普及上終始アリ成功アリ尤モ適切ナルヲ信ス

　今新ニ学校ヲ設クレハ校舎ノ建築図書機械ノ設備等其費ス所蓋シ大ナルヘシ之ヲ実歴アリ効果アリ校舎及ヒ地面ヲ有シ多少ノ図書器械ヲ蔵スル山陽女学校ヲ補助スルノ費ス所小ニシテ得ル所最モ大ナルノ適当ナルニ如クモノアラサルヘシ是レ独リ経済上ノ得策タルノミナラス女子教育上ノ奨励其宜キヲ得タルモノトス単ニ山陽女学校ノミナラス備中高梁ニ美作津山ニ既設ノ女学校ヲ補助奨励シテ岡山県下三国三女学校トナシ父兄親戚ノ監督ヲ便ニシ教育ノ普及ヲ図リ以テ輿論ヲ実行シ国民ノ品位ヲ雄大高尚ニシ国家ヲ富強隆盛ニスル

ノ本源爰ニ於テ建ト云フヘシ
　　横太郎往年産婆看護婦養成所設立ノ時ニ方リ東西ニ狂奔シテ今日漸ク其結果ノ美ナルヲ見ルコトヲ得テ欣喜ニ堪ヘス然ルニ行年六十二歳尚ホ足ルコトヲ知ラス今回岡山県女子教育ノコトハ輿論ノ帰着国運ノ大勢一日モ等閑ニ付ス可カラサルコトヲ覚悟シ此ノ老骨ヲ女子教育ノ為ニ献シ粉骨砕身之ヲ老後ノ奉公トナシ冥土ノ土産ニ持チ帰ラントス是レ横太郎一片ノ赤誠ナリ如何セン眼中一丁字ナク其微衷ヲ文字ニ発露スルコト能ハス友人ニ依託シテ聊カ其意見ヲ開陳スト雖トモ隔靴掻痒ノ憾ナキ能ハス諸君老骨ノ心情ヲ憐察シテ多少ヲ論セス義捐アランコトヲ懇願
　　明治三十年十月　　　　　　　　　　　　　　　中川横太郎

　山陽女学校を全国的に有名にする事件が1906（明治39）年1月27日生起した。寄宿舎において生徒の一人が自殺する事態がおこったのである。各新聞はこの事件を1903（明治36）年におこった一高学生藤村操の「人生は不可解」との遺言をのこしての日光華厳の滝への投身自殺の女学生版第1号として報道した。地元新聞山陽新報は同年1月30日版でこれを報じ、自殺の原因は家庭問題（継母との衝突・確執）にあったとした。当時の校長は全学生を集めて、文学書、哲学書の禁止を厳命した。おそらく、学生の間では文学書や哲学書を読破して女性の知性と教養を高めることが日夜努力されており、その学風は一挙には消滅しなかったと思われる。この時期にはベストセラーとして、徳富蘆花（とくとみろか）の『不如帰（ほととぎす）』（1898年から1899年まで国民新聞に掲載）や尾崎紅葉の『金色夜叉（こんじきやしゃ）』（1897年から1902年まで読売新聞に掲載）が繊維産業に従事する女子労働者や娼妓など底辺の女性に愛読されており、彼女たちの不幸を招来しているものは「家」制度にあると自覚しはじめていた。「家」制度は明治国家の国民統合の手段として、天皇制権力が国民統合のために明治期に制定した有効なる政策・制度であった。まさに自殺を余儀なくされた生徒は「家」制度の犠牲者であった。
　中川横太郎は1903（明治36）年大阪にて客死する。葬儀は市内国清寺に

おいてとりおこなわれ、多くの市民にまじって山陽高等女学校、岡山薬学校、産婆看護婦養成所の生徒が参列した。山陽学園の学園歌の第3節の歌詞「学びしみさを／洗いしこころ／わが身の栄の／為にはあらず／ひろく世の為／はらからのため／ささげまつろう／外やあるべき」は、中川横太郎の私利私欲を捨て公利公益の実現、社会貢献に向かって女性も生き抜いていこうとする決意を表明したものとして、その精神を継承してゆかねばならぬと考えるのは筆者一人であろうか。

(太田健一)

(注1) 総論的展開については次の文献に依拠した。
　　山陽学園大学・山陽学園短期大学社会サービスセンター編『日本の教育・岡山の女子教育』(吉備人出版、2006年刊)
　　柴田一・太田健一著『岡山県の百年』(山川出版社、1986年刊)
(注2) 西毅一は廃藩置県後、旧藩校を改革して「岡山県普通学校」として再出発させるが、その際、福沢英之助ら4人の慶應義塾出身者を東京より招いて雇傭している。
　　福沢英之助は旧中津藩士和田慎二郎であり、福沢諭吉はその資質に注目し、福沢姓に改名させて英国に留学させている(金谷達夫「薇山西毅一と学制発布」『閑谷学校研究』第8号、2004年刊)。
　　なお、明治5年7月7日付の諭吉の英之助宛書状では当時、岡山英学校(岡山市中区国富の少林寺に1886年開校。教師に安部磯雄やアダムス、賛助者に石井十次やペテーなど岡山キリスト教会と密接な関係をもつ)教師に就任している(『福沢諭吉全集』第17巻)。
(注3) 詳細は西毅一『中川横太郎君略歴』(明治36年刊)
(注4)『岡山県治記事』171〜179頁、詳細は金谷達夫前掲論文を参照されたい。
(注5) 詳細は小野田鉄弥『炭谷小梅姉追懐録』(林源十郎発行、昭和16年刊)を参照のこと。
(注6) 山本唯三郎は苦学の末、札幌農学校で新渡戸稲造に学ぶ。貿易会社で活躍し実業家となる。山陽高等女学校には山本多喜の名でピアノと校舎2棟を寄贈。岡山市立図書館は唯三郎寄贈による。(鏑木路易『新島研究』第93号別刷「青木要吉、山本唯三郎―同志社出身異色の兄弟―」2002年2月)
(注7) 久米龍川編『中川健忘斎逸話集』(岡山県人社、昭和12年刊)
(注8) 太田健一「中川横太郎の演説「支離滅裂」の紹介」(『上代淑研究』創巻号1996年刊所収)
(注9) 公益財団法人竜王会館所蔵

第3章

学園の試練の歴史

はじめに

　130年にわたる山陽学園の歴史の中で大きな試練が、3度あった。1度目は、設立当初の入学者確保が困難を極めた時であった。2度目は、岡山空襲によって校舎が灰燼に帰した時である。3度目の試練は、第2次ベビーブーム終了後の生徒急減期である。3度の試練とも根底に財政難が存在していたが、時々の学園関係者の献身的な努力や工夫で試練を乗り越えてきた。

最初の試練

生徒数と財政危機

　1886（明治19）年11月1日、山陽英和女学校、最初の入学式での生徒数は定員70人に対して33人であった。この学年は、その後少しずつ増えて65人になったが、中途退学者が相次いで1891（明治24）年の卒業式を迎えることが出来たのは18人にすぎなかった。1888（明治21）年に生徒数は最高の95人になったが、1891（明治24）年には57人に減少し、翌年には26人になった。

　また、岡山市中山下から市外の門田村への移転に伴う校地の購入と新校舎の建築によって、1889（明治22）年には借入金1,000円余りに達した。さらに翌年には経常費と校舎新築費の不足が2,600円余りとなり、償却する方途が見つからず学校の存続すら危ぶまれることになった。

献身的な募金活動

　1890（明治23）年、多額の負債で困窮した状況下で学校委員、教職員、

生徒が金策に労を提供した。
まず、学校委員新庄厚信の
株券や門田に購入したばか
りの校地を担保にして
1,000円ほどを借り入れた。
また、職員の大西絹、浜嵜
太郎、嘱託教師で宣教師の
アイーダ・マクレナン(注1)
の献身的な募金活動も行わ

封筒づくりをする生徒と見まもる先生。壁際に立っている右から3番目がアイーダ・マクレナン

れた。特にマクレナンは、炭谷小梅(注2)が寄付した櫛や笄、雛人形や生徒が寄付した日本の新古の美術工芸品を集めてアメリカに送り、バザーを開いて相当まとまった金額を得ることが出来た。このマクレナンの行動が、8年後の1898(明治31)年に本校校舎を一般に開放して開かれた第一回慈善市に継承され、これが岡山におけるバザーの始まりとなった。1891(明治24)年、こうして最初の財政難を脱して生徒・教師一同が講堂前に集まり記念植樹を行い、涙を流して喜びを分かち合った。しかし、この後も経営的に行き詰まり、1897(明治30)年の愛校会(注3)結成による生徒の封筒づくり、さらに1899(明治32)年の中川横太郎による生葬礼実施などの活動が行われ、学校財政への貢献となった。

教育内容の転換

1886(明治19)年、設立当初は、「山陽英和女学校設立趣旨」にあるように教科書も英書が多く選ばれていた。しかし、生徒数が増加しない中、教育内容の見直しを再三行った。1891(明治24)年の学則改正で、創立時の本科5年制を3年制に短縮し、かろうじて英語を学ぶ普通科(英語科)を残したが、併設する格好で普通科(邦語科)を設けた。邦語科では英語を学ばなくてもよく、かわりに裁縫が必修となった。翌年の1892(明治25)年には4年制の手芸科を設置し、英書を使った高等教育から実学に重きを置いた教育内容を一歩進めることになった。これは、欧化主義から国粋主義に変わった世間の風潮に一定の譲歩を行い、良妻賢母教育を前面

に出すことで生徒数の増加を図る経営上の要請に応えた結果である。

女学校から高等女学校へ

　1899（明治32）年、良妻賢母主義を柱とする「高等女学校令」が発布された。ほとんどのミッション系女学校は、「キリスト教の道徳により知徳を併進せしめ、他日良妻賢母たらしむる事を記す」（神戸女学院）と謳い、裁縫、手芸、生け花、茶の湯などを取り入れながら外国語、文学、音楽などの西欧的な教養教育を行ってきたので政府の意向と正面から対立することはなかった。しかし、同じ年に出された「訓令十二号」は、公立学校における宗教教育を禁止し、宗教の授業やミサなどの宗教儀式を行う学校を正式な中等教育から排除するものであった。これによってミッション系女学校は、宗教活動を正式な活動からはずして公立と同じカリキュラムをもった高等女学校の道を取るか、宗教活動を維持して各種学校の道を取るかの選択を迫られることになった。山陽女学校は、前者の道を取り、1899（明治32）年、山陽高等女学校となった。ちなみに、後者の道を取った学校として青山女学院、東洋英和女学校、同志社女学校、神戸女学院などがある。

公費助成の実現

　設立当初から生徒数の減少と厳しい財政難に対して、教育内容の転換や学校関係者の募金活動で何とかやり繰りをしてきた山陽女学校に転機をもたらしたのは、公費助成である。1898（明治31）年から翌年にかけて学校関係者が、県下の女子中等普通教育を担っているという趣旨で岡山県議会に積極的に働きかけた。その結果、1899（明治32）年に助成金600円の交付が実現した。この後、助成金は少しずつ増額され、1908（明治41）年には1,200円となった。また、岡山市議会も1906（明治39）年に助成金500円を交付することを決議した。

　「基督教をもって道徳の基とし、英学をもって高等普通文学を教授し、知徳兼備の女子を養成し」とある女学校に、教育勅語という当時の国民教育の基本理念を体現している岡山県議会が助成金を交付するのは俄か

に信じがたい気がする。しかし、設立から助成金交付が実現する1899（明治32）年までの13年間に、山陽は6回も学則変更を行い科の再編や授業内容の変更を行ってきた。それは、まさにキリスト教に体現された欧米の進歩的文化を学んで抑圧された婦

大正時代の同窓会主催バザー

人社会の改良を謀ろうとする女子教育から、裁縫や編物、礼法、琴、茶の湯、生花を学ぶ家族主義的良妻賢母教育に大きく方向修正をした13年間であった。また、1899（明治32）年に「高等女学校令」が公布され、宗教教育を禁止した「訓令十二号」が公布された時も、キリスト教の宗教教育と欧米の進歩的文化の教育を前面に出した他の学校よりも迷うことが少なかったと思われる。その結果、山陽は「高等女学校令」が公布された後、すぐに申請を出して岡山県最初の高等女学校となった。

　宗教教育の廃止を受け入れやすくなっていた山陽の土壌のもう一つの要因として、設立当初、キリスト教伝道組織からの「自治、独立、自給」を重視し、「日本人の、日本人による、日本人のための」自立的自助的活動を追求した西山小寿の影響があったと思われる。

　この後、高等女学校が全国的に整備され、生徒数も増加の一途をたどることになる。1900（明治33）年、全国で12,000人弱だった生徒数も1907（明治40）年には40,000人を超え、1912（明治45）年には75,000人に達する。山陽高等女学校も生徒数の減少と財政難を取りあえず克服することになった。

（注1）明治23年4月から25年6月まで英語の嘱託教師として在職していた。
（注2）敬虔なキリスト信徒で石井十次の孤児院運動に協力し、岡山孤児院の母と呼ばれていた。
（注3）寄宿舎生たちが学業の余暇をさいて、いろいろな細工仕事をし、その利益をもって財政の一助にするために結成された。現在も中学・高校の売店の運営などを主な業務として続いている。

第二の試練

戦災からの復興

　1945（昭和20）年6月29日の岡山空襲で現在の徳吉町にあった校舎、寄宿舎などが全焼という被害を受けた。半月後の7月13日、在籍1,160人の生徒のうち300人が登校し、焼け跡の運動場で朝礼が始まった。この時、上代淑校長は「みなさん。灰の中から立ち上がりましょう。」と意気消沈した生徒たちを励まし、率先して片づけに着手した。

門田屋敷に校地

　1945（昭和20）年11月28日の理事会で倉敷市に学校敷地を購入し、1949（昭和24）年までに校舎を完成させることが決定した。この理事会の前の11月15日に倉敷分校が開校され県西部の生徒135人が倉敷分校で勉学に励むことになった。分校は、この後も継続され岡山本校と併設という状況が3年間続いた。しかし、倉敷移転に対する学園関係者の反対は根強く、理事会で決定された倉敷の学校敷地買収が暗礁に乗り上げると、生徒、保護者、教職員から岡山の地での学校復興という強い希望が理事会に寄せられる状況になった。具体的な行動として教職員や同窓生が理事、監事を歴訪し岡山復興を申し入れたり、多くの生徒の署名と共に嘆願書が提出されたり、本校教職員一同から5項目からなる「岡山復興の希望理由」を開陳した文書が提出されたりした。この結果、1946（昭和21）年12月14日の理事会で倉敷移転が白紙に戻され、岡山で復興を検討して絹糸工場の敷地購入を検討することになった。1947（昭和22）年3月26日、鐘ヶ淵紡績株式会社との間に土地売買契約が成立し、65万円を入金した。操山の麓に近く、交通の便も良い、現在の山陽女子中学校・高等学校の敷地31,944㎡である。戦後の急激な物価上昇を考えると良い決断だったと思える。この広い校地は、この後に行われる校舎の整備に活かされ、さらに戦後のベビーブームによる生徒急増現象にも耐えられることになった。

学校法人山陽学園

　1947(昭和22)年、学制改革が行われ新制中学校が発足した。これにともない高等女学校の新1年生の募集が停止された。本学園では山陽高等女学校併設中学校として認められ新たに岡山校84人、倉敷校61人が新入生となった。1948(昭和23)年、学制改革で新制高等学校が発足し、本学園でも山陽女子高等学校が全日制普通科として始まった。併設中学校は、山陽女子中学校と改称された。1945(昭和20)年に山陽高等女学校に1年生として入学した生徒は、1946(昭和21)年には山陽高等女学校2年生になり、1947(昭和22)年に併設中学校3年になり、1948(昭和23)年に山陽女子高等学校1年生になるという具合であった。公立では、1948(昭和23)年の年度末には併設中学校が廃止され単独の高等学校のみになったが、本学園では併設の中学校が、山陽女子中学校として承認されて生徒募集も実施できたことは、幸運であったとともに当時の理事の先見性に感謝するものである。この年に財団法人山陽学園となり、1951(昭和26)年には中学校と高等学校、さらに山陽高等女学校専攻科の流れをくむ山陽女子洋裁学校を擁する学校法人山陽学園と改称した。この洋裁学校は、生徒が集まらず、1953(昭和28)年に廃止となった。

生徒急増期

　戦後の第1次ベビーブームの世代が、中学校に押し寄せる少し前から山陽女子中学校では入学者の増加が見られるようになった。1953(昭和28)年度の入学者61人に対して、1954(昭和29)年は一挙に116人になった。その後、この状況がしばらく続き1961(昭和36)年には、200人になり1学年2学級から4学級になった。その後、少しずつ減少して1963(昭和38)年に149人で3学級、1965(昭和40)年には87人で2学級になった。ベビーブームによる生徒急増から12年目で元の状態に戻ったのである。山陽女子高等学校における生徒急増は、中学校よりも数年遅れてきた。1960(昭和35)年の入学者は、前年の400人から一挙に560人になった。その後も少しずつ増えて1964(昭和39)年には640人になった。この年、中学・高校の合計生徒数は2,107人となり、1学級最高60人、平均で58人と

いうすし詰めの状態がしばらく続いた。また、1966（昭和41）年には、高校に音楽科が新設された。

　ベビーブーム世代の高等学校進学に対して政府や岡山県は十分な対応策を打ち出さず、主として私立学校へ依存することですませた。ブームの去った後、私立学校は数々の傷手を負わされる破目となり、中でも最も大きな問題となったのは、学費と学力の面に強く現れた公私間格差の拡大である。

教育方針の模索
　戦前の山陽高等女学校は岡山県下の女学校としては、県立岡山第一高等女学校と並び立つ存在であった。山陽はしばしば「お嬢さん学校」と呼ばれていた。これは、生徒の出身家庭の中で富裕な商家と地主層の子女が多いところからきた呼称で、それが当時の社会では良妻賢母の育成を第一の使命とする女学校の評価に直結していた。しかし、戦後の学制改革を経て実現した中等教育・高等教育の新体制のもとでは、この「お嬢さん学校」の実態と評価は少しずつ失われていった。

　1948（昭和23）年、新制高校としての山陽女子高校が発足した当初から高校の1年生は、上級学校進学に有利な文・理科目の授業を多くするクラスと家庭科の授業を多くするクラスに分けられていた。これは「お嬢さん学校」の評価を維持しながらも、将来激化する進学教育にも対応する方針であった。1952（昭和27）年になって、2年生と3年生で家庭・芸能を多く履修するAコースと大学進学者のためのBコースにコース分けをした。以後、このコース分けは続くが、1955（昭和30）年では、3年生でAコースが4クラス、Bコースが1クラスであった。1クラスの人数は、Aコースが50人台、Bコースが40人台であった。この当時の山陽からの大学・短大進学率は20％弱であったので、まだまだ「お嬢さん学校」の評判に依拠し、家庭・芸能を中心とした教育内容で、なんとか世間の評価を得られていた。

　しかし、その後の第1次ベビーブームの影響で入学者数が急増し、さらに大学進学率も高まっていった。全国的に急上昇する高等教育への需

要に対して、国の政策は既存の国公私立大学の定員増と私学を主とする大学、学部の新増設で対応した。そのような状況下で大学・短大のランク付けが形成され、受験生は、より評価の高い大学を目指し競争は厳しくなっていった。生徒、保護者の間からより行き届いた進学指導を求める声が高まるのは当然の成り行きであった。本校ではそれに応じてBコースを、ベビーブームの生徒増と並行する形で従来の2クラスから3クラス、さらには4クラスへと増やしていった。

　一般的にいって、高校への進学者の増加は、経営の面ではうれしい半面、高校に入学してくる生徒の学力格差拡大をもたらす。個々の高校の内部をみるとき、トップランクに位置する学校では学力差の幅が比較的小さく、従って教育上の困難さが少ない。第2ランク以下に位置づけられた場合、生徒間の学力格差の拡大は避けられず、それに対処する工夫が求められることになる。山陽でのBコースのクラス増は、その工夫の一つであった。しかし、この工夫も大きな問題を抱えていた。Bコースの生徒数を増やせば、それだけコース内での学力格差、意欲面の格差が増大する。効果的な学習指導が困難になるということである。選抜を厳しくしてBコースの人数を絞り込めば効率は上がるが、選抜にもれた者の不満は高まる。社会一般の意識においても「差別・選別の教育」に対する批判が強い時代でもあった。

　結局、1969（昭和44）年の2年生からはA・Bコースの編成を志望のみに基づいて行うことになり、学力別選抜の側面は完全になくなった。1971（昭和46）年の2年生では、Aコース4学級、Bコース5学級と逆転することになった。そして、1973（昭和48）年には普通科のコース編成を全面的に撤廃することになった。併せて2年生と3年生に大幅な選択授業を導入し、生徒は自分の進路希望に応じて最も有益な授業を自由に受講できることになった。均等なクラス編成の上に立って自由に授業を選択できる制度は、運用がうまくいけば理想的な制度になると期待された。ところが大幅な選択制は時間割編成をきわめて困難なものとし、教員の教科別構成の上からも大きな制約のあることが予想された。しかしこの困難は克服すべきだとして、1972（昭和47）年10月の職員会議で次年度から

これを実施するとの決断が下された。早速準備に入って1973（昭和48）年の2年生から実施に移した。これによって生徒間の差別・被差別感は一応解消された。だが一方で選択の方法や科目の内容の点で改善すべき点も多々生じてきた。この後、この問題点は、2016（平成28）年の現在に至るまで山陽の教育の克服すべき問題として残っている。

　山陽でコース制の全面撤廃、選択制採用に踏み切った最大の要因は生徒間の「差別・被差別感」の解消だったことが職員会議の資料などでうかがえる。教員間には「差別・選別教育」に過度に敏感になる傾向があった。これは本校に特異な現象ではなく、巨視的に見るなら戦後十数年は日本の社会全体で平等意識が強かったというべきかもしれない。しかし、昭和40年代ともなれば、社会の現実は別の姿を現してきていた。

　当時、岡山県の高校進学率は1969（昭和44）年の86％から1979（昭和54）年の96％へと、10年間で10ポイント伸びるという特殊な条件があった。山陽でも入学者数は十分確保できていたのである。山陽への影響は、入学者数よりも学力水準で現れてきた。中学校での学力上位者の入学が減ったということである。加えて「特設クラス」という選択肢を捨てたので、大学進学指導には有効な手段を欠く実態が生じていた。こうした、危機的状況に気づかないまま、一種の手詰まりに陥っていった。

　1975（昭和50）年、教員有志によって国公立大学進学希望者を集めて特別補習を行う「錬成会」が構想された。翌年、基礎学力と意欲がある生徒約30人を選抜し、平日は始業前と放課後、夏休み等を補習に当て、日曜・祝日は校外模試を受験するというスパルタ教育を実施した。教員の間には反対意見も根強くあったが、厳しい現実の前には思い切った手段をとることも止むを得ないという雰囲気で職員会議でも了承された。

　その後、1978（昭和53）年の入試から国公立大学志望者を対象とした特別進学コースを「2コース」と名付けて別募集とした。従来からのコースは「1コース」と呼ぶことにした。入試科目は1コースの国・数・英3教科に対して、2コースは公立高校入試同様に国・数・英・社・理の5教科、2コース合格者は全員入学金免除とした。2コース初年度入試の志願者は199人で入学者は39人であった。このようにしてA・Bコース解消以来5

年にして再び大学進学のためのコース制を採用することになったのである。第2次ベビーブーム世代が入学してくる時期までは、2コースの人数はおおむね20人台に留まっていた。

1982（昭和57）年から難関私立大学文系をめざす3コースを開設した。国語と英語の単位数を増やしたカリキュラムであった。初年度の志願者は96人で、36人が入学した。3コースは開設から6年間は40～36人の1学級であったが、1988（昭和63）年から1994（平成6）年までは2学級であった。1980年代後半のいわゆるバブルの時代には、首都圏や関西の有名私立大学が地方の国公立大学よりも脚光を浴びていた。その影響で苦手な数学・理科はあきらめて私立文系へというタイプが増加したことも背景にあった。

		コース・専攻	希望進路先
山陽女子高校	普通科	1コース	私立大学、短大、専門学校、就職
		2コース	国公立大学
		3コース	有名私立大学
	音楽科	ピアノ専攻	音楽大学
		声楽専攻	音楽大学

1982（昭和57）年頃の高校の科・コース・専攻

短期大学開設

1964（昭和39）年に高校新入生となった640人が卒業する1967（昭和42）年の大学・短大の進学率は、67％となった。翌年には70％を超える状況となり、上級学校への進学希望は、ますます高まってきた。このような状況の中で山陽女子高等学校の生徒、保護者や同窓生から同じ学園に短期大学の設立を望む声が大きくなり、ついに1969（昭和44）年に山陽学園短期大学を開学した。当初は家政科のみで定員150人であった。

学園諸施設の完成

第1次ベビーブームによる生徒急増期の昭和30年代後半から40年代にかけて中学校と高等学校の校舎を次々に整備した。1957（昭和32）年に70周年記念事業の一環として鉄筋1階建ての図書館を建設した。1959（昭和34）年には西校舎を建設し、現在も物理教室、化学教室と音楽のレッスン室として使用している。1961（昭和36）年に本館を建設して普通教室、音楽教室や職員室として使用した。この建物は、現在取り壊されて、機

能の大半は新校舎に移っている。1966(昭和41)年には東校舎を建設した。現在は家庭科教室や合併教室、情報処理教室として使用している。同じ年に中央館を建設し、上代淑記念室、売店、保健室、生徒集会室などに使用したが、現在は取り壊されている。1972(昭和47)年に体育館を建設した。この建物は、現在も部活動や体育の授業、入学式などの学校行事に使用している。1974(昭和49)年に南校舎を建設し、普通教室や生物教室、社会科教室、書道教室、美術教室に使っていた。この建物は現在も特別教室として使用している。こうして約20年かけて中学校・高等学校の校舎の鉄筋コンクリート化が完成し、在校生が1,500人から2,000人を超える大規模校として多くの生徒の学びの場となった。

第三の試練

生徒数急減を前にして

第2次ベビーブームの高校への影響は、1980(昭和55)年頃から始まった。このブームは、1988(昭和63)年をピークにして、その後、急激に生徒数が減少するという特徴を持っていた。高校への進学希望者が、ますます増加する中で山陽女子高等学校も定員増の要請に応えて、1984(昭和59)年に普通科470人、音楽科35人とした。翌年には、1学級の定員49人に増員し募集定員を普通科485人、音楽科45人とした。

第1次ベビーブームとのもう一つの違いは、山陽女子中学校への入学希望者の増加が、ほとんど見られなかったことである。そのため中学校では一学年2学級制から1学級制に改めて募集定員を70人から45人にする対策をとった。目の前に迫っている生徒急減期を前に学園としての抜本的な対策を早急に打ち出す必要に迫られていた。

労使関係の正常化

1970年代、中学・高校の教職員を中心に山陽学園教職員組合が組織され、活発に活動が行われた。労働組合として自分たちの雇用と労働条件の改善を求めての活動が本筋であったが、公立学校とは異なる私学とし

ての独自性を重視した広範な活動が行われた。たとえば、授業の改善やクラス運営のあり方を模索する教育研修会が盛んに行われたり、保護者との提携（父母懇談会）が組織され、保護者と教師が一緒になって身近な教育問題の解決に尽力し、さらに学費軽減のために私学助成の充実を求めて県や国に署名活動や陳情を行ったりした。

　1970年代後半になって県全体でも岡山県私立学校教職員組合連合の活動が活発化し、山陽学園教職員組合もその中心的な存在として労働条件の改善を求めて労使交渉が激しくなり、ストライキも度々行われるようになった。そのため理事会も労使関係の正常化を図るべく、1980（昭和55）年に岡山県庁での豊富な行政経験を持った畝田早苗を専務理事兼法人事務局長に任命した。畝田専務理事は、事務部門の改善を図る一方で厳しい組合対策を実施した。

　そのような状況下で、1988（昭和63）年3月末、数学科の教諭が60歳で定年を迎えた。本人は引き続き常勤講師として勤務することを希望していたが、法人側は3月末日になって雇用拒否を通告した。本校では長い間、教諭定年後も65歳までは常勤講師、さらに70歳までは非常勤講師として勤務できることが慣例となっており、本人の希望に反して雇用が拒否された例はなかった。山陽学園教職員組合は「不当労働行為」だと反発し、岡山県私立学校教職員組合連合の全面的支援の下に解雇撤回闘争に入り、岡山地裁に身分保全の仮処分と常勤講師の地位保全を求める本訴を提起した。地裁では仮処分・本訴とも組合側の請求が斥けられ、組合側は広島高裁に控訴し紛争は長期化した。1990（平成2）年、川上亀義が理事長に就任し、さらに上代淑人が学園長に就任して問題の解決に努力した。1991（平成3）年、12年に亘って経営の中心で力を発揮した畝田専務理事が退任した。1992（平成4）年11月、控訴審でも広島高裁岡山支部は控訴棄却の判決を下したが、組合側はこれを不服として上告、紛争はさらに長期化した。

　この事件を通じて組合は弱体化したが、学校のイメージも傷ついた。生徒急減期に入り私学間の競争が激化する中で、労使関係を正常化し相互の信頼関係を回復する方策が求められていたのである。川上理事長のも

とで法人理事会は紛争解決のための話し合いに応じることになり、高裁判決を前提に円満解決を目指して1992（平成4）年12月から和解交渉を開始、1993（平成5）年6月、「労使双方は紛争が学校教育に大きな影響を及ぼし、山陽学園の社会的信用を傷つけていることを率直に認め、労使の信頼関係の回復と学園教育の一層の正常化のために努力する」という趣旨の合意文書を取り交わして、5年余に及ぶ労使紛争は全面解決に至った。しかし、学園のイメージの低下を回復するには、長い時間と関係者の地道な努力が必要であった。

経営陣の変遷

　1983（昭和58）年に県立岡山朝日高校の校長を退任した河本泰輔が、杉本勝に代わって校長に就任した。長年、山陽の校長は学園関係者が務めることが多かったが、この当時直面していた生徒急増に対応する教育環境の改善と間もなくやってくる生徒急減状況への対応策の構築のために外部の経験や知識を取り入れるという経営的判断で行われた人事であった。当初、教職員は、この人事に反対し、巽盛三理事長や各理事に反対の意思を申し入れ、新たに学園関係者を新校長にするよう要請を行った。その後、上代晧三学園長が、中学・高校の職員朝礼の場で「河本泰輔新校長のもとで山陽の教育の発展に尽くして欲しい」と挨拶をしたことでようやく教職員もこの人事を受け入れた。この後、公立高校の校長経験者が校長に就任する時代が続いた。1992（平成4）年、西本達二（元岡山芳泉高校校長）、1997（平成9）年、馬場克彦（元岡山朝日高校校長）、2003（平成15）年、海本博允（元岡山朝日高校校長）、2006（平成18）年、大杉猛（元備前緑陽高校校長）である。5代25年続いた公立高校経験者をもってする校長体制も2008（平成20）年の熊城逸子校長の就任をもって終わりになった。

コース、類型の多様化と細分化

　1950年代から1960年代にかけて実施したAコース（家庭、芸能）、Bコース（大学進学）のコース制度も「差別・選別」教育に対する批判から撤廃さ

れ、1973(昭和48)年に生徒の希望による選択制度へと大きく変わった。しかし、難関大学への進学率向上を目指して1978(昭和53)年に再びコース制を復活させ、従来からのカリキュラムの1コースと国公立大学向けの2

	コース・専攻		類型	希望進路先
山陽女子高校	普通科	1コース (私大・短大)	文Ⅰ	芸術・体育大・短大・専門学校・就職
			文Ⅱ	英語・国際系短大
			文Ⅲ	4年制大学
			理系	医療看護系・食物系の大学・短大
		2コース (国公立大)		国公立大学
		3コース (有名私大)		有名私立大学
	音楽科	ピアノ専攻		音楽大学
		声楽専攻		音楽大学

1987(昭和62)年頃の高校の科・コース・専攻・類型

コースを設置した。さらに1982(昭和57)年に難関私立大学に対応した3コースを設置した。当然、大学進学用の効果的なカリキュラムと指導体制を整えて行った改革であったが、入学してくる生徒の学力不足を挽回するのは容易でなく、なかなか思うような成果は出なかった。1987(昭和62)年になって1コースを4類型に分けて、同一類型の生徒を同じクラスにし、更なる効率的な学習指導をする試みが始まった。具体的には文Ⅰ(短大、専門学校、就職)、文Ⅱ(英語・国際系短大)、文Ⅲ(4年制大学)、理系(医療看護、食物系の大学・短大)であった。しかし、教師側の連携した指導体制がとれないまま、1992(平成4)年をもって1コースの4類型は廃止された。

1993(平成5)年に国際文化コースを設置し、さらに、2001(平成13)年特別進学コースと総合進学コースを設置した。特別進学コースは、国公立文系と国公立・私立理系、私立文系の3類型に分けた。総合進学コースは、食物栄養系、保育系、医療看護系、社会福祉系、国際・英語系、芸術系、ビジネス系、一般受験系

	コース・専攻		類型または希望進路先
山陽女子高校	普通科	特別進学	国公立文系、国公立・私立理系、私立文系
		総合進学	食物栄養、保育、医療看護、社会福祉、国際・英語、芸術、ビジネス、一般受験
		国際文化	英語・国際系大学
	音楽科	ピアノ専攻	音楽大学
		声楽専攻	音楽大学
		器楽専攻	音楽大学
		音楽専攻	教育音楽・教育学部

2001(平成13)年頃の高校の科・コース・専攻・類型

第3章　学園の試練の歴史

の8類型を置いた。総合進学コース2、3年の選択科目はそれぞれ週10時間、午後は全面的に選択授業という大幅なもので、幼児教育入門、食物栄養学入門、社会福祉入門、医療看護入門、プラクティカルイングリッシュ、デザイン入門、ビジネスマナー入門、手話入門、中国語入門、リトミック入門、パソコン入門、異文化理解、一般教養などである。山陽学園短大や専門学校から専門の講師を招聘し、生徒の進路目標に合わせた授業を先取り的に行なうものであった。

　1950年代から模索が行われたコース制度と選択制度は、40年を経て極端な形の細分化になっていった。一人ひとりの生徒を大切にし、自由にコースと類型を選び、さらに大幅な選択授業を受講するやり方は、理想的な側面を持っていた。しかし、現実的側面として多くのコースと類型、選択授業を用意する経営的な困難さを看過することが出来なくなった。

大学・短大との関係
　岡山県の中学卒業者数が3万人を超えた1986（昭和61）年から1991（平成3）年の6年間は本校入学者も大体500人を超えていた。全国的にみてもいわゆる第2次ベビーブーム世代が高校にさしかかる時期である。生徒数が確保できている間は、さまざまな難問を抱えながらも危機感が意識に上り難く、部分的改良には取り組んでも抜本的改革は日程にのぼらず、議論はあっても実行に至らないという状況であった。1980年代後半はまた、いわゆるバブル経済の時代であった。「右肩上がりの経済」への信仰はまだ揺るがず、「マネー・ビル」、「財テク」が脚光を浴び、「国際化・情報化の時代」に人々はバラ色の未来を期待していた。

　高校の生徒増からおおむね3年の時差で大学入試が狭き門となる。平成初年のころ大学・短大、医療系専門学校などの入試が軒並み難関となった。90年代に入ってバブル崩壊後の長い不況期に入るが、それは直ちに大学進学率の低下につながるものではなく、かえって国公立大学や医療関係など実利性の強い学校への志向を強めることにもなった。経済的理由に加えて、女子の場合は親元から離すことへの親の不安から地元志向も強まる。進学競争は実質的には激化したのである。さらに本校の特殊

事情として山陽学園短大との関係がある。高校入学時から本人、保護者とも山陽学園短大を志望する者が「1コース」では相対的多数を占めていた。それに応えるべく、同一学園内ということもあって、短大側では以前から本校を対象とする特別推薦枠を設けて優遇していた。それは一面では短大側の学生数確保策でもあった。

ところが第2次ベビーブーム期にかかると他の高校からの志願者も増加してくる。短大としても学力レベルのアップを目指して特別推薦枠の縮小を図るようになる。その意図と重なって文部省の指導が強まる。1988（昭和63）年に国際教養学科の設置、1994（平成6）年に大学開設となるが、その前段階で文部省に申請し審査を受けなければならない。そのころ文部省は、どの大学・短大に対しても推薦入試の縮小を強く指導していた。その結果、この時期、山陽学園短大の特別推薦枠が切り詰められ、本校から山陽学園短大への進学は並々ならぬ難関となった。たとえば1992（平成4）年度入試の場合、本校からの受験者総数（延べ人数）319人に対して合格者173人、合格率は54％という数字が残っている。

平成初期の数年間、学習指導・生活指導両面での苦闘は続いたが、中高・短大ともに経営的には安定した時期であった。

中学校の取り組み

山陽女子中学校は、1980～1990年代にかけて50人前後の入学生であった。学級数も1学年1～2学級でなかなか定員の70人を充足することが出来なかった。そのため常に高校の「一部分」からの脱皮が出来ず、学校の校務分掌の位置づけも高校の1学年相当の域を出ることが出来なかった。そのような環境の中でも様々な模索が行われた。少人数を活かした2人担任制できめ細やかな指導を実践し、1年から3年までの縦割りの集団を組織した「つぼみ会」活動、宿泊研修、職場体験学習、沖縄修学旅行などを行った。しかし、2000年代になると入学者も20人前後となり、入学者の大半がスポーツ推薦で入学し、中学の3年間でスポーツの技量を上げて、高校へ進学するという限られた生徒で占められるようになってきた。2008（平成20）年の入学者が15人に減少し、高校の入学者の減少と

相まって抜本的な改革が迫られることになった。

混迷からの回復（経営陣の刷新）

　2005（平成17）年、今まで200人を超えていた高校入学者が、176人になり早急な対策を迫られることになった。理事会は、中学と高校に民間の活力と経験を導入することにし、教員からのアンケート、自己目標の設定、教員評価の実施などを試みた。さらに、あらゆる無駄を省くために経費削減を行った。募集活動にも積極的に取り組んだが、受験生や保護者に対して山陽の教育内容の良さを的確に伝えられず、中学・高校共に入学者の減少に歯止めがかけられなかった。2008（平成20）年の入学生は、高校129人、中学15人と大幅な減少になった。

　この間、山陽学園の専務理事の渡邊雅浩は、理事の上代淑人と連絡を密に取りながら、公立高校の出身校長ではなく山陽のことを熟知している山陽出身の校長就任を考えて奔走した。その期待に応えて、同年の9月、本校の元教頭熊城逸子が、校長に就任し、就任直後から意欲的に教職員の意識改革に取り組んだ。さらに生徒に対しても「一人ひとりの生徒を大切に」という視点で積極的にかかわりを持つ努力をした。また、渡邊専務理事を中心にした理事会も熊城新校長と連携し、スピード感をもった学校改革を支える役割を果たした。5代25年に亘って続いた公立高校出身の校長人事が終焉し、山陽の生え抜きの教師が校長に就任、理事会も支援していることで職場の雰囲気は一変し、学校改革が進みだした。

　具体的な事例として2012（平成24）年3月に理事会において「山陽学園中期計画」が承認された。この中期計画は平成24年度から28年度の期間で、教育や財政問題は当然のことながら、学園アイデンティティや教職員の意識改革などにも言及した内容である。

中学・高校のコースの再編成

　2009（平成21）年、高校にスーパー特別進学コースを設置し、併せて中学校も特別進学と総合の2つのコースに再編成した。これにより山陽女子中学校で初めて大学進学を念頭に入れた進学指導重視のコースが出来

て、高校のスーパー特別進学コースと連携した中高一貫の6年制の教育体制が整備された。また、この年に中学と高校の制服を一新し、山陽が生まれ変わることを世間にアピールすることに貢献した。2011（平成23）年、高校の音楽科を募集停止し普通科Musicコースを新設した。生徒減、音楽家人口の減少で長い間低迷していた音楽科を普通科Musicコースに変えることで、入学時の音楽技量の垣根を低くし、幅広い音楽関係の生徒を受け入れる体制を作った。実際、

		コース	類型または希望進路先
山陽女子高校	普通科	スーパー特別進学	難関国公立大学・難関学部（医歯薬）
		特別進学	国公立文系、国公立・私立理系、私立文系
		アクティブ・イングリッシュ	英語・国際系大学
		総合進学	私立大学、短大、専門学校、就職
		Music	音楽実技系、ミュージカル系、吹奏楽系、教育音楽系

2011（平成23）年頃の高校の科・コース・類型

		コース・専攻	類型・スタイルまたは希望進路先
山陽女子高校	普通科	スーパー特別進学	難関国公立大学・難関学部（医歯薬）
		エクセル	特別進学系（私立・国公立大学）
			アカデミックイングリッシュ系（私立・国公立大学）
		総合進学	私立・国公立大学、山陽学園大学、短大、専門学校、就職
		Music	音楽実技系、ミュージカル系、吹奏楽系、教育音楽系
山陽女子中学		特別進学	高校のスーパー特別進学、エクセルコースへ
		総合進学	エクセルスタイル（高校のエクセル、総合進学コースへ）
			スタンダードスタイル（高校の総合進学、Musicコースへ）

2016（平成28）年頃の中学・高校のコース・類型・スタイル

新設されたミュージカル専攻の生徒が増えてMusicコースは活気を呈することになる。2012（平成24）年、高校の特別進学とアクティブイングリッシュの2つのコースを募集停止しエクセルコースを新設した。新設したエクセルコースは2年生から特別進学系とアカデミックイングリッシュ系に分かれて、それぞれの分野での進学を目指すことになった。このコースの新設により、山陽女子中学校で放課後のスポーツ活動や文化部の活動、さらに英会話などに力を注いでいた生徒が、エクセルコースに進学してさらに大きく飛躍する可能性が出ている。

教育内容の充実

　1998(平成10)年から開始された朝の10分間読書(朝読)は、現在も継続して続けられている。朝の静寂の中で心を落ち着けて読書をすることから学校の一日が始まり、生徒にも好評で、山陽の教育の特徴の一つになっている。また、自習用教材を利用して実力をつけるスタディタイム(ST)も朝の時間に行ってより効果を上げている。苦手な教科や遅れている単元がある生徒は、放課後スタディサポートの時間を設けて、専門の教師が指導にあたっている。さらに自宅での学習を定着させ勉強の習慣をつけることを指導し成果を上げている。

入試広報部の活動

　1998(平成10)年、入試広報部が新設された。学校案内、学校紹介ビデオの作成、オープンスクール、小学校・中学校訪問、学校説明会開催など、ありとあらゆる方法を使って受験生の確保に力を注いできた。しかし、1998(平成10)年の500人、2002(平成14)年の297人、2005(平成17)年の176人と高校の入学者数は少しずつ減少していった。そして2008(平成20)年の129人という状況になって入試広報部の体制も根本から見直されることになった。

　2008(平成20)年、新校長の下で学園全体の方針から各コースの意義や目的が論議され、教職員全体が自発的に生徒募集活動に取り組める環境が少しずつ整えられていった。これまでの入試広報を見直したことによって、この後、少しずつ成果が出て定員確保に繋がっていくことになった。

入学者数確保

　教職員全員が一丸となった募集活動によって、2009(平成21)年の入学生は、高校185人(前年129人)、中学56人(前年15人)となり大幅な増加となった。その後、入学者数は一進一退を繰り返したが、2015(平成27)年には、高校205人、中学65人となり、ほぼ定員を充足するまでになった。これは、学校全体が大変落ち着いた環境にあることや、熱心にきめこまかく指導する教職員の存在が評価されている結果だと考えられる。今

後は、さらに教育内容を充実させ、それに応じた募集活動に努め、生徒のレベルアップを図ることが求められている。

大学看護学部新設

　2009（平成21）年、山陽学園大学に看護学部を新設した。学園の教育理念である「愛と奉仕」を体現した看護学部は、学園関係者の悲願であった。初年度の入学生は、定員の80人に対して40人と定員を割り込む状況であったが、2年目からは定員を超える入学者数となり大学の繁栄に大きく貢献している。また、同じ学園の高校からも毎年多くの生徒が進学している。2013（平成25）年には、大学院の看護学研究科を、定員6人で開設し、より専門的な教育を行うようになった。看護師の国家試験の合格率も91％を超えて、関係者の期待も高まっている状況である。また、2016（平成28）年から1年課程の助産学専攻科を定員10人で開設し、地域の出産、育児、母子保健に貢献できることが期待されている。

教育環境の整備（新校舎など）

　1974（昭和49）年に南校舎が完成し、中学校と高等学校の校舎の鉄筋コンクリート化が完了した。しかし、2000年代にはいり本館校舎（1961年完成）の老朽化が目立つようになり、耐震化の補強工事も検討された。この頃から入学生徒数の減少に歯止めがかからず、費用面でなかなか実行に踏み切れない状況が続いた。2011（平成23）年、東日本大震災が起こり、理事会でも生徒の安全を考えて新校舎の建設が喫緊の課題として取り上げられるようになった。学校改革も軌道に乗りはじめ、生徒数も定員に近い状態になったことを見極めて、2012（平成24）年12月14日の理事会で新校舎の建設が承認された。

　新校舎はアトリウムを中心にした4階建て約5,000㎡の床面積を持ち、中学・高校全生徒を収容できるものである。これにより生徒の安全と安心を教育面と施設面両方から保障できるようになった。

150年に向けて

伝統を大切にしながら社会の変化に対応

　山陽学園の130年に亘る歴史の中で大きな試練が3つあった。1つ目は設立当初の入学者減少による財政難であった。学園関係者の献身的な募金活動の支えを受けながら教育内容の大きな転換をして、高等女学校として認可され補助金を交付されたことが、この試練を克服する要因であった。この後は、全国的な高等女学校進学数の増加の波に乗って、本校も生徒数を確保できた。

　2つ目の試練は、岡山空襲によって校舎が灰燼に帰した時である。上代淑の「灰の中から立ち上がりましょう」の呼びかけにより学園関係者一丸となって学園の再建に取り組んだ。しかしながら倉敷移転、岡山の地での再建など学園の方針が揺らぐ状況の中で、手狭になっていた徳吉町の校地を手放して門田屋敷の岡山絹糸工場の跡地を買い取る英断を行った。戦後の混乱期、価値観が大きく変わる社会状況の中で学園の将来の発展を信じながら決断した学園の関係者の行動を評価したい。また、学制改革で公立の高等女学校が新制の高等学校に変わっていく中で本校は中学校を残し、山陽女子中学校と山陽女子高等学校の6年間の教育体制をとった。義務教育で無償化になった公立の中学校と対峙する厳しい側面も当然考慮にいれての事であった。経営的には中学校の比重は大きくなかったが、その後の高校生の急増による高校の定員増、教育設備の改善、短期大学の新設などの学園の発展につながっていったのである。

　3つ目の試練は、第2次ベビーブーム終了後の生徒急減期である。1989（平成元）年に岡山県全体で新入生数は3万3千人を超えてピークに達し、その後少しずつ減少して1998（平成10）年には2万4千人になっている。しかし、山陽女子高等学校の新入生数は、1989（平成元）年に549人に達し、その後一進一退を繰り返し、1998（平成10）年に再び500人を超えている。岡山県全体の生徒数の減少が始まった後も10年間ほど山陽女子高等学校は生徒数をそれほど減少させずに持ちこたえた訳である。この結果、生徒の学力レベルは低下していった。このことは受験生を送り込む中学校

側にも少しずつ浸透し、入学者数の減少が続き、2005（平成17）年に176人、2008（平成20）年には129人の入学者になってしまった。ここから熊城校長、渡邊専務理事（後に理事長）を中心にした学校改革が始まるが、その中心テーマは、山陽女子中学校を復活させ中高6年を見通した整備であった。第2の試練の時に先達が残してくれた中学校が、この時に大きな役割を果たした。

　本学園には様々な伝統（財産）がある。キリスト教的な博愛主義、キリスト教的な文化を背景にした英語教育と音楽教育、茶道、華道など伝統文化を継承した日本文化の素養、その時の社会の情勢によって盛んになったスポーツや進学教育などである。今後、150周年、200周年に向けてこれらの伝統（財産）を活かしながら、社会の情勢に応じて新しいものを作り上げていく努力が必要になると思われる。もちろん、その努力の根源に建学の精神や教育理念の「愛と奉仕」を常に念頭に置くことが必要である。

（岡﨑眞）

【参考文献】
　岡山県史編纂委員会『岡山県史　第13巻　現代Ⅰ』
　神戸女学院百年史編集委員会『神戸女学院百年史総説・各論』
　稲垣恭子『女学校と女学生』中公新書
　東洋英和女学院120年史編纂委員会『東洋英和女学院120年史』
　明治学院百五十年史編纂委員会『明治学院百五十年史』
　近井弘昭「山陽学園の第二世紀」（未完の原稿）

第4章

上代淑と門田界隈の文化ネットワーク

東山の外国人居留地

　岡山駅前から東山行きの市内電車に乗車して、東山終点で降りると、電車道から山手に向かう方向に幅の広いゆるやかな石段が続いている。毎年7月末に開催される旭川の花火大会の折には、付近の住民が夕涼みをかねてこの石段に陣取りながら花火を楽しむそうだ。その石段をそのまま昇ると噴水のある東山公園に到る。そこを通り抜けると玉井宮東照宮の鳥居にぶつかる。鳥居をくぐり抜けて参道の石段を数段あがると左手に民家が1棟建っている。かつて1879（明治12）年、この位置に宣教師ベリー（J.C.Berry）夫妻の住む宣教師館がまず建てられた。続いて同年その下手に2棟の宣教師館が建てられた。つまり幕末維新の大動乱からやっと10年余を経過したばかりの不安定な情勢の中で、しかも岡山城下の鎮護の社として位置づけられてきた玉井宮東照宮の参道すぐ近くに、西洋建築3棟が寄り添うように建てられたことになる。岡山における初の外国人居留地の誕生である。

　この居留地の建設許可を与えたのは、当時の県令高崎五六（1836–1896）だった。高崎五六は鹿児島県出身で、大久保利道らとともに幕末から志士の活動に深くかかわり、水戸浪士が桜田門外の変を起こす前に、薩摩側の代表として決起を促すために水戸を訪ね、水戸浪士側の実行グループ代表格の関鉄之助らと面会して、実行計画に深くかかわった人物である。歴史小説作家吉村昭の作品『桜田門外の変』は、関鉄之助を主人公として構想されているが、高崎五六と会って決行する前に、朝廷側の理解を得るために二人で京都まで旅をした時の様子が同作品に詳しく描かれている。

　幕末から明治にかけて、横浜、長崎、函館を皮切りに日本各地に開設

された外国人居留地が日本文化に与えた影響は極めて大きかった。歴史上において日本人の日常的風俗習慣が明治時代ほど短期間のうちに変化した時代はおそらくないのではなかろうか。居留地及びその周辺の雑居地で生活し行動する西洋人の風俗習慣に直接触れることで、鎖国時代には緩やかにしか変化しなかった日本人の風俗習慣は、服装、髪型、建築、料理（肉食など）、ランプやガス灯等の照明、オルガン、乗り物、歩道と車道の区別、さらには家族の団欒のあり方や散歩を楽しむ生活習慣などに至るまで多大な影響を受けることになった。また男女の人間関係についても居留地の西洋人が与えた影響は大きかった。なぜなら居留地で生活する外国人のうち、中国人などアジア出身の外国人は単身赴任者が多かったが、欧米人は圧倒的に夫婦同伴が多く、しかも女性の職業従事者も少なくなかったから、彼らはおのずと日本人の封建的な女性観や家庭観を見直す機会を与えることになったからである。

　岡山につくられた居留地は、大阪川口や神戸と比べて規模は小さかったが、岡山の近代化に与えた影響は大きかった。1879（明治12）年は岡山にとって近代化への歩みを大きく踏み出した年である。同年1月に「山陽新報」が創刊され、同年5月には洋風建築の岡山県庁舎が天神山に落成した。その同じ年に東山の門田界隈に西洋人宣教師家族が居住する外国人居留地が誕生したのである。

　岡山市内の東山に1879（明治12）年、3人の宣教師ベリー（J.C.Berry）、ペティー（J.H.Pettee）、ケーリ（O.Carry）の家族のための住宅が建てられたということは、それ以前に岡山において組織的な宣教活動がすでに始められていたことを意味している。その先駆けになったのは、1875（明治8）年4月に宣教医ティーラー（W.Taylor）が岡山を訪問し、9月から県病院に勤務した後一度岡山を離れるが、翌年当時同志社の神学生だった金森通倫を伴い再度来岡し、県の衛生学事担当の役人をしていた中川横太郎の斡旋で中川家や漢学塾などで伝道集会を開いたことが大きく影響している。さらにまた宣教師の一人アッキンソン（J.L.Atkinson）も中国、四国の伝道を目的として、1877（明治10）年に来岡し、以後もたびたび来岡している。こうした経過を経て1877（明治10）年11月に中川は、アッキン

ソンとともに、ベリーを神戸に訪ね岡山での本格的な伝道を要請した。ベリーはこの中川の要請を受けて、アメリカン・ボード（1810年に組織されたアメリカにおける最初の海外伝道組織）による「岡山ミッション・ステーション」の設立を決心し、1878（明治11）年4月に彼は、宣教師ペティー、ケーリ、看護婦ウィルソン（Wilson）女史とともに、「岡山ミッション・ステーション」に着任した。当時の県令高崎五六は彼らを優遇し、前述した様に、東山公園地内に外国人居留地を認め、3棟の異人館の建設を許可したのだった。

　3人の宣教師はほぼ同年齢で、着任した当時リーダー格のベリーが31歳、ペティーとケーリは26歳だった。宣教医の資格を持つベリーは着任当時すでに6年間の滞日経験をもち、関西在住の宣教師たちと強いネットワークをもっていただけでなく、最初の赴任地神戸での監獄医療を通じて内務卿大久保利通や兵庫県令神田孝平らの信任を得ていた。ベリーは来日後、神戸を中心に貧民の医療に従事するとともに、神戸監獄の重病者の治療にあたったが、この時彼が作成して内務卿大久保利通に提出した「獄舎報告書」は、その後我が国における監獄改良運動に多大な影響を与えた。さらにまた「岡山ミッション・ステーション」の設立は、アマースト大学（Amherst College）とアンドーヴァー神学校（Andover Theological Seminary）で学んで1874（明治7）年に帰国した新島襄の関西での活動と密接に関連していた。

　ベリーが神戸で活動を開始して2年後の1874（明治7）年11月26日に新島襄がアメリカン・ボードの日本国准宣教師の資格を得て帰国するが、新島の帰国に先立ち、ベリーを含む8人のアメリカン・ボード在日宣教師団は、帰国後の新島の活動に大きな期待を寄せていた。そのことは、彼ら8人の在日宣教師団が、1874（明治7）年1月1日に当時まだアンドーヴァー神学校に在学中の新島宛に連名で手紙を送り、帰国後は西日本での伝道活動に協力するように要請していることからも明らかだ。在阪のアメリカン・ボー

J・C・ベリー博士
（「岡山教会百年史」）

ド宣教師たちの間では、帰国する１年以上前から新島のことがかなり話題になっていたのだ。帰国後の新島は宣教師デーヴィスならびに山本覚馬と協力しながら、1875（明治８）年11月29日に同志社英学校を京都に創立するが、やがて同志社を巣立った青年の中から、日本各地で活躍する人材が現れる。東山に宣教師館３棟が建設されたのは、同志社英学校第１回卒業式が挙行された年と同年の1879（明治12）年であった。

　東山で生活を始めた３人の宣教師たちは様々な活動を展開した。ベリーは1884（明治17）年に岡山を離れるまでの６年間、岡山の地に様々な足跡を残している。岡山県立病院の医学顧問として指導や診療に当たりながら岡山区西田町（現岡山市北区田町）に安息日学校（岡山初の日曜学校）を開設し、1880（明治13）年の岡山基督教会設立に寄与した。東山の宣教師館が完成するまでベリーが住んでいた西田町の旧宅に開設したその日曜学校は、1881（明治14）年に旭東講議所（後の旭東日曜学校）ができるまでは岡山で唯一の日曜学校であった。またこの間に彼は、高梁、笠岡、津山、倉敷等各地で医療伝道を展開した。1884（明治17）年に岡山を離れた後一度帰国するが、1885（明治18）年再び来日し京都で新島襄を助けて同志社看護学校や同志社病院の設立に協力し、1887（明治20）年開業後は同志社病院長を務めた。石井十次の後妻辰子は同志社看護学校第１回卒業生で、石井十次は同志社病院入院中（1892年４月27日〜同年５月30日）ベリーの診察を受けている。岡山を離れるまでベリーが住んだ宣教師館は、その後中等教育の薇陽学院となる。1889（明治22）年９月に東中山下に開設された岡山英語学校（男子だけの中等教育）が名称変更して薇陽学院となった時、1894（明治27）年９月にかつてベリーが住んだ宣教師館に移転してくる。宣教師から英語が学べるということで、数は多くないが志を抱く生徒たちが集まった。そうした生徒の中に、後に作家として活動する正宗白鳥や、音楽家として「故郷」や「朧月夜」など数々の国民的愛唱歌を作曲した岡野貞一がいた。

　1853（嘉永６）年の黒船渡来以来、明治10年代に到ってもなお福沢諭吉のいう「人心の騒乱」が続いていた。福沢は『文明論の概略』（明治８年初版）の中で一般民衆の不安定な心理状況を次の様に述べている。「嘉永年

ペティー宣教師
(「岡山教会百年史」)

中米人渡来、次で西洋諸国と通信貿易の条約を結ぶに及んで、我国の人民始て西洋あるを知り、彼我の文明の有様を比較して大いに異別あるを知り、一時に耳目を驚かして恰も人心の騒乱を生じたるが如し」(岩波文庫、9頁)、「兵馬の騒乱は数年前に在て既に跡なしと雖も、人心の騒乱は今尚依然として日に益甚しと云う可し」(同書、10頁)。宣教師ペティーは「人心の騒乱」を地方都市の岡山において経験しつつ、一般民衆が黒船や機械・技術に代表される西洋の「外の文明」に眼を奪われるものが多いことに気がついていた。しかしながら一方で宗教や学問や社会制度の多岐にわたって自発的に自由を追求する西洋の人民の精神や、封建的人間関係を克服して市民的人間関係をつくりだそうとする気風の背後には、キリスト教に象徴される西洋の「内の文明」が、長い年月をかけて培われていることに注目する日本人も、多くはないが存在していることを認識していた。ペティーは、一般民衆が「外の文明」と「内の文明」を区別して「大部分の人々は前者のみを欲している」という認識をもちつつも「しかし全体の活動は前に向って進みつつある」というきわめて肯定的な見通しを持っていた。彼が37年の長期にわたって岡山に滞在し、岡山教会の設立、石井十次の岡山孤児院、アダムス(A.P.Adams)の博愛会運動、旭東日曜学校に精神的かつ経済的に深くかかわり続けたことを振り返るとき、来岡1年たらずで自信をもって「大部分の人は前者のみを欲している。しかし全体の活動は前に向って進みつつある」と明言していることは大変興味深い。彼は来岡後12年の1891(明治24)年に、宣教師の資格をとった従姉妹のアリス・ペティー・アダムス(A.P.Adams)を、アメリカン・ボードの海外派遣宣教師として岡山に迎えるが、明治10年代に始まった若き宣教師たちと彼らの活動に共感する岡山市民とのネットワークは着実に成長し始め、明

A・P・アダムス女史
(「岡山教会百年史」)

治10年代から20年代にかけて、門田界隈の空気を変えていくことになる。

　宣教師ケーリは、アマースト大学在学中に新島襄と知り合い海外宣教を志した。アンドーヴァー神学校卒業後、1878（明治11）年にアメリカン・ボードの海外派遣宣教師として来日し、同年ベリー、ペティーとともに来岡した。ケーリはペティーのように長期にわたっては岡山に滞在しな

O・ケーリ

かったが、10年間の岡山での伝道生活の中で、石井十次の郷里高鍋（宮崎県）への伝道は特筆されるべき活動のひとつであったろう。1884（明治17）年11月に岡山教会初代牧師金森通倫から受洗した石井十次は、翌年岡山教会に高鍋伝道を提案する。小藩の高鍋は明治維新で極めて苦しい状況に置かれていたが、西南戦争で西郷軍について参戦したため、戦争終結後より一段と厳しい状況に立たされていた。石井十次は郷土の物心両面の復興を強く願い、郷土のために何かをしたいという希望を強くもっていた。源泉学舎（池田藩主によって建てられた学校）での教育活動や岡山県内各地での伝道活動に関わっていたケーリは、石井十次の希望を受け入れ、1885（明治18）年3月19日から3月23日にかけて、十次とともに高鍋伝道に向かった。さらにまた1886（明治19）年5月に2回目の高鍋伝道を試みた。この年の十次の帰郷は5月11日から12月1日までの長期にわたっているから、ケーリの伝道活動も一段と強化されたと思われる。こうしたケーリの伝道が大きな契機となって2年後の1888（明治21）年高鍋教会が設立されている。

　2回目の高鍋伝道が試みられた同じ年の1886（明治19）年10月18日に、岡山基督教会設立に参加した人々を中心に山陽英和女学校が創設された。1880（明治13）年に西田町（現在の田町）の高崎邸を仮会堂としてスタートした岡山基督教会は、1885（明治18）年12月1日に当時の岡山区東中山下に敷地を購入して会堂献堂式にこぎつけた。その翌年に女学校が設立されたことは、教会会員たちの強い希望もさることながら、教会を支える次の世代の、とりわけ遅れていた女子のための教育を重視したケーリ

の影響が大きい。開校当時ケーリ夫人も嘱託教師として山陽英和女学校で英語を教えている。1889 (明治22) 年創立まもないこの山陽英和女学校に、大阪の梅花女学校を卒業したばかりの上代淑が赴任してくる。

　上代淑は、梅花女学校で澤山保羅、成瀬仁蔵、宮川経輝らの指導を受け、父の上代知新 (大阪教会初代牧師) が伝道のため長期に不在の時は、宣教師デフォレスト (J.K.H.DeForest) の家庭をホームステイ先にして少女時代を送っていた。1880 (明治13) 年に岡山基督教会の設立式が挙行された時、先行して設立されていた諸教会代表が参集したが、その中には京都第一、第二、第三教会代表の新島襄、浪花、天満教会代表の澤山保羅、大阪教会代表の上代知新がいた。デフォレストは、ベリー、ペティー、ケーリと同様にアメリカン・ボードから派遣された宣教師で、3人とは強い連帯意識で結ばれていた。しかも次節で取り上げる様に上代淑は大阪の外国人居留地 (川口) のすぐ側で少女時代を過ごした。上代淑が、山陽英和女学校の新任教師としてはじめて岡山の地に足を踏み入れた時、岡山市の一隅の門田界隈に新しく流れつつあった空気は、彼女にとってすでに大阪時代に吸っていた空気とどこか似たところのある親密なものに感じられたのではないだろうか。いやそれどころか岡山での生活を続けるにつれて、苦しい状況を克服しながらめざましく発展していく石井十次の岡山孤児院や、アダムスの進めている博愛会運動、ペティーが関係する岡山孤児院や旭東日曜学校との深い関わりを、彼女が日常的に目の当たりにする時、門田界隈に流れ新たに育ち始めている空気は、大阪にもいや日本のどこにもない空気だと感じ始めたのではないだろうか。

上代淑と川口居留地

　上代淑が岡山に赴任して来るまで12年間の多感な少女期を送っていた川口居留地について振り返っておきたい。ここで彼女は、生涯にわたって交流をもち影響を受け続ける人々と出会い、日本文化と異なる西洋文化を生活全体で体験している。山陽英和女学校に赴任して以後の彼女の成長と活動にはめざましいものがあるが、それは川口居留地の側で育っ

たことと深く関係している。

　1877（明治10）年9月、6歳の淑は生まれ故郷の愛媛県松山市三番町を離れ、曽祖母栄寿、母佐伊とともに父知新のいる大阪に向かった。父知新は1871（明治4）年8月（廃藩置県の詔書が発布された翌月）単身ですでに大阪に出ていた。大阪に出た知新は、切支丹禁制の高札が撤去された2年後の1875（明治8）年7月4日、大阪の梅本町公会（churchの訳語として公会が用いられていた）において、伏見の医師大村達斎とともに新島襄から洗礼を受け、宣教活動への道を歩み始めていた。新島襄は1874（明治7）年11月26日にアメリカから帰国し、アメリカン・ボードの宣教師たちと協力して関西での伝道活動に着手したばかりであった。知新は1877（明治10）年8月8日に、梅本町公会（大阪教会の前身）の会員たちによって日本人として初めての仮牧師に選出され、創設まもない梅本町公会の重責を担うことになった。淑が大阪の土を踏んだのは、父知新が梅本町公会の仮牧師になった2年後のことである。

　ところで淑たちは、大阪の中心に位置する中之島の少し下流で、かつての淀川本流が安治川と木津川に分かれる分岐点にある川口波止場ではじめて大阪の土を踏むことになる。川口波止場に降り立った淑の第一印象は一体どのようなものであっただろうか。父と再会できた喜びは大きかったと思うが、それだけではなくどこか異国に来たような印象を彼女は強く受けたのではなかろうか。後に淑はアメリカへ留学し、明治生まれの日本人女性としてはめずらしいほど多くの友人知人を海外にもつことになるが、そのような国際人としての上代淑の第一歩は、この川口波止場上陸の日に始まったと言っても過言ではないだろう。

　川口波止場のあったところは現在の大阪港よりかなり内陸部になり、今では当時の賑いを想像しにくいのであるが、江戸時代には舟番所があり、瀬戸内航路と淀川を結ぶ重要拠点であった。とりわけ幕末に川口が外国人居留地に選ばれてからは、大阪に入る西洋の文物はすべて川口居留地を経由することになった。つまり江戸と並ぶ日本の代表的大都会であった大阪の開化はまさに川口居留地から始まるのである。そして6歳の淑は川口波止場に上陸し、1889（明治22）年に18歳で岡山の山陽英和女学校

に赴任するまでの12年間、多感な少女期をこの川口居留地とその周辺で過ごすことになるのだ。四国の松山と大阪の違いも大きいが、大阪のなかでも川口居留地周辺に漂う異国情緒は、少女期の淑に時代の変化とともに、西洋と日本の違いについて強烈な印象を与えたに違いない。

　たんなる改革という程度ではなくて、新たに文明を起こすかのような熱意をもって西洋文明の導入に取り組んでいた明治10年代の日本にとって、外国人居留地は日本にいて西洋文明を学ぶためにきわめて適した場所であったが、なかでも川口居留地は最適な場所の一つではなかっただろうか。というのは当時の明治政府は、「和魂洋才」の基本方針のもとに、明らかに産業革命の成果や目に見えやすい近代的諸制度などいわゆる「外の文明」を優先させて西洋文明を導入しようとしていたが、川口居留地では西洋人自身が、「外の文明」よりも西洋文明の本質とも言うべき「内の文明」を意識的に伝えようとする傾向が見られ、西洋文明の本質に近づきやすかったからである。日本はしばしばアジアのなかで西洋文明導入に最も早く成功した国と言われているが、厳密に言えば西洋文明における「外の文明」の導入に最も早く成功した国と言われるべきであろう。

　西洋文明の導入が急務であることを力説した近代日本の代表的啓蒙思想家である福沢諭吉は、明治時代初期に既に「内の文明」の導入の困難さを認識していた。彼にとってのその「内の文明」とは、キリスト教そのものというよりも、キリスト教を生み出し普及させてきた「人民の気風」や「人心」や「人心風俗」に焦点が定められている傾向があるが、彼は1875（明治8）年に刊行した『文明論の概略』の中で次の様に述べている。「今の我文明は所謂火より水に変じ、無より有に移らんとするものにて卒突の変化、啻に之を改進と云う可からず、或いは始造と称するも亦不可なきが如し」（岩波文庫、11頁）「されば今世界中の諸国において、仮令ひ其有様は野蛮なるも或は半開なるも、苟も一国文明の進歩を謀るものは欧羅巴の文明を目的として議論の本位を定め、この本位に拠て事物の利害損失を談ぜざる可からず。本編全編に論ずる所の利害得失は、悉皆欧羅巴の文明を目的と定めて、この文明のために利害あり、この文明のために得失ありと云うものなれば学者其大趣意を誤る勿れ」（同書、27頁）と。

しかしながら西洋文明を摂取するにあたっても、西洋文明全体のなかで何を先に取るべきかが問題になる。その点について福沢は次のように言及している。「外国人の文明を取りて半開の国に施すには、固より取捨の宜なかる可からず。然りと雖も、文明には外に見はるる事物と内に存する精神と二様の区別あり。外の文明にはこれを取るに易く、内の文明はこれを求むるに難かし。国の文明を謀るには其難を先にして易を後にし、難きものを得るの度に従てよく其深浅を測り、及ちこれに易きものを施して、正しく其深浅の度に適せしめざる可らず」(同書、27–28頁) と。ここで福沢は文明を「外の文明」と「内の文明」に二分し、まず「内の文明」をとることこそ優先されるべきだと指摘する。そしてこの「内の文明」は売買のできないものであり、「文明の精神」と呼ぶべきものであり、これこそ日本が西洋文明からまず学ぶべきものだと福沢は主張している。

　さらにまた彼は「文明の精神」について次のように補足している。「或人は唯文明の外形のみを論じて、文明の精神を捨てて問はざるものの如し。蓋し其精神とはなんぞや。人民の気風即是なり。この気風は売る可きものに非ず、また人力を以って遽に作る可きもにも非ず。洽ねく一国人民の間に浸潤して広く全国の事蹟に顕はるると雖も、目以て其形を見る可きものに非れば其存する所を知ること甚だ難し」(同書、28–29頁)「これを一国人民の気風と云ふと雖ども、時に就て云ふときはこれを時勢と名け、人に就ては人心と名け、国に就ては国俗又は国論と名く。所謂文明の精神とは即ち此物なり。かの二州 (筆者注、アジアとヨーロッパのこと) の趣をして懸隔せしむるものは即ち此文明の精神なり。故に文明の精神とは或は此を一国の人心風俗と云ふも可なり」(同書、29頁)

　1877 (明治10) 年に上代淑が川口波止場に上陸した時、川口居留地とその周辺の雑居地には、アメリカやイギリスの伝道団体によってすでに3つの教会―米国聖公会によって設立された川口基督教会 (1870年)、米国組合教会によって設立された大阪基督教会 (1874年)、英国CMS伝道会社 (The Church Missionary Society) によって設立された大阪聖三一教会 (1875年)―が設立され、ミッション系学校も平安女学院がすでに開校されていた。さらに明治10年代に入って梅花学園 (1878年)、プール学院

(1879年)、桃山学院、大阪学院、大阪信愛女子学院（3校とも1884年）など次々と開校している。西洋文明における「外の文明」については、洋装や洋館や肉食などの生活風俗によって、また鉄道や外輪船や紡績工場などによって日本各地で知ることができるようになったが、「内の文明」については、明治10年代の日本国内において理解を深めることは容易ではなかった。しかしながら川口居留地とその周辺では、当時の日本としてはきわめてまれな状況ではあったが、西洋文明における「内の文明」に触れやすい状況が作り出されていたと言ってよい。

　明治時代における西洋文明の導入は明らかに政府主導型であり、しかも「外の文明」の導入を優先していた。従って当時、日本人の多くは二重の条件から西洋文明における「内の文明」に触れにくい状況にあった。つまり日本人は明治政府の主導によって学校制度、郵便制度、電信制度、紡績工場、鉄道、太陽暦、銀行、憲法、内閣制度、議会制度など西洋文明を急速に導入したが、それはあくまで政府主導であったから、日本国民の自発的精神や主体性は鼓舞されることが少なかった。しかし西洋文明の背景にある自主独立を尊ぶ自発的精神や自由な創造活動は、日本人自身の自発的活動や主体性が発揮されることなしには深く触れることができない性格のものである。さらにまた西洋文明の精神を形成してきたキリスト教について、政府は1873（明治6）年まで固く禁止する姿勢を崩さなかったから、明治10年代に入っても地方では、「内の文明」としてのキリスト教精神に触れることが困難であった。明治新政府は1868（明治元）年3月14日、「五ヶ条の御誓文」の発布と同時に、「切支丹宗門之儀ハ是迄御制禁之通固可相守事」と書いた高札を全国各地の村々の「高札場」（村の中心にあってお上の布告を掲示する場所）にあらためて立て、キリスト教については旧幕府の切支丹弾圧方針をそのまま継承していた。この高札が全国的に撤去されたのは1873（明治6）年2月24日のことであった。従って文明開化のスローガンのもとに西洋文明の導入がすさまじい勢いでなされていたにもかかわらず、明治初期の日本人一般は、自発的活動の範囲がかなりの制約を受けていたことと、キリスト教精神に触れにくい状況にあったこととの二重の条件から、西洋文明における「内の文明」

に触れにくかったと言えるだろう。

　こうした当時の社会状況のなかで、欧米の伝道組織から派遣された宣教師たちが、英語塾を開いたりしながら徐々に交流を深めていた日本人とともに、禁教令が解かれると同時に教会組織の開設に着手した。すでに明治10年代には3つの教会が創設され、しかも教会運営が外国人宣教師の手から日本人自身にまかせられ始めていた川口居留地とその周辺の雑居地は、日本の中でもきわめて特殊な地域であり、西洋の「内の文明」に触れやすい場所であったと言えるだろう。この川口で6歳から18歳までの12年間生活した上代淑は、1889(明治22)年に岡山の山陽英和女学校に赴任する。前述のように、1879(明治12)年の外国人居留地誕生を契機として、岡山市の門田界隈に教育・福祉活動を中心とする市民の文化ネットワークが成長し始めるが、明治20年代になるとそのネットワークは草創期を抜け出て成長期に入り始める。そして上代淑は着任したばかりの年から石井十次の岡山孤児院の奉任活動に参加している。つまり彼女は山陽英和女学校の教壇に立つとほぼ同時に、成長期に入り始めた市民の文化ネットワークに当然のことのように参加している。そればかりではない。明治30年代から大正期にかけて、その文化ネットワークが成熟期にさしかかり、草創期からかかわった世代が岡山を去っていくとき、彼女はその文化ネットワークを支える中心的存在のひとりとなる。川口で生活した12年間が、岡山の門田界隈において活躍するために必要な開明的な資質と、生涯にわたって支え続けてくれたよき人間関係(デフォレストや梅花女学校の教師・同窓生との深い交わり)を、上代淑に培ってくれたと言っても過言ではないだろう。1904(明治37)年から1905(明治38)年の日露戦争で、国民の間に実態から離れた戦勝気分が漂い、その後浮ついた世相が支配する中でも、市民の文化ネットワークが保持され、第2次世界大戦の混乱期にも、ペティーから継承された旭東日曜学校が運営され続けた背景には、上代淑の存在が大きい。

石井十次と上代淑

石井十次

　岡山孤児院は1887（明治20）年に石井十次によって開設され、1907（明治40）年頃の全盛期をへて、1912（大正元）年3月27日に里預児の91人を残して全員宮崎県高鍋茶臼原に移転するまでの26年間、現在の岡山市門田屋敷電停から地蔵川をはさんで東山電停にかけての地域を中心に活動を展開した。1906（明治39）年の「院児府県別表」によれば、創設以来の収容児の出身地は43都道府県にわたっている。ほぼ全国から収容されたと言ってよいだろう。とりわけ1905（明治38）年の東北大飢饉に際しての孤貧児救済に果たした岡山孤児院の役割はきわめて大きい。しかも凶作地帯の孤貧児を救済する話が持ち上がってから、わずか3カ月の間に6回に分けて700人以上の孤貧児を岡山孤児院が引き取ったのである。交通事情の悪かったことや、児童福祉に対する世論もそれほど高まっていなかったことを思えば、緊急事態に対する対応の機敏さに驚かざるを得ない。封建体制を解いてわずか40年たらずの明治時代の日本で、何故このような、世界的にも稀なほど大規模な孤貧児救済活動が実現したのであろうか。

　現代社会では戦争や自然災害に対して臨機応変に対応する国際的なNGOの活動が広く認識されるようになったが、1907（明治40）年前後の岡山には、岡山孤児院を中心として地方ではめずらしい国際的な民間ネットワークが形成されていた。岡山孤児院の石井十次を中心として、ブレーンであり支援者であった岡山在住の宣教師ペティー、仙台在住でペティーと同志的関係にあった宣教師デフォレスト、岡山県医学校長で岡山孤児院の評議委員でもあった菅之芳、炭谷小梅をはじめとする岡山在住の岡山教会関係者、孤児院の評議委員であった大原孫三郎らが岡山孤児院を支えるための緊密な民間ネットワークを形成していたのである。そしてその民間ネットワークの中には女性が重要な役割をもちつつ参加していた。『石井十次日誌』に生涯にわたってしばしば登場する炭谷小梅のよう

に、孤児院創設以前から石井十次を精神的にも経済的にも支援していた人物もいたが、上代淑のように、岡山孤児院開設後２年目に山陽英和女学校の教師として岡山に赴任してきたことを契機として、若くして孤児院の支援活動に参加するようになり、石井十次やペティーらの影響を受けつつ、やがて彼らの精神的継承者に成長していった女性もいる。

石井十次はきわめて丹念に日々の記録を書き残している。とりわけ岡山孤児院を創設した1887（明治20）年から1914（大正３）年11月26日（世を去る２カ月前）までの記録は、石井十次という人物を知るためだけではなく、岡山孤児院の経営実態や孤児救済の実態を知る上からもきわめて貴重である。その日誌の中では、思想や理念についての掘り下げられた叙述や、社会的大事件に対して感情を深く吐露するような描写はほとんど見られないが、孤児院にかかわる生活記録はきわめて精確である。孤児院を経営する日々の生活の中で、誰といつ面会したか、誰がいつ来院したか、誰からいくらの寄附があったか、誰からいくら借金したか、誰といつどこへ行ったか、どんな夢を見たか、どんな本を読んだか、どんな体調であったかなどについて、備忘録的な文体でたんたんと書き綴られている。また、過去の日誌を何度も読み直しながら新たに書き起こしている点も彼の日誌の特徴と言えるだろう。しばしば１年前、２年前、さらには５年前、10年前の同日には何をしたという記事が見られるが、それは過去を回顧するというよりも、進むべき道を確認するための点検作業を実施しているという印象を受ける。人生の歩みを続けるにあたって、これほど精確な点検作業を繰り返した人物も稀であろう。そしてこの日誌の中に、上代淑の名前が、米国のマウント・ホリヨーク大学留学中の４年間を除けば、ほとんど毎年のようにどこかに出てくる。

1887（明治20）年代の日誌からわかることは、上代淑が岡山に赴任後すぐに岡山孤児院の支援活動に参加し、外国人が来院したときにはとくに通訳として活躍したり、英文を和訳したりして積極的に協力していることである。しかも上代淑が大阪梅花女学校に在学中、伝道活動のために大阪を離れていた両親に代わって親のように世話をしてくれていた宣教師デフォレストも、家族で岡山孤児院に寄附金を送ってきたり、1893（明

治26）年12月には岡山を訪問し、石井十次と出会っていたことがわかる。1893（明治26）年4月に、上代淑は米国留学のため山陽英和女学校を辞職して、4年間岡山を離れていたから、その年の暮れにデフォレスト夫妻は、上代が不在の岡山を訪れたことになる。石井十次はデフォレストと面会した事実のみを書き残しているだけで、その時の話題については一切触れていない。しかしながら上代淑の米国留学を誰よりも真剣に斡旋した人こそ宣教師デフォレストであったから、二人の間で上代淑のことが話題に上がらなかったことは考えにくい。おそらくデフォレストは石井十次に、少女時代の上代淑や彼女の父知新についても語ったのではなかろうか。

　1897（明治30）年4月から再び山陽女学校の教壇に立った上代淑は、米国留学の経験を生かしながら、発展期を迎えた岡山孤児院と一段と深い関わりをもつようになる。1906（明治39）年2月に岡山孤児院は緊急事態を迎えることになるが、石井十次を中心とする岡山孤児院の日本人関係者と、ペティー及び仙台在住のデフォレストら宣教師グループは見事な国際ネットワークを形成し、現代社会の我々を驚かせるほどの効果的で決断力に富んだ素早い対応を見せる。そして上代淑もその国際的ネットワークづくりの中に進んで参加していく。この緊急事態は、日露戦争のあった1905（明治38）年（この年9月5日に日露講和条約調印）に、多くの戦死戦傷者を出した東北地方が大凶作に襲われ、大量の孤貧児が社会に投げ出され飢えにさらされたことによって発生した。日誌によれば1906（明治39）年2月17日にこの緊急事態についての最初の記述が見出される。「時にペティー師突然来訪　東北のきゝんの孤貧児救済の件につきて相談せらる　（所感）余は主の命と信じ直ちに東北きゝんの地方を視察し必要に応じて孤貧児の救済に着手せんと決心せり」

　例によって石井の記述は要点のみであるが、日誌編集者が当時の『岡山孤児院事務所日誌』から抜き出して挿入している資料（『石井十次日誌』明治39年、29頁）によれば、事前にペティーは神戸において、仙台在住宣教師デフォレストから、東北地方における孤貧児の悲惨な状況について知らされ、二人の間で東北地方の孤児たちを岡山孤児院に収容する計

画を協議した上で、石井十次に凶歳地の孤貧児救済の問題を持ちかけたのであった。ペティーはそれまで20年間の岡山孤児院の歩みの中で精神的にも財政的にも最大の支援者であった。デフォレストについても、彼が岡山孤児院のよき理解者であることを、石井はすでによく知っていた。だからこの問題についてペティーに相談された時の石井の対応は驚くほど早かった。2月17日の午後8時過ぎに相談を受けた石井は、2月19日午前6時過ぎの列車で東北凶歳地視察のため、院長自身で岡山を出発するのである。石井は東北3県の県知事たちと会い、孤貧児たちを岡山孤児院に収容する方針を決めて2月28日に帰岡する。日誌によれば2日後の3月2日に「十時前まで食堂にて上代姉を相手に談話」とあるから、上代は当然東北凶歳地の悲惨な状況を詳しく知らされたことだろう。そしてこの年、岡山孤児院は6回に分けて700人以上の孤貧児を東北から受け入れ、1,200人余の大所帯となる。

　この緊急事態が発生する3〜4年前から上代淑は、山陽高等女学校の拡張問題について石井十次としばしば相談していたが、1906（明治39）年から1907（明治40）年にかけて、岡山孤児院の拡張問題が急浮上してくる。石井の構想の中には、岡山孤児院の関係者をハワイやアメリカ本土に派遣して募金活動を展開する案が早くからあったが、この時期上代は石井のその構想を自分の問題として受け止め始めたふしが見られる。上代は校命で1907（明治40）年6月1日から翌年3月にかけて欧米教育視察に出発するが、この渡米計画は山陽高等女学校の拡張問題とからんだ募金活動をするために、すでに1906（明治39）年から計画されていたのではないかと思われる。山陽学園が所蔵している古い資料の中に、山陽高等女学校を紹介する写真帖が残されている。この写真帖は発行日が1907（明治40）年4月1日で、編集兼発行者が上代淑、印刷所は東京市日本橋の東京印刷株式会社となっている。しかもすべての写真説明が英文和文併記である。この時期に英文和文併記の写真帖が発行されていることは、上代が渡米した時にアメリカで配布することが想定されていたのではなかろうか。このような点から上代の渡米計画は、岡山孤児院の拡張問題が浮上する前から検討されていたと考えられるのだが、上代はその渡米計画

を岡山孤児院の海外募金活動の問題と関連づけていくのである。

　上代は渡米にあたって、それまで自分と一緒に聖書研究をしていた山陽高等女学校４年生の指導を石井十次に依頼している。そのことからもわかるように、1907（明治40）年の渡米計画は石井十次との細かな相談の上に成立している。日誌によれば、1907（明治40）年１月27日の記述に「上代姉　山陽女学校４年生をつれて来り。予に宗教上の談話を求められる」とあるが、上代の出国後、石井は６月から上代が帰国する翌年３月まで、この４年生たちを計画的に指導しているから、二人の間で上代が不在中の４年生の指導について十分な相談があったと理解してよいだろう。日誌によれば、石井は1907（明治40）年に８回のヨハネ伝講話をしている。６月９日、６月30日、７月７日、７月14日、９月15日、10月20日、12月８日、12月15日の８回でいずれも日曜日である。12月15日の日誌には、「山陽高等女学校生徒のヨハネ伝講話終了」と書き込まれている。1908（明治41）年には、上代が帰国する３日前まで７回にわたってマタイ伝講話が行われている。１月12日、１月19日、１月26日、２月２日、２月23日、３月１日、３月15日の７回で、日曜日ごとにマタイ伝講話が第１章から第６章までなされている。そして上代が帰国した３月18日の日誌には「上代よし子帰朝」と簡潔に記されている。

　石井十次の自筆の日誌は、1913（大正２）年11月26日で終わっている。そして彼は1914（大正３）年１月30日、宮崎県高鍋茶臼原において永遠の眠りに就いた。1908（明治41）年から1914（大正３）年１月に世を去るまでの６年間に、石井十次は岡山孤児院を整理し、茶臼原移住を完了し、後継者を定め、岡山孤児院の運営を通じて追求した理念を、彼と深く交わった人々の心の中に刻み込んだ。上代淑は石井十次と深く交わった人々のひとりとして数えられるだろう。日誌によれば、上代が欧米視察から帰国したその日（３月18日）に、石井は「晩　小の田兄と海外遊説につきて第一回の相談会を開く」と記している。ここでの小の田兄と書かれている小野田鉄弥は、岡山孤児院の副院長だった人物で、石井が危篤に陥る２日前に彼の身近にあって、「我已ニ世ニ勝テリ　四時二十分」と宣告するように石井から直接に命じられた人物である。小野田鉄弥は、上代が帰

国した年の5月から約3年間にわたってハワイとアメリカ本土で募金活動のために活躍するのである。小野田の海外からの送金は茶臼原移住のために大きな貢献をしている。小野田らのハワイとアメリカ本土への派遣計画の実現にあたって、上代の帰国報告と当時まだハワイで宣教活動をしていた上代知新の存在は大きな影響を与えたに違いない。

　また1908（明治41）年の日誌には、上代淑の校長就任に関する興味深い事実が記されている。1908（明治41）年9月16日に菅之芳の自宅で石井十次や大原孫三郎が晩さん会に招かれた時のことを、石井は次のように記している。「本日は上代姉も来会せられ姉の山陽女学校長たられんことを希望すとの話出てたり　姉は万已むを得ざれば自ら其の責任に当ることを語らる」。『山陽高等女学校創立五十年史』によれば、この年12月7日に、豊田、上代新旧校長送迎式が行われているが、校長に就任する3カ月前に、石井十次や大原孫三郎らが同席する席で上代に対して校長就任への打診がなされていたことを、この日の日誌は物語っている。この事実から様々なことが読みとれるが、上代淑の校長就任に対して、石井十次、大原孫三郎、菅之芳らの強い支持があったことが窺える。校長就任後も上代は様々な形で石井十次と交わりを続けている。晩年の石井は、岡山を離れることが多かったにもかかわらず、岡山に戻った時には上代と面会している。石井が日誌をつけるための筆をとらなくなる1年前まで、彼の日誌に上代の名が記されていることによって、我々は二人の交わりが生涯にわたって継続された事実を知ることができる。

結び

　かつて日本が高度経済成長期に入る前、明治・大正・昭和とかけて岡山市の門田地域を中心にして、教育と福祉をめぐる注目すべき市民運動が展開された。国際交流やグローバル化などという言葉が一般的に使われていなかった時代に、岡山市民と宣教師・外国人教師たちが一体となってユニークな文化ネットワークが形成された。その文化ネットワークの活動の足跡は、それをたどればたどるほど、きわめて豊潤な時間と空間

がこの地域一帯にあったことを21世紀に生きる私たちに語り伝えてくれる。

この十数年ほどの間、筆者は大学の公開講座、山陽女子校の教養講座、第93回日本エスペラント大会（2006）、岡山県内15大学連携の「第一回地域活性化シンポジウム」（2010）、岡山中央公民館連続講座、岡山県立博物館歴史講座などの機会を利用して、門田界隈の文化ネットワークについての話題を提供させていただいた。岡山市の一隅にあたる門田界隈を発信地として展開された人物ネット

三友寺の「ピンポン伝来の地岡山」の記念碑の前で

ワークをテーマとする公開講座に、時には県外から足を運んで下さった方々もあった。また講座のひとコマを使って何度か門田界隈を参加者と共に散策したりした。

そのネットワークは、誰か特定の立案者がいてその思想とビジョンに従って進められたというようなものではない。東山の外国人居留地に住み着いた3人の宣教師一人ひとりと、形のない状況からネットワークづくりに積極的に参加した市民たちとの間で、それぞれの個性と人格が共鳴し合い、新しい時代を切り開くために、個人の意志を越えたある必然性に従ってつくり出されたネットワークであった。このネットワークづくりが始まった明治10年代は、我が国が鎖国体制を解き西洋文明を導入する方向に大きく舵を切ったとは言え、一般国民にとって先は見えず不安で不透明な時代であった。新聞や雑誌などの新しいメディアが誕生し言文一致の小説や詩が受け入れられる一方で、亡びるかと思われた漢詩が明治20年代に全盛期を迎えたり、江戸時代を懐かしみ郷愁を感じる空気が社会に漂ったりした時代でもあった。それはちょうど未来の不透明さに不安を感じつつ、平成10年代に昭和30年代の生活を懐かしむ空気が流れ始めた現代社会とどこか似ているものがある。

そうした揺れの中にあった明治10年代に、東山公園の一角に宣教師館3棟からなる外国人居留地ができたことをきっかけとして、不透明感に包まれている社会に新しい風を呼び込むネットワークづくりが、門田地域という地方都市岡山の一隅から始まった。社会の不透明さからくる不安を突き破るために、政府が1881（明治14）年の国会開設詔勅（1890年までに近代国家の体裁を整えるというもの）を出したり、富国強兵のスローガンを掲げる中で、門田地域に集まった人々が優先課題としたのは、封建的人間関係（身分差別、男女差別、経済差別）からの解放をめざす青少年の教育と、感化善導を受けられない児童たちの境遇改善だった。

　そのネットワークは、日本国内だけでなく海外からも新たに人を呼び込み、また各地に影響を広げていった。宣教師ペティーのすすめで、従姉妹のアリス・ペティー・アダムスが1891（明治24）年４月に来日し、同年５月１日門田界隈に足を踏み入れる。彼女は施薬院、小学校、日曜学校、保育園などからなる岡山博愛会を立ち上げるわけだが、それだけでなく彼女は教育や福祉にかかわる最新の貴重な情報を門田界隈にもたらした。というのは彼女が卒業したブリッジウォーター・ノーマル・スクール（Bridgewater normal school）は、1840（天保11）年９月９日に開校された、米国で３番目に古い師範学校で、彼女はそこで新しかったペスタロッチーの教育思想や体系的教授法を深く学んでいたからである。米国では1866（慶応２）年に、ニューヨーク州立師範の一つとして認められるオスウィーゴ師範学校によって、本格的なペスタロッチー運動が展開され全国的な影響をもたらすことになるが、アダムスがブリッジウォーター・ノーマル・スクールに在籍していた当時は、本格的なペスタロッチー運動が展開され始めて、20年ほど経過した頃であったから、アダムスは、孤児や貧児の境遇にあっても、学習機会さえ与えられるならば人間性を開発できるというペスタロッチーの先行事例や、実物教授法に代表される彼の体系的教授法についてよく精通していたと思われる。石井十次は、1891（明治24）年10月14日の日誌で「東洋のペスタロッチー」を自称していることからもわかるように、ペスタロッチーに影響を強く受けているが、この年５月１日に来岡したアダムスから知らされたペスタロッチー

金森通倫
(「岡山教会百年史」)

に関する情報も少なくなかったのではないだろうか。

さらにまた1899（明治32）年東京巣鴨に非行少年の感化・教育事業をすすめるために、家庭学校を創設した留岡幸助（岡山県高梁市出身、同志社卒）も、このネットワークにつながる一人と言ってよいだろう。彼は家庭学校を創設する前に、金森通倫のすすめで北海道空知監獄にて教誨師として赴任するが、彼は赴任前にその仕事を受けるべきかどうかについて、宣教師ベリーに相談して、強い励ましを受けている。その後、彼は感化教育事業に生涯をかけて専念するが、彼は後に振り返って「我が行い来った事業は何れもベリー翁の啓発指導の賜」(「ベリー翁と余の生涯」『留岡幸助著作集』3巻所収、489頁) と述懐している。また留岡は、帰国したベリーに、かつてはじめて来日して神戸に着任してまもない頃に、「どのようにして日本で監獄改良事業に着手するようになったのか」「内務卿大久保利通とどのようにして会見したか」という2点について書簡で尋ねているが、その問いに対して、ベリーは1911（明治44）年9月6日付けの書簡で詳しく説明し、米国公使の紹介状を持って大久保利通と内務省の応接間で面会した時の様子を、次の様に生き生きと描写している。

　小生は直ちに広く装飾もなき応接間に導かれ、入りて未だ席に就かざるに早くも他側の轡を排して一個の偉丈夫現れ、小生の立てる方に向ひ真直に歩を運ばれ候。此の人の小生に向ひ近づかるゝ間、其誠意誠心に充ち而も苦労に疲れたる顔面の表情に小生は痛く印象致され候。此の人の肩を少しく屈し、頭を稍々前方に垂れ、恰も軽からぬ責任の重荷に圧せられたるやの観に御座候。更に微笑だも致されず、静かに「お早う」を述べられ、明快に小生を見つめられ候。其強く男らしき風采は小生をして直ちに此の人ならば以て信頼すべしとの念を抱かしめ申候。更に分時の猶予もなく此の人は小生に来意を尋ね、小生の之を述べ終るや、少し

く軽く会釈して、「ハイ貴君の事を聞いて居りました。即刻訪問をお始めになって差しつかへありません。すぐ様典獄に宛て訓令を発して置きませう」茲に於て小生は何人に報告書を差出すべき哉を尋ね候処、「一通は外務省に、一通は私に直接に」との返答に候。之にて会見を終わり、其前後の時間僅かに五、六分間に過ぎず候。

　此の大久保卿こそ、小生が日本にて面接したりし人々の中にて最も強き人格の人なれとの印象を深からしめ、小生は内務省を辞し申候（「ベリー翁と余の生涯」『留岡幸助著作集』3巻所収、490–491頁）

　石井十次、留岡幸助と並んで日本の代表的社会事業家のひとりに数えられる山室軍平（岡山県哲多町本郷、現新見市出身）は、1889（明治22）年9月6日岡山孤児院に石井十次を訪問している。その時、山室軍平は17歳、石井十次は24歳で、岡山孤児院を開設して2年の草創期であった。それ以来生涯にわたって二人の交わりは深められるが、岡山孤児院の職員となって働きたいという山室の申し出に対して、救世軍を通じての社会事業へ眼を開かせたのは石井であった。こうした二人の関係からして山室軍平も門田地域に始まるネットワークと強いつながりをもっている。（更井良夫『岡山県の生んだ四人の社会事業家』参照）

　門田地域に始まった文化ネットワークに参加した人々は、実践活動に専心した人々が多いが、一人だけ異色の人物がいる。それは明治時代を代表する倫理学者で、『良心起原論』（岩波文庫『大西祝選集Ⅰ』所収）の著者大西祝である。彼は1877（明治10）年15歳で同志社英学校に入学し、普通科卒業後神学科に進み、その後東京大学予備門、文科大学哲学科を履修した。1889（明治22）年大学院生となり倫理学を専攻したが、『良心起原論』はこの時代に着手された研究論文である。この論文は、部分的には『六合雑誌』等に発表されたが、全体としては生前未発表であった。人間が一生物として進化を進める過程で、生長進化する存在であることを自覚し、理想をおぼろげに意識し始めた時こそ良心の発生した時期であり、理想は進化するものだとする彼の思想は、現代社会においても意味を失っていない。彼が生涯にわたって「良心の起源」を追究した背景には、彼が

養子として継ぐことになる大西家の女性たち（祖母大西秀、母木全嘉代、叔母中川雪、叔母大西絹）が、明治10年代にキリスト教の伝道に感化を受け、そろって信仰生活に入ったことが深く影響していると思われる。大西家の女性達は草創期から門田界隈の文化ネットワークを強く支えた人々である。従って実践家の道こそたどっていないが、近代日本における市民的な倫理学の最初の形成者とされる大西祝を門田界隈の文化ネットワークとつながりをもつ一人として評価することは、それほど不自然なことと思われない。大西祝はベルリン留学中に健康を害し帰国したが、1900（明治33）年10月26日に岡山市門田に戻り、山陽高等女学校の舎監であった叔母大西絹の世話を受けながら療養していたところ、病状が急変し、11月2日午前8時に永眠した。当時門田に住んでいた石井十次は日誌の1900（明治33）年11月2日の日付で「大西祝氏昨夜急性腹膜炎にて逝去せらる」と記している。門田界隈の文化ネットワークにつながる人々は、まだまだ広がることだろう。資料編に「近代における門田地域で展開された教育事業及び社会福祉事業の人脈図」を参考までに付記する。

（濱田栄夫）

―――― 第5章 ――――

上代淑と旭東日曜学校

はじめに

　アメリカから来た組合教会派の宣教師を中心として、1880（明治13）年に岡山教会が創設されるが、早くもその翌年に旭東日曜学校の前身としての旭東講義所が開設されるに至る背景として、当時急速に高まりつつあったアメリカにおける日曜学校運動があったことは否定できない事実であろう。1889（明治22）年に山陽英和女学校に赴任してきた上代淑は、翌年の1890（明治23）年から日曜学校としての旭東講義所に、教師のひとりとしてかかわるようになる。旭東講義所はやがて旭東日曜学校と名称変更するが、その運営上の責任は宣教師ペティー（James H. Pettee／1851–1920）や岡山教会牧師の手を次第に離れ、明治時代末期以後は上代淑にまかされるようになる。そして上代淑は旭東日曜学校における教育活動に終生情熱を注ぎ続けた。その情熱は、山陽女学校に注がれた情熱に決して劣るものではなかった。彼女は旭東日曜学校における活動について多くを語っていないため、その活動の実態はわかりにくいが、旭東日曜学校を巣立った生徒たちの声や、上代と直接に接触をもった人々の声を中心に、本編ではその実態の一部を少しでも浮き彫りにしてみたいと考えている。日曜学校という小さなひとつのボランティア組織に、しかも教会に依存することなく、何故上代淑は生涯にわたってこだわりを持ち続けたのか。学校という公的組織が明治以後近代的制度として整備されるに比例して失ったものを、上代淑は制度的拘束力を何ももたない日曜学校とのかかわりを持ち続けることによって、生涯にわたって新鮮に保ち続けたのではなかろうか。

旭東日曜学校の設立

　1881（明治14）年1月、旭東日曜学校は設立された。岡山で最初に開設された日曜学校は、1879（明治12）年に来岡したアメリカンボード宣教師ベリー（John Cutin Berry／1847-1936）が同年自宅で開設した安息日学校であるから、旭東講義所はその2年後に開設されたことになる。ただし当時の名称は、旭東日曜学校ではなくて旭東講義所であった。岡山教会青年会機関誌『羔羊―創立80周年記念特集号―』（1960年）によれば、岡山教会が設立された翌年の1881（明治14）年1月に、当時教会員であった徳田林平の自宅を利用して旭東講義所は開設された。場所は門田屋敷の西側の大黒町を北に50メートルほど入ったところで、現在の財団法人県衛生会のある位置にあたる。徳田林平は、「時計商であったが、日曜日には仕事を休み、日曜学校及び夜伝道所として利用するべく自宅を提供」（注1）したのである。この旭東講義所と伝道所で教師及び宣教師として活躍したのは、宣教師ペティー（James H. Pettee／1851-1920）（注2）、金森通倫（1857-1945）、安部磯雄（1865-1949）らであった。

　この旭東講義所は1891（明治24）年10月まで10年間同じ場所で継続されたが、岡山教会会員丹羽寛夫の所有する門田屋敷の家屋を伝道所として新たに譲り受けることになったため、旭東講義所もこの家屋を利用することになり、大黒町から門田屋敷に移転したのであった。門田屋敷のその場所は、門田屋敷電停のある交差点から三勲小学校の方へ100メートルほど行ったところで、現在近常歯科医院になっている。旭東日曜学校という名称がいつ頃から用いられるようになったか定かでないが、おそらく大正時代に入ってまもなくのことであろう。しかしながら、しばらくは旭東講義所と旭東日曜学校という二つの名称が併用されていたのではないだろうか。1955（昭和30）年に編集された『岡山教会小史』によれば1922（大正11）年7月に「旭東講義所に旭東日曜学校の建物が新築された」という記述が見られるから、文化式スレート葺2階造の建物が新築されるまでは、旭東日曜学校と旭東講義所という名称が併用されていたように思われる。そして旭東講義所から旭東日曜学校への名称変更にあ

たっては上代淑が深く関与している。六高生時代に、旭東日曜学校のすぐ近くの操山寮に寄宿し、上代淑の活動を支援した星島二郎(1887–1980)は、当時を振り返りながら次の様に述べている。「大正六、七年頃ペテーという宣教師を記念して上代淑先生が操山寮(注3)の向い側に日曜学校をつくられた。その名を旭川にちなんで旭東日曜学校と名付けたが、別名をペテー記念日曜学校ともいわれるのである。最初はあまり見映えのする日曜学校ではなかったが、後に古橋柳太郎氏の設計により立派な建物が完成した。その仕事の主な尽力者は上代先生である。この日曜学校には代々の操山寮生が先生として奉仕した。惜しいことにこの日曜学校が昭和20年6月29日の戦災で焼失したが、それまでこの関係は続いたのであり、上代先生と操山寮生との交わりはこの日曜学校を通じて美しく続けられていったのである。」(注4)

　明治時代の旭東日曜学校がどのような様子であったか。記録が残されていないのでわかりにくいが、当時通っていた生徒の追憶談はその頃の雰囲気を伝えてくれている。明治30年代に旭東日曜学校に通い、昭和に入ってその日曜学校の教師として上代淑に協力した上月末は次の様に語っている。

　　明治34年、35年頃私は15、6歳、県女女学校3年生の時初めて先生の日曜学校に参りました。当時先生は36歳位でした。門田屋敷の平屋建ての薄暗いSS部屋で大勢の子供達を集め先生自らオルガンをひかれお美しいお声で賛美歌を指導せられ、神様のお話を教えて居られました。私は聖書の組で私の学校の英語の間瀬先生が聖書の組を担当せられて居りましたが、其の当時は山陽の生徒さんばかりで何だか恥しく、きまりの悪いような気がして、休む日もありました。でも小林寿さん、佐々木さんと申される方が私の生家に誘いに来て下さって居りました。(注5)

　当時の旭東日曜学校は平屋建で薄暗い部屋であったことがわかるが、明治30年代の中頃にはすでに大勢の子供たち(40〜50人ぐらいか)が通い始めていたことも上月の追憶から推察される。石井十次、立石岐、星島二郎らを建築委員として着工されていた六高の操山寮(正式には基督教青

「お仙の方墓」付近での日曜学校生徒の記念写真（大正10年頃）

年会操山寮）が、1911（明治44）年10月に完成し、門田屋敷110番地（岡山孤児院跡地）に移転してくるが、新しい操山寮と旭東日曜学校は歩いて2〜3分の距離であったから、操山寮に寄宿する六高生の援助も、明治末期からより一層受けやすくなったと思われる。1921（大正10）年頃に三勲小学校の近くにある「お仙の方墓」の西側で撮影した当時の日曜学校生徒の記念写真（注6）が残っているが、そこには100人近くの児童と3人の女教師、3人の六高生、1人の男性教師、1人の付添いの老女とが上代淑を中心にして映っている。大正時代の中頃から昭和時代の初期にかけて旭東日曜学校に通い、その記念写真の提供者で自分もその中にまじっている那須衛一は、当時のことを振り返り次の様に述べている。

　　私の記憶している旭東日曜学校は、天井の低い、暗い平屋建でした。入口に、たしか古井戸があったようでその側にバショウが葉を拡げていました。上がり口は広い板場で、当時私達は麻裏草履を下駄箱に入れて講堂へあがったものです。・・・〈中略〉・・・その時の日曜学校の校長は、上代先生で、私の母（那須左馬子）も山陽の先生で又旭東のSS（日曜学校の略）の先生でした。男子の先生は操山寮に在

大正末期か昭和初年頃の旭東日曜学校前での記念写真（左側門柱の右が上代淑校長）

寮の医大や六高の学生さん達でした。その中で私の憶えているのは片岡先生（上代晧三先生）や大石先生です。太鼓橋を渡って、別棟の教室に行きました。この時の騒ぎ方は、今私が担当している岡山教会SSの生徒達の比ではなかった様な気がします。…〈中略〉…このボロ校舎も、私が中学生になった頃（大正末期）に、岡山でも珍しいモルタル仕上げ、スレート葺きの明るいものになりました。オルガンも立派なものを備え、上代先生は美しいお声で「主われを愛す、主は強ければ」とお歌いになったのが、今でも耳の底から聞こえて来るようです。入口には「ペテー記念館、旭東日曜学校」（当時の表記のママ）の標札が掲げてありました。(注7)

　大正末期か昭和の初め頃に旭東日曜学校の新しい建物の前で撮影された記念写真(注8)が残されているが、そこには90人ほどの児童がいるから、大正時代から昭和初期にかけて毎日曜日100人前後の児童生徒が通っていたと思われる。

　1955（昭和30）年編集の『岡山教会小史』は、昭和初期に日曜学校運動の盛り上がりがあったことを次の様に記録している。「昭和3年5月、日本に於る日曜学校創設50年祝会が岡山に於て挙行せられ、多数の日曜学

校教育専門家が来岡され、また本教会をも応援された。」

　また、この地に旭東日曜学校の附属建物が増築された。この旭東日曜学校は多年、上代淑女史が校長として奉仕せられていたもので、新建築は全く同女史の斡旋努力によるものである。(注9)

旭東日曜学校教師としての上代淑

　1889 (明治22) 年山陽英和女学校教師として招聘された上代淑は、その翌年から旭東講義所の教師となった。徳田林平の自宅で開かれていた旭東講義所は明治14年の開設であったから、ちょうど10年目を迎えたところで、20歳の淑が日曜学校教師として加わったことになる。それ以後淑は、マウントホリヨーク留学時代の4年間 (明治26年～明治30年) と欧米教育視察の1年間 (明治40年) を除いて、1959 (昭和34) 年 (89歳) に世を去るまで日曜学校教師であり続けた。日曜学校教師として70年間にわたって子供たちに注いだ上代の熱意と献身は尋常なものではなかった。日曜学校教師としての上代は、山陽学園の教師としての上代ほどには知られていないし、社会的に評価されてもいないが、上代自身にとって彼女の本領が発揮されたのはむしろ日曜学校教師として活動している時であったかもしれない。

　上代淑は、岡山教会関係者たちの手によって育てられてきた旭東講義所を、さらに旭東日曜学校として大きく発展させた。勿論、旭東講義所から旭東日曜学校への発展は淑一人の力によるものではない。大正時代の初期に旭東日曜学校に通った更井良夫 (前岡山博愛会病院理事長) は、「旭東日曜学校で上代淑や炭谷小梅をよく見た」(注10) と語っているから、石井十次を支えて岡山孤児院の事業を支援した炭谷小梅 (1850–1920) も、旭東日曜学校の教師として協力していたことが窺える。また旭東日曜学校は石井十次の精神的指導者であり、旭東講義所の中心であったペティーを記念して「ペテー記念館」と呼ばれていることからもわかるように、宣教師ペティーのキリスト教精神が継承されている。こうした先輩たちの遺志を継承しつつ、上代淑は次第に旭東日曜学校の中心的存在へと成長

していったのである。

　岡山教会青年会機関誌『羔羊(こひつじ)』の創立80周年記念特集号は、旭東日曜学校と上代淑との関係について次の様に述べている。「上代女史は明治23年（20歳）当時徳田氏宅で開かれていた旭東講義所の教師となって以来、

上代淑と旭東日曜学校の生徒たち

その全生涯（89歳逝去）をこの旭東日曜学校のために尽したのである。女史と教師及び生徒達の間は先生と生徒といったつながり方だけでなく慈母のように、又祖母と孫との如く実に親しみのこもったものであり、その高ぶる事の無い、自分をありのままの人間として見せる性格が、どんな人にも心から親しみを感じさせ、又熱心なキリスト者としての生活から受ける感化によるものがあった。このためか旭東日曜学校の教師には女史の関係していた山陽女学校教師及び操山寮々生、後には旭東日曜学校出身の生徒が教師として援助している。この旭東日曜学校（古くは旭東講義所）に来ていた生徒数の変化については記録的資料が存在しないので明らかではないが、それぞれの時代の出身者あるいは教師等の記憶によると、明治30年頃には10名内外の生徒が集まり以後段々と数を増やし大正に入ると30名から40名程度となり、ペテー記念館旭東日曜学校が完成してからは100名を前後する大人数となり、最大の活況を呈していた。然しこれも、太平洋戦争が勃発する頃となると20名程度となって居り当時の国民的感情がよく表れている。戦争が激しくなるにつれて社会は、日曜学校どころではなくなったようである。その後この日曜学校も岡山空襲と共に焼失し、戦後の混乱の中を、上代校長はじめ皆の努力によって細々とではあるが山陽学園の中で続けられた。」（注11）

　旭東日曜学校は、岡山教会の直接的管理下に置かれていなかったから、岡山教会は旭東日曜学校についての記録的資料を保存していないし、旭東日曜学校についての実態も十分に把握していなかったふしが見られる。上記の評論は旭東日曜学校と上代淑との関係を概略的に伝えてはいるが、淑と生徒たちの関係が、週1回の、しかも約1時間ほどのきわめて限ら

れた接触でありながら、そこを巣立った生徒たちの中から20年間の空白の後に、教師として自発的に戻ってきてくれる人々が出てくるような深い人間関係に発展することができたのか、岡山空襲でペテー記念館を焼失しながらも、旭東日曜学校は何故継続されたのか、これらの点については十分に説明してくれていない。

　かつて旭東日曜学校に通い、成人して家庭や職場の関係で岡山を離れたりしながらも、旭東日曜学校教師として上代のもとに再び戻ってきた3人の元旭東日曜学校生は、上代の死去に際して、上代と旭東日曜学校の関係について、とりわけ戦後の困難な時期の旭東日曜学校の状況についてありありと語ってくれている。岡山教会の創立80年特集号は、戦後の旭東日曜学校について十分に言及していないので、彼ら元旭東日曜学校生の声は、旭東日曜学校の実態を知る上からもきわめて重要であると思われる。

　明治34、35年頃（当時15、16歳）に旭東日曜学校に通い、一時期岡山を離れながらも昭和初期から昭和30年代にかけて旭東日曜学校教師をした上月末は次の様に述べている。

　　20年間旅生活を続けて居りましたが、昭和2年に再び岡山の地に帰りまして子供達を連れて又先生の日曜学校に参っておりました。その時の日曜学校は二階建てに変わりペテー記念館と名づけられ小さいながら立派な建物と変わって居りました。暫くして先生から私に日曜学校の教師をと頼まれましたから喜んでお手伝いさせて頂くようになりました。当時の生徒数130人位で、クリスマスには先生と御一緒にプレゼントを買いに行ったりしました。かの大東亜戦争でその建物は焼失してしまい、それから今も山陽学園の音楽教室を借りてSS（日曜学校の略）をつづけております。先生は特別な御用のない限りは寒い日暑い日も一生懸命に旭東SSのためにお働きになって下さいました。小さい子供達に何時も「あんたらは人に親切にするんですよ」又「感謝感謝有りがとう」と云うことをかんでふくめる様に教えて下さいました。又「日曜学校へ来ている子供は何処へ行ってもええ事をする人になりましょう。」「ああ、あの子は旭東

日曜学校に行っているからええ子じゃと云われる人にならなければいけない」と話されておりました。その先生が御昇天で今年のクリスマスはとても淋しいことです。(注12)

大正時代の中期から昭和初期にかけて旭東日曜学校に通い、戦後旭東日曜学校教師となった那須衛一は次の様に語っている。

　私は中学を卒業すると同時に岡山を離れ、終戦後になって20年振りで帰って来ました。その頃は、日曜学校は上代先生の旧宅でされていました。スレート葺の建物の頃までは、私も上代先生の日曜学校の生徒でしたが、この時にはもう一人前の先生になって、子供達にスマトラの珍しい話をしたこともあります。ここで先生が子供達に教えられた言葉は「汝ら互いに相愛すべし」で、子供達は何回も繰返して暗誦していました。

　そのうちに山陽学園の音楽教室が日曜学校の校舎になりました。ここでも私は話をしたことがあります。その時先生は「那須先生は、あなた方よりもっと小さい時から日曜学校へ来よんさったんぞナ」と言われたことがあります。かつては「アンタの小さい時は・・・」と言われるばかりであった私も、今ではこのようになりました。これはひいては旭東日曜学校の歴史が古いことの証明にもなります。

　だが上代先生の御声はもう聞くことが出来ません。然し先生はきっと天国で、かつて旭東日曜学校の生徒であった人達に囲まれて、又日曜学校を開いて居られることでしょう。

　色色と思い出していると、私達はどんなにしてでも旭東日曜学校を続けて行かなくてはならぬ責任を痛感します。今度はペテー上代記念旭東日曜学校の名のものに。(注13)

戦時中に幼稚園児の頃から旭東日曜学校に通い、ペテー記念館が岡山空襲で焼けてからも、旭東日曜学校に通い続け、上代の晩年に旭東日曜学校教師として協力した守屋総一郎は次の様に語っている。

　日曜学校の思い出・・・それは幼稚園に行っていた頃からのものですが今でも懐かしいものばかりです。門田屋敷にあったペティー記念館が戦災で焼けてからは、先生のお宅であるいは山陽学園の教

室を利用しての日曜学校の生活——先生の家を利用していた頃には、応接間に飾られた置物や人形が珍しくて、先生の話はそっちのけにして、それらを見て騒いでいた事、又山陽学園の音楽室は冬にはとても寒くて、手や足が痛いほどつめたかった事等、然し、その様な寒い日に於ても、先生は木の椅子に腰掛けられて、両手を挙げて天国を語られていた事、そして一度も休まれたという様な記憶がないのを、子供心にも偉いなあと思っていた事を覚えています。先生のお話に「良きサマリヤ人」「ダビデとゴリアテ」「サムエル」等の新旧約聖書に出てくる物語をされる時、それ等の登場人物の性格を実によくつかまれて、その人物になりきって話されるので嬉しい時、苦しい時、悲しい時の状態がそのまま先生の表情や手によって表現され、私達も一生懸命に聞いたものです。時には同じ話を二度三度とされる事もあり、却って生徒の方から話が進む様なこともありましたが、私が先生の仕事を助けたいと思って、と云うよりも再び先生の話を聞かせていただく為にと云ったほうが本当ですが、岡山教会から山陽学園の旭東日曜学校へ補助として来た時、先生はこの私を非常に喜んで迎えてくれたのです。

　私が山陽学園の日曜学校に来たのは私の意志ではなく、先生の神様の話が私をこの方向に向けて下さったのであり、神の御旨だったのだと思います。

　先生の日曜学校に於ける生活を振り返って見る時、神の証人としての輝かしい足跡を見る事が出来ると思います。心の底から神の愛に感激して、証しをされて行かれた生活、その表われが日曜学校であり、又子供達を愛されて行かれた事でもわかると思います。(注14)

　さらに戦前旭東日曜学校生徒であった水野徹雄は、軍隊で東京俘虜収容所の開設にかかわった関係で戦後戦犯容疑者として巣鴨監獄で不安な日々を送っていた当時、上代が書いてくれた弁護の手紙が裁判で弁護側証言資料として提出され、軽量な判決に落ち着いたことを切々と語っている。戦前から戦後にかけるきわめて困難な時代の上代淑と日曜学校生徒との人間的結びつきを知る上で貴重な資料となるだろう。

私は1、2歳の幼児の頃、先生の御膝に抱いて頂いたことがあったそうですが、4歳の頃、先生のおすすめで旭東日曜学校に入りました。それから10年通いましたが、上代先生が御偉い方だとは思い及ぶべくもない年頃でしたから此の期間の挿話は御座いません。
　私は長じて昭和16年に軍隊に入りました。昭和17年8月には、東京俘虜収容所の開設に加わることになりまして、休暇を得て、先生にお目にかかる機会がありました。恰も、大東亜戦争はピークに達した観があり、日本政府、軍部の戦争指導が行き渉ってマスコミが如何に聖戦を謳歌し、対米敵愾心を煽っておった時代であるかを条件として、先生の次の御言葉を玩味して頂き度いと存じます。
　「あなたはこれから当面の敵米英の将兵達と共に暮らすことになるのですね。これはむつかしい立場になりますよ。人道と正義、愛国心の問題についても疑念は限りなく幾度かあなたを襲うでしょうし、あなたが正しい道を歩もうとなされば、当然困難と迫害が待っているでしょう。あなたに万一のお間違いもあろうとは思いませんが、若いし思い余ることがあったなら、必らず必らず聖書の御教えを思い出すんですよ。そこには時代と権力を超越した、人類不変の在り方が見出せるでしょうし、永遠の真理に生きられたイエス様の御姿が、あなたに勇気を与えて下さるでしょう。ゆめゆめ人を憎んではなりません。人間に一番大切なものは‥‥まごころです。敵の人だって同じくまごころを以て愛するのです。そのためにあなたの軍人としての、或いは日本人としての御立場がどの様に困難となっても、イエス様から眼を離してはなりません」
　それから満3年の苛烈な時が流れました。私は戦争の混乱、愛国心の渦の中にまきこまれ、いつしか先生の御言葉を忘れるか、御さとしに背くことさえありました。先生がいみじくも予言なさいました通り、敵国の俘虜を愛することは祖国への裏切そのものの様な困難を伴うことが判ってきました。やがて、祖国の栄光も、日本の正義も領土も富も失うときがきました。残されたものは、焼けただれた国土と数百万同胞の死、そして俘虜虐待という忌まわしい国際的

犯罪だったのです。

・・・〈中略〉・・・

　私は戦争犯罪の容疑者として巣鴨監獄で不安な日々を送ることになりました。そうした或る日、図らずも上代先生が御手紙を下さったのです。申し遅れましたが私の母は先生の教え子でしたから、何かのときに私の境遇を御知りになったのでしょう。

　「あなたが俘虜虐待の罪に問われるなんて、一体何という間違いが起こっているんでしょう。ひょっとすると参考人としてでも取調べの必要があるのでしょうか。あなたは、おちいさいときから私の日曜学校でイエス様の教えをきいて育った人です。軍隊でアメリカ人の俘虜の人を管理する立場になったといって、私のところへいらっしゃったことがありましたね。私はたしかにこのように申しましたね。"俘虜の人を憎んではなりません。神様のおん前では敵も味方も無いのです。斉しくみな神の御子です。あなたの軍人としての御立場がどのように苦しくとも、まごころを以て愛してあげなさい"とね。私は御両親のいつくしみ深い御心のもとで御育ちになり、イエス様から愛することと勇気を御授かりになったあなたが、俘虜の人達から"日本にもこんな立派な軍人が居る"と尊敬されるような終始かわらぬまごころで接しられたことを誰よりもよく知って居りますよ。私はあなたの困難に充ちた立場を想って、神様に、いつもあなたをお守り下さるよう御祈りをしつづけて居りましたもの、私も実は今苦しみのさなかにあるのです。

　愛する山陽女学校は失われました。それのみか戦争の痛手であまりにも多くの人々が魂を失いました。この虚しき中に私は山陽女学校の再建を目論んでいるのですが、何とそれは困難で成就し難い大望に見えるでしょう。このような悲しみと落胆そして暗黒の中にさえ、一筋の光を、この老齢（注、75歳の頃と拝察）の私に与えて下さる方は神様なのです。私は情熱をかけて神様にお祈りし、御すがり申すのです。すると新しい勇気が湧き起こってくるのです。いずこも同じくみつめて下さる神様の、広くて深い深い御愛がやがて不可

能に近い私の願いを実現させて下さらずには置かないと私は信じて疑わないのです。あなたもどうぞ一生懸命に祈りなさい。そしてまたあなたの御苦しみと、そっくりそのままの私のためにも祈って下さい」

　以上のような御文面でありましたが、そのあと追かけるように、先生は私の裁判に人格証言をするからとの御申し出に接したのであります。私のアメリカ人弁護人は此の間の経緯をよく諒承しましたが、既に先生の御手紙によってだけで十分証言に値するものと認めまして、弁護側証言資料として軍法委員会に提出を許されることになり、其の後の裁判の進行に益する所まことに顕著なるものが御座いまして、一説には復讐裁判と呼ばれる程の非常識な重刑が課されつつあった中に、最も軽量な判決を受けることに落ち着いたのであります。然しここに私が申し上げたいのは裁判の性格や私個人の判決ではなく、以上述べました一連の挿話の中に一貫して流れる先生のヒューマニズムと申しますか、国家の権威や民族の栄光に惑わされないもっと根源的な人類の在り方についてのゆるぎない御信念を汲みとることが出来るということであります。

　凡人には考え易くして信じ難いこの永遠にかわらぬ哲理を、あの動転の中に於てすら勇気をもって御指導下すった先生に対しまして、私が抱く感情がどの様なものであるか最早多弁を弄するまでもないと思いますので、最後に山陽学園の内容外観愈々盛大を加え、先生の御霊のいと安らけきを祈念しつつ擱筆致します。(注15)

上代淑と幼児教育

　上代淑は、旭東日曜学校長として総括責任者の立場になってからも、直接にクラスを担当し続けた。旭東日曜学校のクラス編成は、生徒数の変化によって多少違いはあるにしても、幼児を対象とする幼稚科、小学生を対象とする３つのクラス（初等科、中等科、高等科）、女学生を対象とする「若草」からなっていて、男子中学生は岡山教会の中に設けられてい

た「少年クラブ」に出席していた。このようなクラス編成の中で上代が受けもったクラスは主として幼稚科であった。昭和2年から上代の死後に到るまで母校山陽高等女学校の教師を勤めた堀以曽は、岡山県教育委員会編『教育時報』(1966年11月1日号)の中で上代について語っているが、その中で昭和時代の旭東日曜学校における上代淑について次の様に述べている。「日曜学校の教師は先生にとって最も好ましく70年間もの勤続であった。先生はまことにユーモアに富み無邪気な童心の持ち主で、また話し上手であったから幼稚科を教えたが、幼い子供たちは言葉通り先生にまみれついて親しんだのでその感化も大きかった」(注16)

1997(平成9)年1月25日(土)岡山駅前の三好野2階で旭東日曜学校の同窓会が開かれ、入澤泰邦(注17)をはじめとして同窓会員12人が出席された。筆者もその席に同席し、大正時代中頃から昭和時代にかけての旭東日曜学校の様子をいろいろと聞くことができた。その席でも彼らが一様に指摘していたことは、上代淑が幼稚科を担当していたこと、幼児を育てることに意欲的であったということである。上代にとって幼児から受け入れることのできる旭東日曜学校は、山陽女学校と並ぶ二大活動拠点であった。だからこそ六高操山寮の同窓誌『操友』に寄稿を求められたとき(1940年)、上代は次の様に語っている。

　　昔は若かった私も"古来稀なり"という70の年を今年迎へる事になった。でも私にはちっともこんな年を迎へたという感がしない。それどころかまだまだ若いつもりでゐる。孫達がおばあちゃんと呼んでくれるのは別として、"おばあさん"といはれた時、自分へのことゝは思はない時さへある位である。私が目を瞑る時が山陽女学校や旭東日曜学校と縁の切れる時であると自任して居る。神様が与へて下さる命、それに対して御用を命じて下さる今後何年かの間は、心をつくし精神を盡して、力の限り働かせて頂かうと希ってゐる次第である。

　　・・・〈中略〉・・・

　　一生を捧げてゐるつもりの山陽女学校に、旭東SS(Sunday School)に私はこれからもうんとうんと盡そう。私の生命がけの祈りがここ

にあるのだから。この二つの仕事と同時に、私はやはり操山寮にも末長くボーイ達の上代先生でありたいと願ってゐる。心を打ち込んでゐるつもりである。(注18)

　1974 (昭和49) 年4月、上代淑の養子、晧三は、山陽学園短期大学附属幼稚園を開設し、初代園長となるが、彼は明らかに淑の遺志を意識していたことだろう。六高生時代にすでに旭東日曜学校教師としてボランティア活動をしていた上代晧三は、淑が幼児期からの教育にどれほど情熱を注いでいたかということをよく認識していたからである。附属幼稚園の一室には、第1回卒業生から第9回卒業生まで、園児に贈った詩が掲げられているが、それらの詩には、歌人でもあった上代晧三の詩精神がよく反映されているだけではなくて、わかりやすい表現を選んで幼児に語りかけようとする気持がにじみ出ている。これらの詩を色紙に書くとき、おそらく上代晧三の脳裏には、旭東日曜学校で幼児に語りかけたり紙芝居をしたり讃美歌を歌う上代淑の姿がほうふつと浮かんできたに違いない。(注19)

結び

　日本基督教団岡山教会青年会機関誌『羔羊(こひつじ)』創立80周年記念特集号は、第3章第1節を「旭東日曜学校」にあてているが、その中で上代淑を中心とする旭東日曜学校の教師たちについて言及し次の様に述べている。「旭東日曜学校の教師の活動状況を見るに、他では見られない大きな特徴がある」(注20) と。日曜学校の多くは、キリスト教関係であれ仏教関係であれ、神父や牧師あるいは僧侶が中心となり、宗教施設を集会場所として活動している。ところが旭東日曜学校は、一キリスト者である上代淑を中心として、上代の関係していた山陽女学校教師や操山寮々生、さらに旭東日曜学校出身の生徒たちが教師として参加し、教会から独立した施設を活動の拠点として運営され、半世紀以上にわたって生き生きと生命を保ち続けたのである。日本各地につくられた日曜学校全体を見渡しても、旭東日曜学校のあり様はきわめて独自なものであったと言えるだろ

う。

　前述の三好野で開かれた同窓会には(注21)、岡山市内在住者が多かったが、なかには東京や奈良から駆けつけた人もいた。大正時代に通った人もいれば、昭和初期に通った人もいたし、昭和10年前後に通った人や戦時色でぬりつぶされた1944(昭和19)年まで通った人もいた。彼らは半世紀以上前の旭東日曜学校について楽しそうに語っていた。昭和11年生れの中山威は、上代淑に会うといつも「威坊、感謝ですよ」といわれたとのことだが、明治生れの入澤泰邦や那須禰一も「ヤッちゃん」「エッちゃん」といつも呼ばれていたことをなつかしそうに話していたのが印象的であった。昭和5年生れで幼児期の昭和9年から昭和19年まで旭東日曜学校に通った森潤は、読売新聞に勤務していた経歴の持ち主だが、戦時中の上代淑について執筆したかったという思いを語っていた。途中で中座しなければならなかったことが悔やまれたが、上代淑と過ごした旭東日曜学校の生活がそれぞれの形で彼らひとりひとりの心の中に生き生きと刻まれているという印象を強く受けた。彼らは、第2次大戦、戦後の混乱、高度経済成長、バブル崩壊という時代の変遷をつぶさに体験してきた人々である。50年以上前の幼児期から児童期にかけて週に1回、しかも1～2時間過ごしていただけの旭東日曜学校の生活体験が、これだけの時代の変遷を経過しながらも何故消えることのない共通体験として彼らの胸に刻まれてきたのであろうか。旭東日曜学校という小さな精神共同体がかつて岡山の一隅に存在していたという事実は、すでに多くの人々の記憶から失われているが、どんな小さなものであれ育ちつつある子供と大人を包み込む精神共同体が人間の社会に必要とされる限り、その事実は完全に忘れ去られることはないだろう。

（濱田栄夫）

(注1) 日本基督教団岡山教会青年会機関誌『羔羊(こひつじ)』1960(昭和35)年、24頁
(注2) ダートマス大学、アンドヴァー神学校を卒業し、1878(明治11)年アメリカンボード派遣宣教師として妻とともに来日。岡山に着任したのは翌年の1879(明治12)年であった。それ以来1916(大正5)年まで37年間岡山に滞在して伝道に従事した。岡山博愛会創立者アダムス(Alice Pettee Adams、1866–1937)は従兄弟で、ペ

ティーが一時帰国した折りに出会い勧められて来日した。岡山孤児院及び岡山博愛会のよき支援者であった。
(注3) 筆者注、正式名称は基督教青年会操山寮で、1911（明治44）年10月門田屋敷110の位置に開寮されたが、その後移転し、1935（昭和10）年9月に門田屋敷195の位置に洋風3階建のものが再建された。1945（昭和20）年6月の空襲による焼失は免れたが、戦後その土地は売却されて小野歯科医院となった。小野歯科医院は院長の死去に伴い現在閉院されている。
(注4) 日本基督教団岡山教会青年会機関誌『羔羊』1960（昭和35）年、24–25頁
(注5) 山陽学園同窓会誌『みさを』第7号　1960（昭和35）年、20頁
(注6) 『上代淑研究』第4巻　1999（平成11）年、P18を参照
(注7) 山陽学園同窓会誌『みさを』第7号　1960（昭和35）年、21–22頁
(注8) 『上代淑研究』第4巻　1999（平成11）年、P18を参照。那須僴一の母親（那須左馬子）の実家河本家は、代々備前藩で苗字帯刀を許された豪商で、明治の変革期の岡山市政に貢献した人物を出している。大原孫三郎らとともに岡山孤児院の評議員に就任し、社会事業に貢献した河本乙五郎（1869–1944）は左馬子の母の実弟で叔父にあたる。河本乙五郎は岡山教会の活動を支え、山陽高等女学校の理事も勤めた。
(注9) 岡山教会小史
(注10) 1996年12月5日、上代淑研究会主催で更井良夫を講師として招き共同研究会を開いたが、その席で「上代淑を語る」と題して話した内容の一部である。
(注11) 日本基督教団岡山教会青年会機関誌『羔羊』1960（昭和35）年、25頁
(注12) 山陽学園同窓会誌『みさを』第7号　1960（昭和35）年、20-21頁
(注13) 同上、22頁
(注14) 同上、22–23頁
(注15) 同上、38–39頁
(注16) 堀以曽、「上代淑先生を語る」岡山県教育委員会編『教育時報』1966（昭和41年11月1日号）所収
(注17) 山陽女子高等学校監事、入澤賢治の養嗣子。
(注18) 六高操山寮同窓誌『操友』
(注19) 上代晧三が附属幼稚園の第1回から第9回までの卒業生に贈った詩（それぞれの詩はその年度の卒業アルバムに掲載された）については、第15章「山陽学園短期大学附属幼稚園の教育」―「初代園長上代晧三が卒園児に贈った言葉」参照。
(注20) 日本基督教団岡山教会青年会機関誌『羔羊』1960（昭和35）年、25頁
(注21) 同窓会員出席者は次の通りである。
今田恵、入澤泰邦、上宮清明、倉地美恵、津田克忠、中山威、那須僴一、平松芳子、宮岡美子、森潤、山下富代、山上治子

―――― 第 **6** 章 ――――

学びの環境の充実

―

新校舎建設の検討

　2015(平成27)年1月9日、岡山市中区門田屋敷の山陽女子中学校・高等学校で新校舎の落成式が行われた。正門から植えたばかりの細い木々が導く先には、レンガ色の校舎があった。新校舎の中央ホールには大階段、そのホールを取り囲むような形で4階まで教室は配置されている。採光は天窓からの自然光を取り入れ、窓ガラスにはグリーンの校章が並ぶ。山陽学園創立130周年の長き歴史にふさわしく存在感のある建物には、新たな風を吹き込むほどの心地よさがある。

　さかのぼること20年前、1995(平成7)年1月17日早朝西日本に激しい揺れが起こった。阪神・淡路大震災である。岡山での震度もかなりのものであったが、震源地に近い神戸地区では高速道路が倒れ、ビルが倒壊するなど日本中に衝撃が走った。ここ山陽女子中学校・高等学校の本館でも窓ガラスが割れた。

　さらに2011(平成23)年3月11日に発生した東日本大震災は、津波による被害そして原発の問題を浮き彫りにし、日本中の人々がこれまでの生き方を見直し、それぞれの立場で対策を考えておかなければならない状況になった。

　山陽学園でも校舎の耐震問題について本格的に着手することになった。2012(平成24)年3月22日の理事会と評議員会では、「山陽学園中期計画」を検討しており、施設設備として「財政計画を着実に実施しながら、補修、耐震化の工事や新学部設置に伴う施設の整備などを行う」ことを決定した。大学・短大のA・B・C棟の耐震化も課題ではあるが、築後年数40年から50年を経ている中高の主要校舎新設が最優先事項となった。

　法人では、現存する全校舎の耐震診断を受け耐震補強対策を取るべき

か、それとも耐震仕様に建て替えるべきか検討した。耐震診断にも1棟あたり2000万円ほどの費用が必要となり、加えて対策のための工事費用が必要となる。耐震工事をしても校舎の壁面やトイレが新しくなるわけではなく、女子校としてはきれいな校舎が望ましいとの考えから、新校舎を建築するという結論に至る。ちょうどその頃、消費税が5％から8％へと増税の見通しもあり、設計施工を一括で発注し完了させることにした。さらに、プレハブ校舎を建設すれば、その費用もかさむことになり、既存の校舎を活かして建設することが決まった。校舎新築資金は12億円と決定した。

　設計施工者の選定に際しては設計施工一括方式を採用した。まず学園側の校舎建築の概要を伝え、設計施工業者が設計に対する発想や解決方法等を提案し、最も適切な設計施工者を学園側が選ぶという方式である。

　理事会での承認を得た後、法人は設計施工業者10社を指名し、基本方針を伝えた。それは創立200年に向けて耐えられる校舎の建築、生徒が躍動できる環境、安全・安心な環境、伝統を受け継ぐことができる環境、既存の校舎との関連性を考慮した環境の5つである。

　また設計施工業者には、建物配置図、最低必要諸室、既存建物経過年数などと共に「技術提案書の評価基準」と「審査チェックリスト」を配布した。これは設計施工業者に対しての審査基準を明らかにしたもので、専門技術や実績のほか、現場の意見を反映させた提案に重点を置くことを明確にしたものであった。

建設委員会設置

　2012（平成24）年12月14日の理事会では、設計施工業者を選定するため建設委員会を設置することが承認された。この建設委員会が業者選定から建物完成までの中心組織である。委員は理事会から2人、中高PTAと同窓会から各1人、大学から1人、中高から3人、建築専門家から2人の合計10人で編成した。

　2013（平成25）年2月20日の設計施工業者の提案説明会の説明を受けた建設委員は、それぞれの提案に対するメリット・デメリットを検討し

た。その結果、建設委員会は総意で鹿島建設の提案が優れていると判断した。

建設・実施計画案提出
　鹿島建設からの提案の特徴は、外観には象徴的な塔があり、その足元はエントランス広場として生徒の動線を確保した。生徒はエントランスゲートをくぐり校舎へ入る。校舎の内部に入ると、中心に空間を確保したアトリウムが最上階まで吹き抜けている。教室はアトリウムを囲むように配置したつくりであった。
　建設委員会では、外観がモダンであり、アトリウムで学校行事が開催出来ること、エントランスゲートが開閉式で防犯性が高いという評価であった。また懸念事項として、吹き抜けによる音の反響やアトリウムの空調設備、天窓の維持費用などの問題があがった。耐震は建築基準法の1.25倍の強度で、震度6強にも耐えるRC構造である。
　2013（平成25）年3月4日の理事会では、建設委員会の決定について議長が質疑を求めた。ランニングコストや工事期間の騒音対策、新設備による光熱費の削減などの説明があった。議長は庭園整備を今後の課題として考えるとした上で、建築委員会の決定を承認するかを諮り、全員異議なく承認した。

教育現場の意見
　法人から現場の意見を取り入れるとの要請により、2012（平成24）年7月19日、中高では全教職員にアンケートを実施し、広く意見を集約した。同時に、校長、教頭、事務部長、教職員の合計7人からなる中高校舎建設委員会が立ち上がった。この委員会では教職員アンケートから共通する項目を抽出し、その結果次のような基本方針が決まった。女子校らしい明るい雰囲気、存在感のあるデザイン、季節を感じる憩いの空間、不審者の侵入防御や外来者の通行を制御できる安全な構造、機能的で無駄のない次世代の環境づくりに配慮した建物を目指すことになった。必要な施設としてあがったのは、数百人を収容可能なホール、間仕切りで広

さの調整ができる教室を設置した。

　中学9教室、高校18教室や管理部門は、新校舎に必ず含めるとし、パブリックスペースとノンパブリックスペースを分離した敷地の利用計画を立て、敷地内での生徒の動線を確保した。

　新校舎の内部は、1階に事務室、校長室、応接室3つ、更衣室、階段下倉庫、放送室、印刷室、休憩室、職員室、ギャラリー、下足置き場、補習質問コーナーを配置した。2階に中学生の各教室を配置し、音楽、書道、美術などの設備を持つ南館との動線を考慮して、南館との渡り廊下を新たに設けた。3階に高校1年生と2年生の各教室とMusicコース3学年の各教室を配した。南館2階3階には、大音楽教室や小音楽室、ミュージカルスタジオなどの設備を置いた。

　新校舎の3階には進路指導室を配置し、4階にスーパー特進コース、エクセルコース、高校3年生の各教室を置いた。少人数制であるスーパー特進コース、中学特進コースは小教室とした。各階のガラス扉には緑の校章が浮かぶ。これは、ガラス注意喚起のためグリーンの校章を取り入れたものであった。また、各教室の表示プレートにもシンボルカラーと校章が採用された。

建設業者との具体的な協議

　2013（平成25）年4月12日から鹿島建設との協議が始まり、スケジュールや見積もり、面積、設備設計など多岐にわたった。委員は躯体から内装に及ぶ43項目を細かく精査し、必要の有無を検討した。教室のロッカーや下足置き場、倉庫、水回りなど細部にわたる現場での要望が、見積もりとなって具体化した。学園側が必要であると特にこだわったのは、教室北側のペアガラスと教室床のフローリングである。

　検討事項であったLED照明の採用については、教室、廊下など全館でほぼ100%採用した。塔の中心部に校章を設置するという鹿島建設側の提案に対し、理事長は校章でなく時計にするよう要望した。

　2013（平成25）年5月23日に完成予想図が仕上がった。これは最初に提案されたイメージ図に、学園側の要望が組み込まれ、変更を加えた内部

全開口の扉で明るく広々とした教室

イメージである。1階の大階段から天窓を見上げ、4階から大階段を見下ろした完成イメージが具体化した。建設側との交渉で中柱を加え、教室の扉を開放的にしたことで、当初の予想図よりも空間に広がりを感じる設計となった。

起工式と建設工程

　2013（平成25）年8月29日、建築予定地で起工式を挙行した。理事長が「大震災にも耐え、生徒が安心して勉学に勤しめることを第1に考え、そのうえに130年の歴史と伝統のある女子中学・高校にふさわしい校舎にしたい」と挨拶し、鍬入れや玉串をささげて工事の安全を祈願した。

　出席したのは、理事長、校長はもとより、理事、監事、同窓会、緑会、学園関係者、みさお会役員の生徒が参加し、その他鹿島建設側と併せて30人ほどが参列した。同日、建物の位置確認立会いが行われた。いよいよ新校舎の建設が始まる。

　工事期間は5段階に分かれる。第1段階は2013（平成25）年7月中旬までにヴェルデの広場の職員駐車場を多目的広場に移転し、同時に中央館の引っ越しが行われる。夏休みに入ると、既存施設のインフラ施設を切り替え、工事事務所の設置、仮設進入路を確保した。そして、8月に中央館、中央渡り廊下、中庭の解体が行われる。そのため、既存の本館、西館、南館に面する工事予定地もフェンスとバリケードで囲むことになる。

2013（平成25）年9月からの第2段階では、新校舎の建設が始まる。掘削工事から基礎躯体工事に始まり、1階から順に積み上げていく。12月に足場が建つと、既存の本館は南からの陽射しが入らず、また建設に伴う騒音が翌年の2014（平成26）年6月まで10カ月間続いた。また新校舎とのバランスを考えて当初の計画にはなかった正門の工事が行われた。これは騒音に耐え卒業する生徒にせめてもの餞(はなむけ)をと、施工は卒業式に間に合わせた。

　第3段階は2014（平成26）年6月、新館の外構、渡り廊下の設置である。それと同時に足場は取り払われ、ようやく本館の風通しも良くなった。8月20日、新校舎の引き渡しが行われると本館から引っ越し、夏休みに入ると第4段階の本館の解体が始まる。この作業では正門側に重機が入るため、その後10月までは正門を登下校時のみ開くことになった。この年の9月から新校舎を使用した。

　そして、2014（平成26）年11月からの第5段階は、本館解体後の外構、渡り廊下の工事が2カ月間に及ぶ。そして、すべての作業終了後、撤去した東側のブロック塀と花壇は復旧された。

落成式

　2015（平成27）年1月9日10時から新校舎落成式を挙行し、生徒たちが受付や案内を手伝った。会場には、岡山県知事代理、岡山市長、国会議員、県議会議員や学園関係者、同窓会、塾関係者、旧教職員が招待された。開式の辞、国歌斉唱のあと渡邊理事長が式辞を述べた。

　「山陽女子中学・高等学校の新校舎とそれに伴う校庭の整備が完成いたしました。これから半世紀以上も生徒たちを見守ることになる新校舎は、山陽の長い歴史に新しい1ページを書き加えることになります。…〈中略〉…新しくなった学校は、校門からケヤキ並木を通し、正面にシンボルタワーとなる時計台を仰ぎ見ることができます。校舎はレンガ造りのきれいな4階建てです。既存の上代淑記念館や淑徳館との配置、壁面の色も、絶妙な調和を醸しています。玄関脇には、スクールカラーのオリーブグリーンに因んで、シンボルツリーとしてオリーブの木を植樹しまし

た。内部はアトリウム方式といわれ、吹き抜けになっており、中央に大階段のある大きな空間とその両側に教室が配置されたユニークな構造です。天井を見上げれば、バナーのように垂れ下がった白い遮光スクリーンの間に青空が広がり、明るい空間となって、屋内でも屋外の様相を呈しています。そして、この大階段では、卒業生を送り、その後を受け継ぐ2年生が階段を上っていくという、山陽の伝統行事であるきざはしの式を行うことにしています。」

続けて理事長は「校長上代淑は、焼け落ちた校舎の瓦礫や灰に埋った校庭に立って『灰の中から立ち上がりましょう』と、呆然自失し、意気消沈していた学園関係者を鼓舞し、自ら先頭に立って戦後の新生山陽を切り拓いたのであります」と語り、「私は、そのような苦難の歴史を胸に懐き、大震災や想定外のさまざまな災害から生徒の安全を確保し、学習環境を守るため、『灰の中から』ではなく『灰になる前に』『瓦礫になる前に』立ち上がらなければならないと考え、新校舎建設を決断いたしました。」と、新校舎建設の経緯を語った。

その後、来賓として、岡山市長大森雅夫、緑会会長稲垣美穂等が祝辞を述べ、鹿島建設株式会社代表取締役社長中村満義に感謝状を贈呈、みさお会会長が慶詞を述べ、校歌を合唱した。

庭内の樹木と花々

春、旧上代邸のそばで、枝垂れ桜が遠慮がちに咲いた。新入生を迎えた新校舎には、最後の仕上げが残っていた。茶摘みが出来るようにと、新校舎の北側には茶の木を植えた。まだまだ苗はか細く、この茶葉が飲めるには4、5年かかりそうだ。レンガに栄えるようにと植えられたのは白い花をつけるヤマボウシと紫の花のジャカランタ。ケヤキ並木もこれから太く育つのだろう。牛窓オリーブ園から寄贈を受けたシンボルツリーのオリーブの木を新校舎の正面に植えた。

新校舎と南館の間の庭には、2014(平成26)年度の高校卒業生らが植樹したリトルジャム、ヒトツバタゴ、スズランノキ、ハナウメ、キンモクセイが並び、その足下には、クリスマスローズが咲いている。

コラム　引っ越し

「わぁ！」と新校舎に生徒の歓声が響いた。2014（平成26）年8月20日、本館から新校舎への引っ越し作業中のことである。机と椅子を運ぶ生徒らが、アトリウムに足を踏み入れ思わず歓声を上げたのだった。「広くてキレイなアトリウムに驚いた」「涼しくて広々とした新校舎で嬉しくなった」と生徒は感想を口にした。

「事前に知らされていたイメージ通りで驚いた」「想像以上、いや期待以上だ」と、教職員らもアトリウムの出来映えに思わず本音を漏らした。

炎天下の中の引っ越し作業

ショッピングモールとは比べものにならない程、すっきりとしたアトリウム。暑さを忘れて引っ越し作業を行った。

引っ越しは、夏休みの登校日3日間で行われ、保護者にも手伝いを呼びかけた。教室の机椅子はもちろんのこと、教卓やスチール戸棚、その他、各教科教室にあるパソコン、音楽教室のグランドピアノや電子ピアノ、オルガン、ミュージカル衣装もある。職員室には、各教員の机・椅子に加え、冷蔵庫や応接セット、印刷室には印刷機やシュレッダー、カッターやロッカーもあり、各教室の額や時計、玄関ホールの優勝旗戸棚など、ありとあらゆるものを移した。53年間、学校の中核機能であった本館だけに、移した荷物は膨大な数、量に上った。

「壁に当たらないように気をつけましょう！」と大階段の前で声を響かせて校長自ら陣頭指揮をとった。生徒は真っ白の壁を汚さないよう気をつけながら、ブルーシートの上を歩いて、新校舎に荷物を運んだ。この引っ越しの様子はテレビのニュースになり、日程通り無事に終了した。長年勤める教師らは何もなくなった旧職員室に立って「こんなにも広かったのか」と感慨深く部屋を見渡した。

53年間、生徒を見守った旧本館に感謝を込めた垂れ幕

引っ越しを終えた8月22日、10時から本館とのお別れ会を開催した。雨の降る中ではあったが、各クラス作成した感謝の言葉の垂れ幕を窓に垂らした。全校生徒に理事長と校長からアイスクリームが振る舞われ、無事に引っ越しが終わったことを喜び合った。その日の15時、興奮冷めやらぬ生徒たちは新しい教室で初めての終礼をした。（岩本奈緒子）

新校舎平面図

▽1階「管理エリア」（校長室，職員室，放送室，印刷室，応接室3，事務室，ギャラリー，吹抜ホール，生徒下足置場）

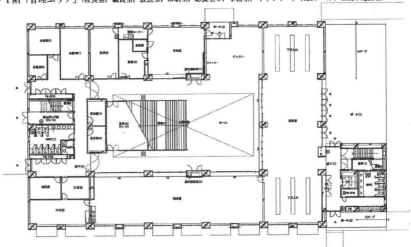

▽2階「中学生エリア」（普通教室6，小教室3，会議室，保健室，ラウンジ）

▽3階「高校生エリア」(普通教室10,進路指導室)

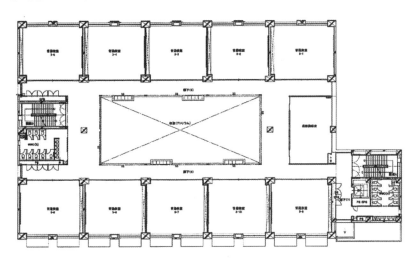

▽4階「高校生エリア」(普通教室8,小教室4,会議室)

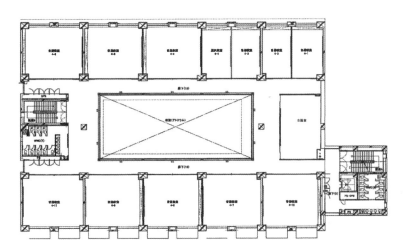

新校舎までの変遷

開学時

小原俊治

「まずもっとも重要なことは主任教師と校舎を確保することである」。設立委員の大西絹のこの言葉は、教育に必要なものをシンプルに表現している。教わりたいと思うような教師がいて、教わりたいと願う人の集まる場所があれば、学びは自然に生まれる。

大西絹のこの主張から5カ月後の1886（明治19）年11月1日、山陽英和女学校は開校した。最初の校舎となったのは、設立委員の一人である小原俊治が家賃を負担し借り受けた士族屋敷である。士族屋敷といっても10坪ほどの庭があるのみで、現在の一般的な岡山の戸建て住宅に比べると決して広いものではない。開校時、生徒数は33人で、教室といっても8畳と6畳の2間をひとつの教室にし、6畳2間を通しでもうひと教室とした。この第1の地は、現在の岡山市北区中山下1丁目11番15号であり、天満屋周辺の車が行き交うビルの一角となっている。現在のこの場所に山陽学園のはじまりを思い起こさせるものはないが、教会に集っていた人々がその付近の屋敷を借り受けたということまで思いを巡らせば、現在もある岡山基督教会がその面影ということになるだろう。

開校から半年ほど経った1887（明治20）年4月、生徒は60人ほどになった。狭い庭は体操場となっていた。元気な10代の子ども達を預かるには、この屋敷は手狭であった。移転と共に校舎新築の計画が持ち上がり、その後の動きは慌ただしい。8月には上道郡門田村大字門田第221番地の常念仏寺の跡地を購入したが、校舎を建築するのを待ってはおれず、その南東に隣接する上道郡門田村の大福寺にひとまず移転し、9月12日にはこの地で第2回入学式を挙行した。生徒は89人になった。住職は大福寺庫裏をすべて開放し、それらを校舎にあてた。この時、庫裏の一室に設置したのが遠隔地から入学した生徒のための本校最初の寄宿舎である。

寄宿生を収容し始め、大福寺では狭くなり、購入済みの土地での校舎新築が急がれた。

徳吉町の校舎

　1888（明治21）年3月10日、購入していた土地での校舎新築に着工した。建築にあたったのは岡山基督教会の会堂を建築するため、今治から弟子を伴って来岡していたキリスト教徒の吉田伊平である。まず2階建ての寄宿舎1棟が完成したが、寄付金を費やしたためすぐには校舎に着工できなかった。棟梁である吉田伊平は寄宿舎の費用は自ら負担、少ない資金で2階建ての校舎を建築した。それが2階を講堂とした最初の校舎である。この校舎の外観は岡山基督教会に似た洋館風で、当時「ギース籠」と呼ばれ岡山名物のひとつになった。開校式から2年を間近に控えた1888（明治21）年10月1日、

1905年落成の新校舎

この日から生徒たちは新校舎で授業を始めた。第2の地となったこの場所は、現在の岡山市中区徳吉町2丁目2番地である。現在もこの場所には、石垣が残っている。

　徳吉町に移転してから、生徒数が激減し危機的状況に陥るが、それを脱した1901（明治34）年、山陽女学校では急激に志願者が増えて定員の倍の141人となった。入学志願者が多いため、翌年には定員を170人とした。教室は狭くなり、急ごしらえの大型教室や特別教室の転用でしのぐことになった。年々増加する入学志願者に伴い、1905（明治38）年、教室用の校舎105坪2階建て1棟を建設した。この頃には、寄宿舎生も100人を超え、学校の東側の大福寺を借りて、第3寄宿舎とした。

　1909（明治42）年には、寄宿舎の増築地として運動場の隣地を購入、翌年には2棟の寄宿舎が落成した。西の棟を「済美寮」、東の棟を「精華寮」、

すでにあった寮を「紫明寮」と名付けた。1913(大正2)年2月には1棟だけ離れていた紫明寮を、済美寮、精華寮の建つ新寄宿舎の地に移転した。これにより、寄宿舎3棟は1カ所でまとまり、監督および管理上の問題も解決した。
　大正期になると同窓生からの寄付金により同窓会館が落成し、裁縫教室や音楽教室、理科教室などの特別教室が建設され、土塀の修復などにも手が回るようになった。運動場には遊動円木を設置し、機械標本室や食堂、娯楽室など学校設備にもゆとりが生まれた。
　これは第1次世界大戦後の好景気による影響で、この時代には同窓生からの寄付が集まった。その中のひとりである山本多喜は、創立功労者の石黒涵一郎の娘で、1906(明治39)年に本校を卒業した後、1910(明治43)年から本校教師を務め、「船成金」や「虎大尽」といわれた実業家山本唯三郎に嫁いだ。結婚前後から山本多喜の名で寄付やピアノの寄贈、校舎1棟まで寄贈している。当時の社会状況を考えると20代の多喜が稼いだとは考えにくく、当然、夫である唯三郎の財力によるものとするのが自然である。
　大正期までには校舎建設の資金集めのためのスタイルが確立されていた。校舎拡張増築資金募集のため音楽会や活動写真大会を開催し、同窓生や関係者らが文化的な活動に投資しながら、学校の施設も充実させるというものであった。
　また1926(大正15)年には、最初の校舎を改装している。これは生徒数の増加に伴い、講堂を1,000人収容できるようにしたものである。また、寄宿舎の隣の土地を埋め立て、第2運動場として、排球(バレーボール)・籠球(バスケットボール)のコートを造った。その年は創立40周年であり、講堂で創立記念式が盛大に挙行された。元設立委員の小野田元は「四十年前の回想」として講演し、創立に至るまでの経緯や士族屋敷での授業の様子、教室にはオルガン無しで音楽を教えていたことなどを振り返った。また最初の校舎を建てる時、国清寺前の旭東小学校の場所が候補地でもあったこと、移転前の校地は人家も少なく畑や荒れ地で不便だと懸念されたが「今となっては国清寺の前よりも今の所が学校にはより善き

場所であると思われます」と述べた。大福寺への移転、新築校舎建築などを振り返り「今日の如く生徒も多く、建築物も立派に今日の盛大は夢想だにもしませんでした」と回想した。

時代が大正から昭和に移り、校舎の増築や施設の増

雨天体操場

設も続いた。この時期、雨天体操場の屋上に教室を設け、運動場には庭球・排球のコートをそれぞれ追加、新築体育館の建設もあった。新しく図書室、休養室、売店や会議室を設け、寄宿舎の東50坪を購入して校地を拡張、第2運動場を広げ、新しく現代様式の校門を設置した。

1934(昭和9)年9月21日、室戸台風のため旭川の氾濫による水害に見舞われて、本校でも床上浸水や周囲の土塀が倒壊、校舎の一部が破損するという被害があった。しかし、職員や生徒の預金、同窓会の支援により、直ちに修復工事に着手するまでになった。

創立30周年以降、創立の節目に大規模な校舎改修を行うようになっていたが、創立50周年には、記念事業の一つとして家政専攻科の校舎新築に着工した。完成した校舎を当時「二階建の偉容は操山の翠に迫りて屋上の展望頗る佳絶」と表現している。こうして本科と同様に独立した設備が整い、授業ができるようになった。木造2階建ての陸屋根で洗い出し人工石で仕上げ、普通教室だけでなく、特別教室や職員室を完備した立派な校舎であった。

1936(昭和11)年夏にも、校舎の大改修が行われた。教室と講堂の間の渡り廊下を新設し、職員室の改修、そのほかにも通風採光をよくし、創立50周年の祝賀を迎えるべく装いを新たにした。

1941(昭和16)年、講堂内のステージを拡張した。それまで徳吉町の地での拡張は順調であったが、その後は大規模な校舎の改修の記録は少なくなる。同年、体育館の南方隣地を借り入れ、農園を置き、1943(昭和

18)年12月18日には、本科5年生が薪炭自給のため由加山の伐採作業に従事、校庭で炭焼を始めた。
　そして、1945（昭和20）年6月29日には岡山大空襲で被災する。

戦災　倉敷移転計画と岡山での復興
　1945（昭和20）年6月29日午前2時半ごろ、警報の発令もないまま岡山市門田方面に突如B29の爆音が響いた。それと同時に、焼夷弾が降ってきた。以後2時間にわたって、約70機のアメリカ空軍機による波状攻撃は続き、岡山市の大半は火の海と化した。そして本校の校舎、寄宿舎、教材設備に至るまで一切を焼失してしまった。教師であった堀以曽はその時の様子を次のように語った。
　「山陽高等女学校は最も早く火に囲まれ始め専攻科の裏側に発火を発見。寄宿舎生によって消し止められたが、寄宿舎東裏の無人の住宅が燃え鎮火せず、体育館が焼失した。寄宿舎が燃えるのと同時かそれとも先かは分からないが、学校校舎に火災が起こった。火の勢いが急激に増し、さらに西教室に燃え広がり、西館に移り、西側の家々との類焼と合わさって甚だしく全部焼失するのを見守るしかなかった。創立60年の尊き歴史が2時間あまりで燃え尽きてしまった。」
　7月2日に開かれた職員会議で復興を協議し、上代淑の「灰の中から立ち上がりましょう」の呼びかけで13日に学校は再開され、焼け跡の整理に着手した。終戦をむかえて9月3日、鐘紡岡山絹糸工場（岡山市門田172番地）の焼け残った女子寮を借り受け、仮校舎として使用することにし、第2学期の始業式を行った。また網浜の成徳学校済美会館の一部も借りて分教場とした。
　10月の理事会では現敷地は拡張が困難であり、岡山では新たに土地を得ることも難しく、倉敷に女学校の数が少ない上に適当な敷地があるということで、倉敷移転計画が有力となった。11月15日、倉敷絹織酒津工場寄宿舎を校舎として倉敷分校が開校した。
　11月28日の理事会では、本校は倉敷市への移転を前提に倉敷安江に約2万坪を確保して校舎を建設し、徳吉町に残した700坪の校地に女子専門

学校と幼稚園を創設する方針を決定した。

その後12月7日、一室に集まった父兄・教職員ら約40人に倉敷移転が決定したことを告げると、岡山に復興すべきとの猛反対がおこった。1946（昭和21）年2月23日の理事会では、新年度から岡山と倉敷の2カ所で出発し、本科第1学年は倉敷に入学するとの方針を決めた。

鐘紡岡山絹糸工場の焼け跡にて

移転予定先の倉敷市安江の土地買収交渉は私有地があって進展していなかった。10月5日から3日間、保護者会が開かれた。集まった父母からは倉敷移転についての説明が求められ、岡山復興の声が高まりを見せていた。12月14日の理事会には、教職員・生徒・保護者による岡山復興嘆願書が寄せられた。理事会では、この日倉敷移転計画を白紙に戻し、岡山復興を検討して絹糸工場の敷地購入計画を検討することになった。12月18日には岡山市での復興を決断し、岡山絹糸工場の跡地を買収して、復興資金の募集をおこなった。

岡山復興が確定して岡山絹糸工場敷地の買収交渉が本格化したが、当時本校仮校舎として借用していた同工場の寄宿舎北寮を、1947（昭和22）年3月までに返還しなければならないという事態が起こった。そこでひとまず、岡山師範学校が使用していた南寮を明け渡してもらい、そこに移転し、4月から旭東国民学校の一部の教室を借用するべく岡山市と交渉したが、650人の生徒を収容するゆとりはなかった。

門田屋敷への移転

1947（昭和22）年1月20日以降、岡山絹糸工場跡地の買収交渉に奔走、その一方で、手狭な仮校舎の3月の明け渡しを前にして、移築可能な木造空屋を県内各地で物色しなければならなかった。同年3月26日、つい

に土地を所有する鐘ヶ淵紡績株式会社との間に土地買収契約が成立し、操山の麓近くの岡山市門田172番地31,944㎡を手に入れた。これが現在の山陽学園の敷地、門田屋敷2丁目2番16号である。この第3の地に戦後最初の校舎を建設した。

　1947（昭和22）年学制改革により中学校が併設された年の8月2日、本校分校の教職員と生徒が参列して、復興建築地鎮祭、定礎式が行われた。そして、渡邊久雄の設計、竹中工務店の施工によって、11月28日待望の木造平屋建て校舎2棟が落成した。これが後に北舎・中舎と呼ばれる校舎である。この日正式に学園は現在の地に移転した。新校舎に宿直した教員は「校長を中心に新築は一先ず完成された。職員の総努力は報いられた。山陽はいよいよ華々しくスタートを切った。焼野に木の香新しく明るく静かに建った。今夜初めて宿直して感慨無量のものがある。……たのしい春が来る。」とした。

　1948（昭和23）年4月1日には山陽女子高等学校として再出発し、5月11日、財団法人山陽学園と改称した。同じ年の8月3日、倉敷分校との合併に伴い、早急に校舎を建築するように要望があがり、緑会役員会が資金調達を自ら行うとの決意表明をした。この年の9月には、校舎建築工事のための現場事務所を譲り受け、寄宿舎に改造して倉敷分校の寄宿舎生を受け入れた。9月30日、倉敷分校を廃止し、本校との統合が進んだ。この建物は格子窓のバラックで、まわりに夏草が茂るとまるで虫かごのように見えたという。バラックの寄宿舎はその他に2棟建ち、1958（昭和33）年まで使用した。

　1949（昭和24）年5月、ようやく木造2階建て1棟の棟上式をあげた。教職員のついた祝餅が全生徒に配られ、喜びを分け合った。7月にはみさお会主催で工事従事者に対する謝恩会を開催、その年の12月24日には竣工して南舎と呼ばれ、すし詰め状態であった普通教室は解消された。南舎の建設が軌道にのった9月12日の建築委員会では、講堂兼体育館の建設の計画が決定された。戦災後の行事は、それまで旭東小学校の講堂を借りて行われてきた。南舎の落成で、中舎と南舎の間の中庭が野外の集会に用いられるようになり、1951（昭和26）年1月にこの場所にローラー

スケート場が設けられると、入学式などもここで挙行されるようになった。

　学校法人山陽学園と改称された年の1951 (昭和26)年6月、講堂兼体育館の起工式を挙げ、教師も生徒も釘打ちを手伝って同じ年の暮れに校舎が完成した。この建物は12月13日、天野貞祐文部大臣により淑徳館と命名、年の明けた1952 (昭和27)年2月1日には盛大な落成式を挙行した。この淑徳館は当時岡山市における戦後最大の建物で、一般の催し物会場にも利用され、各方面からの見学者が絶えなかった。また創立70周年記念として1957 (昭和32)年6月には図書館が落成し、7月3日に開館した。

　戦後のベビーブームが迫った1954 (昭和29)年から1961年(昭和36)年にかけて、生徒数増加のために学校施設の増築と新築が相次いだ。

　1957 (昭和32)年、寄宿舎の新築により老朽化していた北寮を廃止し、秋にはさらに寄宿舎を増築した。翌年にはその西にバレーボールコート2面を新設した。1958 (昭和33)年には愛校会により、独立した生徒食堂を建設、1959年(昭和34)年10月18日には、初の鉄筋校舎として2階建ての西校舎が落成、化学教室と合併教室、普通教室に充てられ、図書館の西には庭園「憩いの庭」が完成した。

　また1961年(昭和36)年1月31日には中央校舎が焼失し、寄宿舎生らが深夜に消火活動をした。1961 (昭和36)年10月18日に4階建ての本館「淑徳館」が落成した。その後、高校に音楽科を設置した1966 (昭和41)年に、創立80周年記念事業として、家庭科特別教室4室、合併教室、生徒食堂のある東校舎と、上代記念室を中心に生徒集会室、放送室、売店、用務員室、保健室からなる記念館(後の中央館)を建設した。

　1972 (昭和47)年1月18日には、総工費7000万円をかけた創立85周年記念の体育館が旧体育館の東側に並んで落成した。1971 (昭和46)年12月の理事会では、創立90周年事業として本学園最後の木造校舎である南校舎を鉄筋コンクリートに改築することを決定した。翌1972 (昭和47)年7月、校舎を運動場の南側に移転し、その跡地に着工した。そのためこの年の体育祭は短大のグラウンドでおこなわれたが、その後も生徒増加と新築体育館の建設による運動場の狭さから、短大の運動場で開催する時期があった。

1974（昭和49）年夏には西校舎も改装されて、1階に物理教室を移転し、2階には冷暖房・防音装置付きの音楽レッスン室を設けた。1974（昭和49）年3月に落成した南校舎は、普通教室のほかに、考古学資料・近世庶民生活資料の展示棚を備えた社会科教室、56ブースを備えた語学演習室（LL）、書道・美術、生物第1・第2実験室をもつ明るい3階建ての建物で、総面積3,808㎡であった。

　1976（昭和51）年2月には、みさお会各部のための木造2階建てのクラブハウスを新築した。90周年を目前に、ただひとつ残された木造の寄宿舎の建替を計画、1978（昭和53）年3月31日完成した。この寄宿舎は総工費2億2000万円の3階建て鉄筋コンクリート建築、延1,699㎡である。85人収容可能で20室を備え、生徒の合宿に利用する予備室5室を加えた時計塔のある白い建物に生まれ変わった。寄宿舎の完成により、運動場南側に移転していた最後の木造校舎の旧本館は取り壊した。

　1980（昭和55）年と1982（昭和57）年の2回に渡り、岡山市長から「緑と花、光と水のまちづくり」推進に協力したとして感謝状を贈呈された。これは、空襲の焼け跡から40年に渡って卒業記念樹をはじめ、植林と緑化に努めてきた賜物であった。正面玄関にそびえる立派な蘇鉄、春には順に咲き始める様々な桜、梅雨の時期には鮮やかに目を楽しませる紫陽花、日陰のシダは教材として使われ、芝に被われた中庭や憩いの庭、運動場の周囲にも数々の植物が息づいていた時代であった。

　1986（昭和61）年の創立100周年を記念して上代淑記念館が竣工した。レンガ風の外観で1階には茶室「淑徳軒」を設けて礼法の授業で使用し、また会議室では職員会議だけでなく、一般向けセミナーを開催した。2階には講堂を思わせるホールと上代淑記念室を設置した。

　1989（平成元）年には体操部の練習場である小体育館が完成した。1995（平成7）年の創立110周年には2階建ての図書館兼アリーナを淑徳館として建て直した。旧図書館は普通教室へ改修し、第2南館と呼ばれる。1997（平成9）年2月24日には同窓会館が竣工し、2015（平成27）年に創立130周年記念事業として、本館と中央館を解体し、新校舎が落成した。

平井の丘

　1969(昭和44)年、山陽学園短期大学が開学した。同年4月3日には本館校舎(現在のA棟)が平井の丘に落成し、4月15日には新築した本館3階の第一講義堂を式場として新入生188人をむかえ、第1回入学式を挙行した。

　それから約1カ月後の5月17日開学式があり、建築関係者に感謝状を贈り、教職員からの記念植樹として玄関脇に泰山木を寄贈した。その後、ピロティで祝宴を催し、短大開学を喜びあった。

　翌年の1970(昭和45)年には、食物栄養学科の校舎(現在のB棟)が落成した。これが短大2番目の棟である。さらに1971(昭和46)年には、専攻科を開設し、6月30日に集団給食棟をその北側に建てた。同年3月には、学生数の増加に伴い、学寮を設置した。運動場の東南に約53㎡のプレハブ寮3棟が完成した。各棟定員は6人であったため、翌年4月には2棟を追加し、5棟のひとつには舎監が住み込んだ。

　また1972(昭和47)年3月、平井の丘にも幼児教育学科の校舎(現在のC棟)とピアノレッスン室を備えた体育館兼講堂が落成し、5月11日から体育館を会場として幼児教育学科の開設記念式典を行った。

　1974(昭和49)年3月、短大附属幼稚園舎を平井の丘の頂き近くに建設し、同年4月11日から開園した。園児送迎のバスも運行されることになり、5月18日には短大開設5周年の記念式典も兼ね開園披露した。また、学生ホール、食堂の新設に際し、旧学生ホール、倉庫などの跡を家政科の実験室にし、40人収容の実験室と8人の被服系実験室兼研究室を設けた。

　また幼児教育学科の増員に伴い、幼児教育棟にあったロッカールームを改修してピアノレッスン室を増設し、1978(昭和53)年には地階に音楽室、1階に合同講義室、2階に視聴覚室を増設した。1976(昭和51)年3月9日には短大図書館が落成した。

　1978(昭和53)年2月28日清輝寮を購入した。短大では年々増加する入寮希望者への対応の必要があり、たまたま清輝橋3丁目にある銀行の女子寮であった建物を購入することができ、改装して26人を収容した。短

大の寮はこれにより2カ所になったため、大学構内のものを「平井寮」、清輝橋のものを「清輝寮」と呼ぶことになった。

それから4年後の1982(昭和57)年5月の理事会で学寮建設が決定した。「清輝寮」は大学から離れた場所にある上、建物自体も古くなっていた。「平井寮」もプレハブであったため傷みも早く、生活環境は充分であるとはいえなかった。関係者が手を尽くした結果、短大のグラウンドのすぐ南に接した農地約1,500㎡が手に入った。上代晧三学長を委員長とした学生寮建設委員会で準備を進め、翌1983(昭和58)年3月に新しい学寮が完成した。鉄筋コンクリート造りで3階建て3棟のモダンな建物に居室は31部屋あり、63人の学生を収容した。

1988(昭和63)年には、短大に国際教養学科を設置し、同年3月31日コンクリート5階建ての国際教養棟(現D棟)、1989(平成元)年9月30日学生会館が完成した。1994(平成6)年には、山陽学園大学国際文化学部が開学した。それに伴い同年1月29日、ガラス張りの本館を建設した。7階まであるこの本館は、地階となる1階部分にはロッカールームを配置し、2階が正面玄関となる。3階4階は大小の講義室、そして、5階から7階までは研究室と演習室になっている。各フロアの階段にはそれぞれ異なる花のステンドグラスをあしらい、白百合や水仙、藤などが学生や教職員らを和ませている。

1991(平成3)年3月10日、図書館を増築、同じ時に弓道場も造られ、創立110周年記念事業として、1996(平成8)年5月8日にホールを備えた学生食堂「DOMUS AMICITIAE(友愛の館)」(通称ドムス)が完成した。

その後、十数年校舎の建設はなかったが、大学の看護学部開設に伴い、2009(平成21)年2月28日に鉄筋コンクリート陸屋根4階建ての看護棟(G棟)が落成した。

(岩本奈緒子)

コラム　旧本館から新校舎へ

　2014（平成26）年8月、中学・高校の本館の解体が始まった。はじめに取りかかったのは、正門からすぐ目に入る蘇鉄である。大きく育った蘇鉄が轟音と共に横倒しになった。解体が進む校舎の壁は意外と厚く、その頑丈さに歴史の重みを感じた。

　正面玄関に上代淑のレリーフが掲げられたこの本館は「淑徳館」と名付けられ、53年間生徒の学舎として多くの同窓生に親しまれた。

当時、豊かさの象徴だった螺旋階段

　1961（昭和36）年8月に落成した旧本館は、正面玄関に螺旋階段を配置し、当時としては贅沢なつくりであった。当時着任した教師は「戦後の混乱からようやくゆとりが生まれ、螺旋階段という空間そのものが豊かさの象徴だった」と語った。この豊かな空間を新校舎のアトリウムに継承した。

旧本館の床板を利用した「絆のモニュメント」

　1教室に60人もの生徒が入るため教室は広く天井も高かった。南側の中庭に面したベランダは陽当たりが良く、生徒の憩いの場であった。その中庭にも1971（昭和46）年には芝生が敷かれ、生徒らが和やかに過ごしていた。生徒と教職員の増加により芝生の中庭は、駐車場となり花時計が設けられた。この中庭に建築されたのが新校舎である。

　新校舎建築に際して、教室面積は旧本館よりやや狭くなったが、廊下側のドアを全開口可能にしたことで威圧感を与えない設計となった。また天井高は3mで通常よりもやや高いが、これは旧本館の天井高と同等のものをとこだわった部分でもある。

　2014（平成26）年7月、夏休みを目前に生徒たちは解体の決まった大音楽室の床材の裏にメッセージを書いた。これは新校舎の東西2階3階に設置された中柱に、はめ込まれた。53年間使われた本館の一部を新校舎の柱に生かした。この柱は「絆のモニュメント」と名付けられ、生徒だけでなく教職員や同窓生もメッセージを寄せた。

　2014（平成26）年9月、旧本館の解体を延期して、原田マハ（本校卒業生）原作の映画「でーれーガールズ」の撮影に協力した。こうして、同窓生の思い出のつまった本館校舎は映画の中に記録されている。

（岩本奈緒子）

第7章

山陽学園の地域貢献活動

1 中学校・高等学校の地域貢献活動

地域貢献活動の歴史

奉仕の精神をつないだ二人

　山陽学園と地域とのつながりを紐解くとき、まずあげられる人物は「児童福祉の父」と呼ばれる石井十次（1865–1914）であろう。彼は教会を通じて山陽学園の学校委員や教師たちと知り合い、やがて学園と緊密な関係を持つようになる。彼は岡山孤児院の設立発起人に本校関係者を依頼し、山陽英和女学校設立とほぼ同時期の1887（明治20）年、門田村の三友寺を借りて孤児院の事業をはじめた。上代淑もまた、岡山孤児院開設後2年目に山陽英和女学校の教師になったことをきっかけに、孤児院の支援活動に参加するようになっていた。岡山孤児院内で開かれる祈祷会で、マウント・ホリヨーク大学（Mount Holyoke College）での体験を報告したこともあった。

　石井は孤児院の生活状況や院の経営困難をたびたび山陽の生徒にも訴えた。そのたびに生徒は金銭や衣類を持ち寄って贈った。その一方で、石井は本校の財政危機に際して献身的な援助を惜しまなかった。院の経営が軌道に乗り、上級学校進学希望者が出るようになると、女子には本校への入学を薦めていた。

　岡山博愛会の生みの親アリス・ペティー・アダムス（Alice Petee Adams／1899–1937）もまた地域に貢献した人物である。

　彼女は1891（明治24）年5月、25歳で旭東講義所の牧師として来岡した。東山の居留地に入る彼女を本校生徒は整列して出迎えたという。アダム

スは、その年のクリスマスに恵まれない子どもを自宅に招いてクリスマス会を開いた。会は盛況を極め、子どもの要望に応える形で次の週から日曜学校を開くようになった。それが岡山博愛会の母体である。

　アダムスはその後、私立花畑尋常小学校や保育園を開設した。また、地域環境を整えるため、入浴習慣を持たず病気を招いていた住民に風呂を無料開放した。子どもの救貧対策に留まらず福祉活動に手を広げ、施療院を開設し、訪問介護などを行った。10年間滞在するつもりで来日していたが、結局自身が病魔に侵されるまでの45年にわたって岡山の地で働き続けた。その支えとなったのは大西絹、宇野光三郎、安部磯雄牧師らとともに日曜学校（のちの旭東講義所・旭東日曜学校）の運営に携わっていた上代淑の存在だ。英語が堪能だった淑は、アダムスが着任したその日から親友になったという。

　アダムスの献身的な福祉活動に共感し、1905（明治38）年のクリスマスから、博愛会の主催で花畑地区の恵まれない家庭の人を招待して食膳を供し慰安するパーティーを始めた。毎年教職員・生徒有志がこれに奉仕して、第2次大戦前夜まで続けられた。

激動の時代に

　昭和に入ると、昭和恐慌や第2次世界大戦など不安定な情勢が続き、貧困が深刻な社会問題となった。上代淑校長は、「人のために尽くすことこそ私たちのよろこびである」「重荷を負う人に手を貸しましょう喜んで」「近所隣へ思いやり愛の種をまきましょう」と謳い、支援活動を引っ張った。

　1934（昭和9）年頃、東北地方が冷害のため大凶作に見舞われ、欠食児童が続出した。本校でも同年10月、岡山市内各所に職員・生徒が立って、学童救済募金活動を行い、合計516円53銭を新聞社に寄託した。

　1935（昭和10）年の歳末には、職員・生徒の間で年末感謝同情金を募り、岡山市内の各社会福祉施設に贈った。以後これは毎年の恒例行事となって今日に至っている。

　1937（昭和12）年5月には本校にヘレンケラーが講演に来ている。ヘレ

ンは、1937（昭和12）年、1948（昭和23）年、1955（昭和30）年の3回来日し、全国各地の盲・ろう学校などを精力的に回っていた。そんな中、なぜ本校を訪れたのか。資料は見つかっておらず詳細は不明であるが、障害者の教育の発展を願っていたヘレンと上代校長の見据えるものが同じであったことは想像できる。

　1947（昭和22）年暮れから生徒は、赤い羽根の共同募金活動に参加した。その年から戦災をうけた後楽園の復興のために、本校生徒も労力奉仕に出動した。この作業は、1951（昭和26）年4月まで続けられ、開園250周年の席上、学校は表彰を受けた。

　1959（昭和34）年、奉仕の精神を掲げていた上代校長が亡くなった。その頃、ベビーブームの影響で、本校の入学志願者は増加の一途をたどった。これを契機に教育の強化充実を図るようになった一方、上代校長が牽引していた地域とのつながりは薄れていくことになる。

近年の活動

　公立中学校で校内暴力が多発し、青少年の精神や行動における不安定が社会問題になった背景のなかで、学校間や地域間で連携を強化する動きが出てきた。本校でもまた、地域とのつながりが見直されるようになり、あいさつ運動や校外清掃が始まった。

　近年ではその幅を広げ、さまざまな地域活動に参加するようになった。なかでも、老人ホームや障害者作業所での奉仕活動、旭川荘へのおしめの寄付などのボランティア活動を積極的に行っている。カンボジアの教育支援や医療支援などを行っている国際協力団体（公社）セカンドハンドのチャリティーショップの店番をする活動もある。いずれも参加者は全校から募っている。

　学年やコース、部活単位で行われているボランティアもある。2000年代、中学校では学年を縦割りにした「つぼみ班」に分かれて、デイサービスの施設、保育園、乳児院への訪問をはじめ、後楽園付近や弊立山公園の清掃奉仕活動を行った。2000（平成12）年には「奉仕活動の日」を設け、表町商店街での自転車マナー向上の呼びかけ運動を行った。2004（平成

16)年には、三友寺保育園の園児を学校に招き、影絵やソーラン節を披露した。地域との交流を通じて、つぼみ班は団結力を深めた。2005(平成17)年から始まったアクティブイングリッシュコースは、保育園や小学校で絵本を英語で読み聞かせる活動や後楽園の外国人案内ボランティアを続けた。音楽科や吹奏楽部もまた、小学校へ訪問演奏を行っている。みさお会(生徒会)は町内の落書き消し活動や募金活動を随時行っている。図書委員会は本校が2005(平成17)年度にNIE実践校となったことを機に、ハンセン病をテーマに活動し、放送部とともに長島愛生園と交流してきた。

　継続的に行われている活動も多々ある。4月は、有志生徒が街頭で「緑の募金」活動を行う。この活動は、緑豊かな岡山をめざして行われるものだ。6月には、薬物乱用防止キャンペーンに参加している。早朝から通勤、通学者に啓発のチラシの入ったティッシュ配りを通じて、薬物乱用防止を訴えている。12月には、校外でNHK歳末たすけあい募金をしている。また校内では、生徒、保護者、教職員から年末献金を集めた。募金は新天地育児院やアダムスホームのほか、長島愛生園、邑久光明園などに寄付している。長年続けられているこれらの活動は、地域とのつながりを密にしている。

　学年全体では、総合的な学習の時間などを用いながら、学校付近の地蔵川沿いや東山公園などの清掃活動に取り組んできた。秋になると、学校周辺の落ち葉清掃を行い、2015(平成27)年には門田東山町内会から感謝状を贈呈された。

課外活動での地域奉仕

　部活・委員会単位でみると、厚生課が2009(平成21)年度、エコロジーの意識を高める活動を活発に行うために「山陽エコプロジェクト」を立ち上げた。生徒70人からなる「えこぷろがかり」が組織され、2カ月に1回「リサイクルの日」を設けた。

　JRC部は、チャリティーバザーの開催や献血活動など、地域と密着した社会貢献活動を行っている。地歴部は、瀬戸内海の海ごみ問題に取り

組み、地域社会や国際社会に啓発活動を行ってきた。2013（平成25）年11月、この2団体は善行少年（団体）として表彰された。

記念館ホールで行われたブックトレード

創立120周年記念の取り組みとして図書委員会は、門田地域の歴史文化を紹介したマップ「あしあと　門田かいわいをめぐる人々」を制作した。このマップは、2010（平成22）年5月、東京都千代田区霞ヶ関で行われた「観光地域づくり人材シンポジウム」（観光庁主催）において展示・配布された。このシンポジウムは「持続可能な観光地域づくりを担う人材の育成と体制づくり」をテーマに行われ、企業、行政、教育機関など全国から300人以上の参加があった。門田文化を全国へ発信する機会となった。

2011（平成23）年には、編集部が「門田かいわい歴史散歩マップ」を作成した。これは、地域の方々といっしょに地域の歴史文化を紹介していこうというプロジェクトである。プロジェクトの一環として、東山郵便局で門田界隈の風景印が作成された。風景印は、記念押印と引受消印に使用された。

2012（平成24）年5月には初めての試み、「山陽学園ブックトレード」が行われた。このイベントは、「他の人に読んでもらいたい本」を持ち寄って交換するもので、本の1冊1冊には、次の読者へおすすめメッセージが添えられている。地域の人々など約100人が参加する活気あふれるイベントとなった。

東日本大震災

2011（平成23）年に起きた東日本大震災に対しては多くの復興支援活動を行ってきた。高校総合進学コースの生徒は、同年7月に福島県、宮城県、岩手県に足を運び、地元の高校生と交流した。9月には生徒が岡山高島屋で東北の物産を販売し、売り上げの一部を被災者支援に活用する

「東日本大震災復興支援プロジェクト」を行った。岡山中央警察署より「善行表彰」を、また兵庫県と毎日新聞、公益財団法人ひょうご震災記念21世紀研究機構が主催する「ぼうさい甲子園」からも東日本大震災支援特別賞を受賞した。

　2012（平成24）年度の文化祭では、お祭り広場食品バザーで得た利益を宮城県の仮設住宅自治会に寄付した。

　2013（平成25）年から「福島ひまわり里親プロジェクト」に参加している。これは、福島県の復興のシンボルであるひまわりの種を50粒500円で購入し、里親となってひまわりを育て、採取した種を再び福島県に届けるというものである。ひまわりを咲かせ続けることで、震災を忘れないという思いが込められている。このプロジェクト参加を発案したのは二人の高校3年の生徒だった。「私たちにできる復興支援は」と自分たちでこのプロジェクトを探し出し、みさお会に持ち込んだ。その思いに賛同したみさお会は、実施を決定した。この活動は二人が卒業した現在も続き、夏休みには全校から水やりボランティアを募集している。

　部活動においても積極的に支援活動を行っている。JRC部は、路面電車祭りに参加して、手作りの「HOPEクッキー」を100円で販売した。売り上げは震災遺児へ「みちのく未来基金」を通じて寄付した。また、日限地蔵の縁日でチャリティーバザーを開催した。被災により岡山で生活している人々の援助を行っているNPO法人を金銭的に支援しようという試みであった。編集部は2011（平成23）年5月、「ふんばろう東日本支援プロジェクト」に参加し、気仙沼の中学校へ国語辞書を送った。また、夏休みには気仙沼市を訪れ、被災した人々を取材し、短編動画「気仙沼レポート」を制作した。

長島愛生園との交流

　1936（昭和11）年、創立50周年式典は1週間にわたって行われた。記念行事は同窓会大会や学校創立功労者追悼会、墓参、球技講演会、文芸会、趣味展覧会などのほかに、長島愛生園への女子寮寄贈が組み込まれた。

上代校長は、本来なら輝かしい青春を楽しむはずの少女たちが、親や友人と離れて過ごすことに心を痛めていた。病気を患う少女達のために新しい寄宿舎を建て、心を癒してほしいと考えての計画だった。全国の同窓生に10銭袋を託し、また自身も熱心に寄付を頼み歩いた。その熱意に動かされ、当初の1棟分の目標を超えて2棟分の寄付金が集まった。

木造平屋建ての山陽高女寮

　長島愛生園で行われた山陽高女寮の落成式には、校長以下職員、生徒、同窓会代表など170人が列席した。ハンセン病は感染力が強いという偏見が広まっていた時代である。

山陽高女寮の平面図

　このとき、上代校長は次の歌を添えた。

　　五十年（いそとせ）の　わが学びやのよろこびの　心をこめて　贈るこの家

　1948（昭和23）年4月には本校で長島愛生園光田園長の講話が行われた。愛生園では十分な教育ができていない状況に生徒や教師は共感し、早速学校から愛生園へ教科書を寄贈した。その後、毎年長島愛生園や邑久光明園への寄付や慰問が企てられ、上代校長も度々足を運んで親しく患者を見舞った。患者からは、生徒の演劇やバレエへの感動をつづった礼状が届くこともあった。その後も、1965（昭和40）年頃には地歴部が、愛生園の高校生が所属する新良田（にいらた）教室を訪れている。しかし、第1次ベビーブームによる生徒の増加で教職員が多忙化し、愛生園との親交は徐々に薄くなっていた。再びその繋がりが濃いものになったのは平成に入ってからである。

1993（平成5）年、歌会始に入所者谷川秋夫の短歌が入選した。しかし、谷川は後遺症により介護者なしには動けない。心臓の持病もあり、歌会始の儀への参加は断念せざるを得なかった。当時、歌会始の儀では欠席者の歌は朗詠しない決まりがあり、谷川の歌もまた詠み上げられなかった。その理不尽な差別を知り、動いたひとりの主婦がいた。彼女は、宮内庁へ10枚に及ぶ手紙を出した。訴えは聞き届けられ、欠席者の歌も朗詠されるようになったのである。国民の要望で皇室の規則が変わったのは初めてだった。岡山の主婦の奔走を知った放送部は、ラジオドキュメンタリー「この短歌（うた）が空に響くまで」を制作した。1994（平成6）年、作品はNHK杯全国高校コンテストで文部大臣賞を受賞した。その秋、宮内庁は欠席者の歌も朗詠することを正式に発表した。

　これをきっかけに、長島愛生園やその他の療養所と交流が再び深まり、近年では学年ごとに療養所を訪ね研修を行っている。また、山陽学園緑会（PTA）、教職員有志で構成する団体「グリーンコーラス」が2014（平成26）年、2015（平成27）年に愛生園を訪れ、学園歌や「ふるさと」「見上げてごらん夜の星を」「上を向いて歩こう」などを披露している。

地域開放

　地域に開かれた学園をめざし、2008（平成20）年より山陽学園文化セミナーを開講した。これは、学校も地域から孤立して存在するものではなく、地域と共にあるという思いから、学校が持っている様々な知的財産やサービスを地域の人々に提供する目的で計画した。講師は山陽学園の教員や教授、元教員などが務め、茶道や英会話、着付け、絵画などの基礎講座のほか、「門田文化を考える」や「山陽女学校ゆかりの人々」など本校ならではの講座も開いた。また、キッズ卓球、キッ

定員いっぱいになったキッズ絵画の様子

ズサイエンスや読書感想文セミナーなどジュニア向けのセミナーも企画した。年々受講者が増加し、講座のバリエーションも増え、2010（平成22）年度からは中学・高校の門田屋敷キャンパスに加え、短大・大学の平井キャンパスでも開講されるようになった。

（田中麻依子）

【参考資料】
濱田栄夫『門田界隈の道―もうひとつの岡山文化』（吉備人出版）
山陽新聞2008.6.30「先人の風景―アリス・ペティー・アダムス」
緑会発行新聞「アダムスホームと山陽学園」2009.5
山陽女子高校「教育活動の記録」昭和63年度～平成11年度
山陽女子高校「校誌　みさお」創刊号（2001年度）～第6号（2006年度）
山陽女子中学校・高等学校公式ブログ
山陽女子中学校高等学校JRC部ブログ
ハンセン病資料ファイル

2　大学・短期大学の社会貢献・地域貢献

　地域貢献の歴史は、1969（昭和44）年、短期大学がこの地に誕生した時から始まる。地域社会への貢献として、まず考えられたことは「公開講座」の開設であった。本学の教育・研究の成果を広く社会に発表することは、地域社会の発展に寄与することであり、今ほどさまざまな講座や講演会が行われていなかった当時では、学ぶ意欲のある市民にとって良い機会であったと思われる。上代晧三初代学長が担当することもあり、岡山大学医学部院生たちが聴講に来ていたこともある。

　1994（平成6）年に大学が開学し、学部・学科の増設により、より学科の独自性を示した専門分野の公開講演会も開催されるようになり、本学の地域貢献、社会貢献は地元に根付いたものになっていった。また学生はクラブ活動や学友会等の団体を通じて社会と交流を持っていた。

　今、大学の役割は大きく変わりつつある。2007（平成19）年に改正された学校教育法では、「大学は、その目的を実現するための教育研究を行い、その成果を広く社会に提供することにより、社会の発展に寄与するもの

とする（第83条第2項）」と明記されている。学びたい、知りたいという欲求が高まる中、これまで以上に社会貢献が求められている。

ボランティア支援・社会サービスセンターの活動

　1999（平成11）年、市民の生涯学習への熱が高まる中、大学の社会貢献・地域貢献への期待は大きくなり、各々で対応していたものを担当窓口を一つにするべく社会サービスセンターを設立した。短期大学開学以来行っていた公開講座も以降は社会サービスセンターの担当となった。
　2014（平成26）年10月、社会サービスセンターは、ボランティア支援・社会サービスセンターに改組し、翌年には学生窓口を設置した。学生にとっても常時相談でき、地域に対する窓口にもなった。

公開講座
1）短期大学時代
　1969（昭和44）年、山陽学園短期大学（家政科）が開学し、その年の8月18日に第1回公開講座を開催した。東京文化女子大学小川安朗教授「人は何を着て来たか」、山陽学園短期大学斧原甚三郎教授「被服繊維発展の経路と将来の見通し」の講演が行われた。
　1970（昭和45）年の家政学科食物栄養学専攻や1972（昭和47）年の幼児教育学科設置により、新しい学科と関連が深い内容が増えた。同年の第4回公開講座は幼児教育学科の開設記念講演会として「幼児教育の本質」をテーマに、広島大学荘司雅子教授と頌栄短期大学藤田よし子助教授による講演を行い、会場の体育館は県内各地の幼児教育関係者で埋め尽くされた。開学からの9年間には公開講座が開催されない年もあったが、第7回の1987（昭和62）年以降現在まで毎年開講している。
　1988（昭和63）年、短期大学に国際教養学科を設置した。これを契機に国際化時代、国際交流、国際情勢などの演題が加わった。公開講座の参加者は概ね100人前後を保ってきたが、多い時には350人余のこともあり、当時の受講者の熱意が窺える。

2) 大学の設立

　1994(平成6)年に山陽学園大学(国際文化学部コミュニケーション学科・比較文化学科)が開学し、公開講座は大学と短期大学合同で開催することになった。1994(平成6)年から2000(平成12)年までの7年間は、生涯学習の充実と男女共同参画の推進を図っていた岡山県教育委員会から「ウイメンズ・ライフロングカレッジ」を受託し、公開講座と合併開催となった。岡山県教育委員会要請の実施時間数に合わせ、開催日も9日から10日間開催になった。初年度の1994(平成6)年には6月から9月の8日間にわたって学内教員15人が講演をおこない、大学ノート形式の梗概集(こうがい)を印刷配布した。3カ月に渉る長丁場であったが、98人の受講者が修了証書を手にした。毎年報告書を作成し、県教育委員会を通じて全国の関係機関へ送付した。

　また地域からの要望を受け、1998(平成10)年からは公開講座特別コースを開催し、特定の分野に絞った講座を設けた。平井学区との協働講座は、発達障害、心理学等地元の要望を取り入れた内容で実施した。

　2004(平成16)年から2008(平成20)年までの講演記録は単行本として出版し、市内の書店でも販売している。

発行年	書　名
2004(平成16)	日本の文化　岡山の文化
2005(平成17)	日本の文化遺産　岡山の国際交流
2006(平成18)	日本の教育　岡山の女子教育
2007(平成19)	日本のイノベーション　岡山のパイオニア1
2008(平成20)	日本のイノベーション　岡山のパイオニア2

＊いずれも　社会サービスセンター編　吉備人出版発行

3) 看護学部設置

　2009(平成21)年大学に看護学部看護学科を設置した。公開講座に看護学が加わり、より一層「地域」を軸にした公開講座を開催するようになった。地域づくりを軸に本学の教育・研究の成果を公開するという方針で、各年のテーマに合わせて原則として各学科から講師を出す講座編制方針をとっている。

大学コンソーシアム岡山への参加

　大学コンソーシアム岡山とは、岡山県内の17大学や短期大学等が相互協力により、地域の発展や学術・文化の振興に寄与することを目的としている団体で、2006(平成18)年より活動している。本学の主な参加活動は以下のとおりである。

1) 日ようび子ども大学

　幼児や児童、その保護者らを対象とし、それぞれの大学のコーナーで独自の企画を楽しんでもらいながら、子どもたちに大学を紹介している。

　2015(平成27)年度は6月7日(日)に岡山県生涯学習センター

たくさんのかみコップで遊ぼう！

で開催した。約2,400人という多数の参加者があり、大盛況であった。本学からは学生13人、教職員5人が参加し、「たくさんのかみコップで遊ぼう！」と題して数千個の紙コップを準備した。子どもたちは紙コップをダイナミックに積み上げたり崩したりと、普段家庭ではできない遊びを満喫していた。

2) 省エネルギー啓発活動「エコナイト」

　地球にやさしい暮らしを考えるため、節電をはじめライトダウン、通勤時のマイカー自粛など行う。2015(平成27)年7月5日、岡山駅前広場や奉還町商店街で開催された合同会場には学友会とウラジャ部が参加し、他大学の学生も巻き込んだ「総踊り」を披露。フィナーレを思いっきり盛り上げた。学内でのエコナイトは2015(平成27)年7月8日、学生寮のライトダウンを行い電気の貴重さを実感した。

　その他大学コンソーシアム岡山関係では、吉備創生カレッジ(大学コンソーシアム岡山と山陽新聞社が2007年4月から共催で開講している生涯学習講座)へ講師を派遣したり、岡山経済同友会主催の「東日本大震災

復興支援ボランティア」の企画に参加している学生もいる。

　コンソーシアムの事業で、県内の他大学の学生と共に活動することは、本学の学生・教職員にとって良い刺激になり、レベルアップにもなっている。

平井学区での活動
1) これまでの活動
　平井学区での活動は、この地に短期大学が設置された当時から続いている。開学当初から学生は、クラブ活動を通じて老人ホームの訪問等を行っていた。また大学・短期大学は公開講座等を開催し、地域住民との関係を築いてきた。

　近年になってからは、学科との結びつきも強くなってきた。幼児教育学科、食物栄養学科、看護学科で行っている「子育て愛ねっと」では備前県民局と協働しながら子育て支援の活動を行っている。さらに看護学科は地域高齢者と交流会を催したり、健康フェアを開いて地域住民の健康のためのアドバイスを行っている。総合人間学部は地域に学ぶ学習「平井ラーニング」を授業科目とし、町内の落書き消しやゴミ回収を行っている。2014（平成26）年春には、学区会長の推薦により、岡山地区環境衛生協議会会長表彰を受けるなど、密接な関係が続いている。

2) 災害からの避難支援
　東日本大震災の前日、2011（平成23）年3月10日に、本学と平井学区連合町内会が、本学の体育館を災害時避難所にすることについて協定を結び、学区の非常物資の備蓄場所として提供している。

　2012（平成24）年からは生活心理学科の学生と教員が調査・編集した「地震・津波・洪水からの避難マップ」を作成し、平

地震・津波・洪水からの避難マップ

井学区町内会の全戸に配布し、啓発活動を行っている。

　2013（平成25）年には実際に避難訓練が行われ、地域の住民約200人が避難場所になっている本学体育館へ集まった。体育館では学生らがメディカルチェックやトリアージの訓練、新聞紙を使ったスリッパ作りなどを行った。この訓練は地域と大学が防災で連携協力するまれなケースとして、メディアで大きな注目を集めた。

3) 三蟠鉄道100周年記念事業

　2015（平成27）年9月、1915（大正4）年から1931（昭和6）年まで走っていた三蟠鉄道100周年記念事業の大会が大学を会場に開催された。本学は会場の提供のみでなく、学生・教員が記念活動に参画してきた。2012（平成24）年の大学祭では実物大機関車パネルを作成した。2015（平成27）年5月の復元されたトロッコのお披露目では三蟠軽便鉄道の紙芝居をしたり、蒸気機関車の実寸大パネルを走らせるなど、学内外で三蟠鉄道の顕彰活動を盛り上げた。

　社会が大学・短期大学に社会貢献・地域貢献、ボランティア活動を期待する機運は益々強まっている。特に本学と平井学区との繋がりは深く、長い歴史の上にある。本学としては現在までの活動を継承し、さらに発展させていく必要がある。

公開講演会

　本学の公開講演会は、全国的に著名な講師を招聘し実施する講演会である。短期大学時代から、記念行事や特別の機会に多彩な講師を招聘して講演会を開催していた。

　1988（昭和63）年のボン大学ガイスラー教授の講演会は、幼児教育学科の教員が1983（昭和58）年にボン大学に留学した関係で実施した。1991（平成3）年には家政学科食物栄養学専攻が食物栄養学科として独立設置したのを記念して、聖路加看護大学日野原重明学長による講演「若さと老いを健やかに生きる」が、上代淑記念館で行われた。約400人の聴衆に

深い感銘を与えた（学報第71号）。翌年は幼児教育学科の開設20周年にあたり、国際日本文化研究センター教授河合隼雄（元京都大学教授）による講演会「子どもの感情体験」を開催した。あらかじめ入場券を発行していたにもかかわらず、体育館は聴講者で埋め尽くされた。2008（平成20）年には大学の看護学部看護学科の開設に向けて、ノンフィクション作家柳田邦男による特別講演会を三木記念ホールで開催した。約600名の聴衆が熱心に聞き入った。

1995（平成7）年以降は比較文化学科公開講演会としてほぼ毎年開催され、近年では短期大学も含めた各学科の学びの特色を生かした講演会を企画運営している。加賀乙彦、齋藤孝、熊倉功夫等著名な講師や、山陽女子高校卒業生の原田マハも講演を行った。例年参加予定者は200人を見込んでいるが、講師によっては定員を割る会もあったが、逆に希望者が多くて別室で中継をする講演会もあった。

公開講演会一覧

年	演題	講師
1988（昭和63）	高度技術社会と教育	エーリッヒ・E・ガイスラー
1991（平成3）	若さと老いを健やかに生きる	日野原重明
1992（平成4）	子どもの感情体験	河合隼雄
1995（平成7）	瀬戸内文化と世界文明	米山俊直
1996（平成8）	二十一世紀に日本語はどうなるか	田中克彦
1997（平成9）	ハーンの「草ひばり」と漱石の「文鳥」	平川祐弘
1998（平成10）	女性の自立と人権のために──福田英子の歩んだ道──	村田静子
1999（平成11）	私の長編小説	加賀乙彦
2000（平成12）	親と子──アメリカ・ロシア・日本──	服部祥子
2001（平成13）	岡山情報ハイウエイの現状と今後	新免國夫
2002（平成14）	金魚鉢から大海へ──これからの日本の英語教育	吉田研作
2003（平成15）	映画にみる現代子ども論	山中康裕
2004（平成16）	人間関係をつくるコミュニケーション力	齋藤　孝
2005（平成17）	商社の情報通信ビジネスと今後の展開	横川慎二
2007（平成19）	母なるものが甦るとき──臨床心理学の立場から──	東山弘子
2008（平成20）	いのちを見つめ、生きる力を考える	柳田邦男

年	演題	講師
2008（平成20）	心で話す、気持ちで書く ——言葉とコミュニケーション——	原田マハ
2009（平成21）	自分も相手も大切にする自己表現のすすめ ——アサーションとは——	平木典子
2010（平成22）	漢字と日本人	高島俊男
2011（平成23）	日本の料理文化史	熊倉功夫
2012（平成24）	脳の健康——愛と笑いとユーモアを——	土井章弘
2013（平成25）	命の授業——今の幸せに気づくことから夢は広がる——	腰塚勇人
2014（平成26）	指導とは共に夢を語り合う事なり	武冨　豊
2015（平成27）	古代の日韓交流史に学ぶ	西谷　正

子育て愛ねっと

設立

　山陽学園大学・短期大学では、地域と連携して行う子育て支援を目的に、2009（平成21）年度より岡山県「子育てオープンカレッジ事業」の助成を受け、看護学科、食物栄養学科、幼児教育学科の3学科に共通している健康をテーマに、「親子交流広場」を開催している。

　学長を委員長に近隣の地域の人も委員に加わり、「sanyo子育て愛ねっと実行委員会」を結成し、毎年、様々な行事を企画し、実施している。

活動

　各学科の専門性を活かして学科開催、共同開催の2つの形で年3回の親子交流広場を実施している。家ではできない経験を通し、親子のコミュニケーションを図る機会を提供するとともに、他の親子と関わることでネットワークを築くことができるような内容としている。一方で、学生がボランティア活動を行い、「愛と奉仕」の精神とそれに基づく実践力を得ることで、将来的にも地域貢献につなげることができるよう工夫している。

　2015（平成27）年度の実施内容は、第1回目が「親子で楽しく運動遊び」で、家庭でもすぐに取り組める様々な運動遊びを実施した。親子でコミュ

ニケーションをとりながら運動し、心と体をリフレッシュすることができた。

第2回目は「カプラ(注1)の作品作りを親子で体験しよう」である。カプラインストラクターの日野定幸を招き、基本的な積み上げ方などの指導を受けた。参加者は自由な発想で様々な作品を作り上げて

カプラで作ったキリン

いた。子どもたちはもちろん保護者も没頭する姿が見られた。

第3回目は3学科共同で「健康ワクワクスタンプラリー」を開催した。毎年100人を超える参加者で盛大に行われている。幼児教育学科では授業内で制作したオペレッタの舞台発表をした。また、地元企業である株式会社大江紙器の協力で、段ボール迷路、共同開発した「いろはこ(注2)」で子どもたちと交流を深めた。看護学科では「バイバイばい菌」の紙芝居を読み、正しい手洗いの指導を行った。食物栄養学科では食育カルタ、野菜当てクイズなど食をテーマにした遊びを展開した。最後に学生手作りの「あつ

共同開発したいろはこ

あつヘルシー汁」を提供した。どのブースでも子どもたちが夢中になって遊ぶ様子が見られ、笑顔あふれる会になっている。

その他にも過去には「親子で楽しくつくろう！七夕飾り」や「親子で楽しくクッキング」などの活動を実施した。さらには、岡山シーガルズによる「ふれあいバレー教室」を、附属幼稚園をはじめ近隣の幼稚園、保育園で実施した。これらの活動は毎年高評価を得ている。さらに学生スタッフの参加も年々増え、地域貢献、子育て支援への意識が高まっていると考える。今後もアンケートを基にさらに内容を充実させ、事業を発展させていきたい。

(注1) オランダ人のトム・ブリューゲンが考案した8×24×120（㎜）のフランス海岸松から作られた木製ブロック。発達にあった遊びができるうえに一人でも大勢でも楽しめる。
(注2) 2013（平成25）年度に企業と共同で開発した段ボールおもちゃ。段ボール積木。

学生による社会貢献活動

　学生による社会貢献活動は、1）文化部による活動　2）学生の団体による活動　3）学生個々による活動に分けることができ、その活動先は、各種施設、学校、地域の子ども会、被災地など多岐にわたっている。また後方支援する団体も、岡山県や岡山市を中心に、大学コンソーシアム岡山などさまざまである。

1）文化部による活動
　短期大学開学から文化部の活動としてのボランティアは、早い時期から始まっていた。1973（昭和48）年に発足した児童文化部は現在も活発な活動をしており、地域の子ども会や子ども祭りなどいろいろな催し物に参加している。また1980（昭和55）年に設立されたボランティアサークル"あい"も老人ホーム有楽園訪問や募金協力、近年では岡山県警ボランティアとして犯罪被害者支援活動なども行っている。
　音楽系のクラブは、さまざまな場所でその腕前を披露している。1978（昭和53）年頃には、グリークラブ、SANYO FOLK村、児童文化部のメンバーがアダムスホーム（岡山博愛会）と交歓の場を持った。参加した学生達はホームの高齢者から温かく受け入れられていた。
　大学開学により新しいクラブも誕生した。総合人間学部の学生を中心に、2004（平成16）年結成のボラぐみはタイのハンセン病療養施設への物資輸送等に取り組んでいる。看護学部の開設により、看護学部生を中心に、2011（平成23）年結成のPublic Healthは献血ボランティアや、エイズについて理解を深めてもらうためエイズカフェを設置し、大学祭にも出店を続けている。

2) 学生の団体による活動

　学友会組織団体としては、大学祭実行委員会が大学祭チャリティバザーで売上金を児童養護施設に寄付したり、学友会などが桃太郎愛のともしび基金募金活動、全国学生交通遺児育英募金活動を行っていた。

　1995（平成7）年1月阪神淡路大震災時には、いち早く学友会が中心となって被災者支援の募金活動を実施し、義援金を山陽新聞社社会事業団に寄託した。また、2008（平成20）年5月の中国四川大地震では学友会や学生、留学生の有志で募金活動をし、中国赤十字社に寄託した。

　最近では学友会とボランティアサークル"あい"が協力し、ペットボトルキャップの回収作業を行っている。ペットボトルのキャップを収集し、そのリサイクルによって得られる利益を、発展途上国の子ども向けワクチン代として寄付する運動である。現在も学生、教職員が協力し、ペットボトルキャップの回収を継続している。

さんぱと隊による見守り

　2013（平成25）年11月には学生による自主防犯組織「さんぱと隊」が結成された。県内では2番目となる。構成は学友会を中心に約30人。警察と協力して、児童の登下校の見守りなどに取り組み、地域の安全に寄与している。活動の幅も広がり、2015（平成27）年6月には、平井幼稚園における防犯教室に参加し、90人の園児の前で防犯標語を寸劇に仕立てて園児たちに伝えた。当日の様子はテレビのニュースにも流れたが、園児たちは楽しく真剣に学生達の話を聞いていた。

3) 学生個々による活動

　2002（平成14）年には、岡山市教育委員会生涯学習課による「岡山市学校支援ボランティア」がスタートした。岡山市立学校園での教科の指導補助、校外学習の引率補助、日本に住む外国人の日本語学習を支援するボランティアなど、幅広い分野で教育活動を支援するものである。2015

（平成27）年度の登録は18人で、現在まで303人の学生が登録をし、幼稚園や小学校で活動している。

　2011（平成23）年3月に発生した東日本大震災の被災地を支援する復興支援ボランティア活動には、同年夏から毎年本学の学生が参加しているが、学生本人にとっても貴重な経験となっている。

（荒島礼子、澁谷俊彦、戸嶋美江、平井雅人）

【参考文献】
『山陽学園短期大学学報』　第1号～第80号
『山陽学園大学・山陽学園短期大学学報』　第1号～第67号
『SANYO GAZETTE』（「山陽学園大学・山陽学園短期大学学報」改題）No.68～No.71
平井学区連合町内会ホームページ（http://townweb.e-okayamacity.jp/hirai-rengou/）
大学コンソーシアム岡山ホームページ（http://www.consortium-okayama.jp/）

第8章

山陽学園と図書館

1 中学校・高等学校の図書館

図書館の建設

　本校最初の図書館は、1902（明治35）年4月に落成した集成館（応接所・生徒控所）の一部の「雑誌縦覧所」だといえる。
　同年、研優会（注1）が設けられ、「新聞雑誌書籍の設備」が決定した。さらに1905（明治38）年4月、行余会（注2）が発足し、「雑誌ノ発行ト図書ノ縦覧」「図書室ヲ設ケ図書雑誌ヲ備ヘテ会員ノ閲覧ニ供ス」と定められた。そして、1911（明治44）年7月、行余会図書室が落成した。
　1928（昭和3）年9月には、御大礼記念として図書室が新築された。しかし、空襲で全焼。50冊ほどの図書が並べられた鐘淵絹糸工場東山寮の仮校舎の教員室の一隅が、戦後の図書館の始まりといえる。図書係の教員と生徒は本屋へ足を運んで寄贈を請い、戦災をまぬがれた教員の蔵書の一部も提供された。図書が増えるたびに書棚は教員室の押し入れから廊下の隅へと移動していたが、やがて独立した図書室が誕生した。
　戦災10周年を迎えて、小川政雄教頭は図書館の建設の苦労を回顧し、将来の夢として「一度に二百人位が勉強できる図書館・・・〈中略〉・・・そこには、二万冊の図書が並んでいるだろう」と語り、更なる前進を願った。
　1950（昭和25）年、会議室に書架を並べて図書室を開放した。半開架式の書架を並べ、日本十進分類法によって配架したときにはすでに1,000冊、3年後の蔵書数は3,500冊であった。しかし、生徒の読書熱は旺盛で「新校舎の書架の前で、本が少ない、本が少ない、といわれるのが一番つらい」と当時の図書係の教員は嘆いている。生徒たちが毛糸の編針販売で

図書と図書室の整備の資金を捻出したこともあった。そして翌年ようやく一室に独立したものの、狭くて、盛況を呈した放課後はゆっくり閲覧などできる状態ではなかった。

　1954（昭和29）年4月から学校図書館法が施行された。内外からの要請で本学園の図書室拡充も急務となった。

　一方、上代校長は創立70周年記念にふさわしいものとして、早くから附属小学校か幼稚園の創設を念願していたが、その実現の見通しが困難であったため、「生徒の知識向上をはかり、教師の教育に役立ち、又卒業生たちの閲覧に便することが出来る」図書館の建設を決意するにいたったのである。設計監理は上代淑校長にゆかりのある国立公衆衛生院の小林陽太郎技官が買って出た。資金の一切は小川政雄教頭に任され、建設一切は渡部雅夫教諭（後に図書館主任）に命ぜられた。渡部は全国図書館協議会に参加し、図書館の構想を練った。東京、宇都宮、沼津、京都、大阪と有名図書館を見学し、図書館用具・家具、視聴覚用機材のメーカーを確認した。構想を図面化し、五十数項目にわたる注文をつけて設計施工の小林陽太郎に送った。そして創立70周年記念式典の前日、1956（昭和31）年10月17日に起工式の鍬入れが行われた。

　「私はちょうど、3年前からこの70周年記念のために、何をしようかと考えておりました。ずっと前には、山陽学園の附属の小学校か幼稚園かを建てたいと念願しておったものでございます。でも、これにはどうも、何かの支障があるようで、意に充ちませんでした。さらに考えておりましたところ、図書館の建設が心にひらめきました。これは生徒の知識向上をはかり、教師の研究に役立ち、また卒業生たちの閲覧に便することができると思ったからであります。

　私のこの決心に賛成してその資金を集める助けをしてくれたのは同窓会でございました。その後、職員の方、理事の方々からもご賛成を頂きまして、とうとう実現に進んでまいりました。今日はいよいよこの起工式をあげますこと、もう感謝、感謝のほかございません。」

（創立70周年記念図書館起工式　上代淑式辞抜粋）

　総工費1,200万円。空襲で校舎が全焼したという体験を踏まえて、本学

70周年記念図書館起工式で挨拶する上代淑。うしろは木造南校舎。

園初の鉄筋コンクリート造りで視聴覚室を付設するものである。ところがそのころから鋼材の大幅な値上がりがあり、当初の計画である2階建てを断念せざるを得ず「せめて2,000万円あれば、日本有数のものができるのだが」と関係者を残念がらせた。

建築資金は、緑会から生徒一人当たり毎月50円を2年間拠出し、また会の余剰金が寄付され、同窓会も浄財を寄付した。みさお会もタオルや手ぬぐいの販売、古雑誌の回収換金などに取り組んだ。上代校長も自ら首相、文相、県知事らに訴え、法人としても星島義兵衛理事長を長とする図書館建設委員会を組織して、ついに1957（昭和32）年6月落成、7月3日に開館したのである。本館鉄筋平屋436㎡、附属廊下他88㎡、各室はロビー、閲覧室、書庫、研究室、集会室、司書室、視聴覚教室、蔵書8,000冊、学校図書館法の基準を優に上回る近代図書館だった。

小林陽太郎技官の施工は、彩光、色彩、照明、機能などで新機軸を打ち出して広く全国的に注目をあびた。同年11月、新装なった図書館を会場に岡山県学校図書館研究大会が開かれ、音楽と読書指導の公開授業も行われた。そして翌年11月18日から3日間、第9回全国学校図書館研究大会が岡山市で開かれ、本学園もその会場の一つとなった。初日には多数の参加者が図書館を視察し、2日目には「社会科学習と学校図書館（人文地理・日本）」、「読書の集団指導（古典・短歌・近代文学）」をテーマに6学級で公開授業を行った。

図書館教育が導入され、読書意欲も高まってきた。図書館建

創立70周年記念事業として建設された図書館

設から10年がたった1967(昭和42)年の統計によると1年間に13,000冊以上が貸し出され、生徒1人当たり平均7冊だった。生徒の読書熱に合わせ蔵書も増やし、図書館新築当時8,000冊だった蔵書は16,000冊となった。

蔵書を"バケツリレー"する様子

その後も図書館の蔵書は年々増え、1979(昭和54)年に受入数が30,000冊を越え、1985(昭和60)年度末には40,000冊となった。そのため閲覧室も手狭になったが、生徒増に伴って普通教室の不足が見越されるため、図書館と視聴覚教室を取り壊し新たな図書館及び教室を含む施設の建築計画が作られた。しかし、一方でこの素晴らしい図書館を残したいという意見もあり、結局図書館の新築計画は白紙に戻った。

図書館の建築が現実のものとなったのは、1996(平成8)年、創立110周年記念として落成された淑徳館に入っている現在の図書館である。

旧図書館から新図書館への引っ越し作業は、1996(平成8)年が明けてすぐに全校生徒で行われた。雪降る極寒の中、40,000冊の蔵書を旧図書館(現在の第2南館)から新図書館へ"バケツリレー"したのである。授業変更をして、1人2時間担当した蔵書の"バケツリレー"は4日にわたり続いた。

(注1) 1902(明治35)年に発足した課外活動の組織
(注2) 1905(明治38)年に研優会の後身として発足した組織

読書活動の歴史

図書館では、積極的な活動をはかるため、新入生オリエンテーションを実施してきたが、1980年代に入るとその時間数を3ないし4時間に拡大し、2、3年生にも最低1時間は実施した。それは、のちに授業時間の確保や行事の増加により減少し、現在は新入生に1時間実施するにとど

まっているが、読書活動の充実は依然として変わっていない。その図書館を支える図書委員会の活動も充実しており、創立70周年記念事業の図書館が落成した1957 (昭和32) 年にはすでに購入班、整備班、修理班、広報班などに分かれ、組織的な活動を行っていた記録が残っている。

読書会
　読書会の歴史は古く、様々な模索を繰り返してきた。創立70周年記念として図書館が落成した1957 (昭和32) 年には、高1、高2有志が週に1回読書会を行っている記録が残っている。同じ頃、読書会とは別に高2有志で「読書感想会」が行われていた。自分が読んできた本や映画の感想を発表し、教員や友人から客観的な意見をもらうという内容である。毎週土曜日には、古典の読書会も開かれていた。これらはクラブ活動の扱いであり、1958 (昭和33) 年末に5つの読書会グループが統合して、文芸部となった。
　部活以外での初めての読書会は、1975 (昭和50) 年である。芥川龍之介『羅生門』をテキストに、有志生徒5人と教員3人で行われた。同じ頃、教員の間でも読書会を実施していた。遠藤周作『海と毒薬』などをテキストに、お茶を飲みながら楽しく討議した。1978 (昭和53) 年には、初めて高1学年全体で、ロングホームルームの時間に読書会を実施した。生徒の読書力の低下に歯止めをかけたいとの願いから、図書課に入った国語教諭が学年会議にかけ、高1学年全体で実現できたとの記録が残っている。そのときのテキストは、森鷗外『高瀬舟』と芥川龍之介『地獄変』であった。当時の反省点として、1時間では時間が足りなかったことが挙げられ、「将来的には2時間通して行いたい」、「学校全体で実施したい」と記されている。
　そして、1980 (昭和55) 年から「全校一斉読書会」として、全学年がロングホームルームに読書会を行うことが定着した。当時の選定基準については、中学は年齢にふさわしい本、読書会に適切な本をその都度選定し、高3は進路に関係した本、小論文対策をかねた本、高2はその年の課題図書や話題になった本、修学旅行に関係ある本、高1は松本幸子『翠

ふかく』をテキストにしていた。現在も大きな変更はなく、高1は『翠ふかく』を使用しているが、昔より選定基準は幅広くなっているといえる。

　近年、特別進学コースが読書会を実施しない時期もあったが、2014（平成26）年度より再び全学年で取り組んでいる。

　また、過去には演劇鑑賞と提携して読書会を実施したこともあった。戦争をテーマに読書会を行い、1985（昭和60）年には「洞窟がま」、1986（昭和61）年には「アンネの日記」を鑑賞した。読みが深められたと好評であった。

　ロングホームルーム読書会とは別に、中学独自行事として父母の参加する親子読書会が試みられたこともある。「親子共通の話題が出来た」、「親が子どもの意見を引き出してくれた」などの感想が残され、盛り上がったことが分かる。家で本について語り合うきっかけとなる面白い企画である。

　読書会を経験した生徒は、「自分の知らなかった本と出合わせてくれる」と感想を述べている。また卒業生にアンケートをとると、「色んな意見が聞けて、新しい価値観を植えつけてくれた」という意見が出ている。職場に適応できない、コミュニケーションが取れないという理由で仕事を辞める人が多いと言われている現在、自分が普通だと思っていることが実は普通ではない場合もあること、人によって考え方が違うことを理解しておくことは必要な経験である。読書会は本との距離を縮めるだけではなく、様々な感情を共有し、様々な価値観を受け入れ、コミュニケーション力を養う教育活動であるといえる。

朝の10分間読書

　1987（昭和62）年から10年間、校内読書週間中に朝の30分間読書を実施していた。「一人でも多くの生徒に本に親しむ機会を与えたい」という思いから始められたものである。その効果は確かにみえた。しかし、年に3日の読書体験ではあまりにも不十分であった。

　1993（平成5）年、『「朝の読書」が奇跡を生んだ』（高文研）が刊行された。そこには、毎日の読書体験で荒れた学校に落ち着きが戻った奇跡が記さ

現在の朝の読書の様子

れていた。当時は本校も、クラス数、1クラスあたりの人数がともに多く、学校全体が騒々しかった。授業を進めるのが困難で、心の教育の重要性が唱えられていた。

　「読書で学校が変わる」。それは、朝の30分読書を経験した教員たちには、想像できることであった。しかし、読書の時間を組み込むには、始業時間を早めなければならない。1997（平成9）年、「朝の読書」実施に向けての検討が始まった。同年10月、山陽女子中学校で試験的に「朝の読書」の時間が設けられた。11月には、本校より先に朝の読書を始めた岡山県立鴨方高校を訪問した。そして12月、職員会議で朝読実施を提案した。

　翌年、教科主任会議や学年会議、企画会議など様々な場所で検討が繰り返された。その間、2月には「朝の読書を広げる東京交流会」に参加した。3月には朝の読書生みの親である船橋学園女子高校（現在の東葉高等学校）の教員林公を迎え、演題「朝の読書が奇跡を生んだ」という教職員研修を行った。

そして1998(平成10)年4月15日、ついに全校一斉「朝の10分間読書」がスタートした。朝の読書はさまざまな効果をもたらした。懸念されていた校内における騒々しさは落ち着き、遅刻者が減った。1限目の授業にもスムーズに入れるようになった。1997(平成9)年度の新入生アンケートでは、1カ月に1冊も本を読まない生徒が61%いたのに対し、朝の読書が軌道に乗った2001(平成13)年のアンケートでは3%に激減した。

　2000(平成12)年には「生きる力を育む読書実践活動推進事業優秀実践校」に選ばれた。「朝の読書」がスタートした後も、船橋学園女子高校教員大塚笑子の講演会を開催したり、年度末には教職員を対象にした「朝読講習会」を実施したり、発展を目指した研究が続けられている。全校生徒に取ったアンケートを各クラスの図書委員が集計して制作する文集も、朝の読書が始まった1998(平成10)年から継続して発行している。これらの継続的な取り組みが評価され、2010(平成22)年には「第3回髙橋松之助記念　朝の読書大賞」を受賞した。

図書館の活動

　上代淑校長が自ら資金集めをするほどその建設が望まれていた図書館は、活動にもまた力を入れていた。創立70周年記念事業の図書館が落成した1957(昭和32)年の「図書館だより」には、図書委員長が次のように決意表明している。

　「この図書館は岡山県一の図書館だと私達は誇りに思っております。･･･〈中略〉･･･いくら設備が岡山県一でも中身が充実し、読書も岡山県一にならなければなりません。その為私達図書委員は、どうしたら皆によく本を利用していただけるか、どうしたらよい図書館になるか、と反省し、又研究しております。」

　1959(昭和34)年発行『みさお』から各委員会の動きが記されている。図書委員会の仕事として書架整理や新着図書の装備、また現在も年に1回ながら続いている店頭買い出しを当時は月に1回行っていた記録が残っている。同年から毎週、映画鑑賞会やレコードコンサートなど視聴覚教室を利用した催しを運営していた。

1961（昭和36）年には図書館新聞の発行が始まり、活動の数々を記録している。当時から机に向かった作業だけではなく、校外活動も盛んであったことがわかる。

　1968（昭和43）年から不定期に他校図書委員会と交流している。この年には関西高校図書委員会が本校図書館を見学した。2006（平成18）年頃からは私立を中心とした高校で「図書委員会交流会」が始まった。岡山県立図書館や高校図書館を会場に行われ、2008（平成20）年の夏には本校で開催された。年に2回行われるようになった最近の交流会には、私立に限らない中学校、高校から50人ほど集まる。他校の人気図書やレイアウト技術を学ぶ図書委員の勉強会ともなっている。

　1975（昭和50）年には図書委員会研修旅行が始まった。当初は国立吉備少年自然の家や岡山市立青年自然の家で読書会を行う合宿だった。1977（昭和52）年から図書委員が読書週間に図書館で企画展を開催するようになった。その後徐々に夏休みの研修旅行で文学関係の土地を訪れ、そこで勉強したことを企画展で発表する形へと定着した。過去には源氏物語をテーマに京都の嵐山や風俗博物館を見学したり、短歌をテーマに新見にある若山牧水の歌碑を訪ねたりした。近年は図書委員以外の参加も募り、生徒、保護者、教職員、卒業生などで本を介した交流を楽しんでいる。

　これらの校外活動は、図書館づくりに還元されている。毎月、季節や行事に合わせた企画展示を行い目新しさを加えている。作家の訃報や時事問題も速報性を重視し、こまめにコーナーを設置している。調べ学習が行われる際には、所蔵本だけではなく公共図書館から本を収集し、授業を支援している。

　季刊誌『Feel Love』（祥伝社）に連載されていた岡山が舞台の小説「でーれーガールズ」（原田マハ著）が書籍化された際には、図書館で特設コーナーを作ったほか、同書に載った場所をまとめた散策マップを制作した。散策マップは書店や観光案内所で配布された。

　本校図書館には、学園史料の収集、整理、保管、研究する役割がある。雑誌や新聞の記事など書籍に限らない学園独自の史料を網羅的に収集し、

時には卒業生が保有する史料を受けつけ、保管している。また、上代淑の誕生日や命日、創立記念などの節目に図書委員会ニュース（図書館便り）で学園の歴史を発信している。その内容は、石井十次の没後100年に合わせて石井と上代淑との関係をまとめたり、岡山博愛会更井哲夫の講演の際にはアリス.P.アダムスを紹介したり、学校行事や世の中の話題など、その時々のニーズに合わせて学園史を様々な角度から切り取っている。発行

きざはしの式の歴史をまとめた図書委員会ニュース

したニュースは生徒も教職員も学校をあげて読み、時には教員が授業で解説し、学園の歴史を学ぶ機会になっている。またニュースをきっかけにメディアに取り上げられることもあり、学校の枠を超えて地域に学園の歴史を発信している。

創立120周年には、図書委員会で「門田かいわいをめぐる人々　あ・し・あ・と展」と題し、門田の歴史を掘り起こした企画展を行った。夏休みには現存する学園関係者の墓や建物を散策して、イラストに起こし、門田界隈歴史マップを制作した。メディアに取り上げられ、様々な問い合わせがあり交流も広がった。

これらの長年にわたる数々の活動が評価され、2000（平成12）年には「平成12年度生きる力を育む読書実践活動推進事業優秀実践校」に私立学校代表として選ばれ、文部大臣より表彰された。また2014（平成26）年には、「学校図書館賞」実践の部で奨励賞を受賞した。

（田中麻依子）

【参考資料】
　船橋学園読書教育研究会『「朝の読書」が奇跡を生んだ』（高文研）
　塩山啓子『清心語文』第3号別冊「朝の読書がもたらしたもの」（ノートルダム清心女子大学）
　同窓会『みさを』第4号（山陽女子中学校・高等学校）
　同窓会『みさを』第5号（山陽女子中学校・高等学校）
　同窓会『みさを』第12号（山陽女子中学校・高等学校）
　図書課「図書館新聞」第90号1995.3（山陽女子中学校・高等学校）
　図書委員会『1995年図書委員会卒業文集』（山陽女子中学校・高等学校）
　図書委員会『平成26年度　朝の読書感想文集』（山陽女子中学校・高等学校）
　「創立70周年記念事業図書館しおり」（山陽女子中学校・高等学校）
　「山陽女子中学校・高等学校　朝読ファイル」（山陽女子中学校・高等学校）

2　大学・短期大学の図書館

図書館の建設

　1969（昭和44）年短期大学開学に伴い、当時家政科棟と呼ばれていた現在のA棟の1室（503教室）に最初の図書館が誕生した。図書館の設置にあたっては、短期大学設置基準に添った専門書を揃えるのが大きな課題であった。現在のようなインターネットのない中、担当者は県内の大学・短期大学はいうまでもなく、県外の大学や公共図書館、さらには国立国会図書館にまで資料を求め、図書目録を作成した。開学時の蔵書冊数は7,000冊であった。1971（昭和46）年、幼児教育学科設置に伴う資料増加のため、広い合同教室（A棟401教室）に移った。

　1975（昭和50）年、短期大学10周年記念事業として、新たな図書館の建築が決定し、1976（昭和51）年3月、50,000冊収納可能な現在の図書館が開館した。1992（平成4）年には蔵書は80,000冊を超え、

大学・短大の図書館

すでに飽和状態であった。1994（平成6）年の山陽学園大学の開学に向け、分館を設置する案もあったが、最終的に閲覧室と2層の書庫を増築した。1998（平成10）年には資料の電算化を行い、図書館業務を機械化した。

資料及び利用状況

蔵書数

　県内の主だった短期大学は昭和30年代にすでに設置されており、本学は後発であった。その遅れを取り戻すため、図書館整備に力を注いだ。その結果、開学時7,000冊だった図書館の蔵書は、20年後の1989（平成元）年には10倍の70,000冊を超え、県内の短期大学の中では一番多くの蔵書数を誇っていた。この時期は年間増加冊数が3,000冊を超え、いかに図書館整備に力をいれていたかが窺える。

　1994（平成6）年設置の大学は、12,300冊からスタートした。大学の蔵書数は年数や規模の違いで他大学と比較できないが、平均すれば毎年1,800冊程度購入している。2015（平成27）年12月末の蔵書冊数は、短期大学約10万冊、大学約44,000冊となっている。

　現在は書庫の狭隘化（きょうあいか）のため、資料の購入と除籍を繰り返しており、この数年全体の蔵書数は増えていない。時代に合致しないものや複本などを除籍の対象としている。

　図書館資料としては図書以外に雑誌、視聴覚資料、紙芝居、新聞などの他、学術情報の電子化に伴い、e-book（電子書籍）、電子ジャーナル、データベースなど資料の種類も多岐にわたっている。

山陽学園関係資料の収集

　本学の図書館には資料室があり、山陽学園や上代淑関連の資料が収められている。これらの収集については、「上代淑研究会」によるものが大きい。「上代淑研究会」は1994（平成6）年度から2001（平成13）年度までの8年間、私学振興財団の「特色ある教育研究の推進」事業に採択され、その助成金の一部で関係資料を購入した。キリスト教、社会福祉、教育関

係を中心に、図書337冊、マイクロフィルム360巻を購入した。また研究会発足時には山陽学園中学・高校から歴史ある資料も移管された。当時発行されていた同窓会誌「美さを」を始めとして、上代淑の手紙や文書、使用教科書、新聞、アルバムなど、当時を偲ばせる資料が収められている。同窓会誌「美さを」には新島八重や広岡浅子などの講演が掲載されており、学外から文献複写の依頼も寄せられている。「上代淑研究会」の会誌である『上代淑研究』は第7巻まで刊行され、掲載論文は現在も文献複写や問い合わせがある。

　また日本の女子教育の研究者であるケンブリッジ大学のマーラ・パテッシオ（Mara Patessio）は2006（平成18）年に来学し、本学でも数日間、上代淑について調査を行った。その成果は『Women and public life in early Meiji Japan』として出版され、上代淑についても記載されている。

貸出冊数

　本学では多くの学生が図書館を利用している。幼児教育学科完成年度である1973（昭和48）年の学生一人当たりの貸出冊数は9冊を超えていた。1989（平成元）年の統計では9.8冊となり、当時の全国の短大生の貸出冊数が5冊弱という状況の中、いかに利用が多かったかがわかる。さらに『図書館年鑑1996』によると、1995（平成7）年の短大生一人あたりの貸出冊数は、学生数1,000人以上の短期大学の中では本学が全国で第5位にランクされていた。この状況は現在も引き継がれており、『大学ランキング2016年版（朝日新聞出版）』でも2013（平成25）年度の県内大学の学生一人当たりの貸出冊数は本学が第1位で16.7冊となっている。貸出冊数の多さを支えているのは図書館の力だけではなく、教員が図書館を利用した授業計画を立てている効果も大きい。

入館者数

　開学から1985（昭和60）年までは職員がカウンターで手入力していたため、正しい入館者数は把握できていない。正確な数値として残っている最初の年は計測器を導入した1986（昭和61）年で、13,092人の利用があっ

た。以降、入館者は増加し、大学が開学した1994（平成6）年には35,000人を超え、1996（平成8）年は最高の47,477人になった。しかし入館者数は学生の増減によって大幅に変化する。そのため、その後学生数が減少した時期は入館者も減り、一時は19,000人台まで落ち込んだ。看護学部の設置により、最近は30,000人を超えるまで回復してきているが、今後も利用者を増やすべく努力している。

閲覧室

図書館の活動

2015（平成27）年度の学生アンケートによると、図書館資料に満足している学生は87%、図書館施設に満足している学生は64%、職員の対応では79%であった。また2014（平成26）年に学友会が行った学内アンケートでは、図書館への満足度は84.3%であった。

図書館委員会と学生図書委員会
図書館の運営と図書館サービスの質の向上を目指し、図書館委員会を設置した。1970（昭和45）年、第1回図書館委員会を各学科長の他、学生図書委員を加え、開催した。委員会のメンバーに学生が含まれている例は珍しく、当時から学生のための図書館であることを意識しての運営であった。購入資料の選定や会計報告、図書館アンケートの結果報告などが議題であった。以後図書館委員会は毎年欠かすことなく開催し、近年は年3回開いている。

学生の図書館委員会参加は、その後学生と教職員との時間調整が難しいことや、学生が図書館委員会の中で発言しにくいとの意見もあり、1984（昭和59）年から学生図書委員会を別に設置することとなった。学生図書委員会は図書館委員会の前に開催され、学生からの要望や意見、購入希

望図書を取りまとめて、図書館委員会に提出する形となり、現在も継続している。課題は学生図書委員の活動が委員会だけで終わっていることであり、図書館との協働ができないか、模索している。

図書館利用セミナーと文献ガイダンス

　図書館のオリエンテーションに重きが置かれていなかった1980年代、学生が自ら必要な情報を求めることができるように、効果的な図書館の活用方法を指導しようとする動きが、大阪女学院短期大学の丸本郁子や東京大学の長澤雅男を中心として生まれた。1982(昭和57)年、全国図書館大会短期大学分科会で図書館利用指導ワークショップという形で研究会が開催された。これは短期大学図書館界に大きな影響を与えた。本学でも翌年の研究会に司書が参加し、1984(昭和59)年には最初の図書館利用指導を行った。内容は、資料の探し方や参考図書の使い方、館内を案内する図書館ツアーなどであった。この年の参加学生数は140人を超えていた。また当時あまり知られていなかった利用指導のワークショップを、県内の短期大学図書館に呼びかけ、丸本郁子を講師に迎え、本学で開催した。このことは「利用指導担当者の育成―短大図書館を例に―」(図書館雑誌vol.79　No.4)にも掲載されている。

　現在では、新入生全員に図書館利用セミナーを行っている。2011(平成23)年度からは、総合人間学部では基礎演習の授業の1コマ(90分)を図書館の利用セミナーに充てている。セミナーの最後は実習として各自が館内の資料を探しながら問題を解いていくのだが、実習を行うことによって本学の資料の多さに驚き、探す楽しさに気づく学生も多い。

　卒業論文に向けては、資料の探し方やデータベースの使い方を指導する文献ガイダンスを開催している。2016(平成28)年前期は27回開催した。近年は紙媒体の資料はデータベースに代わり、本学でも看護を中心にデータベースの購入が増えている。文献ガイダンスを受けることによって学生はより詳しいデータベースの使い方を知り、卒論に必要な資料の検索ができるようになっていく。本学に所蔵していない資料については他館から文献を取り寄せ、利用者に必要な資料はほぼ100％入手している。文

献複写は看護学部設置以降増え続け、受付、依頼を合わせると年間1,000件に届きそうな勢いである。

図書館アンケート

　図書館利用者の声を聞くためにアンケートを実施している。これは開学当初からかなりの頻度で行っており、2001（平成13）年度からは隔年ごとに実施し、学生の声を図書館運営に反映させている。希望する資料の購入はもとより、開館時間の延長や土曜日開館の実施、空調設備なども学生の声から実施に移された。その他パソコン、プリンター等の機器の購入、飲料の持ち込み、サイドスクリーン（閲覧室の隣席との間仕切り）などの要望や、共学に伴い男子学生から男性向け雑誌の購入希望もあり、可能な限り対応をしている。

ブックハンティング

　図書館アンケートに読みたい図書が少ないとの意見があり、学生に直接書店で必要な図書を選んでもらうブックハンティングを、2010（平成22）年から実施している。図書離れを食い止めるとともに、魅力ある図書館づくりに役立てたいというねらいもあった。参加希望者による選書ではあるが、学生には学科の代表として選定に携わっているという自覚を持って、学科に必要な図書と個人の希望図書を選定するよう指導している。ブックハンティングにより、これまでより幅広い分野の図書が選ばれている。年2回、毎回10人から15人程度の希望者が市内の大型書店に出向いて行っている。

　また、実習で参加しにくい看護学科の学生のために、学生が自由な時に行くことのできるブックハンティングを医学専門書店で行っている。病院実習中の3年生や4年生も参加し、実習を経験した上での必要な図書を選んでいるため、看護学部の学生からの評判は良い。

その他の活動

　2012（平成24）年から学生の読書推進と文章能力の向上を目的として、

図書館主催の読書感想文コンテストを開催している。また教員とキャリアセンターからの推薦図書に推薦文を付けて紹介するなど、学生の読書支援を行っている。2014（平成26）年には私立大学図書館協会西地区部会中国・四国地区協議会の当番校になり、9月4日、5日の2日間、本学に中国・四国地区の私立大学28校、42人が集まり、研究会を開催した。

地域に開かれた図書館

「我が国の高等教育の将来像」（2005年中央教育審議会答申）において、大学による社会貢献が提言されて以降、本学も「開かれた図書館」を目指した取り組みを行っている。

ホームページの公開

1998（平成10）年に図書館業務の電算化を開始し、翌年の4月から蔵書検索、貸出返却業務の運用を始めた。電算化により蔵書検索が可能になり、本学の資料を公開する意味も含めて、2001（平成13）年に図書館ホームページを立ち上げた。学外からの資料検索が可能となったことから、一般の人や公共図書館からの資料の問い合わせが来るようになった。しかし当時は本学が女子大という理由から、一般の人の図書館利用は認めておらず、公共図書館を経由した相互貸借で貸出等を行っていた。

図書館の開放

2005（平成17）年に県内の大学・短期大学図書館が別々に設けていた協議会を統合し、新たに「岡山県大学図書館協議会」を設立して、「相互協力協定」を締結した。これにより加盟大学間で必要だった紹介状などを廃止し、簡単な手続きで加盟大学の図書館が利用できるようになった。これは本学にとって図書館開放の第一歩となった。

また近年、大学による地域連携や地域開放の流れがあり、本学でも「開かれた大学図書館」を目指し、地域住民の生涯学習を支援することを目的として、2009（平成21）年5月から図書館の一般開放（閲覧のみ）に踏み

切った。

　一般利用者は中学生以上で、目的は調査・研究のためとしている。利用は学生と同様であるが、貸出は行っていない。初年度の学外登録者は6人であったが、2014（平成26）年の新規登録者は63人と増加の一途をたどっている。また以前は卒業生がほとんどであったが、現在は半数以上が一般の利用者である。特に看護学部の存在が認知されてきたためか、医療関係者が多くなっている。

岡山県図書館横断検索への参加

　2015（平成27）年9月1日より「岡山県図書館横断検索システム・図書館間相互貸借システム」に参加した。利用者は県内の公共図書館のみでなく加盟大学図書館の所蔵資料が検索でき、その中には本学の資料も含まれる。また県立図書館の資料をインターネットで予約する場合、本学を資料の受渡館に指定すると本学図書館で本を受取り、返却することが可能となった。これは大学の学生・教職員に限らず、一般の人も利用できるため、近隣の人は本学図書館に出向くことで県内の図書館が所蔵している資料を借りることが可能となった。

　「岡山県図書館横断検索システム」への参加は始まったばかりだが、すでに多くの公共図書館から貸出依頼がきている。当館が大学のカリキュラムに沿った資料収集を行い、公共図書館とは異なった蔵書構成であるため、看護や教職関連の専門図書を借りる希望が多く、利用者の調査・研究の一助となっている。

　大学図書館は、学生の自学・自習を援助し、教員の教育・研究を支援する施設である。その目的のために学術情報を収集、整理、保存し、利用者に提供している。また山陽学園関係資料は、収集、整理、公開することによって、学園の歴史認識、建学の精神の再認識に繋がる。今後も大学図書館や公共図書館との連携を強化し、地域に必要とされる図書館づくりを進めていきたい。

（戸嶋美江）

【参考文献】

『山陽学園短期大学五年小史』　山陽学園短期大学

『山陽学園短期大学十年史略』　山陽学園短期大学

『図書館年鑑1989』　日本図書館協会

『図書館年鑑1996』　日本図書館協会

週刊朝日編『大学ランキング2016』　朝日新聞出版

『図書館雑誌』vol.79　No.4　丸本郁子著「利用指導担当者の育成―短大図書館を例に―」　p196-198，　日本図書館協会

文部科学省中央教育審議会（http://www.mext.go.jp/b_menu/shingi/chukyo/chukyo0/toushin/attach/1335594.htm）

Mara Patessio『Women and public life in early Meiji Japan』　Center for Japanese Studies, University of Michigan

コラム　上代淑研究会

　1994（平成6）年、山陽学園大学開学にあわせて、本研究会は発足した。発足メンバーは、比較文化学科スタッフ有志を中心に次の10人で構成された。太田健一、喜多島理恵子、清水教子、杉山精一、中井真理子、奈倉哲三、濱田栄夫、班偉、平野尚子、山根智恵（五十音順）。翌年から新しく赴任してきた中村光男が加わり11人のメンバーになった。

上代淑研究

　最初の1年は、平均月1回程度の研究会を開催しながら、上代淑研究についての基本資料（上代淑が執筆したもの、テープ、書簡、日記、ノート、メモ類）及び上代淑研究関連文献を収集整理することと、山陽女子校同窓会の協力を得て、各年度5人以上の同窓生に上代淑についての体験談や印象をアンケートで記述してもらう調査に費やした。その成果は『「上代淑研究」資料仮目録』（1995年）として出版し、広く公表した。2年目からは毎年1回『上代淑研究』を年度末に発刊し、第7巻まで継続した。1994（平成6）年度から2001（平成13）年度まで8年間、私学振興財団の「特色ある教育研究の推進」に採択され、助成金が獲得できたので、『上代淑研究』は毎年、学園関係者以外にも、国会図書館、県内外の大学図書館、マスコミ関係等々に寄贈した。

　『上代淑研究』には、会員から毎年5～10篇の論文等が投稿され、それ以外に学外から投稿されたこともあった。たとえば第4巻（1999年）には、上代淑がかつて4年間留学していたマウント・ホリヨーク大学に在職中の山下忠規教授（哲学、倫理学）から、マウント・ホリヨーク大学と山陽学園との交流の復活について、上代淑人学園長や福田稔山陽学園大学初代学長の功績に言及しながら、寄稿していただいている。また1996（平成8）年12月5日には、研究会例会に更井良夫岡山博愛会名誉理事長を招き、生前の上代淑について、旭東日曜学校に通っていた自身の体験談等も振り返りながら、1時間半にわたって興味深いお話を伺った。『上代淑研究』第5巻（2000年）には、本学新入生のために「山陽学園に希望する」と題した講演内容を掲載しているが、その中に1996（平成8）年12月の例会の時の写真を「在りし日の更井先生」と題して挿入している。更井良夫先生は『上代淑研究』第5巻が発行される10日前に逝去された。

　中村光男会員は、「内村鑑三のメリー・ライオン紹介について」（『上代淑研

究』第2巻）「須賀川時代の上代知新」（同5巻）「須賀川時代の上代知新（2）」（同第7巻）などすぐれた論考を発表したが、とりわけ前論文は内村鑑三についての研究書（鈴木範久『我々は後世に何を遺してゆけるのか―内村鑑三『後世への最大遺物』の話―』2005年）でも引用している。2016（平成28）年1月に急逝した太田健一会員は、『上代淑研究』に多くの論考や資料（上代淑書簡など）を発表され、8年間にわたる上代淑研究会の活動において大きな推進役であった。

　会員はそれぞれの研究テーマにあわせながら資料収集に努め、手分けをして様々な土地や関係図書館に足を伸ばした。主な場所を列挙すれば、京都（新島襄関係）、大阪川口（上代知新、淑関係）、松山（上代知新、淑関係）、福島須賀川（上代知新関係）、仙台（デフォレスト、東華学校関係）、マウントホリヨーク大学（上代淑関係）、アマースト大学（新島襄関係）などがあげられる。

　『上代淑研究』関係について、今でも県内だけでなく、他府県からも本学図書館に問い合わせがきている。最近では2013（平成25）年の大河ドラマ「八重の桜」が始まった時のマスコミからの問い合わせ、2015（平成27）年8月の、山田耕筰没後50周年記念番組制作にあたってのNHKからの取材等がそうである。また時には海外からの問い合わせもある。ケンブリッジ大学東洋学部研究員マーラ・パテッシオ（Mara Patessio）は2006（平成18）年来日して東京を中心に日本の女子教育を研究していたが、地方の様子も調べたいという理由で本学図書館を訪れ、後にその研究成果『Women and public life in early Meiji Japan』(2011)を出版している。

（濱田栄夫）

第9章

音楽の伝統

創立から音楽科開設まで

　1886（明治19）年に山陽英和女学校として開校した本校の生徒数は、1888（明治21）年をピークに次第に減少し、生徒数の減少は学校経営に深刻な打撃を与えることになった。生徒たちも学業の余暇に編み物や裁縫をして資金の一助にするなど、財政危機を克服するために様々な努力がなされた。そして1898（明治31）年11月19日、一般に校舎を開放し第1回の「慈善市」が開かれ、これが岡山におけるバザーの始まりといわれている。そのなかで、「文学会」が催され、生徒の歌舞音曲が披露されたとの記録がある。以来、慈善市はたびたび開かれ、後には同窓会の事業の一つとなり、岡山の名物ともなった。

　山陽学園は草創期から音楽と縁のある女学校であった。操山の麓に位置する門田界隈は、1879（明治12）年から西洋人宣教師が暮らし、西洋の新しい文化を求めて県内外から人々が集っていた。

　文部省唱歌「故郷」「春が来た」「紅葉」などの作曲で知られる岡野貞一は、1893（明治26）年、姉夫妻を頼って鳥取から来岡した。岡野貞一の姉寿美は、本学設立功労者の一人である小野田元と結婚しており、岡野貞一は東山で宣教師らが開いていた薇陽学院に通って英語と音楽を学んだ。当時、本校で音楽を教えていたアリス・アダムス・ペティーから手ほどきを受け、貞一少年の音楽の才能は開花した。岡山在留期間はわずか2年2カ月であったが、その後、東京音楽学校を目指し上京した。

　「赤とんぼ」「この道」「からたちの花」などを作曲した山田耕筰も少年時代を門田界隈で過ごした。山田耕筰の姉ガントレット恒子は本校で教師をしており、オルガン奏者であった義兄のエドワード・ガントレットから大きな影響を受けた。耕筰の自叙伝『若き日の狂詩曲』の冒頭には、青

春時代の忘れがたい思い出として、1900(明治33)年12月31日に下宿先の三友寺境内で世紀の変わり目のカウントダウンをした様子が印象深く語られている。ガントレット夫妻と耕筰、上代淑らは「ゾボーバンド」を結成。新進作曲家となってからも山田耕筰は本校で講演して「らしくせよ。ぶるな」と女学生に語り、「コーちゃんと云ってくれる人はもうこの世の中には上代先生しかいらっしゃらなくなりました。この学校へ来て、昔のことが色々思い出されてとてもうれしい」と懐かしんでいる。

現在も重要な学校行事として受け継がれている「きざはしの式」は1905(明治38)年に始まり、上代淑の妹である豊崎花が作詞した「きざはしの歌」を式の中で歌った。翌年の1906年(明治39)年高等女学校としての組織や教育内容、施設が充実してきた中で、創立20周年記念式が挙行された。300人の生徒により斉唱された豊崎花の作詞による「創立記念祝歌」は、現在も創立記念式の歌として歌い継がれている。この当時(明治後期)の学園生活の行事として「大文芸会(文化祭)」があった。生徒による作文の朗読や英語の暗誦のほかに、箏やオルガンの演奏、唱歌の演奏があった。

寄宿舎では大西絹が1889(明治22)年以来、舎監として生徒指導に当たっていた。寮生を厳しく躾け、料理、裁縫を教えると同時に、オルガンや日本舞踊も教え、時には学校において音楽の授業の代講を行っている。同年、本校に再就職した上代淑は音楽のほかに6科目を受け持った。楽器のない時代には音叉を使用して音感をとらえさせ、英語の歌などを歌い、二部合唱や輪唱の楽しさも教えた。教会の日曜学校ではオルガン奏者も務めている。

学校の課外活動の組織としては、1905(明治38)年に「行余会」が発足して、箏曲の活動も行われ、1907(明治40)年にはバイオリンが加わっている。1910(明治43)年に開かれた行余会の大文芸会のプログラムには、バイオリンの他に箏、オルガン、唱歌の演奏がみられる。

昭和の時代に入り、様々な文化行事の中で音楽が年々盛んになっていった。各種の式がある日には、生徒が講堂への入場時、チャイコフスキーの弦楽四重奏曲「アンダンテ・カンタービレ」が流れた。1928(昭和3)年

秋の岡山県高等女学校連合音楽会には本校から五十数人が参加して、四部合唱とピアノ独奏で聴衆を魅了した。また1930（昭和5）年には専攻科校舎新築を記念して、日本交響楽団のメンバーによる七重奏演会が開催されている。1934（昭和9）年には音楽週間が設定され、初日には全校生徒を対象に音楽に関する講話があり、引き続き蓄音機で名曲の数々を鑑賞した。1936（昭和11）年の岡山県女子中等学校連合音楽会には、合唱と弦楽合奏で出演している。

　このような音楽的環境に恵まれたなか、1935（昭和10）年以来、更に音楽教育が盛んになり、音楽の授業で「楽典」（現在の「音楽理論」）を教え、1938（昭和13）年には山陽高等女学校管弦楽団を組織した。1939（昭和14）年には第3学年40人による鼓笛隊が編成され、翌年に第1回の演奏会を開催し、学校の内外でたびたび演奏活動を行っている。また県下に名声を馳せていた合唱部は、同年弦楽合奏と共にラジオ出演も果たしている。明治の時代から続いてきた「文芸会」は「音楽会」と改称され、より盛大に実施するようになった。1940（昭和15）年の「音楽会」では、独唱、合唱、ピアノ独奏、バイオリン独奏、チェロ独奏、弦楽合奏など全45曲が演奏している。

　戦後、1946年（昭和21）年6月、弘西国民学校講堂を借り、戦災1周年を前にして復興音楽会を開いた。出演者はテノール独唱柴田睦陸や本校卒業生のピアノ秋吉章子、バイオリン杉原淑子の本校にゆかりの深い郷土出身の新進音楽家であった。殺伐とした焼け跡暮らしの岡山市民の心を潤した。クラシックの本格的な演奏会としては、岡山では戦後最初の催しであった。続いて専門家による能楽や舞踊の会がたびたび開かれたが、これらは広く一般の人々を対象にした学校復興資金を集めるための催しであった。やがて「芸能会」と銘打って、生徒が演技者となって県下各地を巡業するようにもなった。1949年（昭和24）年にはアメリカ占領軍の肝入りでダンス講習会を開き、フォークダンスやスクエアダンスを本校の学校教育のなかに採用するようになった。また1951（昭和26）年以来、上代淑の孫にあたる上代知夫（ピアニスト、名古屋芸術大学音楽学部教授）のピアノリサイタルも毎年のように開催されるようになった。生徒

活動としての「行余会」のなかでは、1948(昭和23)年コーラス部が、第1回岡山市女子中等学校合唱コンクールにおいて特等の成績を収めた。

1946(昭和21)年に改称され「緑会」となった本校のPTAは、岡山市内高等学校PTA連合会に加盟し、積極的に映画の推薦や演劇、バレエ等の生徒芸能の競演の機会を作る活動を始めた。

1950年代になると教育環境も整い、学校の行事も軌道に乗ってきた。年度初めには新入生の歓迎会が行われ、演劇、バレエ、合唱など芸能各部による出し物や、有志による日本舞踊、器楽演奏などでくつろいだ一日を過ごした。10月の文化祭では体育館のステージで合唱や演劇、バレエを披露した。秋には演劇教室や音楽教室も開くようになった。1950(昭和25)年10月にはグランドピアノ披露演奏会を開催している。1956(昭和31)年の創立70周年記念式典に先だって記念演奏会を開き、本学園中学校出身の加納純子(ソプラノ)と上代知夫(ピアノ)のジョイントリサイタルを開いている。

生徒による音楽部は1952(昭和27)年に始まった岡山県スポーツ合唱祭と1954(昭和29)年に始まった岡山県高校合唱祭に毎年出演して注目を浴びた。また1957(昭和32)年から宮城道雄追悼演奏会や大月宗明箏演奏会などにも合唱の賛助出演を行うようになった。1960年代には鼓笛隊が十数年ぶりに復活し、翌年の岡山県体育祭でバトントワラーも加わりパレードを繰り広げた。

音楽科の開設

1966(昭和41)年10月18日に本学園は創立80周年の記念日を迎えた。同月21日には本学園の出身演奏家である加納純子(ソプラノ)、秋吉章子(ピアノ)、伊達富子(バイオリン)、藤田愃子(ソプラノ)、それに上代知夫(ピアノ伴奏)による記念演奏会が同窓会で開催されている。当時の校長、上代晧三の強い意向により、この創立80周年に合わせて1966(昭和41)年4月1日に高校に新しく音楽科が設置した。当時の音楽教育のめざましい普及に応え、音楽大学への進学に役立てるとともに、生徒の豊か

な情操を培い、あわせて岡山県の音楽文化の発展に寄与したいと考えたのである。また、本校における戦前からの音楽教育の伝統の上に立っての設置ともいえる。4年前の1962（昭和37）年、岡山県作陽女子高等学校（現在の作陽高等学校）の普通科に音楽コースが設置されてはいたが、音楽科の創設は県内で初めてのものであった。当初はピアノ、声楽、バイオリンの3専攻をおき、東京、大阪、広島から各専攻の専門教師を特別講師として招聘した。初年度は34人（ピアノ22人、声楽10人、バイオリン2人）が入学した。翌1967（昭和42）年7月には第1回校内演奏会を開き、同年12月1日には第1回音楽科定期演奏会を開催した。発足当時の生徒募集人員は50人で、国語、数学、英語の筆記試験に加え、音楽通論、聴音、コールユーブンゲンが専攻実技以外に課された。実技課題には自由曲の他に課題曲が含まれ、ピアノ専攻以外の人にも副科ピアノを課すなど、受験生にとってハードルの高い内容であった。

　岡山市民会館で開催した第1回の音楽科定期演奏会には、山陽学園の緑会、同窓会等が後援した。ステージは2部構成で第1部は生徒の独奏や独唱、そして最後に合唱組曲、第2部は特別出演として普段実技レッスンの指導に当たっている教員や講師、そして特別講師の演奏であった。このスタイルはごく近年まで踏襲されている。この当時の生徒数は1年生が32人、2年生が36人であり、音楽科創設2年目なので3年生は在籍していない。この第1回定期演奏会のプログラムに掲載された上代晧三校長のあいさつ文には「本校に昨年、高等学校音楽科を設けましたのは、音楽では比較的幼少期の基礎教育が大切であるという考えによるものであります。なお一つには、本校における情操教育に音楽を媒介として期待する面が多いと考えることにもよります。さらにこれに加え

第1回音楽科定期演奏会のプログラム表紙

て多少とも、岡山地方における健康な音楽人口を育成するのに役立ちたいと考えるのであります。」とあり、県内唯一の音楽科としてその目的と理想が高く掲げられた。

　この頃、音楽科以外でも文化部の躍進が目覚ましく、音楽部は1971（昭和46）年に全日本合唱連盟コンクール全国大会に出場し、銅賞を受賞している。1974（昭和49）年、創立90周年記念事業の一環として、本学園最後の木造校舎であった南校舎を鉄筋コンクリートに改築したが、それと同時に西校舎も改装し、現在の形のレッスン室を14部屋設置した。

　高校への進学志望者が年々増加するなか、本校でもクラス数や学級定員を増やして対応した。開設当時50人だった音楽科の定員は数年後には30人に落ち着きしばらく続いたが、1984（昭和59）年度の音楽科の定員は35人となり、1985（昭和60）年からは45人とした。音楽科創設から20年間の入学者数は718人を数え、うちピアノ専攻568人、声楽専攻141人、バイオリンその他の専攻9人であった。進路は大学進学68％、短大進学12.3％、その他19.7％という記録が残っている。音楽科の生徒は毎年の山陽学生音楽コンクールで、ピアノ、声楽部門で上位を占めており、音楽部もNHK全国学校音楽コンクールの中国大会に毎年出場を続けた。山陽学園の創立100周年にあたる1986（昭和61）年5月にはハンガリーのピアニスト、デジュー・ラーンキ（Ránki Dezsö）を迎え、岡山市民会館にて記念演奏会を行った。また1996（平成8）年の創立110周年記念の際にはフランスのピアニスト、シプリアン・カツァリス（Cyprien Katsaris）を迎え、岡山市民会館で盛大に記念演奏会を行った。

　1987（昭和62）年県立城東高等学校が開校し、音楽系（音楽学類）が設置された。以来、岡山市内に音楽の専門的な学習ができる高校が並存することになる。本校の入試においては「特別推薦入学試験」が始まり、入学試験において国語、英語、数学の筆記試験が免除されることとなったが、城東高等学校が募集定員を増やし堅実に進学実績を上げていくなか、本校音楽科の生徒数は徐々に減少を始めた。1996（平成8）年には音楽科の募集定員は30人に減少し、その後2007（平成19）年度には募集定員は25人となった。

この間、受験生を確保するために幾つかの新たな試みを行った。まず2001（平成13）年度に「器楽専攻」と「音楽専攻」を新設した。それまでにもピアノ以外に器楽を専攻する生徒の受け入れを行っていたが、実技レッスンを担当する教員がいないため、原則的にピアノまたは声楽のいずれかに在籍し、専門の器楽のレッスンは行っていなかった。この変更で、受け入れ生徒の専攻に応じてレッスン担当者を手配することになり、事実上、すべての楽器の生徒の受け入れが可能となった。後年、箏を専攻する生徒が2人東京藝術大学に進学することにも繋がった。また「音楽専攻」ではピアノと声楽を並行して学習し、将来的に大学の教育学部を目指す生徒を募集することで、比較的楽器に対し初心者であっても受け入れられる体制が整った。2006（平成18）年度には「ピアノ演奏家専攻」を新設し、合計5つの専攻を設置した。従来の「ピアノ専攻」より高度なレベルの受験と授業内容を設定し、能力の高い生徒を少数精鋭で教育することで成果を上げることを目的とした。開設以来7人がこの専攻に入学し、国内の主要なコンクールに上位入賞し、難関大学に合格するなど、確実に実績をあげてきた。

　2008（平成20）年度に新設したのは「ミュージカルコース」である。それまでの「音楽専攻」を「音楽芸術専攻」とし、さらにその中に「ミュージカルコース」と「音楽総合コース」の2つのコースを設置した。「音楽総合コース」は従来の「音楽専攻」の内容を継承するものであったが、「ミュージカルコース」は岡山県下で初めて設置された画期的なコースであった。音楽科の定期演奏会の中の生徒による企画ステージは、この数年前よりミュージカル的な色合いが強く出るようになり、生徒の志向や受験生のニーズを考慮しての開設となった。豊かな経験と華々しい経歴を持つ宝塚歌劇団出身の講師を迎え、将来舞台人を目指して本格的な授業を行っている。普通教室をミュージカルスタジオに改装し初年度は5人の入学者を迎えてのスタートであったが、徐々に入学者は増加し県外からも広く受験生が集まるようになった。現在ではミュージカル系の生徒がMusicコース在籍生徒の約3分の1を占めるまでになったため、ミュージカル教室および衣裳部屋を増設し、専門の担当講師も5人体制となった。オー

プンスクールや学校説明会をはじめ、各種の訪問演奏、イベントなど多方面で活発に活動し、本校の広報活動とイメージアップに貢献している。本校の「ミュージカルコース」は、2009（平成21）年度には「ミュージカル専攻」として独立し、音楽科は「音楽総合専攻」と従来の４つの専攻と併せて６専攻体制となった。

音楽科からMusicコースへ

　第１回定期演奏会のプログラムの中には、「音楽科紹介」として「……全員音楽大学入学を目指して毎日、努力を重ねております。」との記述がみられる。経済的にも余裕のある家庭の子女が数多く入学し、首都圏を中心とした私立の音楽大学に全員が進学することが当たり前だった時代は過ぎ去り、不安定な社会情勢や経済の不況、少子化など、音楽科だけではなく学校全体を取り囲む環境は次第に厳しさを増した。時代のニーズにより徐々に生まれ変わってきた音楽科であったが、生徒の減少には歯止めがかからず、2004（平成16）年度の入学生は12人、2005（平成17）年度は17人、そして2006（平成18）年度は９人にまで落ち込んだ。ミュージカルコースを設置した2008（平成20）年度は12人、翌年は15人、翌々年は18人と増加傾向は見せたが25人の定員は満たすことはなかった。この傾向は全国の高校におけるほぼすべての音楽科にあてはまり、総合学科への編入や芸術コースへの統合、さらには募集停止に踏み切った学校も少なくはなかった。本校においても、ここで大きな転換期を迎えることになった。

　2011（平成23）年、1966（昭和41）年の開設以来、47年間続いてきた音楽科は募集を停止し、普通科Musicコースとして再編成した。音楽実技系、ミュージカル系、吹奏楽系、教育音楽系の４つの系を置くことで、幅広く将来の可能性に対応できるようになった。全国の音楽大学への進学のための授業はもちろん、その他の学部の受験にも対応できるよう、一般教科もしっかりと学べる体制が整った。また、普通科に編入したことにより費用面で公立高校との格差が減少し、生徒の募集活動にも良い影

響を与えることになった。Musicコースへの入学者数は2年目からは20人を超え、4年目には定員の30人を満たした。

　1,305人に達する音楽科卒業生は、その多くが音楽大学に進学し、小・中・高校、大学の音楽教師や音楽教室の講師を務めると同時に地域に根差して演奏活動も行うことで社会に貢献している。なかにはオペラ歌手として国際的に活動している横山恵子や、現在もドイツの歌劇場で活躍する伊藤宏恵のようにプロの演奏家として活躍する人も多くいる。

　しかし近年では卒業後の進路も大きく変化してきた。以前のように音楽大学だけでなく福祉や医療、保育関係をはじめ、ミュージカルや舞台、演劇方面へ進学する生徒も年々増加する傾向にある。2013（平成25）年には宝塚音楽学校に合格し進学する生徒も現れた。ブライダルやペットのトリミング等を扱う専門学校へ進学する生徒もいれば、女優やミュージカル関係の仕事を希望して各種の芸能事務所や養成所に所属して夢を追う生徒も増えてきた。また、音楽と学習の両立をこなし、国立大学の教育学部に現役で合格する生徒もいる。このように様々な志向を持つ生徒を受け入れるのと同時に、進路指導も柔軟に対応していく必要にせまられている現状である。

Musicコースの現在

特別講座

　古くは1984（昭和59）年ドイツベルリン大学よりピアノのローター・ブロダック（Lothar Broddack）教授を迎えて音楽科特別講座が開催され、「ベートーヴェンのソナタについて」をテーマに模範演奏、公開レッスン等を行い音楽科の生徒を魅了した。

　現在では年2回の特別講座を総合学習の一環として定期的に行っている。声楽やピアノの公開講座が主なものであったが、ここ数年は、ミュージカル専攻の生徒が増加したこともあり、本校ミュージカル系を担当する講師や大学のミュージカル講師を招いての講座を多く取り入れるようになった。これは、ミュージカル専攻生に限らずすべての生徒が参加で

きる体験型の講座で好評である。近年ではこの他にも、合唱やキャリア教育に関するもの、音楽療法講座など幅広く行い、生徒の進路選択にも役立っている。

ヨーロッパへの研修旅行

　海外研修に関しては、1984（昭和59）年12月から音楽科と音楽部の中高生で編成した山陽女子中・高校合唱団90人が中国の北京と上海を訪問した。北京では北京市実験中学・中央音楽院を訪問し五道口労働者クラブでの演奏会に出演した。上海では上海音楽院を訪問し上海芸術劇場で公演、曲目に中国の歌も加えて多くの中国の人々と歌を通じて友好と交流を深めた。

　現在の海外研修は、1999（平成11）年から、感性豊かな時期に音楽の本場を訪れ、知識や教養を深めることを目的としている。主な目的地はモーツァルト生誕の地オーストリアのザルツブルクと音楽の都ウィーンで、著名な作曲家たちの足跡を辿ると共にオペラやミュージカルを鑑賞する。近年は前述の都市に加え、ドイツ、フランス、イタリア、チェコ、ハンガリー、ポーランドのいずれかの都市を訪問に加えている。そのほかにも現地の音楽学校の訪問や公開レッスン、個人レッスン、合同コンサートの開催など有意義なプログラムは生徒の刺激となっている。

上代記念音楽コンクール

　創立100周年を記念して建設された上代淑記念館の2階ホールにおいて、2004（平成16）年から上代記念音楽コンクールを開催している。このコンクールは、児童・生徒に未来へつながる発表の場を提供し、豊かな心を育むことを目的としている。当初はピアノ部門と声楽部門であったが、現在はピアノ部門（小学1・2年生の部、小学3・4年生の部、小学5・6年生の部、中学生の部、高校生の部）と、ピアノ連弾部門A・Bの2部門で実施している。予選と本選を行い、各部門の第1位から第3位入賞者は、11月の入賞者披露演奏会に出演している。この演奏会は当初、上代淑記念館ホールで行っていたが、ここ数年は外部の岡山ルネスホールで開催

している。

変化する定期演奏会

　音楽科の定期演奏会はその創設2年目に岡山市民会館で開催した。第9回の際には音楽科創設10周年記念演奏会として、それまでの卒業生を出演者に多数迎えて華やかに行った。また6年後の第15回定期演奏会においても第2部は卒業生のステージとなった。1983(昭和58)年の第17回から第25回までは会場を岡山市民文化ホールに移して行った。その間の第20回定期演奏会は山陽学園創立100周年記念として開催し、第2部は卒業生によるステージとした。

　1992(平成4)年の第26回定期演奏会からは会場が岡山シンフォニーホールになる。この岡山シンフォニーホールは前年1991(平成3)年に完成し、2,001の座席を擁し岡山市においては最大規模となる音楽施設であるだけでなく、クラシック向けの本格的な音響設備も備えたものであった。最良のホールで最高の音楽をとの思いによる会場の変更であった。会場を岡山シンフォニーホールに移して2年目の第27回定期演奏会において、現在の第3部生徒企画ステージの原型である演目が登場した。これは、クリスマスソングをハンドベルと合唱で披露するスタイルである。

　第29回の定期演奏会は音楽科創設30周年記念として行い、当時ヨーロッパでオペラ歌手として活躍中の横山恵子をはじめとして国内外で活動中の卒業生の演奏が第2部を構成した。第2部最後のコーナーは第30回定期演奏会からは生徒中心の企画として定着し、サウンド・オブ・ミュージックメドレー、ディズニーメドレー、アニメーションメドレー、映画音楽メドレー、昭和歌謡曲メド

第1回Musicコース定期演奏会のプログラム表紙

第9章　音楽の伝統　　169

レー、ポピュラーメドレーと、テーマを毎年変えて演奏した。そんな中、第35回の定期演奏会では本校音楽科卒業生で当時ドイツ国立ケルン音楽大学に在学しドイツ各地の歌劇場で活躍中の伊藤宏恵の特別演奏があった。

第38回の定期演奏会からはオーケストラとの共演が行われ注目を浴びた。初回に共演したのは大阪音楽大学のザ・カレッジ・オペラハウス管弦楽団で、その後はくらしき作陽大学管弦楽団・倉敷管弦楽団との共演が第45回の定期演奏会まで続くことになる。この影響でオーケストラとの共演を夢見て入学してくる生徒も少なくなかった。このオーケストラとの共演コーナーが第2部として位置づけられたのと同時に、生徒企画のコーナーは第3部として独立し、内容も更に充実していくことになる。指揮や楽器の演奏はもちろん、編曲や構成、振り付けなどもすべて生徒が自主的に行うようになってきた。演奏曲目はミュージカル曲が中心となり、ステージ上での動きや衣装などもますます工夫を凝らし華やかになってきた。学園創立120周年にあたる第40回定期演奏会においては、音楽科卒業生による合唱団を組織し日本歌曲を披露した。

第42回からは再び会場を岡山市民会館に移して現在に至っている。第44回の定期演奏会では初めてミュージカル専攻生による単独のステージが第1部として行われ、全体で4部構成となった。第45回定期演奏会ではミュージカルステージが特別企画として切り離し、定期演奏会の前に単独で開演した。第46回から現在まではミュージカルステージ、演奏と合唱のステージ、生徒企画ステージの3部構成で定着してきた。

2013（平成25）年の定期演奏会は、新たに第1回Musicコース定期演奏会として開催した。これは音楽科を普通科へ再編成したことによるもので、今年で第4回を迎える。

定期演奏会をはじめとして、そ

第1回Musicコース定期演奏会ミュージカルステージ「サウンド オブ ミュージック」

れぞれの時代のニーズに合わせて柔軟に対応し、変化を遂げてきたMusicコースは、現在、ピアノや歌声、吹奏楽関係の管楽器や電子オルガンなど、様々な音色で溢れている。音楽を通してそれぞれの夢や目標を実現するために日々頑張っている多くの生徒が、今も本校の音楽の伝統を守り、受け継いでいる。

（近藤邦彦）

【参考文献】
　『上代先生を語る』(山陽学園同窓会)

第10章

山陽学園とスポーツ

　山陽学園は開校以来、キリスト教主義の学校として西洋の近代文明、近代教育を逸早く取り入れた。西洋人の健康に関する意識や体を動かすことを学校教育の中に受容したことも自然の成りゆきであった。岡山において近代スポーツは、東山の居留地の宣教師たちが楽しんでいることから普及し、それが山陽へ入ってきたともいえる。

　山陽女学校では、1902（明治35）年に生徒有志と教職員が共に「女子ノ優美ノ精神ヲ涵養シ、閑雅ノ挙動ヲ習成スル」ことを目的とする研優会を組織した。文学や箏曲など教科外の教養や身のこなしを身につけるというものである。

　この研優会にローンテニス（硬式庭球）を行う運動部が置かれた。1903（明治36）年には、本校で第1回のテニス競争会を開いている。1907（明治40）年には、テニスコートが設けられ、そこで第2回の庭球大会が開かれた。

　1910（明治43）年頃には、徒手体操、亜鈴体操、カドリール、薙刀体操が行われていた。1914（大正3）年頃の体操の時間には、くくり袴に白黒格子の黒頭巾をかぶって、肋木にぶらさがり、跳び箱をとんでいた。当時、運動場が狭かったこともあり、運動会は非公開で行われていたが、1926（大正15）年からは奥市グラウンドを使用することによって、はじめて保護者に公開するようになった。この頃になると運動会では陸上競技に加え、ダンスも行っている。

　1925（大正14）年頃、体操時の服装は白の帽子に白シャツ、黒のブルマースに、白のストッキング、黒のズック靴と洋装になった。

　水泳が正科となったのは1929（昭和4）年頃で、東山プールで練習していた。課外活動としてのスポーツは軟式庭球、排球（バレーボール）、籠球（バスケットボール）の3種目の活動が目立ち、大正末年には全校生徒

優勝旗祭

750人のうちこれら3部に150人が属するという状況であった。

1924（大正13）年に始まった明治神宮国民体育大会は、全国規模の総合体育大会で、第2回大会に排球部が初出場し、第6回大会には軟式庭球部と陸上競技部が初出場した。以後、軟式庭球、排球、籠球の3部がたびたび県代表となっている。この当時は、全国大会や地方大会、県大会で数々の優勝を飾り、「スポーツ山陽」の名声が県内外に轟いていた。

1935（昭和10）年春には、各種大会で獲得した優勝旗を一堂に集め、優勝旗祭を盛大に開催した。コーチや部の先輩、保護者を迎え、10本の優勝旗と3個の優勝カップを掲げ、生徒たちは優勝旗の歌をうたった。会場のステージに10本の優勝旗が林立するのは壮観であった。その後も、1941（昭和16）年には二十数本の優勝旗と多数の優勝カップを掲げ、1955（昭和30）年にも優勝旗祭を実施している。

1936（昭和11）年、自助会長の発案によって、運動部応援積立金制度を創設した。選手を除く全生徒が毎月5銭ずつ出し合うというものである。これにより選手たちは経済的負担の心配を少なくし、練習、試合に専念

第10章　山陽学園とスポーツ　173

できることになった。軟式庭球、排球、籠球の3部を中心に「スポーツ山陽」の名声はますます高まっていった。

戦時下のスポーツ

スポーツ界にも戦時色の暗雲が立ち込めるようになり、軟式庭球部と排球部は陸軍病院岡山分院に傷病兵士を慰問し、有志と交歓試合を行った。1939(昭和14)年には、専攻科生徒に武道の科目が課せられるようになり、薙刀の稽古が始まった。弓道は1935(昭和10)年頃から校内の一隅に仮設した弓道場で行っており、弓道部は正式には1942(昭和17)年に設置した。

1939(昭和14)年秋の第10回から明治神宮国民体育大会は政府主催となり、入場式には昨年度の選手権保持者として卒業生の青山浜子が全選手を代表して宣誓した。そして会場から中継されるラジオ放送に合わせて、全校生徒が一斉に国民体操を行った。

1940(昭和15)年1月、大日本排球協会から同年度全国優秀チームの1つとして本校排球部が表彰され、個人最優秀選手として中衛の森和子が受賞した。

この年の第1回全日本女子庭球大会で優勝、全日本女学校庭球大会で3連勝を遂げた。第11回明治神宮大会にも庭球の女子一般で岡本恵美子・佐藤達子組が優勝、選手の帰校を全校生徒で岡山駅頭まで出迎え、26旒の優勝旗を先頭に学校まで市中行進した。両選手の戦績に対し、翌年3月には合同新聞社から体育奨励賞が贈られた。

1942(昭和17)年になると全国的なスポーツ大会は大幅に減少し、全県的な大会も開かれなくなった。

戦後のスポーツ

戦後1954(昭和29)年、1955(昭和30)年頃から山陽のスポーツは復活した。バドミントン、軟式庭球、卓球、体操の4部は、第9回、第10回

の国民体育大会へ出場した。その遠征費を調達するために、みさお会の呼びかけで石けんや歯磨き粉などの物品販売を行い、その収益金約8万円を得た。

　1962（昭和37）年に岡山で第17回国民体育大会が開催された。9月に開催された夏期大会で本学園の高校2年生200人で編成されたコーラス隊が白ベレーに夏の軽快な服装で、総合グラウンドのプールサイドで「若い力」を合唱した。

　10月21日には、秋季大会が始まった。本学園の代表選手はバドミントン、体操、軟式庭球、硬式庭球、排球、卓球の6部から、生徒26人、教員5人の計31人と卒業生12人も一般女子の選手として参加し、全国から集まった15,000人とともに入場行進した。続いて真紅と白のユニフォームに身をかためた本学園の鼓隊の先導で標旗入場があり、コーラス隊の「大会讃歌」が雰囲気を高めた。なお開会式に先立っての高校生のマスゲーム「輝く希望」は35,000人の観衆を魅了した。

　競技で本学園の選手は奮闘し、体操高校女子の部と軟式庭球教員の部で優勝、バドミントン高校女子、卓球高校女子、硬式庭球高校女子はそれぞれ準決勝に進出、排球高校女子もベスト8に入った。岡山国体で全国優勝を遂げた体操部は、12月に山陽スポーツ賞を受け、翌年1月には国体優勝者として軟式庭球の蒔田辰男、須々木元、長鋪強の3教諭と、体操部の監督正本利幸と選手の岡浩子、宮崎節子、岩村弘美、小野繁子が岡山県から表彰された。

東京オリンピック

　1964（昭和39）年10月10日、第18回オリンピックが東京で開催された。高校1年生木原光知子は水泳競技で出場。100メートル背泳では予選で失格したが、400メートルメドレーリレーに最終泳者の自由形に出場し、4位に入賞した。

　木原の活躍で本学園の水泳熱は大いに高まり、寄宿舎西隣の岡山市所有のプールを買収して改装した。1965（昭和40）年7月3日、プール開き

が行われた。プール開設を機に水泳部が創設された。

　木原は1966（昭和41）年の中国地域春季大会で50メートルと100メートル自由形で日本新記録を樹立し、優勝した。それ以降、各大会で自己のもつ日本記録を更新していった。国際舞台でも活躍し、1966（昭和41）年11月メキシコ国際スポーツ大会で100メートル自由形1位、200メートル自由形で2位という好成績をあげた。12月にバンコックで開かれた第5回アジア競技大会に出場し、100メートル、200メートル自由型、400メートルリレー、400メートルメドレーリレーの4種目に優勝し、金メダル4個を獲得した。

水泳の木原光知子選手

部活動の活躍

＜バトミントン部＞

　バドミントン部は1952（昭和27）年からインターハイに出場。1955（昭和30）年、全日本選手権大会で団体優勝を果たし、個人戦ダブルスで権田節子・友野文子組が優勝した。1962（昭和37）年には、高塚淳子・重政百枝組が、シングルスでは高塚が優勝。インターハイのシングルス優勝は、本校初の快挙であり、2冠を獲得した。1966（昭和41）年には湯木博江が優勝した。湯木は卒業後、バドミントン女子の世界選手権といわれ、3年に1回行われる国対抗の団体戦であるユニバー杯や個人の世界選手権といわれる全英選手権で3回優勝した。

　昭和50年代に入り、湯木の後を継いで近藤小織がユニバー杯の優勝メンバーであった。全日本選手権大会では、1955（昭和30）年、1956（昭和31）年に全国制覇を遂げる。

＜バレーボール部＞

　バレーボール競技は1923（大正12）年に岡山市内の男子中等学校で始められ、間もなく本校でも取り入れられた。岡山県岡山商業学校（現岡山東商業高校）に次いで始まり、県下での草分け的存在だといえる。

　1926（大正15）年に開かれた岡山県女子中等学校排球大会に出場し、初優勝を遂げた。翌年11月、第4回明治神宮競技大会（国民体育大会の前身）に初出場した。1942（昭和17）年の第13回大会まで連続10回出場した。1933（昭和8）年第7回明治神宮大会では、優勝戦まで進出したが惜敗した。1936（昭和11）年の第10回関西女子中等学校排球選手権大会で圧勝し、以来1940（昭和15）年まで5年連続優勝の偉業をなした。これまでの輝かしい戦績に対し、大日本排球協会から全国優秀チームに選ばれるなど、本校排球部は西日本女子排球界に不動の地位を占めるに至った。

　戦後、インターハイには1962（昭和37）年、1974（昭和49）年、1975（昭和50）年と出場しているが、上位には入っていない。1988（昭和63）年、インターハイ岡山予選会で宿敵就実高校を倒し、決勝戦で倉敷翠松高校も下し、1975（昭和50）年以来13年ぶり4度目の全国大会を決めたが、近年、戦前のような戦績は残せていない。

＜ソフトテニス部＞

　1903（明治36）年第1回校内テニス大会が開かれ、1907（明治40）年にはテニスコートが設けられた。ボールがきわめて高価だったことから庭球熱も次第に冷めていった。このため大正の半ばを過ぎてからローンテニスではなく、軟式庭球が広まっていった。当時は着物にエビ茶の袴で草履を履いてやっていた。

　本校の運動部は、軟式庭球部が最初に発足した。県内の大会や中国女子庭球大会に参加している。教師の蒔田辰男と何久曽倶楽部の有志の指導で日本女子庭球界にデビューした。

　1930（昭和5）年には、中国女子庭球大会で渡邊千鶴子・小西茂子組が優勝し、翌年には第2回近県女子庭球大会で優勝した。その秋の明治神宮国民体育大会に初出場し、渡邊千鶴子・青山栄子はダブルスで準優勝

した。

　1936（昭和11）年、1937（昭和12）年、沢田佳・青山浜子組は全国女子中等学校庭球大会に優勝し、1938（昭和13）年には、塩見利子・佐藤達子組が優勝し、3年連続の快挙を成し遂げた。この頃、山陽高女庭球部は女子庭球界に王者として君臨するに至った。

　以後、全国女子庭球大会、全国女子中等学校庭球大会、全日本女学校庭球大会などで優勝、準優勝するなどにより、山陽高女庭球部は女子庭球界にその名を馳せた。

　第2次世界大戦の前後は、配給されたボールに何度も空気を入れ、なくなると暗くなるまで探していたという。運動靴は貴重であったから学校での普段の練習は裸足であった。

　2012（平成24）年、しばらく中断していた中学校のソフトテニス部の活動が始まる。2014（平成26）年度全国大会初出場、第5位入賞。2015（平成27）年度全国中学校ソフトテニス大会第5位と中学生が活躍している。

　2016年（平成28）年全国中学校体育大会で女子個人の長谷川憂華・立花さくら組が初優勝した。準決勝戦では本校の生徒同士があたり、徳永栞波・吉川友菜組は長谷川・立花組に敗れたものの3位に入賞した。また同大会の団体戦でも優勝を果たした。

＜テニス部＞

　1960（昭和35）年、1961（昭和36）年、インターハイで中川美津子・風呂本操組が連覇した。このときの優勝戦は山陽同士であった。シングルスでは1963（昭和38）年に小橋敦子が、次に1968（昭和43）年には団体戦優勝とシングルで小橋洋子が優勝。1979（昭和54）年に宗高由紀が優勝している。団体戦でも1968（昭和43）年に初優勝した。1979（昭和54）年の国体では宗高由紀・河本聡子が優勝。

　硬式庭球部では中学生が1977（昭和52）年の第4回全国中学生選手権大会女子シングルスで宗高由紀が優勝。高校に進んだ宗高は1978（昭和53）年の第18回K・S杯と第15回原田杯の両大会で優勝し、全国二大タイトルを獲得した。つづいて全日本庭球選手権大会16歳以下の部に出場、シ

ングルス・ダブルスとも準優勝し、第1回日韓高校交歓庭球大会に日本代表4名の一人として参加、1勝5敗のうちの貴重な1勝をあげた。更に10月ソウルで開かれた第8回アジア・ジュニア庭球選手権大会に出場、吉田泰子と組んでダブルスで優勝した。また1978（昭和53）年ワールドジュニア・ウィンター・サーキット派遣選手団の一員に選ばれ、同団監督に選ばれた顧問の本郷明教諭らと共にアメリカ合衆国ダラスで団体戦に出場、マイアミビーチでオレンジボールに参加、続いてメキシコに入りメキシコシティーで個人戦に参加、再びアメリカに帰って、ペングロークでの試合にダブルスで3位を獲得、ウエストパルムビーチ及びキービスケンでの試合でそれぞれベスト8に入った。

　1983（昭和58）年、第10回全国中学生庭球選手権大会に出場した大月真昼、江副奈津子両選手はダブルスで優勝した。また1985（昭和60）年には全日本ジュニア選手権大会でダブルスに江副奈津子、三輪陽子が出場し優勝した。1986（昭和61）年春、日本庭球協会がアメリカ合衆国へ派遣するマルコー・テニスチームの高校男女4人の優勝選手の一人に江副奈津子が選ばれ、ロサンゼルス、サンフランシスコなどで親善試合に参加した。

＜バスケット部＞

　バスケット部は1926（大正15）年にはじめて県内大会に参加した。本校が注目されるようになったのは、1930（昭和5）年頃からである。これまで県内での強豪は、県立岡山高女であったが、それに取って代わるようになった。1932（昭和7）年には県下はもちろん西日本の大会で連勝し、10年間王者の地位を占めていた。

　1933（昭和8）年には全国大会の優勝戦で惜敗するものの好成績をおさめた。1938（昭和13）年から1940（昭和15）年にかけては、西日本女子ジュニア籠球大会で優勝したのをはじめ、全日本籠球大会で第2位、全日本女子籠球ジュニア選手権大会に優勝、明治神宮国民大会で準優勝、西日本女子ジュニア籠球選手権大会で優勝するなど黄金期であった。

＜陸上競技部＞

　陸上競技部の発足は1966（昭和41）年である。他の運動部にくらべ歴史は浅く、全国大会上位入賞の実績はないが、陸上競技を通して健全な精神と健康な身体の育成を目標に活動してきた。

　インターハイへの出場は1968（昭和43）年の広島インターハイに短距離100ｍ、200ｍに出場したのが最初だった。翌1969（昭和44）年は走幅跳に出場したが、予選突破はならなかった。その後走幅跳、短距離、やり投げに出場した。

＜卓球部＞

　1948（昭和23）年に発足した。当時は体育館もなく、教室の机を片付け、そこにコート２面を置いて練習していた。

　1959（昭和34）年に岡山県高校対抗選手権大会に全種目優勝し、団体戦では６年間連続優勝した。その後も、インターハイで４回に

世界選手権での田代早紀選手

わたってベスト８入りをし、ダブルスでベスト４に入った。

　1966（昭和41）年、1967（昭和42）年、1969（昭和44）年に全日本選手権大会に出場、1969（昭和44）年にはジュニアの部でベスト４に入った。1970（昭和45）年、アジア卓球選手権大会ジュニアの部に島本美津子が日本代表に選ばれ、国際舞台で活躍するようになった。

　1971（昭和46）年のインターハイでは団体で３位に入賞し、ダブルスで島本美津子・三宅鈴子組が優勝して全国制覇を達成した。島本と三宅は山陽新聞スポーツ賞を受賞した。インターハイ県予選において団体優勝33回、シングルス優勝28回、ダブルス優勝31回を記録しており、岡山県卓球界に不動の地位を占めている。

　2014（平成26）年、卒業生の田代早紀は世界選手権団体戦で日本代表チームの一員として銀メダルを獲得した。その功績により本学園はオリー

ブグリーン賞を授与した。

2015（平成27）年インターハイでは岡山勢女子で16年ぶりの団体準優勝、同年の国民体育大会では枝松亜実・木村光歩の活躍で実に67年ぶりに岡山少年女子が決勝進出を果たした。

2016（平成28）年岡山インターハイでは通算40回目の団体出場を果たし、全国高体連より特別表彰された。

＜体操部＞

本校では体操の時間にくくり袴に白黒格子の大黒頭巾をかぶって肋木にぶらさがり、跳び箱を跳んでいた。これが今日の器械体操につながっているかどうかは詳かではないが、1952（昭和27）年部活動として発足、1957（昭和32）年頃から県下で頭角を現しはじめた。

1958（昭和33）年、山陽高校競技大会には個人総合優勝と団体2位となり、全国高校選手権大会に出場するという躍進を遂げた。その後、全国高校大会に3年連続出場した。1962（昭和37）年、全国高校大会に団体総合で優勝し、個人総合でも岡弘子が1位となり、全国制覇を成し遂げた。

1977（昭和52）年の国民体育大会では、団体優勝を遂げている。1978（昭和53）年には、松家真紀がTBS杯大会では床運動で優勝、続いて上海で開かれた国際体操競技大会に日本チームの一員として参加。また秋にはタイのバンコックで開かれたアジア競技大会に日本代表として参加し、団体3位入賞を果たした。

2004（平成16）年、中学3年生が練習中に脊椎を損傷するという大事故が発生した。海外での治療などにもつとめたが残念ながら重い後遺症が残った。保護者の理解を得ながら生徒卒業まで特別の教材を作ったり、特別授業をするなど最大限の支援を行った。この時、体操部の廃部も検討されたが、2度とこのような事故が生じないように常に緊張感をもって練習に臨むことを覚悟した。

2008（平成20）年全国高校総合体育大会で2度目の団体優勝を成し遂げた。実に46年ぶりの全国優勝であった。メンバーは大石今日子、堀真奈美、橋本理永、山崎翔子の4人。決勝の当日、会場の埼玉県熊谷市の気

温は40℃。他校は暑さに苦しんでいるとき、本校の生徒は冷静に集中して演技した。

その他のスポーツ

＜水泳部＞

　木原光知子の入学した1964（昭和39）年以来、全国大会出場18回を数えている。1965（昭和40）年頃から1985（昭和60）年にかけて中国高校選手権大会において各種目で優勝していた。

　2008（平成20）年、競泳とは別にオープンウォーターで、せとうちオープンウォータースイミング（OWS）大会一般女子2kmの部において2位の成績を収めた。2009（平成21）年には、同じくせとうちOWSで、一般女子3kmで優勝している。

　部員は少ないが、競泳ではインターハイへ出場して活躍する選手が出ている。

＜新体操部＞

　新体操部は2010年（平成22年）に創設された部である。香川県のエンジェルRGカガワ日中にコーチ派遣を依頼し、練習を行っている。エンジェルRGカガワ日中は全国大会や国際大会に選手を出場させているクラブであり、レベルの高い練習を展開している。その指導により、桜井華子は全国高等学校総合体育大会に出場、個人総合5位に入賞し、さらに国際大会であるイオンカップに出場した。髙橋菜緒は、エンジェルRGカガワ日中で団体を組み、第44回全日本クラブ団体選手権大会シニアの部で1位、第67回全日本新体操選手権大会団体で8位となった。その他の部員も全国大会出場を目指して日々練習に励んでいる。

＜ホッケー部＞

　2009（平成21）年に発足したものの、試合に出場するためには部員が11人必要であり、新部のためチーム編成に苦慮していた。助っ人部員を揃

えながら県代表となり、2014（平成26）年、中国地区高校選抜予選に出場する。

2010（平成22）年、沖原佳乃は16歳以下ジュニアホッケー日本代表選手に選ばれ、高校では18歳以下ユースホッケー日本代表選手となった。

＜弓道部＞

1942（昭和17）年、弓道部が発足し、総合体育大会にも出場して活躍をはじめた。

戦後1970（昭和45）年に弓道同好会として再出発した。1972（昭和47）年、1973（昭和48）年、1983（昭和58）年、1985（昭和60）年の4回、個人戦でインターハイに出場し、団体戦では1979（昭和54）年に出場している。この年、国体にも出場した。

学科、コースごとに終了時間が異なるため、全員一斉に練習を開始することはできないが、校庭隅の弓道場で暗くなるまで練習している。

大学・短大のスポーツ

短期大学では1969（昭和44）年、第1期生の入学後間もなくクラブ活動が始まった。運動部は、優れた選手が入学してくると1人でも同好会を作って試合に臨んだ。開学当時にできた陸上部、水泳部、ヨット同好会、フィギュアスケート同好会、柔道部などが単発的に生まれたが、選手の卒業とともに休部となった。その中でも長い間活躍が目立つのは、弓道部、卓球部、バドミントン部、バレーボール部などである。

弓道部は1985（昭和60）年には第33回全日本学生選手権大会に出場し、佐藤薫が女子で優勝、沖真由美が同3位という偉業を達成した。

1973（昭和48）年に同好会として発足した卓球部は、中国・四国大会をはじめ多くの大会に出場し、上位の成績を残してきた。最近では、2014（平成26）年、アジアパラリンピックに井上全悠が出場し、3位入賞を果たした。

バドミントン部は、山陽女子高校から進学してくる選手たちを中心に

引き継がれ、中国・四国大会をはじめ多くの大会に出場し、上位の成績を残してきた。第18回、第25回全国私立短期大学体育大会においては、女子シングルスで優勝している。

　バレーボール部は1976（昭和51）年に同好会ができているが、現在の部は1981（昭和56）年に発足、1985（昭和60）年には中国リーグ戦Ⅰ部入りを果たした。1990（平成2）年には中国大学リーグ戦Ⅰ部優勝、中国・四国大会優勝等の好成績を収めた。数人の選手は五学連選抜大会中国学連代表選手に選ばれた。

　全国私立短期大学協会主催の体育大会に1982（昭和57）年度から出場するようになり、第50回記念大会において30回連続出場の表彰を受けた。最近では、2014（平成26）年、2015（平成27）年には卓球男子シングルスで2連覇。2014（平成26）年バドミントン女子ダブルスで優勝、準優勝し、2015（平成27）年にも同種目で準優勝した。

　1994（平成6）年大学が開学され、2009（平成21）年の看護学部開設と同時に男女共学になった。男子学生を中心としたスポーツ同好会など新団体が発足し、運動部、文化部ともに活動の場が広がっている。

山陽のスポーツを指導した人びと

　本校運動部の嚆矢、軟式庭球部は何久曽倶楽部の有志と蒔田辰男の指導により頭角を表わし、女子庭球界の王者に輝いた。1957（昭和32）年頃からは指導者として須々木元も加わる。

　バドミントン部で全国大会や世界で活躍する多くの選手を育てたのは毛利清志である。1959（昭和34）年には全国高等学校体育連盟からバドミントン競技を通して高校生の健全育成に寄与した功績により表彰された。1963（昭和38）年には韓国バドミントン協会に招かれて各地で親善試合と技術指導を行った。

　毛利は選手としても活躍している。1957（昭和32）年に全日本社会人選手権大会にシングルスで4年連続出場し、優勝2回、山上周之と組んでダブルス1回優勝している。

これらさまざまな功績により岡山スポーツ賞（岡山県スポーツ記者クラブ）を、また、ユーバー杯日本チーム監督として活躍したことにより、日本教職員バドミントン連盟ならびに日本バドミントン協会から功労賞が贈られている。

　体操で全国高校大会団体優勝と個人優勝へ導いたのは正本利幸である。岡山国体で全国優勝を遂げたことにより正本は岡山県から表彰を受けた。

　硬式庭球の指導で半世紀近くの間、全国優勝を何度も達成し、山陽のテニス部の礎を築いたのは本郷明である。明確な目標設定により生活のモチベーションを高める指導を行った。毎日の練習では自分の武器をつくり相手の弱点と戦うことを徹底していた。

　卓球部の基礎を築いたのは北川那美子である。北川は1955（昭和30）年から30年間顧問であり「ラケットを持たない指導者」として全国にも有名であった。北川は永年卓球の優秀選手養成の功績により、日本卓球協会から功労賞を受賞した。

　これら指導者の熱き情熱と的確な指導が「スポーツ山陽」を生む核になったことは高く評価しなければならない。そして今、その後継者たちも継承発展に日夜心血を注いでいる。

（萩原健一郎）

―――― 第11章 ――――

山陽学園の文化活動

1 中学校・高等学校の文化活動

中学校・高等学校の文化的平和教育

　我が国は、近代になってから日清・日露戦争や第1次・第2次世界大戦に参戦し、莫大な人的、物的被害を被り、国民は悲惨な暮らしを余儀なくされた。

　山陽学園も創立以来、それらの戦禍をくぐってきた。とりわけ第2次大戦では、学園関係者も多大な犠牲を強いられ、校舎までも灰燼(かいじん)に帰してしまった。そればかりではなく、政治によって山陽のキリスト教を基本にした博愛主義・人道主義教育が否定されるなど教育の内容も歪められてしまい、学校自体の存立意義さえ無視される事態になっていた。

　戦前・戦中に強引に押し進められた道徳教育や忠君愛国的教育が戦後禁止されるなかで、山陽で教える道徳教育も道徳というだけでGHQから禁止される羽目になった。上代校長が全生徒に持たせた「お守り帳」が没収されたのである。校長は岡山の第三十六軍政部長スプリンガー中佐を訪ね、キリスト教的考えを母体とした家族愛、隣人愛、博愛を教える山陽の道徳の内容をよく説明し、翻意させた。

　不本意の軍国主義に巻き込まれながらも信念を貫いてきた歴史を持つ山陽として、とくに第2次大戦の戦禍を二度と起こしてはならないとの強い決意の下に、世界平和を希求し平和教育を推進することに力を注いでいる。

現在行われている平和教育

太平洋戦争開戦70年――山陽女子の平和教育

　2011（平成23）年12月8日から、山陽女子中学校・高等学校玄関ホールで「山陽女子の平和教育―太平洋戦争開戦70年を考える」展を開催した。この年は太平洋戦争開戦70年の節目に当たり、授業や部活で取り組んだ平和教育を展示物にまとめた。

　高校3年は、社会科の授業で空襲がれきを発掘した。現在、山陽女子中学校・高校のある敷地には戦前、鐘ヶ淵紡績の絹糸工場があった。しかし、1945（昭和20）年6月29日の岡山空襲により工場は全焼し、閉鎖された。1946（昭和21）年、山陽学園は工場跡地に移転した。だが、焼け跡の残骸は相当な量で、グラウンドは教職員や生徒の手で整備されたが、それでも片隅には破壊された工場の残骸が戦後20年ほど放置されていた。その一部をグラウンドに埋め、1970年代になりやっと空襲の残骸は目につかなくなったのである。

　たった10cmほど掘ったところからセメントの付着したレンガ片や屋根瓦の破片などが、50cmまで掘り進めると黒く焦げたような瓦片が固まって出土した。今まで間接的にしか知る機会がなかった戦争を身近に感じることができたようだ。

　中学1年から3年は、防災ずきんを製作して岡山大空襲を学んだ。布に綿を挟み、あごの辺りをひもで結べるように製作した防災ずきんは、地震等の非常時に着用することにしていて、普段は教室のイスの座布団や背もたれ代わりにしている。

　中学2年は12月に被爆あおぎり植樹式を行った。被爆あおぎり2世の苗木は、5月の広島研修の際に、広島平和記念資料館から譲り受けたものだ。植樹の場所は、高校3年が空襲がれきを掘りだしたグラウンド。岡山空襲で破壊された鐘ヶ淵紡績絹糸工場跡地である。生徒からがれきを採掘した時の話を聞いた後、「平和を願い続けることを誓います」という自分たちで作成した平和宣言を読み上げた。

　戦争やカウラ事件の取材を続ける放送部と編集部は、岡山市中区の東

コラム　発信する平和意識

　1944（昭和19）年8月5日、オーストラリア連邦ニューサウスウェールズ州カウラ（Cowra）で日本兵捕虜脱走事件が起こった。第2次世界大戦中の捕虜脱走事件としては最大規模である。長島愛生園を訪問していたなかでカウラ事件の体験者立花誠一郎に出会い、編集部と放送部が2008（平成20）年度からカウラ事件を取材してきた。

　カウラ事件とは、太平洋戦争末期に起きた日本兵捕虜による集団脱走である。カウラの捕虜収容所に収容されていた日本兵捕虜には十分な衣食住が与えられ、強制労働も無く、不自由なく生活をしていた。そんな彼らがなぜ脱走を試みたのか。それは、戦陣訓の「生きて虜囚の辱めを受けることなかれ」に代表される当時の道徳観によるものである。つまり、敵の捕虜になってはいけない。しかし、実際にはカウラで捕虜として収容されている。彼らが選ぶのは「死」しかなかった。死ぬための脱走である。しかし、立花は脱走できなかった。ハンセン病を患っていたからだ。所内で隔離されていた立花は、脱走して死ぬことができなかったのだ。

　偽名を使って生きる立花との交流を通じて、生徒は軍国主義教育の呪縛を実感する。「答えは見つからないが、考え続けることが大切」、「悲劇を風化させないよう多くの人に伝えていきたい」と発信の場を広げる。

　2011（平成23）年6月、岡山市中区の東山鶴巻集会所で行われたイベント「語り継ごう戦争 平和な町を後世に―私たちの町にも空襲があった」（主催：三勲・旭東九条の会）が開催され、カウラ事件についてのパネル展示を行った。当時の日本人の考え方を地域の人たちと共に考える1日となった。

　2014（平成26）年8月2日から6日には有志生徒がカウラ事件70周年記念行事に参加するため、オーストラリアを訪問した。高齢のためにカウラへ行くことができなかった立花には、行事の様子を生中継した。式典には日本とオーストラリアの関係者が多数参加し、哀悼の意と平和への祈りを捧げた。

　これらの活動が認められて、2010（平成22）年には、「第12回拓殖大学 後藤新平・新渡戸稲造記念国際協力・国際理解賞コンクール」で第2位相当の優秀賞を受賞した。また、毎年、東京渋谷のNHKホールなどで行われるNHK杯全国高校放送コンテストでは、テレビドキュメント部門で、カウラ事件を題材にした作品を出品し、第56回（2009年）「平和・友好・理解」と第57回（2010年）「でっかい夢づくり―カウラに響け白球の音―」が5位入賞、第62回（2015年）「ダブルプリズナー 私たちが伝える意味」が制作奨励賞を受賞した。

　平和を築き、守ることを決意した生徒たちは、戦争の不条理さ、悲惨さを発信し続ける。山陽の平和意識は広がっている。

（田中麻依子）

山鶴巻集会所で行われたイベント「語り継ごう戦争　平和な町を後世に―私たちの町にも空襲があった」（主催：三勲・旭東九条の会）で活動をまとめたパネルを展示した。

高校特進サイパン研修

　高校2年特別進学コースはグアム・サイパン研修旅行を行った。サイパン島は太平洋戦争において日本兵と米兵の激戦が繰り広げられた地である。研修では太平洋戦争にまつわる資料館や実際に日本兵が身を寄せていた野営跡、追い込まれた日本人が集団自決をしたバンザイクリフなどを訪れる。

　事前学習として、戦争が終わった事実を知らずに米軍と戦い続けた日本兵の姿を描いた映画「太平洋の奇跡～フォックスと呼ばれた男」を鑑賞した。また、学校が所蔵している日の丸の寄せ書きと砲弾を見た。日の丸の寄せ書きは、出征の決まった兵士にむけて家族や友人などが当人の武運を祈り、名を書き連ねた物である。この旗の持ち主は当時17歳の特攻隊志願者であり、生徒は同年代で出征するという厳しさと、送り出す家族たちの思いを間近に感じることが出来た。

中学修学旅行・研修旅行

　5月、中学3年は2泊3日の修学旅行で沖縄を訪れる。「ひめゆりの塔」で献花と黙祷をし、平和記念資料館を見学する。その後、平和記念公園へ行き、戦時中に避難場所として、また野戦病院として使われていた「ガマ」と呼ばれる自然洞窟に入る体験をする。

戦時中の避難場所に使われていた洞窟「ガマ」の前で

　中学2年は、広島での平和学習を行っている。広島平和記念資料館を訪れ、「被爆して抜けた毛髪」や「壁に残された伝言」を見学した。また、

2015（平成27）年には平和記念公園で「被爆ピアノコンサート」を行った。被爆ピアノとは、広島原爆の爆心地からわずか1,800mの場所で被爆しながらも、奇跡的に残ったピアノだ。原爆で被爆したピアノで演奏した後、「核も戦争もない世界をつくろう」と高らかに平和宣言を行い、平和の象徴「折りバラ」を贈呈した。生徒は、「絶対に戦争をしてはいけないと、今まで以上に考えるようになりました」と語り、平和について考えるきっかけになったようだ。

　中学は宿泊研修の事前学習を兼ね、年間を通じて平和学習を行っている。読書会でも、野坂昭如『ウミガメと少年』、原民喜『夏の花』、比嘉富子『白旗の少女』、うみのしほ『おりづるの旅―さだこの祈りをのせて』など戦争をテーマにしたテキストを使用している。

中学平和学習

　「被爆ピアノコンサート」は2010（平成22）年6月28日にも開催している。演奏者を校内オーディションで選び、吹奏楽部や高校1年の音楽科の生徒も参加した。コンサートに向け、平和への願いを込めながら作る

被爆ピアノコンサート

「折りバラ」2,900個を用意した。この折りバラは、9月11日にニューヨークのグランドゼロで開かれた「被爆ピアノコンサート」で展示された。

　2013（平成25）年、ニューヨークに渡ったピアノが本校に再び届き、岡山空襲のあった6月29日にコンサートを行った。演奏の他にも、折りバラ講習や生徒による岡山空襲の紙芝居を行い、被爆ピアノの持ち主へ折りバラを贈呈した。

　中学校は「被爆ピアノコンサート」以外にも、岡山駅西口にある岡山市デジタルミュージアム（現シティミュージアム）の「岡山空襲写真展」を見学したり、ホロコースト記念館の吉田明生副館長の講演を聞いたり、多

くの平和学習に取り組んでいる。平和学習のたびに作る折りバラの折り方は先輩から後輩へ受け継がれ、初めは1時間以上かかる生徒も、卒業時には5分程度で折れるようになっている。

課外活動

　放送部は毎年8月6日の広島原爆の日に広島を訪問している。

　2012（平成24）年は、中学生が広島市主催の「こども平和議会」に参加し、歌や朗読で平和のメッセージを届けた。また、平和公園内の見学や、旧市民球場前にある「せこへい（世界の子ども平和像）」も訪問した。

　2015（平成27）年には、みさお会（生徒会）が全校生徒に平和を祈念した折り鶴の制作を呼びかけた。折り鶴は、表町商店街で行われる「平和七夕まつり」で飾られる。「平和七夕まつり」は、岡山大空襲で亡くなった方の鎮魂の祈りであり、"再び郷土を灰にすまい"という想いで催されているものである。

　1997（平成9）年には生物部の研修旅行で広島平和公園を訪れた生徒の詠んだ詩が、産経新聞に掲載された。平和への祈りは脈々と受け継がれている。

　　　　折り鶴
　　祈という字と折という字はとてもよく似ている
　　祈ながら鶴を折る　　折ながら鶴に祈る
　　この世にあらそい　なくなるように
　　ほんとのさいわい　来るように　（杉原広美）

世界に開かれた山陽学園

　山陽英和女学校として創設され、指導にあたった西山小寿は英語を交えて授業をした。また宣教師らも本校で教鞭をとり、英語教育の基礎を築いた時代であった。設立時の教則第1条には「本校ハ英學和漢學ヲ以テ組織シ且正則英語ヲ以テ高等普通科ヲ教授シ善良ナル女子ヲ教育スル

ヲ目的トス」とある。

　明治期には大阪教会牧師、大阪天満教会牧師、安中教会牧師らが講演に訪れ、国内の教会との親密な関係があるだけではなく、外国人の講演や視察も度々なされている。米国伝道会派遣委員や米国博士など米国の教会関係者の講話や視察があった。地方都市の岡山にいながらにして生徒はたびたび外国人と直接触れあう機会が設けられていた。

　また、アメリカから帰国した安部磯雄や米国エール大学を卒業した青木要吉らが講演している。彼らが本校で教師や校長を務めたことも、当時の生徒にとっては外国を身近に感じさせる要因になったといえる。特に、生徒らと年齢もさほど離れていない女性教師上代淑が米国留学を果たしたことは、新しい時代に目を向ける女学生にとっては、希望ともいえる出来事になったであろう。

　山陽高等女学校になってからは、ますます外国人との交流も活発になる。例えば、アリス・アダムス・ペティーやエドワード・ガントレットなどが出入りし、賛美歌に日本語歌詞をあてた校歌、モーツァルトの旋律にのせた「きざはしの歌」など音楽にあふれる時代であった。卒業式や文芸会などの行事では、生徒の英詩朗読や英語唱歌が毎年披露され、後に「英語の山陽」といわれる礎を築いた時代である。

　明治30年代前半の視察では、文部大臣の樺山資紀伯爵や成瀬仁蔵、その他にも慶應義塾や早稲田大学、東京女子師範学校の関係者、大阪や高知の女学校校長ら国内の教育関係者が来校しているが、後半になるとアメリカやイギリスなどの外国人らの視察が目につく。それも、外国人女性の名前が多くみられ、珍しいものではペティー夫人の紹介でインドの女性二人が来校し講話を行っている。また米国のリベラルアーツとして有名なオベリン大学のキング博士も講演、多数の外国人の来校により、生徒たちは世界の状況を学べる環境にあった。大正時代には生徒の課外活動「English Speaking Society」があり、英会話が取り入れられている。

　大正から昭和初期にかけて、日本人でも海外視察に向かう者が増え、外国人が語る外国から、日本人の目で見た外国を語る講演が催されるようになる。上代知新による「ハワイの現状」、探検家の菅野力夫による「南

洋探検談」、新渡戸稲造による「国際的同情心」などが挙げられる。海外経験者の女性では、後に教育者となる河井道（注1）が1927（昭和2）年に欧米の報告を、また1937（昭和12）年には留学を終えた若かりし日の上代皓三がドイツ報告を行い、また台湾や満蒙の現状が伝えられる講演もあることからアメリカだけではなく、ヨーロッパやアジアなどにも目を向ける機会が設けられていたことがわかる。

　また、社会事業家のアダムス女史の博愛会での活動報告や三重苦を背負っても前向きに生きるヘレンケラーの講演は、広い世界にはさまざまな身の上の人がいることを知るきっかけとなった。

　戦時色が強くなると、文化的な課外活動や英語の授業などは継続が難しくなっていた。しかし、当時の教師らは、音楽の授業で英語の歌を歌うなどして、細々と英語教育を続けていた。戦争直後には、上代淑は和服姿の生徒二十数人の聖歌隊を連れて、アメリカ軍兵舎内の教会で礼拝説教を行った。まずアメリカ軍占領兵士の不行跡をたしなめ、祖国の母を悲しませることのないようにと流暢な英語で静かに諭したという。説教が終わると将校も兵士も上代淑にかけ寄って握手を求め、中には涙を流して抱擁する者もあった。これがきっかけとなって、岡山軍政部長スプリンガー中佐夫人を中心とした将校夫人たちと交流することになり、ティーパーティの作法や電化製品の扱いなど欧米の生活様式を生徒たちは習った。また地鎮祭や卒業式などの学校行事にもアメリカ軍関係者が列席している。

　1952（昭和27）年には、岡山大学のムーア博士による英語の指導があり、同年には神戸女学院大学のケリー教授の講演を開催した。

　1970（昭和45）年頃には、すでに外国人留学生の受け入れも行っていたが、1986（昭和61）年にはアメリカ西海岸でのホームステイ語学研修を実施した。夏休みの22日間を利用して中学から高校までの34人が参加した。現地では英会話研修を受けた後、ロサンゼルスからボストンに移動して学園都市を観光し、マウント・ホリヨーク大学を訪問した。

　翌年度には国際的視野に立ち、あらゆる人々に友情の心をもって接することのできる女性を育てることを目標とした国際教育委員会を中学高

校に設置した。その後、1993（平成5）年には国際文化コースに生徒が入学し、海外研修や留学生受け入れなど国際交流はますます活発になった。

　一方、短大では1988（昭和63）年4月に国際教養学科を設立、同年の夏休みにはマウント・ホリヨーク大学での3週間の研修が実現した。短大の学生40人ほどがマウント・ホリヨークのキャンパスで、英会話のクラスや現地教授の講義を受けた。1994（平成6）年には国際文化学部を開設し、スピーチコンテストやイングリッシュキャンプなど高校・大学の相互協力が活発になった時代であった。大学生が普段授業で行っている同時通訳の実践的取り組みを高校生に披露し、生徒らは流暢な英語を身につけた先輩の姿に憧れて、内部進学を希望する者も増えた。

　2005（平成17）年には高校で、活きた英語、伝える英語を通して、お互いが通じ合えるコミュニケーション能力を養うことも考慮して、国際文化コースをアクティブイングリッシュコースに改称した。このコースでは、後楽園のボランティアガイド、3学年が参加してのスピーチコンテストなどが開催され、受験英語だけでなく英語を使った実践の機会を多く取り入れるようになった。

　山陽英和女学校から始まった山陽学園は、宣教師や外国人らが明治期から出入りし、外国の文化を受け入れやすい土壌を形成した。音楽や服装などの学生生活から語学や講演など教育活動においても世界に目を向け、その文化を積極的に取り入れた。富裕層の生徒は卒業後海外に渡り、生涯その土地に生きた者もいる。

　山陽学園には、文化を求める者たちが自然と集い、音楽や文学、芸術、スポーツなどの教養を重要視する校風が築かれた。例えば、ただスキルとして英語ができる人ではなく、日本人として英語で文化を伝えられる人間を育成すべく、茶道や古典などの伝統文化の継承にも力を注いだ。日本人として何を伝え、何を発信できるのか、日本の文化的教養の深さが世界でも近年注目されている。

（注1）河井道　恵泉女学園創立者（1929年）。13歳の時、新渡戸稲造に感化されキリスト教徒となり、渡米してブリンマー大学に入学。帰国後は津田梅子の女子英学塾教授に就任した。（『日本女性人名辞典』）

文化講演会

　講演会は創立の事情からキリスト教関係者によるものが多く、初期には組合派の伝道師や牧師の講話がしばしば行われた。ところが1897（明治30）年から、それはしばらく中断することになる。国粋主義者のキリスト教攻撃と、文部省もそういう風潮の中で宗教教育禁止の訓令を出すに至ったことが影響していた。

　しかし、本校では1901（明治34）年からキリスト教関係者の講話は復活し、これまでより幅広く、多方面の人士による講演が行われるようになった。内容はキリスト教欧米視察団、来日外国人の感想、科学、道徳訓話と多彩であった。名士を招いての講演会も戦時色を一層強め、従軍看護婦や従軍記者の実戦談、ドイツ婦人による「第一次大戦下のドイツ女性の行動」、宇垣一成大将の訓話などが織り込まれた。

　昭和初期になると軍人による軍事講話は影をひそめ、科学や社会福祉、海外事情など視野の広いものが目立っている。救世軍のブース大将やヘレンケラーほか、山木一正、湯浅八郎、鶴見祐輔、長谷川伸、田辺尚雄、佐々木信綱らを招いて行った。

創立記念講演

　1916（大正5）年10月、創立30周年記念祝典を3日間にわたって挙行した。1日目は記念式、2日目に安部磯雄、久留島武彦、新渡戸稲造の講演を行い、3日目には女学生大会を開いた。この女学生大会は、岡山市内の女子中等学校3校の上級生を招待して、本校に縁故の深い講師の講演を催したものである。内容は、安部磯雄の「女子教育の理論」、新渡戸稲造の「己を知れ」、久留島武彦の「婦人のつくるべき境遇」であった。安部磯雄は、1897（明治30）年に退職して上京し、社会主義運動に専念するが、本校の創立記念式典にはたびたび出席して、大西絹や上代淑ら本校教職員が社会事業に尽くしていることを大きく取り上げている。

　創立40周年は、式典で小野田元（はじめ）教師と河本乙五郎理事がここに至るまでの経営上の苦労や先覚者の献身ぶりなど40年の回顧を語った。また

コラム　教育の道を切り開いた3人の女性
―新島八重、広岡浅子、上代淑―

　これまでほとんど知られることの無かった明治期の女性たちがドラマで取り上げられている。それにより当時の女性を取り巻く社会状況や困難な時代背景がイメージしやすくなった。

　会津生まれの新島八重が経験した新政府との戦争、明治になり新島襄との出会いから西洋人宣教師らと教育に力を注ぐ様子がドラマでは描かれた。夫襄の亡き後は会津での戦から日清・日露戦争で篤志看護師となり、敵味方なく傷病兵を看護、日本のナイチンゲールと称された。

　豪商三井家に生まれた広岡浅子は、明治維新の頃には婚家である加島屋の建て直しに着手し、石炭業、銀行、紡績業、生命保険などの新しい事業を起こした。実業家となった広岡浅子は成瀬仁蔵と出会い日本女子大学の創設を援助し、晩年には自身も女性を集めて合宿所を開き、能力開発に尽力した。

　新島八重と広岡浅子、これら二人の女性は本校に来校している。1909（明治42）年には新島八重が、1910（明治43）年には広岡浅子がそれぞれ生徒に向けて講演を行った。これら講演が行われた経緯は、1908（明治41）年に上代淑が校長に就任しており、上代淑の関係者とこれら二人の関係者が共通していることから、その縁で来校したと考えられる。

　新島八重は生徒たちに「この（山陽高等女）学校にお学びになったことが、社会に有益な事をなす基となるように」と語り、広岡浅子は「高等な教育を受けた時は、一人の為のみならず一国の為であります。どうか御勤め下さることを希望いたします」と講演を結んでいる。

　この講演内容を聞いて現代の生徒たちは次のような感想を述べている。「さまざまな環境の中で自分が正しいと思う道を貫いた素晴らしい女性3人が、山陽でつながっていたことに何か縁を感じた」「3人には教育に対する共通の気持ちがあって、当時の社会を大きく変えた。（私が）この時代に生きていたら勉強する喜びをかみしめていたと思う」「自分から行動を起こすことで、日本の女子教育を変えた女性たちを知って、私にも今の日本を変えるために何かできるのだろうかと考えた。今まで自分のためだけに勉強していると思っていたが、それは間違いかもしれない」

　女子教育の道を切り開いた明治の女性たちは、誰のために何のために学ぶのかという信念が揺らぐことがなかった。その情熱は現代の生徒たちにも確実に伝わっている。

（熊城逸子、田中麻依子、岩本奈緒子）

翌日の女学生大会では、麻生正蔵と塚本はまのが講演を行った。

創立50周年はそれまでと趣向を変え、関西排球協会理事安井快之、元東京大学庭球部主将北折辰男、大日本籠球協会名誉主事であり第1回オリンピック選手監督の浅野延秋による球技講演会を行った。「スポーツ山陽」の名声が不動のものとなった時代である。祝賀行事として近府県高等女学校招待球技大会も催された。

創立70周年には前田多門元文部大臣、創立80周年、90周年にはノートルダム清心女子大学渡辺和子学長、創立100周年には作家遠藤周作が「自分づくり」をテーマに講演した。

当初から、各界の識者を招いて講演会を行ってきたことがわかる。しかし、本校にもまた活躍する卒業生が多く、近年では「活躍する人を身近に感じてもらいたい」との願いから、卒業生に講師を依頼してきた。元デザイナーであり現在「IKUKO」の社長である瀬尾郁子、作家の原田マハ、箏曲演奏家の砂崎知子、『Newsweek』誌の「世界が認めた日本人女性100人」に選ばれた（2007年）坂之上洋子、山陽学園大学総合人間学部言語文化学科の佐藤雅代教授などである。2006（平成18）年の創立120周年記念講演を行った木原光知子もまた本校の卒業生である。

木原は1964（昭和39）年、高校1年で東京オリンピックに出場し、本学園の水泳熱が高まった。翌年7月に、もともと岡山市が所有していた寄宿舎西隣のプール（現在教職員駐車場）を買収し開設、みさお会水泳部が発足する。木原は第一線を退いた後も多方面で活躍したが、「母校の山陽学園がよくなるために、できることは何でもしたい」と、たびたび山陽の生徒や学生、教職員への講演を引き受けていた。2007（平成19）年5月に山陽学園理事に就任、8月には教職員研修会で講師を務め、その年の創立記念講演もまた予定されていたが、奇しくもその創立記念日にくも膜下出血で逝去し、講演は叶わぬ夢となった。

中学校・高等学校の文化部

1902（明治35）年4月、従来学科のひとつとして教授していた箏曲、点

茶、挿花を課外に回し、これに文学を加えて、本校職員生徒の有志が参加する組織「研優会」を設置した。この会の目的は、優美な精神の涵養と閑雅な挙動を身につけるためとし、のちにローンテニスを行う運動部も併設された。同年、音楽会の収入や有志の寄付金でそれら課外活動の部屋と雑誌縦覧所を備えた平屋和室の集成館が落成した。研優会の文学部の発表会として11月には大文芸会が行われていたが、これはやがて全校的な取り組みとなり、今日の文化祭に継承されている。

　課外活動の組織として活発な活動を行った研優会は、より一層の発展を期して1905（明治38）年4月「行余会」と名を改め内容も充実させた。行余会は、心身の鍛錬と智徳の修養をはかり、あわせて女子に必要な技芸を修得することを目的とし、新たに刺繍と編み物が加えられた。さらに、生徒全員が参加し、卒業生の参加も可能になった。行余会は、「文芸」「技芸」「遊戯」「庶務」の4部に分けられ、その事業は、雑誌の発行、図書の縦覧、各種の運動及び遊戯、刺繍、編物、箏曲、点茶、挿花の修得であった。雑誌『みさを』を年3回発行したが第2次大戦中及び大戦直後に中断した。技芸の分野には、5学科に加えて、1907（明治40）年度からバイオリンが加わった。

　行余会はその後第2次大戦後の学制改革まで、文芸、運動、技芸、音楽の諸分野に分かれて活発な活動を続けた。

　1939（昭和14）年、空襲を予想して防空体制がとられ、山陽高女自衛団が組織された。中国における戦争が激化するなかで、学校教育の戦時体制は一層強化されていった。古い歴史を持つ本校の生徒会の自助会も、課外活動の母体である行余会もともに廃止された。それは、趣味、興味本位の部活動をやめさせて教育活動のすべてを国家目的に従属させようとした上からの強い統制によるものであった。

　行余会の活動として太平洋戦争初期までスポーツが活発だった課外活動は、敗戦後の難局の中で空白期を経て復活した。

　1946（昭和21）年12月から倉敷分校で宗教部の月例会が開かれるようになった。これは翌年から「バイブルクラブ」と呼ばれ、プロテスタントの牧師らを招いて聖書講読と賛美歌の練習などを行うもので、敗戦後の課

外活動のさきがけとなった。岡山の本校にも宗教部が作られて、1947（昭和22）年1月以来、月例会を開くようになり、のち外国人宣教師を招くようになってから英語部に吸収され、「バイブルクラス」と呼んで近年に及んだ。

　1947（昭和22）年2月以来、教育研究協議会では廃止されていた自助会と行余会の改革と課外活動の振興策を熱心に討議した。そして5月21日、これまでの自助会は自治会と改称した。会長を全校生徒から選出し、組長と整理、風紀、学芸、厚生、会計の諸係で運営することになった。毎週1回の組会と役員会で「生徒の意見開陳と教師との懇談協議」を行うことにした。

　その他の行余会の諸活動も再開した。音楽部は楽器が無いためコーラス専門で、1948（昭和23）年3月に第1回岡山市女子中等学校合唱コンクールで特等の成績を収めた。

　編集部は同年、ガリ版刷りの『山陽学園新聞』第1号を出し、第4号から活版印刷に替えて1年に数回発行を続け、1957（昭和32）年から雑誌『みさお』の発行もはじめた。

　文芸部（のちの文学部）は『雨』と題する文芸雑誌を編集発行していたが、しばらくの空白期間ののち、1951（昭和26）年6月に『みさお』創刊号を発行した。

　倉敷分校の文化部活動も活発であった。新聞部は1948（昭和23）年7月、タブロイド版の「みさを学報」を創刊した。そのほか分校の行余会活動では、バイブルクラブ以外にも演劇、音楽、科学、手芸の各部のほか、図書部が図書室の運営にあたり、生活部が蚊取り線香、運動靴、学用品等の共同購入や農作物の手入れに従事し、体育部は庭球とソフトボールの練習に励んだ。

　1949（昭和24）年4月の教育研究協議会で行余会と自治会の一本化が議論され、「みさお会」と称する生徒自治と課外活動の統合組織が成立し、役員選挙を行って正式に発足した。当時活動していた文化部は、卒業アルバム（1951年度）によると、演劇部、新聞部、科学部、化学部、バレエ部、図書部であった。しかし、生徒会活動が正式に発足する前から、生徒た

ちは自主的に戦災の学校復興運動という形で活動していた。合唱隊や芸能班の演劇と舞踊は、保護者や同窓会の協力を得て、岡山市、倉敷市をはじめ郡部各地で芸能会を催して復興のための資金を得たのである。

その後、1954（昭和29）年に放送部、翌年には地歴部、翌々年には珠算部、1958（昭和33）年末には文芸部、1959（昭和34）年には写真部を創設した。

文化部のバリエーションが増えたことに伴い、1960（昭和35）年に入るとその活動はますます活発になった。運動部に比べ、文化部は他校と競う機会が多くはないが、地道な活動で業績をあげている。現在活動する部は以下の通りである。

演劇部

1949（昭和24）年創設。空襲で焼失した学校の復興のため、公演活動をしていた演劇班が核となり創部した。昭和20年代は宝塚調のもの中心、昭和30年代には原爆、そして被爆後遺症問題を掘り下げるなど、岡山県高校演劇発表会で隔年に問題作を発表して好評を博した。1962（昭和37）年には近県高校演劇コンクールに出演して福山市長賞を受賞、1963（昭和38）年には岡山県高校発表会に「弧噌（こんかい）」を上演して優秀校に選ばれた。

昭和40年代に入ると、高校生としての自分を凝視するといった作品を多く取り上げた。その結果、1968（昭和43）年、岡山県高校演劇発表会で山陽新聞社賞を受賞、1972（昭和47）年には全国高校演劇大会に「試行錯誤」を上演して大会会長賞を受けた。その後も岡山県大会、中国四国大会にもたびたび出演し、また岡山県文化センターの土曜劇場にも毎年出演した。現在は、岡山県高等学校総合文化祭演劇部門に出演を続けている。

吹奏楽部

1960（昭和35）年、合唱を中心に活動していた音楽部の中に鼓笛隊を復活させた。

その後、合唱と吹奏楽を分離し、1984（昭和59）年にブラスバンド同好

会を結成する。1988（昭和63年）に同好会から部へ昇格、1991（平成3）年に吹奏楽部へ改称。現在は、年1回の定期演奏会のほか、オープンスクールや文化祭、送別会など数々の学校行事で活躍している。校外活動も積極的に行い、コンクールの出場はもちろん、他校との合同練習やフェスティバル、コンサートの開催などその活動は多岐にわたる。

合唱部

1940（昭和15）年にはすでに音楽部として活動していた記録が残っている。戦後すぐは楽器が手に入らなかったため、音楽部の活動はもっぱら合唱中心であった。1987（昭和62）年、音楽部からコーラス部へ、2004（平成16）年にコーラス部から現在の合唱部に改称。現在、岡山県合唱フェスティバルやNHK学校音楽コンクール、岡山県合唱コンクールなどに出演している。

美術部

1949（昭和24）年創設。1962（昭和37）年、全日本学生美術コンクールで特選を受賞し、1980年代には全国緑化推進運動のポスターで文部大臣賞を受賞した。1980（昭和55）年、顧問の宮忠子講師は日仏現代美術展に「冬の太陽」を出品し、フランス・ソワール賞に入選、パリのグラン・パレに展示された。

現在は、高校生美術展他、各種絵画コンクール、イラストコンクールへ出品し、入選している。専門的な技術を学び、美術系大学へ進学する者もいる。

書道部

みさお会が発行する『みさお』第1号（1957年9月発行）にはすでに書道部の名前が出ており、「美術部の一端を担う書道班は、現在150名の部員を擁し」と説明されている。全国学生比叡山競書大会で大会最高の伝教大師賞受賞をはじめ、全国書道公募展で上位入賞者を多数出してきた。顧問の佐藤英夫教諭も、1964（昭和39）年、「寒山詩」が日展第五科（書道）

に初入選した。

　最近では、地域のイベントに参加し、「書道パフォーマンス」を披露している。流行の音楽に合わせ、巨大な半紙に手拍子やダンスをしながら書道をするパフォーマンスは、特に若者に人気がある。

写真部

　1959（昭和34）年創設。普段は校内や近隣を撮影し、2015（平成27）年には、「おもちゃ王国プレゼンツ・2015岡山路面電車フォトコンテスト」で入選した。夏休みには、牛窓で行われた岡山県高等学校写真協議会撮影会に参加し、岡山県高等学校写真協議会写真展、岡山市内高等学校写真協議会写真展で一般にも披露している。また、全国大会にも度々出品して、好評を博している。

　フィルムを使っていた時代は、暗室で現像、焼き付け作業をしていたが、現在はデジタルカメラでプリントしている。

放送部

　1954（昭和29）年創設。1959（昭和34）年9月に放送室が完成してから、部員が30人に急増した。2015（平成27）年に落成した校舎内にある放送室は、防音設備が整い、鮮明な音で録音作業ができるようになった。

　主な活動は、発声の基礎練習やアナウンスの練習、校内放送のほか、国体の総合司会やインターハイの司会など、校外のイベントでも活躍している。

　コンクールにも多数出場し、1969（昭和44）年にはNHK杯全国高校放送コンテストで文部大臣賞を受けるという快挙を成し遂げた。同コンテストには近年も毎年出場を続け、決勝大会に駒を進めている。取り上げる作品は時事問題が多く、2014（平成26）年には、ハンセン病問題を描いた「長島の笑顔」（テレビ番組部門）、2015（平成27）年には18歳選挙権について描いた「無関心生徒会」（創作ラジオドラマ部門）などであった。

　長年、長島愛生園との交流を続けており、2008（平成20）年に法務省が主催する「ハンセン病に関する親と子のシンポジウム」でパネルディス

カッションを行い、2014（平成26）年の同シンポジウムでは司会を務めた。

JRC部

　1961（昭和36）年9月、青少年赤十字団体（JRC）が有志で仮結成され、掃除や草抜きなどを毎日地道に続けた結果、次年度正式に部として認められた。その後は活動域を拡大し、点字訳や施設慰問など様々な奉仕活動を行った。毎週行っていた岡山城の清掃に対して1967（昭和42）年以来毎年岡山市長から感謝状を受け、1968（昭和43）年と1974（昭和49）年には「美しい郷土　明るいまちづくり」に協力し、岡山県明るい県民運動推進協議会会長から表彰された。1970（昭和45）年10月には、都市公園保全美化運動に協力して建設大臣の表彰を受けた。

　近年は、講師を招いて手話を学んだり、献血に協力したり、福祉活動に力を入れている。また、古新聞や古雑誌を換金して絵本を購入し、乳児院へ贈るボランティアやチャリティーバザーも行っている。

茶道部

　山陽学園と茶道との関わりは、創立から6年後の1892（明治25）年学則改編による山陽女学校に始まり、琴、生花とともに茶の湯が教科に加わった。

　それまで武士の嗜みであった茶の湯は、明治維新以降、遊芸として認知され「茶道」となるが、その後、裏千家13代家元園能斎（1872–1924）が女学校に茶道を取り入れることを推進した。

　山陽学園における茶道は、1902（明治35）年に教科から課外活動として研優会に組織され、集成館を研究の場にして、弾琴、挿花と共に点茶も行われた。課外活動となった後も、もてなしの精神は引き継がれ、1914（大正3）年12月の同窓会館の落成式や1928（昭和3）年6月の愛老会（70歳以上の老齢者60人を招待）で生徒が作ったカステラ、おしるこなどの茶菓でもてなした。1936（昭和11）年7月には、第1回趣味の陳列会として書や生花を展覧し、来場者への呈茶が行われた。その後、戦災で徳吉町の校舎が焼失するも門田屋敷の地では、寄宿舎で茶道の稽古を続けた。

昭和50年代に入り、正科目としての茶道教育が検討され始めた。その後、岡山市内としては初となる1982（昭和57）年度の高校１学年の授業に「礼法」として茶道が組み込まれ、翌年には高校全学年と中学の一部に茶道の授業は拡大した。

　さらに、創立100周年記念事業として建設した上代淑記念館に茶室（礼法室）を設け、1986（昭和61）年２月「淑徳軒」として230人もの出席者を迎え、茶室披きが行われた。

　現在、山陽学園は中高に旧上代邸と上代記念館１階「淑徳軒」の２カ所、そして平井キャンパスの学生会館最上階に茶道室「皓月庵」を設けている。山陽学園の茶道部は恵まれた環境で日々の稽古に勤しんでいる。学園行事での茶席を構えるのはもちろんであるが、後楽園での茶席を手伝うこともあった。

　中高茶道部の部長は夏になると裏千家淡交会主催のハワイセミナーへの招待を受けているが、これは1982（昭和57）年に学生茶道体験論文コンクールで優秀賞に選ばれたことに始まり、現在に至るまで続いている。

華道部

　1902（明治35）年、研優会の組織として茶道と共に活動していた。女子としての優美の精神、閑雅な挙措を身につけることを目的とし、高校３年では池坊皆伝の免許状取得を目指している。文化祭に参加するほか、玄関に生け花を飾り校内美化に努めている。コンクールとしては、インターネットに生け花の写真を送る「池坊インターネット華展」に応募し、2001（平成13）年、2002（平成14）年に入選した。

バトンダンス部

　1960（昭和35）年、音楽部の中にバトントワラーが加わった。正式に部が創設したのは1972（昭和47）年。生徒たちで曲の選択、踊り、構成を話し合いながら活動する生徒主導の部活である。衣装は代々受け継がれているが、体の小さい中学生部員は、本校衣装と似た白いスカートにＴシャツを自分で準備して、参加している。

主にオープンスクール、みさお祭、送別会の出演を目指して練習し、地域のイベントに出演することもある。

ダンス部

敗戦後、学園復興資金を集めるために、専門家による能楽や舞踊の会が開かれ、やがて生徒が演技者となって県下各地を巡業する「芸能会」になった。1949（昭和24）年にはアメリカ占領軍の主催で、本校でダンス講習会が開かれ、フォークダンスやスクェアーダンスが学校教育の中に採用されるようになった。

しかし、戦後の社会的混乱のなかで、ダンスホール通いや映画館に出入りする生徒が出るようになり問題となった。近隣の学校の協力関係を発展させる必要があるとして、1948（昭和23）年、映画の推薦や演劇、バレエなど生徒芸能の競演の機会を作るべく、岡山市内の公私立学校のPTAが集まり、映画部と芸能部を設けた。本学園の緑会もこれに加盟し、積極的に活動に参加した。

創設当初クラシックバレエを行っていた前身バレエ部は、岡山県高校PTA連合会主催のダンス舞踊音楽大会に毎年出演を続けた。1950年代後半には、モダンダンスに取り組むようになった。1960年代に入ると、岡山県ダンス音楽発表会に出演し、特に創作ダンスで異彩を放ってきた。近年は毎年、「おかやま桃太郎まつり うらじゃ」に参加して、地域交流を深めている。また、2012（平成24）年には岡山県高等学校総合文化祭ダンス部門で入賞した。うらじゃ、総文祭、文化祭、送別会を目指して練習をするほか、2005（平成17）年岡山国体時には、開会式で合同ダンスを披露した。

食物部

1951（昭和26）年、料理の稽古が始まった。部の創設年は定かではないが、みさお会が発行する『みさお』第1号（1957年9月発行）には、生活部の料理班として活動内容が記録されている。当時は、文化祭や体育祭、参観日などの集まりで献立表を作ったり、校内で栄養料理コンクールを開

いたりしていた。近年の活動は、週1回初歩的な製菓実習をし、文化祭では食品バザーに参加している。最近では、岡山県民局が主催する「創作ふな料理発表会」で食物部が考案したレシピが書籍に掲載された。また、2015（平成27）年には岡山博愛会特別養護老人ホームへ慰問し、手作りクッキーを振る舞った。

英語部

華道、茶道に英会話を加えた洋裁学校が各地に続々と誕生した敗戦後の社会的風潮の中で、バイブルクラスと呼ばれた英語部もまた、戦後いち早く始められた課外活動であった。当時の主な活動は、英語の小説の音読であった。現在はネイティブスピーカーの教員を顧問に、英語で話をしたり、DVDを観賞したり、本校で短期留学を受け入れている台湾の屏東女子校とインターネットで交流したりしている。また、マウント・ホリヨーク大学から伝わる英語のレシピを再現したり、上代淑が留学した経路を地図に起こしたり、学園に密着した活動も行っている。

2013（平成25）年、第54回ライシャワートロフィー中学生英語スピーチコンテスト暗唱の部で第1位、2014（平成26）年には、第66回高円宮杯全日本中学校英語弁論大会に県代表として出場している。

手芸部

1905（明治38）年から始まる行余会で行っていた刺繍や編物などの活動がその先がけだといえる。

現在の活動は、主にみさお祭に出展する作品制作である。小物づくり、クロスステッチやパッチワーク、しぼり染めなど、それぞれが好きな物を作っている。生徒が主体となり、週1回の活動を楽しんでいる。

化学部

1949（昭和24）年、科学部の中の化学班として創設した。現在は、週に1回、みさお祭の展示発表を目指して実験を中心に活動し、夏休みには「薬草」や「温泉」「公害問題」など発表テーマに基づいた研修を行うこと

もある。

　2004（平成16）年度から2010（平成22）年度までは「青少年のための科学の祭典」に出展した。研究成果を展示し、「カラフルな人工イクラを作ろう」「膨らむインクでクリスマスカードを作ろう」などのテーマで実演した。「オリジナル消しゴムを作ろう」は、岡山県が発行する理科教育研究誌に掲載されている。

生物部

　みさお会成立時から科学部生物班として活動していた。1966（昭和41）年には、山陰諸寄諸島（もろよせ）で研修旅行をした記録が残っている。1990年代前半までは、ウニやドジョウの人工受精や発生の実験などをしていた。1993（平成5）年から児島湖水質調査を始め、研究の対象は「環境」に広げられるようになった。1997（平成9）年からは、岡山市中学・高校環境研究会に加わり研究成果を発表して、同年「児島湖流域環境保全推進大会功労賞」を受賞した。

　その後も児島湖水質調査を継続しながら、1998（平成10）年から2000（平成12）年まで環境庁の「樹木の大気浄化能力調査」を行い、2001（平成13）年には川口環境大臣との交流会に参加、2003（平成15）年、2004（平成16）年には、児島湖の水質調査で岡山市環境パートナーシップ奨励賞を受賞した。

　創立120周年には校内の樹木を調査して樹木地図を作製し、104種の樹木プレートを設置した。樹木地図はその後、授業でも活用されている。また、2010（平成22）年には「タンポポ調査西日本2010」に参加し、学校周辺のタンポポ分布未調査地区で4種が分布することを確認した。

　2013（平成25）年より地蔵川のホタルの生息調査を始め「岡山ESDプロジェクト重点取組組織」に指定された。ボランティア団体「岡山市ホタル調査」に参加し、2013（平成25）年には同団体として国土交通大臣賞を受賞した。

　文化祭では、「添加物」「スノークリスタル」「水」などテーマを決め研究発表し、毎年上位入賞している。部員数がゼロとなり2007（平成19）年に

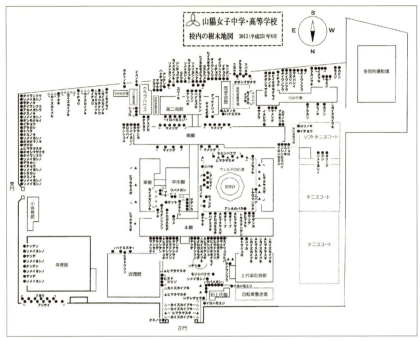

校内の樹木地図

は半年間の休部を余儀なくされたが、地道な活動を続け、現在では約35人が所属している。

編集部

　編集部では、1957（昭和32）年から雑誌『みさお』を年に1回発行していたが中断し、2009（平成21）年、「山陽学園新聞」の発行を中心に定期的な活動を再開した。新聞は、学校行事にとどまらず、学園の歴史や文化など広く扱うことを方針にしている。2014（平成26）年には、本校制服の歴史をまとめた小冊子『女学生スタイルブック』を刊行した。冊子は、学園の歴史や精神を学ぶ授業の教材として使用し、同窓会のほか、市内の書店でも販売した。

　また、取材を通じてできた繋がりが発展し、国立ハンセン病療養所入所者との交流やボランティア活動も行っている。

地歴部

1955(昭和30)年に創設した地歴部は、考古学や郷土史、学園史、女性史、中国朝鮮史など様々な歴史を学び、研究レポート「どんぐり」を40冊程度発行してきた。2007(平成19)年より環境問題に取り組み、同

英語で行ったポスターセッションの様子

年には地球温暖化による海面上昇によって水没の危機に瀕している南太平洋のツバルについて聞き取り調査をするために、東京にあるツバルの総領事を訪問した。先進国の温室効果ガスの大量廃棄により、途上国である南太平洋の島々が沈む恐れがあることを学んだ。サンゴ礁で形成された島の特徴や、先進国からの品物で伝統的な生活が一変することなど文化祭で報告した。

2008(平成20)年からは、瀬戸内海の海底ごみ問題の解決に向けて、堆積する海底ごみを減少させる回収活動と、海底ごみの原因である生活圏での生活ごみの発生抑制のための啓発活動に重点を置いて取り組んでいる。啓発活動に対して、各種メディアからの多くの取材があり、学校教育で使用される教材への掲載や公民館への出前授業、さらに国際会議での発表や学会等報告に力を入れている。その結果、2011(平成23)年には「第9回世界閉鎖性海域環境保全会議青少年環境教育交流セッション(アメリカ/ボルチモア)」で最優秀賞を受賞、2013(平成25)年には「2013ストックホルム青少年水大賞(スウェーデン/ストックホルム)」に出場し、グランプリを受賞した。2015(平成27)年には「第24回地球環境賞」文部科学大臣賞を受賞するなど国内外から高い評価を受けている。

中学校・高等学校の同好会

部活以外にも、エスペラント同好会、パソコン同好会、ハンドベル同

好会、イラスト同好会、文芸同好会、聖書ゴスペル同好会、箏曲同好会など、生徒が同志を募って立ち上げた同好会も活発に活動している。

エスペラント同好会

　上代淑が「私はエドワード・ガントレットから直接エスペラントを教えてもらった愛弟子」と語っているように、本校とエスペラントは関わりが深い。

　エスペラントとは今から約130年前、ザメンホフというユダヤ人が当時ロシアの支配下にあったポーランドで世界共通語として作り出した人工言語のことである。岡山にはじめてエスペラントをもたらしたのは第六高等学校で英語を教えていたエドワード・ガントレット。1905（明治38）年頃、妻恒子とその弟であった山田耕筰にエスペラントを教えた。その後、恒子が英語を教えていた山陽女学校の教頭であった上代淑にエスペラントを伝授した。エスペラントはその後、岡山県内で急速に広がりを見せた。

　岡山でエスペラントがブームになっていることが東京のエスペラント関係者の耳に入り、1906（明治39）年、ガントレットの協力を得てエスペラント協会が発足した。それから100年後の2006（平成18）年には、岡山で日本エスペラント大会が開かれた。

エドワード・ガントレット

　本校は日本で最初のエスペラント語の教科書など貴重な資料をたくさん所蔵している。これらの資料は本校関係者から寄贈されたものである。110年前、ガントレットを中心に本校で学びはじめたエスペラントは、「エスペラント同好会」の活動として今なお受け継がれている。

　本校エスペラント同好会の創設は1980（昭和55）年。同好会ながら活動は活発で、2013（平成25）年10月には東京で開かれた「第100回日本エスペラン

山田耕筰

ト大会」に参加。日本中からは約700人、また世界からも約40人のエスペラント学習者が参加した。本校のエスペラント同好会は、長年にわたって同窓生の指導を得ることで、今日まで継続・発展することができた。文化祭での展示発表では、たびたび最優秀賞を得ている。

（田中麻依子、岩本奈緒子）

【参考資料】
山陽女子中学校・高等学校「教育活動の記録」
山陽女子中学校・高等学校「校誌　みさお」
山陽学園みさお会「みさお」昭和37年2月
岡山県高等学校演劇協議会『高校演劇50年』平成14年2月
山陽女子中学校・高等学校図書課「山陽学園図書館新聞」第128号2008年3月1日
山下忠規「マウントホーリヨーク大学，山陽学園と私」上代淑研究　第4巻
茶道誌『淡交』No.491第41巻第5号昭和62年5月1日
山陽学園公式ブログ

2　大学・短期大学の文化活動

文化部の活動

短期大学開学から現在まで四十数年間にわたる文化部の活動総数は96団体である。もちろんその中には、開学以来現在まで続くものもあれば、廃部になったもの、復活したもの、改名したもの、流れを汲みながらも新しく変化したものなど様々である。また、クラブの名称や内容はその時代を大きく反映している。

近年大きな転換期となったのは、2009（平成21）年に男女共学になったことと、大学に新学部として看護学部が創設され、総合人間学部と2学部になったことである。それまでは、クラブの部長も部員も女子のみだったものが、男子の部長や部員が生まれたのである。クラブ活動の内容にも変化があり、男子が好むジャズや漫才、総合パフォーマンスのクラブが生まれている。また、学友会、部長会、大学祭実行委員会3団体のうち

既に部長会と大学祭実行委員会については男子による議長と委員長が生まれている。この四十数年間にわたる学生の活動の歴史において、この3団体が常に学生を牽引している。

短期大学開学以降の20年（1969-1988）

　1969（昭和44）年山陽学園短期大学開学の年には早くも、学生会（現学友会）を含む文化系クラブ10団体が発足している。翌年には、クラブ連合会（現部長会）と大学祭実行委員会が発足し、同時に第1回大学祭が開催されている。

　開学の年に発足したのは、茶道部、華道部、書道部、SMC（山陽学園短期大学マスコミ研究会、後の新聞部）である。SMCは3年弱の活動であったが、機関誌「葦」を発行し学内の広報に努めた。SMCが発行した山陽学園短期大学新聞は、1970（昭和45）年の第5号から新聞部が引き継いだ。音楽系では、ギターマンドリン部、グリークラブ、箏曲部とともに発足したのがフォーク同好会（1973年）とSANYO FOLK村（1975年）である。時代はまさにフォークソング全盛期で、その証拠に大学祭でもフォークシンガーの出演が相次いだ。アリス、かぐや姫、イルカなど、日本の音楽史に輝くフォークソングのアーティスト達であった。パーソナルコンピューターが世に出た年、1974（昭和49）年には早くもコンピューター研究会が発足した。現在に続く文化部としては、幼児教育学科の学生が中心に活動する児童文化部（1973年）、地域に役立つ活動を目指すボランティアサークルあい（1979年）、異文化交流・国際交流を目指すI・S・A（1985年）が発足している。この20年間に発足した文化部は約45団体であった。

平成になってからの最初の20年（1989-2008）

　短期大学国際教養学科、さらに大学の国際文化学部の設置により、語学に関するクラブも増える。1991（平成3）年発足のエスペラント同好会（2005年Amikoに改称）をはじめ、1996（平成8）年にはESS（英語）とLa Busqueda（スペイン語）が発足している。特にESSは、大学1期生で英語

が大好きな学生によって結成されたもので、在学中には「上代杯英語 Oratorical Contest（上代杯英語スピーチコンテスト）」の創設に尽力した。音楽系では、1992（平成 4）年に吹奏楽同好会、1994（平成 6）年に軽音楽同好会、そして1999（平成11）年には山陽学園U.C.ジャズオーケストラと山陽学園U.C.シンガーズが発足している。パフォーマンス系では、1999（平成11）年 Dance Club、2005（平成17）年にはウラジャが発足している。特にウラジャは、派手な衣装と化粧、エネルギッシュな踊りにばかり目を奪われがちだが、その一方では地元の郷土愛や人と人との繋がりをしっかりと育んでいる。2007（平成19）年には学内美化を推進するサークルが発足している。ボランティア系では、2001（平成13）年日本語ボランティアが、2004（平成16）年にはボラぐみが発足している。学友会が企画・運営する 4 月開催の Sanyo Spring Festival は、2004（平成16）年から「春の祭り」に名称変更し現在まで続いている。この20年間に発足した文化部は約32団体であった。

平成21年以降（2009-現在）

　2009（平成21）年看護学部と総合人間学部が開設。全学的に男女共学となる。

　古式ゆかしいクラブとして、2011（平成23）年投扇興が発足した。投扇興とは扇を投げて的を落とす競技で、技には岡山後楽園の風物の名前があるのも実に趣深い。2012（平成24）年には Cosmic Club が発足した。Cosmic まさしく宇宙へのロマンと、金環日食や金星の日面通過を観測したいという理由でこのクラブは発足している。ボランティア系では、2011（平成23）年に Public Health、2013（平成25）年には PEBEWS（山陽学園大学赤十字奉仕団）が発足している。Public Health は献血ボランティア

大学祭で演舞するウラジャ

やエイズカフェの設置を、PEBEWSは災害救護奉仕活動をした。音楽系では、2012（平成24）年サンライトジャズオーケストラ（山陽学園U.C.ジャズオーケストラより改名）、2014（平成26）年山陽学園大学ジャズ研究会が発足し、2015（平成27）年山陽学園U.C.シンガーズの流れを引き継ぐBrillante Voce（ブリランテ ヴォーチェ）が発足している。男子の感性により活動しているのが、サンライトジャズオーケストラ、漫才サークル同好会、総合パフォーマンス、そして山陽学園大学ジャズ研究会である。この7年間に発足したのは19団体であった。

現在活動するいくつかの部を以下に紹介する。

I.S.A

1985（昭和60）年創設。創設当時は国際交流会といった。I.S.Aは当初から学内外で留学生や旅行者と交流してきたが、1988（昭和63）年に国際教養学科ができてからは、外国人を招いて「ハナミズキの会」を開くなど一層活動が盛んになった。現在は本学留学生や交換留学生との交流が盛んである。学外においても留学生との異文化交流をする一方、日本文化の吸収にも余念がない。

ウラジャ

2005（平成17）年創設。現在は7月の倉敷天領まつり、8月のおかやま桃太郎祭り、10月の大学祭に照準を合わせて練習しているが、大学コンソーシアム岡山の活動である岡山エコナイトや地元の秋祭りにも積極的に参加している。

茶道部

1969（昭和44）年創設。岡山東警察署（現岡山中央警察署）や老人ホーム有楽園への訪問活動を実施。裏千家茶道教授の指導のもと稽古を続けている。学内では、オープンキャンパスにおいて、見学者へお茶のおもてなしをするなど学園の広報活動に一役買っている。大学祭への参加はもとより、ハナミズキの会では新入生や留学生の歓迎行事にも参加して

いる。

児童文化部

　1973（昭和48）年創設。幼児教育学科生を中心に、創設以来一貫して活発な活動を続けている。発表の場は学外が主で、夏休みや冬休みに地域の子ども会に招かれて公演をしたり、こども祭り等さまざまな催物に出演している。学内では大学祭に参加し、毎年オープニングを飾っている。

　また、毎年11月に開催される中・四国保育学生研究大会では、児童文化部を中心とした本学学生による舞台発表を行っている。

ボランティアサークルあい

　1980（昭和55）年創設。本学の教育理念である「愛と奉仕」に則って、地域に役立つボランティア活動を目指している。人と人とのつながりを大切にした活動が中心で、お年寄りの話し相手、地域のお祭りの手伝い、子ども向けイベントの行事手伝い、障害児およびその兄弟の託児ボランティアなどの活動をしている。また岡山県警ボランティアとして、犯罪被害者支援活動もしている。

Public Health部

　2011（平成23）年創設。看護学科生による専門性を生かしたクラブ。地域の様々な人々を対象に「健康」に関する情報提供や相談活動を行い、人々の健康維持増進に寄与することを目的として活動している。

　近年学外においては、献血ボランティアに参加したり、白石島など地域の人々との交流に力を入れている。学内においては、大学祭においてエイズカフェを出店し情報提供を行っている。

大学・短期大学の文化活動

上代晧三記念講演会

　上代晧三は1969（昭和44）年山陽学園短期大学開学以来、学園の発展と

充実に全力を尽くしたが、1984（昭和59）年5月22日、入院中の日本医科大学附属病院で永眠した。

学長として多忙な毎日を送る中でも時間を見つけては学内を巡り、学生たちと談笑していた。学生をわが子のように慈しみ、いつも温かな眼差しを注いでいた。名実ともに、愛と奉仕の精神を実践し、山陽の女子教育を推進した。

上代晧三の遺徳を偲び、毎年5月の命日に近い日に「上代晧三記念講演会」を開催している。

第1回は「上代晧三先生を偲ぶ会」として行われた。当日は本学の開学準備の時期より上代と苦楽をともにした理事長川上亀義による故人を偲ぶ講話と、長男であり音楽家の上代知夫によるピアノ演奏が行われた。曲目は個人が生前好んだショパン作曲「即興曲第2番 嬰ヘ長調作品36」と「英雄ポロネーズ第6番変イ長調作品53」である。その後、愛唱歌であったという讃美歌312番の合唱、二男である山陽学園学園長上代淑人による挨拶で閉会となった。

「偲ぶ会」は「講演会」、「特別講演会」と名称を変えたが、上代晧三の遺徳を偲ぶ気持ちを名称に表すのがよいという考えのもと、1988（昭和63）年の第4回より現在の「上代晧三記念講演会」として開催している。講演会の演題、講師等は別表のとおりである。

上代晧三記念講演会記録

回	講師	経歴	演題
第1回	川上亀義	本学園理事（川崎医療短期大学学長）	上代晧三先生を偲ぶ
第2回	大岩徳二	本学名誉教授	上代晧三先生の歌に見られる愛"優"
第3回	渡辺和子	ノートルダム清心女子大学学長	愛するということ
第4回	江草安彦	旭川荘理事長	母と子の絆
第5回	山下忠規	マウントホリヨーク大学教授	懺悔道の国際的性格
第6回	小坂淳夫	重井医学研究所附属病院長（岡山大学名誉教授、元学長）	心の健康
第7回	守分勉	中国銀行代表取締役相談役（本学園理事）	自分をふりかえる

回	講師	経歴	演題
第8回	更井良夫	岡山博愛会理事長	「山陽さん」の味と香り
第9回	藤原雄	備前焼作家	世界の中の日本文化と女性
第10回	齊藤育子	西南女学院短期大学助教授	上代淑の米国留学をめぐって―「信頼」が人を育てる―
第11回	大藤眞	吉備国際大学名誉学長（岡山大学名誉教授、元学長）	「医の心」と日頃思うことども
第12回	菊地吾郎	東北大学名誉教授（日本医科大学名誉学長）	上代晧三先生と私―生化学の研究者として―
第13回	大羽蓁	川崎医療福祉大学教授（前川崎医療福祉大学副学長）	「上代晧三先生との対話」―異領域次世代から見た先生の面影―
第14回	大原謙一郎	大原美術館理事長	絵を見て思うこと
第15回	更井良夫	岡山博愛会名誉理事長	山陽学園に希望する
第16回	星島節子	尾崎行雄記念財団常務理事	「女性のみち」を考える
第17回	木原光知子	ミミスイミングクラブ代表	輝く女性の時代
第18回	中村光男	山陽学園大学助教授	上代淑をめぐる人々―若き上代淑の人格形成にかかわりのあった人々―
第19回	原道彦	大原美術館副館長	美しいもの　心に響くもの
第20回	起塚英昭	岡山県視覚障害者福祉センター前所長	視覚障害者と読書・情報環境
第21回	更井哲夫	岡山博愛会理事長	愛と奉仕の原点
第22回	青木佳之	青木内科小児科医院理事長	生活習慣病と日常生活―こころはなぜつくられたか―
第23回	叶原十筆	南野育成園園長	あなたに出会えてありがとう
第24回	井久保伊登子	随筆誌「女人随筆」代表	心豊かに（私を）生きる
第25回	岸本憲二	元県立芳泉高校校長	音楽家岡野貞一をめぐって―山陽学園の周辺から―
第26回	渡辺和子	ノートルダム清心学園理事長	愛するということ
第27回	能登原昭夫	山陽学園大学・短期大学協助会会長	最近のアメリカ事情―ポスト3.11　みなさんに期待するもの―
第28回	木村正明	ファジアーノ岡山スポーツクラブ代表取締役	子供たちに夢を！晴れの国・岡山からJリーグへ！
第29回	ガントレット彩子	エドワード・ガントレット曾孫・ガントレット研究家	上代淑とエドワード・ガントレットのつながりから今へ
第30回	太田健一	山陽学園大学名誉教授	トルストイからのメッセージ
第31回	更井哲夫	岡山博愛会病院理事長	Loving Allの生き方
第32回	笠井英夫	日本医師会常任理事	山陽学園の仕事

（経歴は当時のもの）

　講師は県内の関係者が中心であるが、第12回は菊地吾郎を招いた。菊地は、上代晧三の日本医科大学時代の直接の教え子であり、日本医科大

学時代の上代晧三について、生化学の学問領域を開拓してきた研究者としての側面を熱く語った。第16回の星島節子は、岡山出身で元衆議院議長の星島二郎の長女で、「生前の父から上代淑先生と山陽学園のことはしばしば聞かされてきました」と東京から来岡し懐かしみながら熱心に語っていた。第24回の井久保伊登子は、山陽女子中学校の卒業生で医師として、また永瀬清子研究者として広く活躍しているが、上代淑の思い出にふれながら、心豊かな生き方について語っていた。

　同じ時代を過ごした人には懐かしい思い出に浸れる時間であり、学生など面識の無い者にとっては上代晧三を、また山陽学園の歴史を知ることのできる貴重なひと時となっている。

（戸嶋美江、平井雅人）

【参考文献】
「山陽学園短期大学学報」　第1号～第80号
「山陽学園大学・山陽学園短期大学学報」　第1号～第67号
「SANYO GAZETTE」(「山陽学園大学・山陽学園短期大学学報」改題) No.68～No.71
「十年史略」(山陽学園短期大学)

―――― 第12章 ――――

山陽女子中学校・高等学校の学園生活

はじめに

　130年を振り返ってみると、時代によって生徒数の増減はあるが、いつもそこには生き生きと生活していた「山陽さん」がいた。友情を育み、教師との信頼関係を大切にしながら、思いっきり泣いたり笑ったりした中学生や高校生は、いつの時代も同じなのだとあらためて感じる。これは、青春時代が帯のようにきらびやかに続いている歴史の記録でもある。

明治の女学生

『心の日月』をたずねて

　『おかやま今と昔』という本の中に、明治の女学生について記述した「昔のミス・オカヤマ」という章がある。その中には、県立高等女学校と山陽高等女学校の卒業生のミス・オカヤマが、何人も登場している。両校はいつも比較の対象であり、ハイカラな県立高女に比べて、山陽の生徒は地味で質実という記述がある。

　それから20年程過ぎた頃であろうか。山陽の華とうたわれた一人の女学生A.Sと六高生との恋愛がもとになった小説『心の日月』（菊池寛）が、1930（昭和5）年から2年にわたって雑誌『キング』に発表された。小説と本校との関連について調査をしたのは、本校元教諭西川宏である。『山陽学園90年史』の執筆者であった西川宏は、1979（昭和54）年の2月と7月に発行された図書館新聞「わが学園・わが故里」に、「幻の小説『心の日月』をたずねて」と題した文章を投稿している。『山陽学園90年史』は、1979（昭和54）年1月に刊行されているが、長期にわたる資料集めの中で知り得たさまざまなエピソードを何とかして残そうという、西川の熱意が伝

わってくる文章である。次に、その一部を掲載する。

　菊池寛が、山陽高等女学校のことを小説に書いている、といううわさを耳にしたのは、『90年史』の資料集めをしているときだった。早速同窓の先生に片っ端からたずねてみた。そんな話なら聞いたことがある、という方が2、3人居られた。だが、読んだことはなく、生徒の頃、それはもう幻の小説になっていた、という話である。幻の小説、となると是が非でも明るみに出したい、というわけで勢い込んだ。同窓の先生方の話から、これは大体昭和1けた、1930年前後の頃のものだろう、という見当が得られた。

そして西川は、その当時学生だった人に聞いても、大衆小説や映画は勉強の妨げになるといわれていたので、聞いても無理であろう、むしろ当時六高生だった人に聞いてみようと思い、当時の本校教師川合四良にたずねた。そして、川合からいとも簡単に、本の題名と『キング』という雑誌に連載していたことを知るのである。なんとしても読んでみたいと思った西川は、その後高松の市立図書館に菊池寛文庫があることを知り、雑誌に2年間連載された文章を、閉館間際まで読みふけったそうだ。パソコンもなく、インターネットで検索することも、まだまだ遠い時代であった。

　ところで、本校生徒A.Sについて、小説では次のようなあらすじになっている。

　当時、山陽高等女学校と第六高等学校は隣接しており、夜になると双方の電灯がしきりに点滅して、モールス信号が交わされていたこともあったようだ。小説の冒頭は、卒業式のシーンで、卒業生総代として主人公の皆川麗子が答辞を語る場面である。彼女の才華と美貌は、丘をひとつ隔てた六高の学生も知らないものはないほどであった。彼女には、将来を約束した六高の学生がいたのだ。しかし、両親は、義理もあるからと金持ちの息子をしきりにすすめていた。彼女は、いやいやながら嫁ぐべきか、それとも愛情で結ばれた六高生との約束を果たすべきか、迷いに迷っていた。

　これは小説の中だけの話ではなく事実であったのだ。先般、A.Sの相

手の男性について、関係者から次のような証言を得ることができた。知り合いの叔父さん（六高から東大へ）に本校の生徒が一目ぼれして、たくさんのラブレターを出したそうだ。そのあげく、親の反対を押し切って東京へ行き、やがて結婚をした。その話を、菊池寛が小説にしたためたそうだ。名前は変えてあるが、山陽女子校が出てくるという。

その後この作品は、1931（昭和6）年と1954（昭和29）年の2回にわたって映画化もされた。1931年制作のものは、国立国会図書館に音源が保存されているようだ。また、1954年制作のものは、近年再びDVD化されている。2015（平成27）年、本校卒業生の作家原田マハが描いた小説『でーれーガールズ』が映画化され、本校が映像の中に登場したのは初めてだと思っていたが、実はそうではなかった。

『或る明治女学生日記』

私たちは、明治期に実際本校にいた女学生のことについて、その日記を通して知ることができる。一見何ということもないようだが、121年の時を経て本誌に掲載することができることを、奇跡のように感じる。この日記は、東京方面の古書店を経て本校卒業生の手に届き、2007（平成19）年『或る明治女学生日記』として世に出た。日記は、当時山陽学園大学特任教授の太田健一と山陽学園大学職員の竹内涼子によって翻刻された。市井に生きていた一女学生の生活そのものが、今日によみがえったのである。

筆者は、石原登女子（または登女）。1894（明治27）年、山陽女学校手芸科1年生を修了していることが、残されている修業証書でわかる。つまり、1893（明治26）年に4年制の手芸科に入学したと考えられる。1886（明治19）年に山陽英和女学校は開校したが、あるいは彼女は、1888（明治21）年に山陽英和女学校に入学し1892（明治25）年山陽女学校と改名をしたときも在籍し、1893（明治26）年3月に卒業後ただちに手芸科（4年制）に再入学したかもしれない。詳細は不明であるが、石原登女子が残した資料は、1895（明治28）年1月1日から1898（明治31）年12月31日までの4冊の日記帳と山陽女学校関係資料、集合写真2葉である。

1895 (明治28) 年3月30日、午後2時より講堂で開催された第5回卒業証書授与式に、手芸科2年を修了した石原登女子は出席し、日記に次のように書いている。
　「3月30日　土曜日　晴
　　卒業式及ビ文芸会
　　昼過ヨリ雨降ル、加藤エ歌ヲ以テ行ク、此昼二時ヨリ第5回卒業式及ビ文芸会アリテ、執行順序ハ別紙ニアリ」
　この日の卒業生は手芸補科1人、手芸正科7人の計8人であった。式典では、当時岡山教会牧師で本校教師の安部磯雄が訓示を行っている。式後の余興として学生文芸会を行い、琴の演奏や和文・英文の弁論、和歌会が開催された。また、石原は国語担当の加藤先生を慕い、個人的に短歌の創作や古今集、徒然草などの古典学習の指導を受けに行っていたようである。
　また、日記には裏表紙に「珠玉　宝ニアラズ　節倹　コレ宝」という文字があるように、金銭の出納については、とても厳しく自己管理していたことがうかがえる。例えば、1895 (明治28) 年7月31日の日記には、以下のような書き込みがある。
　「7月31日　水曜日　晴
　　朝中堀へ悔ニ行キ、堀兼ヲ訪問ス、又石原へモ行キタリ (5銭湯代、4銭5厘蛇小僧くもすけの見物)、晩母・常・芳ト4人ヅレニテ見物ニ行キタリ
　「7月分勘定」
　　6月分ノ残金弐円五拾壱銭六厘、七月分ノ入金六円、合計八円五拾壱銭六厘、出金六円拾八銭一厘、差引残高弐円参拾三銭五厘」
　そして別の箇所の記載には、石原登女子が真摯なキリスト教徒として岡山基督教会に通い、教会や日曜学校のリーダーとして活躍していたことを伝えている。炭谷小梅や中川横太郎など、幅広い人物と交際していたこともうかがえる。当時は、学校の危機を救うために多くの人々が尽力し、岡山におけるバザーが始まった頃といわれている。岡山基督教会の信徒たちとの交流は、当時の女学生にさまざまな影響を与えたと考え

られる。

　その後、石原登女子は進路を模索し始める。1895（明治28）年9月22日の日記には、知人を通してさまざまな学校の案内を取り寄せているという記述がある。結局11月6日からは、中川横太郎が創設した岡山産婆看護学校に通うことになったようだ。後日確認したが同窓会名簿にその名前はなく、また学籍簿も1945（昭和20）年6月29日の岡山大空襲で焼失しているため、山陽女学校は途中で退学をしたのではないか、ということについては推測の域をでない。

学園生活の移り変わり

明治前期の学園生活

　入学式は創立の翌年の1887（明治20）年から9月に行われていたが、1893（明治26）年から4月になった。3月の入学試験で選抜された新入生たちは、岡山市とその周辺からだけでなく、美作など広く全県下、更に広島県の備後地区や兵庫県西部などからも集まってきた。

　4月末か5月上旬には早速遠足がある。初めは運動会、のちに春季修学旅行、そして明治末年からは、汽車と徒歩で吉備津から備中高松方面や、和気の芳嵐園あるいは三蟠方面に向かい、一日を過ごした。5月か6月には新入生の歓迎会がある。この日は盛り沢山の余興を楽しんだ。

　7月末の第1学期終業式に続いて、小文学会（のち小文芸会）が開かれた。秋の大文芸会を小規模にしたもので、校内だけの催しである。8月は夏休み。10月には秋季修学旅行があって、低学年は玉島、誕生寺、津山の各方面へ、高学年は1泊2日で呉、厳島方面や神戸、大阪、奈良方面に旅行した。11月の天長節、1月の四方拝、2月の紀元節と地久節は、講堂で厳粛な式が挙げられ、三大節には特に教育勅語奉読が行われた。

　年間行事のうちで最も楽しかったのは、11月の大文芸会である。これは1892（明治25）年に始まったもので、当初は文学会とよばれた。讃美歌、聖書、祈祷に始まり、生徒が作文を朗読し、伝道師の誨告があり、最後に校長の報告があって会を閉じている。

コラム　校歌制定は上代淑の提案か

　マウント・ホリヨーク大学留学で、学問だけにとどまらず学校の体制も学んだ淑は、帰国後山陽に新しい風を送り込んだ。校歌を様々な儀式で歌うという体験をした淑は、山陽でも校歌があればと願ったに違いない。帰国後すぐに校歌が制定されている（1898年）。

　山陽学園の学園歌（校歌）には校名が入っていないという特徴がある。作詞者は当時教師をしていた宇野光三郎（みつさぶろう）である。宇野光三郎は学校運営の中心になって奮闘していた。曲は旧讃美歌445番を用いて、ソプラノとアルトの合唱形式という美しいものとなった。歌詞は操山や旭川の自然を称えているが、「山陽」という言葉は登場しない。これは当時、この土地にある女学校は山陽高等女学校のみであり、西洋の文化を取り入れた新しい試みだったので、わざわざ学校名を入れる必要がなかったと思われる。3番の「学びしみさお　洗いしこころ　わが身の栄えのためにはあらず　広く世のため　はらからのため　ささげまつろう　他やあるべき」の言葉は山陽英和女学校の設立趣旨に沿うものであり、ここにも上代淑の教育理念が反映されている。学ぶことは人のためであり、公益のために尽くすようにと謳っている。

　西山小寿（こひさ）筆の「山陽英和女学校設立趣旨」には唱歌を科目に取り入れると明記しており、主任教師の小寿は生徒たちと英語の歌をうたったという。創立の頃から歌を歌うことは人との絆であり、感謝の心の表現であった。そのような創立関係者の祈りが独自の校歌の制定を望み、創立から10年ほどを経て上代淑へと受け継がれたのではなかろうか。

　この校歌は卒業してもなお、同窓生たちの心に刻まれている。幼い孫と散歩する時に口ずさむという同窓生や未だに校歌は忘れていない100歳を迎えようという同窓生もいる。校歌の作詞者である宇野光三郎の孫が、山陽の同窓生と出会い、2015（平成27）年に本校を訪れている。時代を経て校歌を通した縁が復活した。

　また山陽の同窓生でなくても、新任の教職員が校歌を聞いた感動を語ることも多い。「初めての始業式、2階から降り注ぐ歌声と1階から立ち昇る歌声の二重唱を耳にした時、体中がぞくぞくとし、これは天使の歌声か、と思ったことをいまだに覚えている」という。教職員OB会や同窓会ではいつも最後は校歌合唱となる。母校の校歌は青春の宝物であり、山陽ファミリーの絆となっている。120年も前に校歌を制定し、それを受け継いでいることは学園の誇りである。

（熊城逸子、岩本奈緒子）

文芸会と改めてからは、作文朗読のほかに理科、英語の談話、英詩暗誦、英語対話、弾琴、オルガン連奏、唱歌、活人画など多彩な出し物があった。

　文芸会に備えて第2学期の初めから準備にかかり、寝食を忘れるほど練習に熱中した。当日は会場の講堂正面に校旗がかかげられ、学校功労者中川、新庄、小原翁の肖像画がかざられ、各教室には習字、図画、英習字、裁縫作品、生花が陳列され、参観の父母や来賓が案内された。1904（明治37）年の来賓は300人を超えている。隣接の第六高等学校の生徒にも、この日は特別に参観が許された。

　上代淑が校長に就任した1908（明治41）年からは、揃いの白だすき、白緒の草履に和服姿で、徒手体操と風琴に合わせてのカドリールが演じられた。3月には音楽会が開かれ、オルガン、琴、唱歌が演じられたが、英語の唱歌が目をひいた。こうしてこの月の終わりに卒業式を迎える。卒業式にひきつづき留送別式が行われた。これは1905（明治38）年から始まったもので、卒業生がこれまで最上級生としての責任と義務を負って立っていた階（きざはし）を、次の最上級生に譲るという意味をもった儀式で、玄関前の石段で「きざはしの歌」がうたわれた。この式は今日も重要な学校行事として守りつがれている。その起源はアメリカのマウント・ホリヨーク大学に留学した上代淑が、かの大学の卒業時の行事を学んだものである。

　式後、講堂でお別れパーティが開かれた。上代教師が校長に就任してからは、卒業生一人ひとりにそれぞれふさわしい記念品を贈った。

明治後期からの学園生活

　この時代に、教科の中では英語が最も重んぜられた。創立当時に比べると後退は著しかったが、英語重視は本校の伝統であると語りつがれた。英会話はアメリカ人やイギリス人の教師が担当した。生徒は放課後三々五々と芝に陣取って、明日の英語に備えて予習に余念がないという風景もよく見られた。

　生理学の授業は、ときに医学校へ出かけて受けることがあった。また、

物理実験を隣接の第六高等学校の実験室で行うこともあったが、それはいずれも、それらの学校から専門の教員を講師として招いていたからでもある。音楽は英語に次いで重視された。

　1918（大正7）年から校外授業というものが始まった。体力の増進と実地教育を兼ねたもので、例えば上級生と下級生にわかれて徒歩で円山方面に出かけ、山を越えて、曹源寺に池田家の墓所を訪ねた。これは、秋から冬にかけて毎月行われた。課外活動はもっぱら行余会の琴、生花、点茶であったが、English Speeking Societyもあった。

　スポーツは1902（明治35）年ごろからテニスがはじめられ、翌年春、第1回テニス会が開かれた。1907（明治40）年にはテニスコートが設けられ、翌年第2回の庭球会が開かれ、各組代表の選手で技を競った。1910（明治43）年には、第3学期の恒例の音楽会にあわせて、体操遊戯練習会が開かれ、翌年からはこれが独立して年間行事の中に位置づけられた。

　この会には徒手体操、亜鈴体操、カドリールのほか、薙刀体操が行われ、のちには上級生の教練も演じられた。

　学級名は、はじめユ・キ・ハ・ナ組とよばれていたが、のちに、い・や・た・か・き・み・さ・を組と、第1学年から第4学年までを通して呼ぶようになった。四季の自然美の象徴ともいえる冬の雪と春の花からクラス名を命名していたものから、山陽の独自性のある「いや高き操」と呼び方を変えたと思われる。これは操山の景観のことだけではなく、校歌にも謳われる自分の意志を貫き通すことを表す「みさお」という意味の言葉を取り入れ、道を逸れずに高い志を持ち続けることを表しているのではなかろうか。

　明治時代は男女交際に厳しかった。男子の学校の運動会などは行くことも許されなかったが、第六高等学校だけは例外であった。

　1914（大正3）年、第1次大戦のころから生活指導が厳しくなり、修身のほかに毎週1時間修養会の時間も設けられた。服装もそのころ長袖が元禄袖にかわり、袴章もオリーブグリーン一筋が二筋となり、体操の時間には、くくり袴に白黒格子の大黒頭巾をかぶって、肋木にぶらさがり、跳び箱をとんだものである。本校の運動場が狭かったのも一つの理由で

あったと思われるが、運動会が公開でなかったのは、生徒にとってさみしいことであった。ただ隣接の六高の生徒は校内運動会によく押しかけ、閉ざされた校門をよじのぼって入ってきた。その日は六高でも教室が空

昭和初期の運動会

になってしまうほどで、教員も気をきかして休講にしたという。しかし1926（大正15）年から、奥市グラウンドに会場をうつして、ようやく公開となった。運動会の出し物も、今日見られるような各種の陸上競技にダンスを加えたものであった。

昭和初期の学園生活

　古いお寺の山門をそのまま利用した正門をくぐると、旧式な2階建てとモダンなライト式建築の木造校舎が、新入生を迎える。当時1年生は150人で、3学級に分かれていた。新入生は上代校長から級銘（のちの学級目標）が与えられ、生徒は好きな花の一つを級花にえらび、5年間にわたってこれを大事にした。

　新入生の制服がようやく揃ったころ、恒例の歓迎会が開かれる。夏みかんとかしわ餅が配られ、舞台では上級生が寸劇や歌や器楽などの数々をくりひろげた。

　授業では、上代淑校長の修身の時間が全生徒にとって最も印象深いものであった。先生はちびたチョークを丁寧に使い、とうとう使えなくなると、それを生徒に与え、物の命を大切にということを親しく教えるのであった。ちびたチョークは今も記念室に保管している。生徒は「お守り帳」とよぶ手帳をもって上代校長の訓話をメモし、常に所持して繰り返し学んだ。お守り帳は卒業後も生きていく道しるべとして、多くの同窓生に大事にされた。

　春の遠足は、吉備津神社から備中高松方面、あるいは常山登山などに汗を流した。済美寮の前は大西祝博士の屋敷跡で、そこにはさつきの木

があった。古い木だったので花は多くなかったが、白地に水色格子ギンガムの軽快なツーピースの夏服に衣替えする頃ともなると、あたりが明るくなった。そして寮の庭の赤いたちあおいの花がてっぺんまで咲きのぼると、楽しい夏休みがやってくる。

　寄宿舎の秋の夜はふけると、地蔵川をへだてた第六高等学校の寮から、毎夜のように歌声が聞こえてくる。六高の運動会や美術展に招かれると、胸をときめかせながら校門をくぐって行った。

　仲秋の頃の土曜日の夜には、寄宿舎のお月見会が開かれた。3つの寮舎合同で、ちらしずしの皿盛とおはぎを囲み、寸劇や活人画、舎監のかくし芸も交えて、消灯時間を過ぎても余興は続いた。

　運動会が終わると修学旅行である。下級生は屋島、琴平方面、中学年は大阪、吉野山、高野山、奈良方面、やがて箱根、東京、日光方面にかわった。修学旅行先で、試合に出場中の排球部や庭球部の選手を応援することもよくあった。

　寄宿舎の冬は厳しかった。火の気といえば、長い廊下にたった一つきりの四角な火鉢。珍しく大雪が降ると、全校で奥市のグラウンドに出かけて雪合戦をした。

1930年代の文芸会

　卒業式が近づくと、恒例の文芸会が開かれる。伝統的な英語対話や箏曲の演奏のほか、このころになるとコーラスも技巧的なものがとりあげられるようになり、ウエーバーやシューマンの3部合唱、4部合唱がうたわれるようになった。談話の題に「女子公民権と我等」というのもあった。

第2次大戦前夜から戦中の学園生活

　昭和10年代の本校入学志願者は定員の3倍前後であった。入学試験は修身、国語、算術の学科試験と、口頭試問とが行われた。

　生徒の定員は、本科が1学年150人、み・さ・をの3組に分けられ5学

年で計750人。専攻科が一学年二十数人で2学年、合計約800人であった。

　最上級生である第5学年は、公民の授業の延長として、兵営、測候所、電話交換局、裁判所などの見学と、岡山県会の議事傍聴などが恒例となった。秋には母姉会、のち保護者会とよばれる会合が開かれ、生徒の簡単な演芸や校長の講話があってのち、組担任との懇談が行われた。

　昭和になって、本校のスポーツの隆盛は運動場の狭さを痛感させるものがあった。伝統的な籠球、排球、庭球のほか、器械体操、陸上競技、送球（ハンドボール）なども盛んに練習をするようになると、どうにもならなくなってきた。試合が近づくと道路上や隣の三勲国民学校の運動場を借りて練習しなければならなかった。朝礼の際も組や学年別の整列は困難になってきた。

　1939（昭和14）年になると、空襲を予想しての対策がとられるようになり、山陽高女自衛団が結成され、校長、教頭をそれぞれ団長、副団長とし、全教職員と専攻科生徒および本科第5・第4学年を、警備、消火、救護の3班に分けて編成し、毎月のように防空訓練を行うようになった。それは焼夷弾に対して、砂と水、火たたき、ぬれむしろでたち向かうという幼稚なもので、6年後の空襲でこうした演習が全くの徒労であったことが証明されることとなる。

　中国における戦争が泥沼にはまりこんだような状況に立ち至る中で、学校教育の戦時体制はいっそう強化されていった。本校の古い歴史を有する生徒自治組織の自助会も、課外活動の母体である行余会も共に廃止されて、1941（昭和16）年9月1日、山陽高等女学校報国団が組織され、その発足に当たる宣誓式が行われた。報国団は大東亜新秩序建設という「大使命ヲ達成セントスル国策ニ順応シ職員生徒茲ニ一丸トナリ」天皇のため任務を全うすべく、女子にふさわしい智能の養成と心身の鍛練をはかることを目的とするものであった。団費は教職員の月俸の1,000分の5、生徒の年額6円等をもってあてた。

　同窓会の行事も戦時色一色にぬりつぶされていた。1939（昭和14）年3月の春季大会において決定された事業は、戦争関係者への慰問と金200円の国防献金などであり、恒例のバザーも愛国セールと銘打ち、売上金

の一部も国防献金に回されるようになった。戦場におもむく軍人たちに、その家族は弾除けのまじないである千人針を持たせた。本校の正門前にたたずんで、登下校の生徒に一針ずつを乞う人の姿も見られたが、やがて全校生徒が教室内で休み時間毎に針を通すほど、その数もふえていった。生徒の作品に次のようなものがある。

「愛し子の戦にやると夏の日の巷に立ちて針を乞う人」

戦争の拡大と長期化は、たちまち人手と資源の不足をもたらした。これを補うために、学校教育の中に勤労奉仕とよばれる各種の労力提供が組み入れられていった。本格的な勤労奉仕は1938（昭和13）年から開始され、夏休みはじめの1週間をこれに当てた。こうしてこののち夏休みは、事実上8月だけに短縮された。低学年は校内道路舗装の作業、上級生は岡山市津島の西部第48部隊で、

校門を出る勤労奉仕隊

軍服の洗濯やつくろいの作業を行った。また操山の三勲神社参道造成工事にも参加した。

1939（昭和14）年から勤労奉仕の主流は農作業となり、初夏は上道郡三蟠村の出征軍人遺家族の農家へ田植えの援助に出動した。麦わら帽子に手甲、脚絆すがたで、「勤労奉仕　山陽高等女学校」ののぼりを先頭に、早朝から徒歩で現地に向かって行進した。大部分の生徒は生まれて初めての経験で、まるで遠足気分であった。農家からは大いに感謝され、その年の秋の稲刈りのあとには、奉仕農家から学校宛謝礼の米俵が寄贈されるということもあって、当初は楽しい思いをする者もいた。田植え、麦刈りと毎年援農作業がくりかえされ、三蟠村のほかに可知村、光政村、沖田村と対象地域が広がっていくと、慣れない労働は生徒にとって大きな苦痛となっていった。しかし一方では食糧事情の悪化により、非農家や寄宿舎の生徒が空腹に悩まされるようになってから、このような援農作業は、まっ白い米飯の主食やカボチャ、サツマイモの間食が出されるた

め、大きな楽しみともなったのである。食糧増産の掛け声の高まりは、空地や荒地の開墾奨励となり、1940（昭和15）年秋には、津島の騎兵隊跡地の割り当てを受けてその開墾とそば蒔きを行い、山陽高等女学校農園としてその管理にあたった。1941（昭和16）年には本校体育館南の空地を農園に拓き、放課後の運動時間に全校生徒をその管理に当たらせた。

戦後の学園生活

　1945（昭和20）年、6月29日午前2時半頃、警報の発令もないまま、本校のあった岡山市門田方面に突如B29の爆音が響き、焼夷弾の雨が降ってきた。以後2時間にわたって、約70機のアメリカ空軍機による波状攻撃が続き、岡山市の大半は火の海と化した。そして、本校は校舎も寄宿舎も教具、教材、設備の一切を焼失した。

焼け跡の校地にて

　余燼のくすぶる中、自宅を焼失してしまった者も含めて教師たち10人が、焼け残った上代校長宅に集まった。茫然自失する暇もなかった。ただちに校長宅が罹災本部と定められ、学園復興の本拠となった。

　一夜明けると、母校を案じて生徒や卒業生が集まりはじめた。生徒から死者、負傷者、罹災者の悲しく痛ましい知らせが次々ともたらされた。7月2日、戦災後初の職員会議が開かれ、校長以下25人が集まって今後の対策を協議することになった。冒頭において

「灰の中より立ち上がりましょう。」

という上代校長の言葉は、復興への苦難の道に立ち向かう学園関係者すべてを励ます、第一声であった。そしてこの言葉こそ、その後の復興活動の原動力であった。誰もがこの言葉に支えられて苦難に耐え、雄々しく復興の道にたちあがったのである。

　焼け跡を整理しようにも、不発弾がうまっているおそれがあって、な

かなか着手できなかった。罹災後5日目には、はや倉敷航空化工から動員生徒への出動要請がきた。家を失った生徒たちは、縁故をたよって岡山の地を離れざるを得なくなったため、転校の手続きをとりに本部を訪れ、教師たちと名残を惜しんだ。警察から御真影が焼失したことについて、調査があった。空襲当夜宿直であった教師は、まもなく退職した。

7月13日、戦災後半月ぶりに学校の活動は再開された。在籍1,160人の生徒のうち300人が登校し、校舎の焼け跡に整列した。朝礼が始まり、モンペ姿の上代校長は、

「みなさん。灰の中から立ち上がりましょう。」

と意気消沈した生徒たちを励まし、率先して真夏の太陽が照りつける下で焼け跡の片付けに着手した。残骸の横たわる校庭で、焼けた瓦の破片を一枚一枚拾い、焼けただれた敷石を見つめた時の絶望感を、当時の教師や生徒は昨日のように回想している。

この日から生徒は、岡山市外の穝、原尾島方面に田植え作業に出勤した。倉敷航空化工への動員生徒も、焼け残りの仮職場に移って作業を再開した。登校してくる生徒は次第に増え、7月下旬には450人に達したが、警戒警報や空襲警報が度々発令される中を、焼け跡整理の作業に従事した。戦災後は土曜、日曜が家庭修練日となったが、夏休みは廃止された。戦災にあった者もあわなかった者も、夜はモンペをはいたまま眠りにつき、恐怖におののいていた。衣食住は極度に欠乏していたが、「欲しがりません勝つまでは」「滅私奉公」のスローガンで己を支えることを強いられたのである。

鐘淵岡山絹糸工場にて

7月31日から第1・2学年のために授業が再開された。しかし校舎も机もないことなので、林間学校とか青空教室とか銘打って、操山の木立の中や山麓の少林寺の境内などで、作業の合間に乏しい教科書を見せ合いながら、授業を受けることに

なった。

　8月15日は、倉敷に動員された者のほかは家庭にあった。正午の重大放送は、電波の具合が悪く聞きとれなかった。しかし、それが敗戦を告げるものであったことがわかったとき、生徒も教職員も張りつめた心の支えを一度に失ってしまった。倉敷への動員は、8月20日に解除された。しかし、農作業はますます急務をつげる食糧増産の要請から、なお続行された。8月22日から9月2日まで、ようやく夏休みとなった。灯火管制も解除され、モンペを脱ぐ人もあらわれた。生徒にとって、やっと終戦になったのである。

　8月25日の職員会議では、今後の教育方針が話し合われた。明治以来の軍国主義の崩壊に直面し、職員は相当の混乱状態であったであろう。「其の筋より何分の指示があるまでこのままでいく」事が決まり、敗戦による精神の動揺がもっとも懸念され、訓育委員会の制度をつくってその対策を考えることにした。そして、第2学期の時間割を定めた。

　10月31日、報国団を解消し校友会が組織された。その日、全校生徒で鳥坂山にイモ掘り遠足を行った。久しぶりに生徒に笑顔がよみがえった。11月6日から、終礼の際の宮城遙拝は廃止された。11月9日には、岡山絹糸工場の協力を得て、学芸会と運動会が開かれた。これは、倉敷分校に行く生徒との送別会も兼ねたものであった。

　学園の倉敷移転復興構想を推進するためと、生徒の定期乗車券がしばらく禁止されることによる通学の不便に対処するために、倉敷分校が設置された。校舎に選ばれたのは、倉敷市酒津の倉敷絹織工業株式会社酒津工場の寄宿舎である。寄宿舎炊事用の大鍋、大釜、テントなどがトラックで運ばれて、倉敷分校開校式が挙げられた。県西部の専攻科5人を含む生徒131人と友成企画部長以下6人の教職員が、竹寮を寄宿舎に、梅寮を教室にあてて、勉学に励むことになった。実に大原総一郎社長の特別の好意であった。

　翌1946（昭和21）年4月からは、倉敷移転構想に基づいて1年生が174人入学し、4学級に編成されたが、2年生以上は1学級編成、本科306人、専攻科28人、合計354人となった。（※『山陽学園百年史』による）

上代淑校長は毎週1回訓話のため分校を訪れた。倉敷駅から酒津までの長い道のりを、いつも教師や生徒と共に徒歩で通った。廃墟の岡山に比べれば、桜の名所に近い酒津の地は、自然の美しさに恵まれていた。校舎の間は緑の芝生であった。会社の職員とその家族も、生徒に親切であった。授業の合図には会社の大太鼓が用いられ、教室も教員室も12畳の和室で、座机を並べてまるで寺子屋の雰囲気であった。分校の寄宿舎生活は、折からの食糧難でスイトン、カボチャ、サツマイモが主で、米飯にはなかなかありつけなかった。

　時折、理事である大原総一郎倉敷絹織社長が分校寄宿舎を訪ね、講話をしたり、レコードを持参して自ら解説しながら鑑賞させたりした。また、大原美術館や倉敷中央病院の見学も行った。

　分校の運営は本校と連絡を取りながらも、こじんまりとしたまとまりをいかして、独自の行事も数々企てられた。新入生出身学校の校長、旧担任教員との懇談会は盛況を呈した。6月には伝統ある自助会も復活して、組長会が開かれるようになった。毎週1回の修養会の時間も設けられた。

　本校で復興資金募集の諸活動が始まると、ただちにこれに呼応して、倉敷や児島、玉野で芸能会を催し、教職員と生徒が何日もかけて作り上げた手芸品などのバザーを開き、桜の季節には花見客を相手に酒津の堤で売店を開き、また倉敷絹織工場内にも復興店と銘打った売店を設けた。1948（昭和23）年の夏から、毎月10日に新聞紙を持ち寄って桃の袋貼り作業をして、これも復興資金にあてた。

　30、40人の寄宿舎生は、工場の大浴場に毎日入浴できたが、窮乏生活の当時としては、それは大きなぜいたくであった。生徒も社員家族を招待して、感謝の芸能会を開いた。

　講演会や映画会に参加するため、倉敷市内の学校や劇場にでかけることも度々あった。春の新入生歓迎会には、遠足を兼ねて本校から訪れてきた1年生と交流することができた。夏休みになると、さっそく本校から庭球部の選手が合宿練習にやってきた。休み中も教員・生徒は交代で出校し、農園の世話や校舎の清掃に当たった。

そのうち、倉敷移転復興構想は立ち消えとなり、倉敷絹織側も増員のため寄宿舎の明け渡しを求めてきた。1948（昭和23）年夏、ついに分校閉鎖が決定された。閉校が近づいた9月4日には、会社側を招待して謝恩芸能会を開催した。29日、工場内で最後のバザーを開いた。
　9月30日、倉敷分校閉校式を挙行した。思えば豊かな自然にあふれた酒津での3年間であった。10月2日、生徒は最後の大掃除をすませ、工場内の見学をしてあの迷彩のほどこされた4本の大きな煙突に別れを惜しんだ。敗戦直後の厳しい生活の中で、生徒たちはささやかな楽しみをみつけながら生活し、学校復興に尽くした。
　衣料の欠乏も長く続き、戦後しばらくは紺セーラーのワンピースの制服を着用する生徒はまれで、かすりの上衣や、カーキ色の戦時色の衣服を着用する者が多かった。1948（昭和23）年12月の職員会議で、モンペ着用は差し支えない、との決定をしている。復活した愛校会の売店には、生徒の通学用下駄が大量に並べられた。
　1947（昭和22）年3月、土地売買契約が成立し現在の岡山市門田の地に学校ができることが決まった。4月、いわゆる六三制の発足に伴い、併設中学校を作ることになった。1949（昭和24）年1月から、生徒指導の組織的な強化がはかられることになる。まず、静粛週間が設けられ、生徒自治会代表の協力を得て、全校的に取り組んだ。続いて礼儀週間、整理週間などが設けられた。
　1949（昭和24）年4月から単位制が確立し、1950（昭和25）年度から5段階相対評価を採用した。
　1946（昭和21）年6月21日、福井直俊・直弘兄弟による岡山市内で久しぶりのクラシック演奏会を開いた。二日後には、復興音楽会が開かれた。続いて専門家による能楽や舞踊の会が開かれたが、これは生徒対象ではなく、学園復興資金を集めるための催しで、広く一般に呼びかけたのであった。やがて「芸能会」と銘打って、生徒が演技者となり県下各地を巡業するようになった。この活動は、敗戦で身も心もすさんでいた人々に潤いを与える尊い奉仕活動であると共に、学園復興の涙ぐましい努力という性格を持つようになった。

1947（昭和22）年5月、古いピアノが購入された。翌年4月4日には、本校生徒のコーラスが岡山放送局から電波にのった。1949（昭和24）年1月、アメリカ占領軍の依頼でダンス講習会が本校で行われ、フォークダンスやスクェアーダンスが学校教育の中に採用されるようになった。一流演奏家による演奏会や名士の講演会や映画鑑賞も盛んに行われた。1948（昭和23）年5月20日春の遠足が再開され、上級生は広島や京阪方面に一泊で、下級生は倉敷分校や鞆へ出かけた。1949（昭和24）年夏休みには、生徒の有志50人を引率して日本アルプスに挑み、うち10人が焼ヶ岳に登頂したとある。また、その年の創立記念日前後には、恒例の諸行事に球技招待試合が加えられた。

　社会福祉関係の活動は、恒例の歳末献金などのほかに、1947（昭和22）年暮れから、赤い羽根共同募金に参加することになって、生徒や教師が街頭に立った。その年から戦災を受けた後楽園の復興のために、本校生徒も労力奉仕に参加した。この作業は、1951（昭和26）年4月まで続けられ、開園250周年の記念式の席上で、学校として表彰を受けた。

　1948（昭和23）年4月の長島愛生園光田園長の講話は、生徒や教師を大きく感動させた。早速学校から、愛生園の少年少女に教科書を寄付した。これを機に毎年愛生園や邑久光明園への寄付や慰問が企画され、上代校長もたびたび足を運んで親しく患者を見舞った。長島愛生園や邑久光明園への訪問活動は、現在まで続けられている。

昭和30年代の学園生活

　1955（昭和30）年頃となると、ようやく教育環境も整い、学園の事業も軌道にのってきた。校庭の桜が満開になると、希望に胸をふくらませた中学・高校の新入生が、母親と連れ立って正門前の大道（おおみち）とよばれた市内電車停留所に降り立つ。入学式が始まると、上代淑校長は高齢とは思えないような大きく明るい声で、「あなた方は今日から山陽さんですよ。わたしの娘ですよ。」と語りかけるのであった。

　年度初めは、身体測定や内科、歯科検診、各種予防接種で忙しく、その間みさお会の役員選挙のポスターが張りめぐらされて、やがて立会い

演説会、投票と続き、学年単位の遠足が終わると、みさお会総会が開かれて各部の予算が決まる。1952（昭和27）年度の予算総額は、約103万5千円であった。総会に引き続いて新入生に菓子袋が配られ、歓迎会が開かれる。明治以来の新入生歓迎の歌が歌われ、演劇、バレエ、合唱などの芸能各部の出し物や、有志による日本舞踊、器楽演奏などでくつろいだ一日を過ごす。5月になると中・高別の学級対抗の校内球技大会。その頃から各運動部は、備前地区および岡山県高校総合体育大会に出場した。また、各競技ごとの岡山県予選、中国地方予選などの大会が夏休みまで続く。5月中・下旬の中間考査が終わると、緑会婦人部の呼びかけで、保護者参観日に講演や講習会が開かれる。

　7月上旬からは水泳実習が始まる。1965（昭和40）年、本校にプールができる前は、学校に隣接した岡山市管理のプールを利用していた。こうして第1学期が終わり、7月21日から夏休みに入る。休みに入ると早速中学の海水浴と高校の大山登山。高校上級生の補習も行われる。海水浴場の瀬戸内海の水はきれいだった。夏休み中は、みさお会各部の活動で、学校は毎日活況を呈している。ほとんどの部活動が合宿し、県外に遠征する部もある。

　第2学期は、特に行事の多い季節である。すでに夏休み中から各文化部は文化祭の準備に取り組むが、9月に入ると体育祭のダンスの練習が繰り広げられる。10月初めに体育祭が行われる。学年対抗で点数を競うので、応援合戦も白熱する。余興の仮装行列は、学園の名物のひとつである。この日は、大勢の男子高校生が見物にくる。10月18日の創立記念日をはさんで、文化祭が催される。この日は、父母や同窓生のほか多数の一般市民や学生が訪れ、その数は1,000人を超えるようになった。特別教室や普通教室は生徒の作品の展示や実験の公開、バザーなどに開放され、体育館のステージでは合唱や演劇、バレエが繰り広げられた。

　10月の下旬から11月の上旬には、修学旅行が行われる。高校3年生が4泊5日で箱根、日光、東京、後に富士五湖めぐりも加わる。中学3年生は、3泊4日で奈良、京都、後には別府、阿蘇、熊本のコースで実施された。

秋には、演劇教室や音楽教室も開かれる。12月には赤い羽根の共同募金と、歳末献金が行われる。第2学期終業式の最後には、「ホワイトクリスマス」が歌われる。1月は美術・工芸の展覧会の団体鑑賞と、それに関する講演を聞くのが恒例であった。1952(昭和27)年2月、新装になった体育館で落成記念芸能コンクールが開かれた。各学年からよりすぐった出し物が競われたほか、音楽部、演劇部、バレエ部もそれぞれ大作を披露した。この芸能3部は秋の文化祭のステージの花形であった。

　2月上旬に中学校入学試験が行われた。中旬に高校一類の、3月上旬に高校二類の入学試験が行われる。高校3年生は2月中に学年末考査を終わって、卒業式の前日まできざはしの式(留送別式)や記念植樹をし、式後は謝恩会と伝統的な諸行事を行った。3月上旬の高校卒業式には、下級生が心をこめて作った白バラの造花を胸に、卒業生一人ひとりが壇上に上がる。上代校長から卒業証書を手渡され、励ましの声をかけてもらい、涙を流して校門を後にするのであった。

　春休み中は国土緑化運動に協力して、緑の募金に参加する。そのほか年間を通して、映画教室や講演会などを随時行った。

　本校のPTAは、1946(昭和21)年10月に組織された山陽高女後援会に始まり、翌年5月奨学会と改称され、同年10月緑会と3度改称されて今日に至っている。当初から学園復興の原動力の重要な一翼として、建築資金の調達や会員の出資、募金活動、消費組合活動などに献身的に取り組んできた。最大の事業である復興のほかに、教員の手当て財源への補助、運動選手派遣費への補助など、学校運営への資金補助や、置き傘、図書の寄贈など生徒福祉にも取り組んだ。また、戦後の社会混乱が道徳の退廃を生み、授業時間中の盛り場徘徊、映画館への出入り、ダンスホール通い、家出、性犯罪の被害などが問題化する中で、緑会の校外補導への協力も重要な事業となった。現在では、緑会保導部として、岡山県高等学校PTA連合会保導部と協力して、活動を継続している。

　また1953(昭和28)年12月、岡山県私立学校PTA連合会が組織され、初代会長に本校緑会会長が就任し、私学振興という私立学校の切実な共通課題に共同して取り組むことになった。

新しい年度の初めに、上代淑校長は各学年に年間目標を与えた。1955（昭和30）年は、中学1年「家の宝となりましょう」、中学2年「明るい人となりましょう」、中学3年「やさしい人となりましょう」、高校1年「素直な人となりましょう」、高校2年「人の手本となりましょう」、高校3年「役立つ人になりましょう」で、1年を通じ毎週1回、校長の授業でその具体的な実践についての訓話があった。

　1956（昭和31）年、「生徒手帳」を制定した。生徒の心得るべき規定や、みさお会、ホームルームなどの規則が増え、これを1冊にまとめておく必要が出てきた。また、欠席や遅刻の届出や担任と父母との連絡用に使用する目的であった。

　この頃は、学級活動の活発化を図るため、出席率、清掃、読書などで競争が行われ、毎学期の終業式の席上「出席率第一位」「同第二位」「清掃優秀組」「もっとも良く読書をする組」のプレートを渡して表彰した。

　1958（昭和33）年の春の遠足から、全校生徒そろって徒歩で岡山市円山の曹源寺まで往復することになった。近年、遠足もバスや列車を利用するようになり、生徒も山野を歩く機会が減ってきたので、健康増進の目的も含めて徒歩遠足に踏み切ったのである。高校の生徒定員は長い間1学年5クラスであったが、本校の教育の充実と高校進学希望者の増加により応募者も増加し、教室も増築されたので、1955（昭和30）年度の第1学年から6クラスに、1957（昭和32）年度から7クラスに増員した。

晩年の上代淑

　1948（昭和23）年6月15日、上代淑校長は77回目の誕生日を迎えた。翌日いつものように倉敷分校を訪れた先生を、教員、生徒一同は第一講堂を白ゆりとツタで美しく飾って、心からお祝いした。例年先生の誕生日には、朝早く寄宿舎生が校長宅を訪れ、先生の部屋を白ゆりとツタで飾るのがしきたりになっていた。質素な校長室も、この日だけはゆりの花で埋め尽くされた。1950（昭和25）年7月に、先生創作の「よいこのかるた」が完成した。また、その頃、これまで先生が常日頃話してきた言葉の数々を、「日々の思い出」として日めくりにまとめた。この日めくりは、

全教室に掲げられただけでなく、多くの同窓生も自宅に掛けて心の糧としている。

先生の晩年は、「感謝」の文字をよく揮毫(きごう)した。「感謝を持って事にあたるとき、当然来るべき不幸をさえ、幸せに変えていくことができるはずだ」と説いた。1957（昭和32）年、先生は藍綬褒章を受けた。この栄誉に対して先生は、「愛校の精神こそが今日の校運をもたらした」とのべている。同年、学園では、「上代淑先生訓話集」を公刊した。また、1958（昭和33）年上代淑校長が岡山市名誉市民第一号に推挙された。教育者として、生涯をかけた功労に対してのものである。

1959（昭和34）年11月29日午前0時40分、上代淑先生は安らかに昇天した。70年にわたって山陽学園のためにすべてを捧げ、88年の献身と熱情の生涯を閉じた。先生の遺骨は岡山市平井笹山の墓地に納められ、次の銘が刻まれた。

一人ひとりに卒業証書を渡す上代校長

　「神と人とに愛されて
　　その生涯を女子教育の為に捧ぐ」

昭和後期の学園生活

新教育制度のもと、前期中等教育が義務制無償化になったことは、私学の本校中学校にとって厳しいものであった。しかし、1960（昭和35）年からの高校へのベビーブームの到来と共に、中学校への志願者の増加が見られるようになり、これを機に中学校教育の強化充実を図ることになった。そのため、中学校としての主体性を持たせ、諸行事も中学独自のものを実施することにした。高校への優先入学を利点とし、部活動、音楽の奨励やみさお会活動の活発化を促した。夏休みの課題は精選し、自由研究や作品制作を重視した。2学期には夏休み作品展を開き、年数回の保護者会には、公開授業と共に合唱コンクール、水泳大会、弁論大会、英語暗唱コンクール、縄跳び大会などを催すようになった。また、7月下

旬には、蒜山での林間学校も始めた。

　1960年代に入ると、自動車の増加に伴う交通の渋滞と事故の発生が大きな社会問題となった。本校もその影響を受け、1961（昭和36）年中学生交通自治会が結成された。この頃から通学に利用する市内電車の混雑も激しくなり、遅刻者も増え交通事故にあう危険性も高まった。この頃、交通警察官を招いての交通安全教室を開き、また自転車のブレーキ点検も実施されるようになった。正門前の市内電車臨時停留所「大道」もついに廃止され、登校時「博愛会病院前（現門田屋敷）」下車も事故防止から禁止し、終点の東山停留所を利用するように指導した。

　1950（昭和25）年前後、上代淑によって制定された日めくり「日々の思い出」は、長年生徒や同窓生の間で愛用されてきたが、1975（昭和50）年12月、当時の上代晧三校長により装いも新たに「上代淑先生遺訓　日々のおしえ」として生まれ変わり、全校生徒へ配布された。現在「日々のおしえ」は、「愛と奉仕」そして感謝の教育理念を具体的に表現した言葉として、全教室に掛けられ毎朝生徒が唱和している。当時問題とされた、青少年の無気力化や道徳的退廃、非行の増加という全国的な風潮も、本学園だけを例外とするものではなかった。公立中学校での校内暴力が全国的に多発するようになったのもその頃であった。本校では、学級担任を中心に学年団ぐるみで、生徒に立ち向かう努力が続けられた。その中で、上代淑の「日々のおしえ」が本校の教育の具体的な指針として果たした役割は大きい。また担任の中には、班活動を通して集団をとらえるようになり、教育研究活動などが少しずつ行われるようになった。1982（昭和57）年ごろからは、担任と生徒との間に良好な関係をつくるため、学級通信が発行されるようになった。今日では学級通信に学年通信が加わり、学年主任や学級担任の指導方針を保護者や生徒が理解するための有効な手段となっている。

　また、1958（昭和33）年頃から大学・短大進学者が増加し、1972（昭和47）年には卒業生の80％の生徒が大学・短大への進学を希望し、希望者のうちの多くが京阪神や東京方面の家政科や文科に進んだ。一方1967（昭和42）年頃からは、県内にも大学・短大が増え始め、岡山県内に進学す

る者も多くなり専攻分野も多様化した。やがて、進学競争の激化に伴って、みさお会の会長、副会長および学校選出評議員の選挙は、高校3年生の役員が第2学期に退任することとなったため、1974(昭和49)年度から6月に実施するようになった。全国的に生徒会活動の低迷がいわれている中で、本校では選挙運動もかなり活発に行われていた。

生徒会(みさお会)選挙立会演説会

　高校卒業生普通科の進路は、1980(昭和55)年度から変化し、従来80%台であった進学率がこの年度から70%台になり、就職者は10%台から20%台に変化した。現在では、4年制大学へ51%、短期大学19%、専門学校18%となり、進学率は向上している。

　体育祭と文化祭は、全員参加の学校行事として春のうちから実行委員会を組織してテーマを決め、各学級で討議に入り各クラス夏休みから準備を始める。1984(昭和59)年度は「飛翔」のテーマをかかげ、恒例の文化部の成果の発表に加えて、学級毎に大壁画やスペースシャトルなどの制作、演芸の上演などをした。また他校の協賛、友情出演も得て一段と活気を呈し、久しぶりに2,000人をこえる来客があった。

　1985(昭和60)年度の学園祭は、テーマを「時——九九」とした。創立100周年の前年ということで、9月27日、28日に文化祭、10月3日に体育祭を行い、学園祭は盛り上がりを見せた。文化祭は、100年の歴史を学ぶ絶好の機会とし、高校2年生の生徒を中心に、卒業生へのアンケートやインタビューを実施し、結果をまとめて文化祭の中で発表した。学年ごとに発表の形式を変え、100年の歴史を学んだ。水準の高い、まじめな文化祭であった。特に同窓生の関心は高かった。雨天にもかかわらず、2,000人近い来校者であった。

　また、体育祭では入場行進をブラスバンドの演奏と、バトンダンス部の先導で行った。全クラス参加で似顔絵、着付けを行い、閉会行事とし

て天領太鼓、踊り、1,000個の風船を空高く飛ばした。

また、2月27日に行われた送別会では、キャンドルサービスや合唱に加え、スライドで入学から3年間の思い出を綴った。担任から一人ひとりにつけてもらったろうそくの火が輝く中、500人の卒業生が合唱の中を退場していった。

体育祭の入場式

1986（昭和61）年度、いよいよ創立100周年を迎える年となる。9月には、RSKが「学園の歴史と現在の姿―学園祭への取り組み」と題して、テレビ番組を放映することを決定する。夏休みには、100周年の記念行事に備えて、文化祭実行委員会が合宿をした。そこで、学園祭のテーマが「時空を超えて」に決定された。10月2日の体育祭は、学園祭の開会式としてふさわしいものになるよう、3,000枚の万国旗をグラウンドに張りめぐらし、風船500個を飛ばした。人文字「祝100」を描き、ブラスバンドとバトンダンスで華やかに入場行進した。ブロック別に応援合戦を行い、体育祭を盛り上げた。文化祭は、10月11日、12日の2日間を一般開放した。2日間の入場者数は、参加者を含めて4,393人であった。文化祭の内容は、展示研究として「歴史と現代の学園生活」「テーマ画」「100年の歴史再現」「上代淑先生の部屋」、創作劇「上代淑先生の生涯」、食品バザーとして20種類の手作り、餅つき、校門アーチ、熱気球制作、タイムカプセル、テレフォンカード製作、青空市、のど自慢、お茶席、ダンス、献血コーナー、お母さんの店などを催した。また、100周年を祝う歌を生徒と教師が作った。

同年4月、本校で初めてホームルーム（HR）委員会が設置された。「従来HR運営が各担任の力量と好みに任されていた」ことにより、先生によって指導がまちまちであるという意見が保護者や生徒から出されるようになった。「HRは学校における家庭である。明るく楽しく、友情と連帯に支えられた場として、学校方針に基づいた足並みのそろった指導が必要である。そこで、公的システムをつくり、HR活動の研究を行うこ

とを目的とした委員会をつくる。」という趣旨のもとHR委員会は設置された。活動内容としては、「(清掃時に)エプロン・三角巾を付けるクラスに」「漢字テストを通したクラス作りに」「不認定者ゼロのクラスを」「班長立候補によるクラスの活性化をめざして」などのテーマで、本校教師による校内研修会を実施した。創立100周年記念のさまざまな学校行事に取り組んでいくためにも、担任一人ひとりが力量をつけ、学校として組織的な活動をしていこうとする試みであった。

　1987 (昭和62) 年、いわゆる「帰宅部」(部活に属さない人) が多い時代に、全校生徒1,653人 (高3：491人、高2：524人、高1：509人、中学：129人) のうち本校では運動部15%、文化部42%の参加率であった (必修クラブを除く)。2016 (平成28) 年では、運動部30%、文化部55%の参加率である。この年、昨年の文化祭アンケートで①文化部の発表内容が不十分であった　②部とクラスの掛け持ちは教師、生徒共に大変であったということが反省として挙げられている。文化祭を活気あるものにしようとするとき、クラス参加は無視できないものであるが、指導教師の負担増やリーダーとなる生徒がいくつもの役割を受け持つなど、問題点が挙げられている。一人ひとりの生徒が、生きる力を身につけ、クラスでは担任と生徒が楽しめる内容の文化祭、体育祭にしたいと総括している。

平成の学園生活

　1989 (平成元) 年、本校の新入生は560人でピークを迎えていた。しかし、後に1998 (平成10) 年からの10年間で、本校の生徒数は半減することになる。創立100周年を合言葉にした教職員も、1998 (平成10) 年ごろまでの生徒数の増加と類型によるクラス分けの影響、生徒指導と進学指導など、時代の変化と共に予想を超えるさまざまな問題点に対処することになる。

　1992 (平成4) 年から夏休み前に

創立114周年文化際当日の校門

修学旅行が実施されることになり、文化祭も平日開催に戻った。従来同様に5月に球技大会、6月の読書会、9月の文化祭、体育祭、1月の百人一首大会、2月の読書会などが、全校を挙げて行われた。高1と中学校での3学期の合唱コンクールは引き続き行われ、最後の大きなクラス行事として熱心に取り組んだ。

　1998（平成10）年、みさお会からの文化祭休日開催について強い要望を受け、「学園祭企画委員会」によって休日開催が決定された。その結果、一般公開とし、約2,500人の来校者があった。高1は演劇、高2は研究展示、高3はちぎり絵とお祭り広場の食品バザーと定め、取り組んだ。このとき参加した高3の文化委員の生徒は、文化祭前日にクラスごとに作成したちぎり絵を張り合わせたことに大変感動したと述べている。そして、クラスでの食品バザーはクレープ屋を開き大繁盛であったこと、委員会の役割で受付を担当したくさんの来場者に感謝の気持ちでいっぱいになったこと、友情を育み充実した2日間であったことなどを書き残している。一人ひとりの生徒にとって、3回あるいは6回経験した文化祭は、なにものにも代えがたい青春の1ページになっている。

制服の改定

　セーラーカラーで紺地のワンピース。その襟と袖口にはそれぞれ1本の白線がほどこされている。スカートはゆったりとしたボックスプリーツが美しく、緑色のネクタイが山陽さんとしての姿を完成させる。

　このスタイルの制服は1934（昭和9）年に制定されており、2001（平成3）年には、デザイナーの小野塚秋良によりデザインの改定が行われた。小野塚はワンピース型の優れたデザインを高く評価して、シルエット、素材の他、校章をつける位置など、ごく一部のデザインを改めるにとどめた。その際に、水色と白色のストライプ生地の夏服

冬服を着た高校生

がトータルコーディネートとして新たに制定されたのである。

　2007（平成19）年、制服改定についての検討が始まった。その背景には、中学校独自の制服を制定することにより、山陽女子中学校の存在を広く世間にアピールしたいという考えがあった。また、夏服の色やプリーツスカートの扱いにくさなどの他、冬服のワンピースが機能面、デザイン面においても生徒には不評となっていた。

　検討を始めた当初、まずは中学校の制服を改定する予定であった。しかし、検討段階で新制服の候補にあがったデザインが、女子校らしい雰囲気と本校の伝統を感じさせる素晴らしいものであったため、これを機会に中学校と高校の制服を別にすることなく、同時に改定する運びとなった。以前と同じセーラーカラー、グレーの濃淡でデザインされたツーピース。スカートは上衣より少し濃いグレーの車ひだで、ネクタイは緑色。校章は左ポケットの下に配された。夏服もグレーを基調としたデザインである。白色の上衣にはグレーのセーラーカラー、スカートは冬服と同じ車ひだでグレーのチェック柄。ネクタイはやはり緑色。落ち着いた色調でありながらさわやかさを感じさせるこの制服は、山陽さんのイメージをそのままに映し出し、制服改定に関わった者全員が納得できるデザインに仕上がった。

　この改定においては、同窓会より伝統を守るという観点から、多くの反対の意見があった。生徒が減少し、定員確保に苦慮した時であったので、制服を変えることによって、定員確保が期待できると学校側は説明していた。しかし、単に制服を変えることによって、生徒が集まるわけではない。学校改革のシンボルとして制服改定をとらえていると説明し、同窓会の理解を得た。様々な意見を取り入れながらも、最終的に現在のデザインが決定した。デザインの中でも特に伝統を引き継い

現在の制服

だものとして挙げられるのは、七宝焼きの校章とネクタイである。普段は緑色、はれの日には白色のネクタイをつけるという習わしを受け継いだ。

　2009（平成21）年4月8日、新たな制服に身を包んだ新入生を迎え、その後2011（平成23）年3月1日には、紺色のワンピース姿での最後の卒業生を送り出した。新たな制服は生徒、保護者にも好評であり、これも以前の制服同様に山陽女子中学校・高等学校のよき伝統を担うものになることを期待する。

現在の学園生活のめざすところ

　現在、在席している高校生の中の山陽女子中学校出身者は、3割以上を占めている。学校行事に対する生徒の取り組みの様子をみると、体育祭の応援パフォーマンスなどはその生徒たちが核になり、力を合わせ、教員が目を見張るような演技を次々に披露している。このように、本校の教育を受けた多数の内部進学者によって、学校は大きく変化しつつある。かつて、生徒の意欲を引き出すために教員がさまざまな工夫をしていた時代と比較しても、隔世の感がある。それは、生徒が自由に楽しめる場が学校の中にあり、より高い意識で取り組む生徒たちが多く存在しているからである。今後もさまざまな学校行事があるが、生徒自らが意欲的に、楽しんで取り組んでいくことが一層期待される。

　そして、現在の学園生活の中でもっとも大切にしていることは、学校の教育理念を体現できる生徒を育てることである。つまり、その理念を具体的に表現した上代淑の「日々のおしえ」を実践できる生徒を、一人でも多く世に出していくことである。中学校・高校時代に身につけた本校の教育理念、愛と奉仕そして感謝の精神は、教えを受けた生徒の心の中で生涯を支えるものになる、とは多くの卒業生が語っているところである。

生徒会活動の変遷と頭髪規定の改定

自助会の結成

　2度目の財政危機が深刻化しつつあった1894（明治27）年4月、生徒の

自治組織として自助会が結成された。その趣旨は、「人は早く独立しなければならない。独立などとは男子のこと、女子はただ従順であればよいという声があるが、独立の気性がなければ内助もできないし、真の従順もない。依頼心を断ち切り、卑屈無気力から脱して、天職を尽くそう。(現代語訳)」というもので、「天は自ら助くる者を助く」の格言にちなんで、自助会と名づけた。自助会を構成する者は各学級の級長（組長）とその代員で、会長、副会長、書記および風俗、運動、清浄、交際、訪問の各委員を分担し、「校則ノ範囲内デ全校学生ノ自治ヲハカリ、学校ノタメ盡力スルコト」を目的として、活動を展開することになった。教師は生徒を信用し、また生徒は教師を信頼することで、この自治活動は成立した。こうした女学校における生徒自治は、全国的にも先駆をなすものである。

1897（明治30）年、アメリカに留学をしていた上代淑が帰国し、再び本校で勤務することになる。また、この頃校歌が制定され校章も現行のものになり、本校は教育事業充実発展期に向かい始める。

その後自助会は、1907（明治40）年から全校生徒の参加する組織となり、学級の動静は毎学期、組長が「みさお」の誌上に報告した。はじめのうち組長だけで構成していた自助会は、級会を基礎にして「高尚醇美ナル校風ヲ保持シ会員各自ヲシテ自治ノ精神ヲ涵養セシメ兼テ愛校心ヲ増サシメンコト」を目的に、整理、風儀、花園、名簿、会計の6部をもうけて活動した。ここにいたって自治精神の涵養がうたわれていることは注目に価する。事実、歓迎会、文芸会、運動会、送別会などは、すべて生徒の手で運ばれた。

やがて、次のような「誓詞」が生徒の手によって発表された。

　①吾等自助会部員は光輝ある我校の歴史に鑑み愈々校風の充実に努めんことを誓う。

　②吾等が属する各係りの職責を全うし其実を挙げ同時に係相互相扶け相励まし渾一融和且堅実なる校風を致さんことを誓う。

　③隣人を愛せよとの日頃の教訓に基づき各自温く清き情操を養い以て師長を尊び先輩を敬し学友を導き協力一致の実を挙げんことを誓う。

④吾等役員は本校発揚発展の原動力たる光栄を荷える事を自覚し各健全なる部員としての精神を涵養し自己をより高くし人格の完成に努め清き明き道を歩むべく博く他を誘導し我校自助の精神を永久に伝えん事を誓う。

　　　　　　　　　　　　昭和7年9月5日
　　　　　　　　　　　　山陽高等女学校自助会各部員

　その後、昭和初期の本校は、スポーツ山陽の全盛時代といわれたように、生徒たちは平和な時代を享受していた。また、本校の経営も軌道に乗り、隆盛の一途をたどった。その頃の自助会の活動としては、毎週火曜日に自助会長以下正副組長と全教師が一堂に会して組長会を開いた。まず自助会長が1週間の反省を記した日誌を朗読し、各組長もこれにならい、最後に校長が批評指導するのがならわしであった。そして翌日には各組の修養会が開かれる。たいてい昼休みの時間がこれにあてられ、組担任の教師と会食したのち、組長が日誌を読みあげ、つづいて各自が感想や研究事項を発表し、担任が批評指導するというものであった。1940（昭和15）年4月からは、校庭で毎日朝礼を行うようになった。

　1941（昭和16）年には戦時色が強くなり、古い歴史を有する生徒自治組織の自助会は廃止された。

　1947（昭和22）年には、本校教育研究協議会で自助会の改革等について熱心に討議され、5月には自助会が自治会と改称され、会長を全校生徒から選出し、組長と整理、風紀、学芸、厚生、会計の諸係で運営することになった。毎週1回の組会と役員会で「生徒の意見開陳と教師との懇談協議」を行うこととした。1948（昭和23）年になると自治会の活動も活発になり、学校を超えた連絡組織なども作られ、代表が参加するようになった。髪型についても、この頃生徒の頭髪の不揃いが問題となり、生徒自治会からも髪型の画一化を望む声が出され、高校生は顎の線、中学生は耳の下の線で揃えて断髪することを決めた。従来女学生の髪型は三つ組みのおさげが普通であったが、他に先駆けて短く切ったことが清潔で軽快な印象を与え、県下の女子高校生もこれに習うものが増えた。

みさお会の結成

　1949（昭和24）年4月の教育研究協議会で自治会と行余会の一本化が話し合われ、みさお会と称する生徒自治と課外活動の統合組織が成立し、役員選挙を行って正式に発足した。機関紙としては、「山陽学園新聞」が発行されるようになった。このみさお会組織は、現在も引き継がれており、毎年4月1日に配布される校務分掌表の中にみさお会組織図が入れられ、教職員に周知徹底されている。

　みさお会の活動も少しずつ活発になっていき、評議員会は毎週1回会議を開き、ホームルームから提起された諸問題や、学校行事の計画や反省などを討議した。この毎週1回の評議員会は、現在も引き続き行われている。

頭髪規定の改定に向けて

　1960年代から、生徒の間では、頭髪の規制緩和を望む声が高まってきた。そのため、1969（昭和44）年から、これまでの長さの厳重な規制を緩め、制服の襟に達しない程度に伸ばすことを認めたが、いっそのこと長さの制限の撤廃をという声がさらに強まった。その頃岡山市内の県立高校が、髪型を自由化したことに影響を受けた。1970（昭和45）年1月にはそのためのみさお会臨時総会が開かれ、服装容儀についての自粛と規制の遵守を申し合わせた。そして、全国的な動向の調査や父母、卒業生へのアンケート調査なども行われた。1972（昭和47）年6月には全校的に討議されたが、髪型の規定を変える前に、現行の規定を守っていないものがいるという状況を放置してはならない、規定をきちんと守るという態度を身につけようという意見が多く出された。そして、1973（昭和48）年10月、清潔で気品を保つことを確認して髪の長さの制限は撤廃された。

　頭髪の長さの制限を撤廃した後、本校ではしだいに清潔で気品を保つという観点から逸脱する生徒が現れるようになった。そこで、1978（昭和53）年、頭髪指導委員会が設置された。この委員会は、以前の伝統的なオカッパに髪型を統一することにし、1978（昭和53）年度末から実施することになった。しかし、次第に生徒の不評・不満は顕在化し、規定を守らせようとする学級担任と生徒との間に溝が生じる恐れが出てきた。教

師が規定に違反する生徒の対応に追われている時、みさお会役員の間では教師に信頼される生徒会作りを通して、頭髪規定の再改定に取り組もうとする動きが生まれてきた。

頭髪規定の再改定に向けて

　みさお会顧問委員会では、1980（昭和55）年度の第1学期末から、秋の文化祭への全校生徒の主体的取り組みを実現させ、みさお会の自治能力をつけさせた。

　こうした生徒の自治活動の成長の中で、髪型の問題も教師と生徒の双方で解決の方向を探っていくことになった。1982（昭和57）年4月、校則検討委員会を設置し、また教師と生徒とが共に納得のいく規定を作っていこうという合意を得て、クラスづくり、生徒づくりにとりくむ指導方針をかためた。そして、髪型以前の問題として頭髪に対する加工を追放する運動に取り組み、それを成功させることで生徒は教師の信頼を得、教師はそれに応えるという形で、髪型再改訂を実現させることになった。この運動はみさお会役員の指導性と全校の組長の奮起により「髪型についてのアピール」を評議員会は採択し、生徒の頭髪の自主点検が行われた。

　当時のみさお会室前の廊下には、全クラス名が記入されている模造紙が掲示され、放課後にはクラスの校則違反者人数を組長が書き込んでいく。全校0になるまでに、何枚もの模造紙をみさお会評議員は用意した。1983（昭和58）年2月、全校0が達成できた翌日に、みさお会から正式に学校へ髪型改定の要望書が出された。教師側もこれに応え、髪型の一部改定を決め、2月中旬、杉本校長は生徒が取り組んだ自主的管理運動の積極的意義を評価し、全校生徒に改定を発表した。こうしてこの年度の終業式当日には、大多数の生徒が新しい髪型で明るい表情で登校してきた。「前髪の長さは自由。肩より長くなったらくくる。くくらない場合は肩の線で切る。加工は禁止する。」という規定はこのとき約束され、現在も継続されている。

　1987（昭和62）年のみさお会会長は、現在声楽家として世界的に活躍している伊藤宏恵であった。頭髪改定をめぐる大きな動きが落ち着いたあ

と、1,500人近い全校生徒をまとめ、音楽科という多忙な日常の中で、評議員と共に一つひとつの行事を丁寧にこなしていった。その翌年には、「学校生活を楽しくするために」全校アンケートを実施し、そのまとめが職員会議に提出された。

その際、学校生活を楽しくするためには次の6点が重要な要素であるということが、みさお会の意見として提出された。

　　①活発な部活動　　②勉強がわかる
　　③人間関係がうまくいっている　④人権が守られた規則
　　⑤進路保障のためのコース制　　⑥自主活動の尊重

これらの要素が重なれば重なるほど、学校生活は生徒にとって有意義なものになる。この有意義な学校生活を実現するために、みさお会として次の4点が次年度の重点目標として取り組まれた。

　　①規律と活気のある学園作り　　②組織的活動の重視
　　③学習問題　　④頭髪について

自分たちの学校生活が楽しくなるためには自らどのような活動ができるのか、まさに「自助会」の趣旨を受け継いだ活動が継続されていたのである。その結果、生徒の声が反映できる「みさお会総会」への取り組みをもっと充実させようと考えた。みさお会総会資料の中には、各委員会から1年間の活動について総括や方針が掲載された。また、総会前に全クラスで学校の現状について話し合うLHR活動を行うなど、現在まで多くの活動が引き継がれている。その中で、長年にわたって要望の出ていた施設・設備の改善については、ついに2014（平成26）年8月、新たな本校の象徴となる4階建ての本館が完成することになった。

戦前戦後にかけて、「女の子は山陽女子なら間違いがない」という、岡山市民からの信頼の中で本校は成り立っていた。しかし、社会風潮の急激な変化の中で教師は生徒指導に翻弄され、同時にみさお会についても、自主的活動を学校全体で育てるというには不十分であった。しかし、伝統的な行事が今日まで伝えられ、生徒と教師との信頼関係が育ち、相変わらず「山陽さん」が今日も育っているのは、その時々のみさお会役員と担当教師の尽力によるところが大きい。

現在のみさお会

　2016（平成28）年、今年度のみさお会総会では、方針として「やってみせよう　わたしたちにしかできないことを！」というスローガンをかかげた。創立130周年であり、岡山インターハイが開催される年にあたって、自分にしかできないことを、率先して取り組んでいこうと呼びかけている。また、以下の6点について、徹底を図っている。

　①自分から進んで挨拶をしよう
　②社会貢献活動に積極的に参加しよう
　③リデュース・リユース・リサイクル
　④マナーを向上させよう
　⑤身なりを整えよう
　⑥設備の改善

　現在のみさお会評議委員会は、学園行事に積極的に参加し、準備の際には教師を助け、伝統を受け継ぎ、守り、発展させる一翼を担っている。そして、毎週月曜日に行われている各種委員会、毎週火曜日に行われている組長と各種委員長が参加する評議委員会は今日も継続され、毎週水曜日には学年主任の指導のもと、各学年の組長会が実施されている。定期考査終了後の「総合的な学習の時間」に行われる学年ごとの企画についてなど、教師と共に話し合いが行われている。現在みさお会の総予算は、1912万円である。

2016（平成28）年に実施された学年行事について

高校3年生	読書会・大学見学会・宝塚歌劇団観劇・法令講習会・性教育講演会・大学見学会・人権同和映画鑑賞会・球技大会・着こなし講座・茶事研修・テーブルマナー講座・同窓会入会式
高校2年生	読書会・性教育講演会・大学見学・球技大会・百人一首大会・人権コンサート・人権同和映画鑑賞会
高校1年生	家庭学習調査・読書会・性教育講演会・レクリエーション・人権同和映画鑑賞会・球技大会・合唱コンクール・邑久光明園訪問
中学3年生	沖縄修学旅行・卒業新聞作り・異文化理解映画鑑賞・赤ちゃんふれあい体験
中学2年生	広島研修・職場体験・性教育講演会

中学1年生	宿泊研修（牛窓）・環境問題レポート作成・台湾留学生との交流
中学校共通	読書会・中国大会応援（ソフトテニス・卓球・バトミントン）・球技大会・百人一首大会・ミニコンサート・租税教室・弁論大会

　本校のみさお会は、時代背景の大きな変化を受けながら、その時々にあった活動を継続させてきた。現在の高校生・中学生は、総じて素直でまじめである。今年度のみさお会が、方針のひとつとしている地域貢献活動については、年間18回、のべ155人がボランティアに参加している。部活動においても、献血や地域の防災活動に力を入れようとしているJRC部や、瀬戸内海の海ごみの調査と啓発活動を継続し世界大会に出場している地歴部など、大勢の生徒が関心を持っている。

学校行事——きざはしの式

　本校の伝統行事のひとつに、きざはしの式がある。「きざはしの式」とは、アメリカの名門マウントホリヨーク大学の行事を、留学していた上代淑が日本に持ち帰り、山陽学園で行ったものである。1905（明治38）年から

グランドで行われる「きざはしの式」

行われている伝統行事で、現在日本でこの行事を行っている学校は、他にないと思われる。
　「きざはし」とは、「階段」を意味する。本来は上にいる上級生が階段を降り、下にいる下級生が階段を昇るという代替わりの儀式であるが、生徒数の増加に伴い、長くグランドで行われていた。新校舎が完成した2014（平成26）年度、大階段を使用して古式の「きざはしの式」が復活した。
　現在、マウント・ホリヨーク大学で、「きざはしの式」にあたる行事はないが、「ステップエクササイズ」という、階段を使った行事が行われた時代があった。「ステップエクササイズ」が初めて行われたのは、1897（明

治30)年上代淑が卒業した年であった。卒業生たちによって「わが大学にふさわしい行事を催そう」という動きがあり、開催に至ったという。上代淑は、学生たちの自主的な行動も含めて「ステップエクササイズ」に感銘を受けたのかもしれない。

　本校の「美散遠」(28回)を読むと、第1回目の「きざはしの式」について、次のことがわかる。1905(明治38)年4月1日に本校講堂で第15回卒業証書授与式が行われ、その後、校庭で卒業記念樹及び送別会が行われた。上代淑の妹である豊崎花が作詞した「きざはしの歌」「留送別の歌」を歌い、「記念樹の歌」を歌って山桜を植樹した。

　1888(明治21)年、本校最初の2階建て校舎が完成した。この校舎の入り口に数段の階段が取り付けられており、最初の「きざはしの式」には、この階段を使用したと推察される。しかし、昭和初期には、グラウンドをぐるぐると歩く形に変わった。その理由は明らかになっていないが、生徒数の増加や、戦争での校舎の焼失によるものと考えられる。

「きざはしの式」を大階段にて開催

　2015(平成27)年2月26日のきざはしの式で、熊城逸子校長は次のような挨拶を行っている。

　　2012年、どんな校舎を建築するかを建築委員会で検討する際、私は本校の伝統行事の「きざはしの式」ができる大階段を造ってほしいとお願いし、屋内に取り入れた現在の校舎案が決定され、建築の運びになりました。決定時の高揚感、そして完成した大階段を見たときの感動は、言葉に表すことができません。念願の大階段を昇り降りする「きざはしの式」が今日行われます。…〈中略〉…この「きざはしの式」は、学園の魂を具体的に表したもののひとつと受け止めております。

現在の「きざはしの式」の式次第は、次のようになっている。
　①礼　　②踏み納めの言葉（高校3年生）
　③踏み初めの言葉（高校2年生）　　④校長先生の話
　⑤移動（卒業生）　　⑥移動（在校生）　　⑦校歌合唱　　⑧礼
　移動の際は、「きざはしの歌（踏み納め・踏み初め）」が、今日まで引き続き歌われている。

生徒・卒業生の活躍

　生徒の部活動、生徒会活動はいつの時代も活発であった。2016（平成28）年7月、中学1年の梶谷翼が米国サンディエゴで行われたIMGA世界ジュニアゴルフ選手権（11-12歳の部女子）で優勝、2連覇を達成した。

　2014（平成26）年12月、高校2年小論文の選択授業で中川真望子が詠んだ歌「暑い夏坂を下ればあの本のあの子みたいに君はゐるのか」が宮中歌会始に入選した。応募数20,861首の中から詠進歌10首に選ばれた。この年の御題は「本」、中川は好きなミステリーと夏場の夕焼け空をイメージしながら詠んだ。「天皇陛下からは『これからの学校生活も頑張ってください。』というお言葉をいただき、皇后さまからは歌の下の句を褒めていただきました。」と感想を残している。

　卒業生も各方面で活躍している。2014（平成26）年に、それぞれの分野で顕著な活躍をし、学園の発展に寄与した卒業生や関係者を表彰するため、オリーブグリーン賞を創設した。第1回の受賞者は、第25回山本周五郎賞受賞、3度の直木賞候補にもなった作家の原田マハと2014（平成26）年5月に行われた第52回世界選手権卓球選手権の代表に選出され、団体戦で準優勝した卓球選手の田代早紀の二人が受賞した。原田マハの山陽女子高校時代の学生生活をモデルにした小説『でーれーガールズ』が2015（平成27）年映画化され、本校の体育館や取り壊し中の旧本館などを撮影し、生徒もエキストラとして参加した。田代早紀は、2015（平成27）年アジア選手権選考会で優勝しアジア選手権（バンコク）の女子代表入りを決めた。

横山恵子は、本校音楽科を卒業。東京音楽大学卒業、同大学研究生修了。1992（平成４）年渡欧、同年ドイツ・バイエルン州立コーブルク歌劇場に認められ『ドン・カルロ』エリザベッタ役でヨーロッパデビューを果たす。1996（平成８）年大阪、東京での小澤征爾指揮、浅利慶太演出の「蝶々夫人」ではオーディションにより大抜擢されて主役を務め、これが日本でのタイトルロールデビューとなった。その後ドイツを中心にヨーロッパ各地でプッチーニ、ヴェルディ作品を中心にタイトルロールを歌い、中でも蝶々夫人役は最多の舞台回数となっている。15年間のヨーロッパ生活を終え、帰国後もオペラやコンサートにおいて目覚ましい活躍を続けている。

　砂崎知子は、本校卒業後、1965（昭和40）年東京藝術大学邦楽科卒業、1967（昭和42）年東京藝術大学大学院修士課程を修了。その後、世界中で箏曲演奏家としてリサイタルを開き、特にビバルディ「四季」は、大ヒットとなる。2011（平成23）年に文化庁芸術選奨文部科学大臣賞を受賞、2016（平成28）年には第36回伝統文化ポーラ賞優秀賞に選ばれた。現在多忙な中、本校生徒のため指導に訪れている。

　伊藤宏恵は、本校音楽科を卒業。東京藝術大学音楽部声楽科、同大学修士課程独唱科を修了。1997（平成９）年より国際ロータリークラブ奨学生として渡独。ドイツ国立ハイデルベルク、マンハイム音楽大学を最優秀で終了後、ドイツ国立ケルン音楽大学にて「国家演奏家資格」を取得。2000（平成12）年、ドイツのバーデンバーデン歌劇場にてモーツァルト作曲「フィガロの結婚」ケルビーノ役としてオペラデビュー以来、数々のオペラに出演している。2005（平成17）年よりドイツのヴュルツブルグ・マインフランケン歌劇場の専属歌手として活躍中である。

　蒼乃夕妃（あおのゆき）は、本校普通科に在学中勉強とバレエ等のレッスンを両立させ、卒業後宝塚音楽学校に入学。2004（平成16）年、雪組公演「スサノオ／タカラヅカ・グローリー！！」で初舞台を踏み、その後星組に配属、2009（平成21）年月組に異動し、2010（平成22）年２月の中日劇場公演「紫子／Heat on Beat!」より、月組トップ娘役を務める。2012（平成24）年４月22日、「エドワード８世／Misty Station」千秋楽をもって退団。退団後

は女優として舞台などで活躍している。

　麻倉しずく(あさくら)は、本校音楽科に在学中、宝塚音楽学校に合格し、2015(平成27)年、娘役で月組公演「1789 —バスティーユの恋人たち—」で初舞台を踏み、その後星組に配属され、活躍中である。

　木原光知子は、高校在学時に1964(昭和39)年東京オリンピックに出場、競技を引退後はタレントに転向。その後、水泳教室を運営するなどビジネス界に進出。また各種スポーツ団体や岡山県関連の理事・委員や日本水泳連盟理事を務めるなど多方面で活躍していた。2007(平成19)年10月13日、親子水泳教室の指導中に倒れ、10月18日に59歳で亡くなった。その日は、本学園の創立記念式で講演をすることになっていた。

　宮忠子は、山陽女子高等学校を卒業後上京し、武蔵野美術学校(現在の武蔵野美術大学)西洋画科と彫刻科で学んだ。林武らに師事し、油彩画家の宮俊彦と結婚。本学園の短期大学や中学・高校で非常勤講師を務めながら個展を開き、美術展に出品している。1980(昭和56)年に第6回日仏現代美術展でフランス・ソワール賞を受賞した。2015(平成27)年には岡山県立美術館で「宮忠子展」を開催した。

　新沼博恵(旧姓 湯木)は、高校3年の時、高校総体で初優勝。日本女子体育大学2年だった1969(昭和44)年、全英オープン選手権女子シングルスで初優勝を果たすと2年連続を含む計4度優勝。全英オープンは1977(昭和52)年に世界選手権が創設されるまで事実上の個人選手権だったので、世界一に4度君臨したことになる。この偉業を称え、持ち回りの純銀製優勝プレートの永久保存が許された。1981(昭和56)年、現役を引退。日本女子体育大学バドミントン部監督としても活躍した。2002(平成14)年日本人選手初の国際バドミントン連盟の殿堂入りを果たす。2011(平成23)年9月、62歳で亡くなる。

　　　　　　　　　　　　　　　　（塩山啓子、佐藤恭子、藤原邦子）

【参考文献】
　太田健一・竹内涼子　編『或る明治女学生日記』　吉備人出版
　齊藤育子『祈りの教育者　上代淑――示範による人間陶冶――』　キリスト新聞社
　岡長平『おかやま今と昔』　日本文教出版

コラム　でーれーガールズ映画撮影

　2009（平成21）年、創立記念式典の講師として演台に立っていたのは、原作『でーれーガールズ』を執筆中だった原田マハだった。当時の原田は、慣れていない講演に原稿を準備していた。しかし、原稿を辿るその言葉は、生徒たちに響かない。原田の目に、一番前の席で大口を開けて寝ている生徒の姿が飛び込んできた。原田は「講演が終わるまでに、この生徒を起こそう」と目標を決めた。そして、原稿から目を離し、語った。

本校銘板の上にかぶせられた「岡山白鷺女子高等学校」の銘板レプリカ

　「私が今書いている『でーれーガールズ』に、この創立記念式のことを書きます。皆さんも、小説に出ますよ。」

　生徒は起きた。原田は「勝った」と思ったそうだ。創立記念式は、『でーれーガールズ』の一番重要なシーンとして描かれている。

　2014（平成26）年9月23日、この創立記念式のシーンの撮影に、生徒や保護者、教職員など約200人がまだ暑い体育館へ集まった。生徒役となる現役の生徒や卒業生は、シーンの象徴となる白ネクタイを持参して撮影に挑んだ。演台に立つ役者の迫力に息をのんだのもつかの間、保護者への「泣いてください」という演技指導に場は凍る。数十回に及ぶ同じシーンの撮影。生徒の顔に疲れの色がにじむ。役者が舞台を下り、生徒たちを励ましてまわる。5分ほどのシーンだったが、撮影は7時間の長丁場となり、監督の「OK」の声があがると大きな拍手がおこった。

　製作報告会見は新校舎の大階段で行われた。出演者のほか、伊原木隆太岡山県知事も立ち会った。全ての撮影が岡山で行われたこともあり、完成は本校のみならず岡山県が待ち望んでいた。多くの取材陣が駆けつけ、連日テレビや新聞に取り上げられた。先行上映されたイオンシネマ岡山では、動員数3週連続1位を記録した。

　本校は先行上映よりもさらに早い2015（平成27）年2月9日、全校生徒・教職員でイオンシネマ岡山を訪れ、鑑賞会を行った。できたばかりの大きな映画館には、知り合いの姿に笑い、ラストシーンに涙する一体感が生まれた。

（田中麻依子）

第13章

山陽女子中学校・高等学校の教育

戦後の教育

　1946（昭和21）年12月25日に山陽高女教育研究協議会が組織された。学校教育法に基づいて、本学園も旧制高等女学校から新制中・高等学校への移行措置がとられることになり、1947（昭和22）年併設中学校が発足して、この年度の本校84人、分校61人の新入生は中学生として迎えられた。

　1948（昭和23）年、山陽女子高等学校が全日制普通課程として発足し、併設中学校は山陽女子中学校と改称され、旧制高等女学校は専攻科第2学年だけ残して、他はすべて新制中・高等学校に切り換えられた。本校での高校第1学年は上級学校の進学に便利な文・理科方面の授業数を多くする1学級と、家庭科の時間数を多くする2学級の計3学級で、分校は131人、6学級であった。

　同年10月4日、倉敷分校の本校合併に伴い歓迎式が挙行された。生徒数は一躍1,000人を越えて高校では1学級最高79人の超過密の教室も出現した。

　1949（昭和24）年から単位制が確立し、3年間に履修させる単位数85のうち国語、社会、数学、理科、保健体育の各教科を通して47単位を選択修得制とした。1950（昭和25）年度から、成績評価は文部省の学習指導要録記入法の基準にならって5段階相対評価を採用した。

　1949（昭和24）年度は、高等学校第1学年から第3学年までを普通と家庭の2つのコースに分けた。1950（昭和25）年度からは、これを引き継いで主として家庭科の科目に重点をおいて履修する第一部（Ⅰコースあるいは家庭課程とも称した）と、比較的文理科方面に重点をおき、卒業後大学に進学上都合のよい教科の修得時間を多くした第二部（Ⅱコースあるいは文理課程・大学進学課程とも称した）とに編成した。

新教科課程は単位制と大幅な選択制を特徴としたが、前者は生徒管理上の配慮もあって空き時間がないようにし、また不認定科目については卒業時までに追試験を課して認定にこぎつける努力をさせるという方針であった。後者については社会と理科のほか、数学と英語、芸能と家庭の各教科を組み合わせて生徒各自に選ばせた。
　1952（昭和27）年には第1学年でのコース分けは廃止し、第2・第3学年において家庭、芸能の2教科を多く履修するAコースと、大学進学者のためのBコースとに分け、Bコースを1学級にしぼった。
　文部省はこれまでの科目選択制を廃止し、代わりに普通課程をコース制で細分化する方針を出してきたが、本学園では両者を縮小した形で採用する折衷的な制度をつくりだした。
　生徒の大学進学対策の強化を要望する声は高まり、1958（昭和33）年度の第1学期から高校第2・第3学年の補習授業希望者が激増した。しばらくの間は補習の強化でこれに応えたが、1962（昭和37）年度からは高校全体として進学指導を強化する方針をたて、授業内容の高度化や進学者向きのカリキュラムを組んだBコースの学級数を1から2に増やすなどした。ただし、生徒は大学受験にのみ没頭していたのではない。図書館の落成を機に読書熱も高まり幾つものグループによる読書会も熱心に開かれた。
　新教育制度のもとで前期中等教育が義務制無償化となったことは、一部の進学校や大学附属校を除いて私立中学校の後退をもたらした。本学園でもこの傾向をまぬがれることはできず、1958（昭和33）年度を境に第1学年の生徒数は100人以下となっていった。したがって高校生と中学生の比率に大きな差が生じ、6カ年間一貫教育の成果をあげることは著しく困難となったのである。
　ところが1960（昭和35）年度高校への入学者から、いわゆるベビーブームの到来で、本学園の中学校への入学志願者も増加がみられるようになり、これを機会に中学校教育の強化充実をはかろうという気運が高まった。
　1961年（昭和36）年1月、しばらく中断してした小学校教員を招待して

の中学校入試説明会が復活した。

　1965（昭和40）年、本学園理事である上代晧三が校長に就任した。大学進学の実績をあげるため、A・Bコースにそれぞれ1学級ずつ学力選抜学級をつくり、事実上の4コース制となった。

　この年度から第3学期の高校第3学年の授業は午前中に必修科目、午後に選択科目を行うことにした。これは大学入試の日程が1月から始まるようになったことと、本学園からの受験者数も急増したことに対する方策である。

　1966（昭和41）年、新しく高校に音楽科を設置した。当時の音楽教育のめざましい普及に応えて、音楽大学への進学に役立てるとともに、生徒の豊かな情操を培い、あわせて岡山県の音楽文化の発展に寄与したいとの趣旨であった。

　新制高等学校の発足以来、本学園では第2学年以上で大学進学向けと一般の2コース制をとり、前者をBコース、後者をAコースとよび、Bコースは1学級にしぼってきた。コース分けは本人と保護者の希望に基づくものであったが、大学進学を目的にし、かつ1学級に限定したことから、学力による一定の選別が避けられなかったためコース間の違和感は否めなかった。

　このようなコース制の原則と傾向が10年近く続く中で、大学進学希望者が次第に増え、卒業予定者の半数を超えるようになるにつれて、Bコースはエリートコース化していった。Bコースへの希望者は増え、できるだけその希望に沿おうとすれば一学級当たり60人をこえるクラス人数となった。しかも、Bコースへ入れなかった生徒が劣等意識を抱くという問題が起こってきた。1960（昭和35）年度からAコースで大学進学を希望する者のために、第3学年において入試に必要な科目を選択履修できるような措置を講じることにした。

　1963（昭和38）年度から生徒急増期にさしかかったためBコース志望者は一層増え、ついにBコースを2学級にしたが、上述の弊害はほとんど除去できなかった。その一方ではいわゆる一流大学への進学率を高めようという声が強まり、1965（昭和40）年度からは第2学年のBコースを3

学級に増やすと共に、そのうちの1学級を英語、数学の成績上位者で編成した。しかし、これはBコースの他の学級との間に軋轢を生じて1年限りで廃止せざるを得なかった。

1966（昭和41）年度には入学時に入試成績の上位者を選抜して2学級を、また1967（昭和42）年度には1学級を編成したが、たちまち生徒間に被差別感や疎外感を抱かせるようになり廃止せざるを得なかった。このような苦い経験を反省して、1969（昭和44）年度から第2学年当初におけるBコース志望者は全員収容する方針に改めた。

Aコースの減少とBコースの増加は、また別の問題をもひき起こすことになった。それはカリキュラム編成上国語、数学、英語の比重が重くなるのに反し、芸術、家庭が軽くなるという傾向が進むことである。また大学進学も芸術、体育、保育、家政方面へと多様化するのに伴い、国語、数学、英語中心のBコースのカリキュラムでは対応しきれないという状況もおきてきた。大学進学にはかかわりなく、芸術や家庭をもっと履修したいという生徒の要望を満たし得なくなってきたのである。しかし、何よりもコース制は生徒間に差別を持ち込むことになるという経験に対する深刻な反省にたって、抜本的な対策を講じなければならなくなった。

職員会議や教科会議でこの問題がくり返し討議され、その中からコース制に代わるものとして大幅な選択制を導入することが考え出された。均等な学級編成の上にたって第2、第3学年で進路や好みによっていくつかの科目を重点的に履修するなど、広く各方面にわたって履修できるというものであった。

大学進学者は、1972（昭和47）年度ついに卒業生の80パーセント台となった。一方大学入試対策も深刻かつ複雑となり、そのため従来とは違った細かい進路指導が必要となってきた。このため1975（昭和50）年度から進学指導室を設け係員を配置し、資料の整備と相談に当たるようにした。保護者側からも受験指導の強化が一層強く要望されるようになった。

国公立大学や一部私立大学の入試も難化してきたため、1976（昭和51）年以来、その対策として錬成会と銘打った一定の学力水準に達した者を選抜しての特別補習を実施し、翌年から普通科第1学年の9学級中から

同様な趣旨で選抜した者で特別進学1学級を編成した。1978 (昭和53) 年度より、普通抖を2つのコースに分け、国公立大学および難関私立大学志望者のために受験科目を大幅に履修させ、特別に進学指導を行う2コースを1学級新設し、入学試験から他と分離して行うことにした。2コースには入学金免除の特典も加えた。

一方従来の教育課程によるものは1コースとし、選択授業も改善して3年間で8単位とし、さらに数学、英語の2教科については学習到達度によって3グループに分け、生徒の学力差によって困難となった一斉授業に代わるものとしてグレード別授業を実施することになった。

やがて高度成長も終わりを告げると不況は長期化し、4年制大学への進学志望者の減少と就職志望者の増加傾向をもたらすにいたった。この傾向は本校では1980 (昭和55) 年ごろから顕著になってくる。本校では進学指導と共に就職指導にも力を注ぐことになり、また道徳教育も強化して、ホームルームの中に礼法を加えることにした。そして1982 (昭和57) 年度の高校第1学年から礼法の時間を正課とした。この礼法は上代淑の家を改造拡大して礼法室とし、裏千家茶道教授岡崎宗久の指導で立居振舞、一般的な家庭の礼儀、茶道を通しての忍耐力、集中力、実践力、自己練磨と相互尊重の精神を身につけさせることを目標としている。

また同年度から高校普通科に難関私立4年制大学進学を志望する者のために、国語と英語の単位数を増やし、特別指導を行う3コースを1学級新設した。これによって高校 (普通科) の募集定員は410人となった。

中学では2人担任制を実施しており、中学独自の行事として朝礼、合唱コンクール、英語暗誦コンテスト、水泳大会、大山登山、縄跳び大会などを催し、保護者会を7月に1回開き、父母の参加する読書会も試みている。

高校普通科卒業生の進路は1980 (昭和55) 年度から変化をみせ、80パーセント台であった進学率がこの年度から70パーセント台になり、就職者は10パーセント台が翌年から20パーセント台となり、この傾向がしばらく続いた。

設置以来20年を迎えようとする高校音楽科は、1985 (昭和60) 年度まで

の入学者数は718人を数え、うちピアノ専攻568人、声楽専攻141人、バイオリンその他専攻9人である。進路は大学進学68パーセント、短大進学12.3パーセント、その他19.7パーセントである。

コースの再編成と多様な選択授業

　山陽学園短大の国際教養学科設置、山陽学園大学の開学にあわせて、高校では1993（平成5）年、国際文化コースを開設した。1987（昭和62）年度から1992（平成4）年度までの間、1コース入学者は、4類型に分けることにし、募集段階からそのことを明示して志望類型を申告させた。芸術・体育系大学、短大等志望者（専門学校志望、就職志望者も含む）は文系Ⅰ型、英語・国際系短大志望者は文系Ⅱ型、4年制大学志望者は文系Ⅲ型、医療看護系・食物系の志望者は理系を選択した。ちなみに、当時は1コースを「私大・短大コース」、2コースを「国公立大学コース」、3コースを「有名私立大学コース」とも称していた。類型間の差異は第2、3学年で各5単位の選択授業の履修の仕方によるのだが、各類型志望者が均等に分布する学級編成では時間割作成が不可能であり、同一類型の生徒を1学級ないし数学級にまとめざるを得なくなった。学習指導上の効率という点から考えると、同一類型の生徒を同じクラスに固定したほうが意欲、学力両面で均質化するので成果をあげやすいが、その反面特定のクラスではリーダーシップのとれる生徒が乏しくなり、クラス経営にも困難が生じてくる。このジレンマに悩みながら工夫と努力を続けた数年間であった。概して言えることは、類型に分けたことで生徒の志望を引き出すことはできたが、それを達成するだけの努力を引きだすには至らなかった。入学時点での学力不足を回復することは困難であった。

　同質の問題は3コースについても存在した。3コースは1988（昭和63）年以後の数年間入学者が増えて2学級になっていたが、多数の生徒にとって実力不足のため志望の進路達成は容易ではなかった。3コースあるいは1コース文系Ⅲの生徒で4年制大学に合格したものの多数は、調査書と面接のみの選考であり、学力試験が課される場合でも1、2科目の少

数科目で入試をクリアできたというのが実情であった。私大文系入試の定番である国語、英語、社会3科目の合格基準達成は容易ではなかった。

馬場克彦校長は、1997（平成9）年の就任以来、教育方針の中に「コースの再検討」を掲げてきた。コースの再編成は「教育課程の改善」「授業時間の確保」と一体のものとして捉えられている。すなわち2002（平成14）年から実施される学校完全5日制、およびその次年度実施の高校学習指導要領の全面改訂に対応するものであった。また、それに先立って1999（平成11）年度から実施された岡山県立高校入試の変更（小学区制・総合選抜制の廃止）も視野に入っていたと思われる。そして、「わかる授業」の強調は学力と意欲が不足している生徒が多数いるという現状認識に立つものであったと推測できる。さらに当時の生徒数の実態をみるなら、1999（平成11）年以後、入学者数の急減が続く中で、10年前には70〜80人を数えた3コースの入学者は20人台にまで落ち込んでいたし、2コースは2学級体制を維持していたものの実力不足で水増しの感は拭えなかった。

1999（平成11）年度には校内にRSS委員会（教育体制改革委員会）が設置され、教育課程、コース再編成、「総合的な学習」、「情報科」について検討がなされた。その上でコースについては2001（平成13）年度入学者から次のように改められた。普通科には「特別進学コース（以下特進コース）」、「総合進学コース（以下総進コース）」、「国際文化コース」を置く。特進および総進コースは第1学年ではそれぞれ共通のカリキュラムを履修させ、第2、3学年においては類型に応じた選択授業を実施する。特進コースは「国公立文系」、「国公立・私立理系」、「私立文系」の3類型に分け、総進コースには「食物栄養系」、「保育系」、「医療看護系」、「社会福祉系」、「国際・英語系」、「芸術系」、「ビジネス系」、「一般受験系」の8類型を設定した。総進コース第2、3学年の選択科目はそれぞれ週10時間、午後は全面的に選択授業という大幅なもので、科目には次のようなものも含まれていた。幼児教育入門、食物栄養学入門、社会福祉入門、医療看護入門、プラクティカルイングリッシュ、デザイン入門、ビジネスマナー入門、手話入門、中国語入門、リトミック入門、パソコン入門、異文化理解、一般教養などである。総進コースでは「総合的な学習」（通称トレック）にも

力を注いで様々な講演や行事を取り入れた。

　音楽科では、従来の「ピアノ専攻」、「声楽専攻」に加えて、ピアノ以外の楽器を扱う「器楽専攻」と、音楽実技の準備の遅れている者、音楽全般を幅広く学びたい者を対象とした「音楽専攻」を増設した。

　2005（平成17）年度から「国際文化コース」を「アクティブイングリッシュコース」と改称して、「話せる英語」「使える英語」習得という特色をいっそう鮮明にした。

　2006（平成18）年度から音楽科に「ピアノ演奏家専攻」を設け、東京芸大、桐朋音大合格を目標とし、授業料は3年間全額免除とした。

高校特別進学コースについて

　高校特別進学コースは、進学実績として国公立大学合格者数の増加を目的とした本校初の進学に特化したコースであり、2001（平成13）年入学生からスタートした。

　コース設立時に掲げた指導目標は学校方針に沿って、「国公立大学・難関私立大学への実績をあげる」「効率の良い学力向上の方策を追求する」の2点であった。コース主任の月本吉信教諭を中心としたコース設立に関わった教員たちは並々ならぬ熱意を込め、一にも二にも生徒の進路実現に特化した、学力面だけではなく女子生徒の精神面などにも気を配った完成度の高いプログラムを作成した。この信念がこれ以降の山陽女子中学校・高等学校の受験指導及び進路実績に大きな影響を与えた。

　この指導目標を達成するためには、従来の行事や慣例に対して徹底してコース独自の活動を優先する場面もあり、他コースや他学年との間に摩擦が生じざるを得なかった。また設立当初は、他コースの担当者と比べ時間的拘束などの負担が大きいことから、校内分掌は一定の配慮が為されたことも、コース独自の活動には有効であったが、職場全体の理解は十分に得られなかった。さらに残念なことは、3年間を通して担任や教科を担当した教員が中途退職するケースが多く、コースでの指導に関するノウハウが校内に十分引き継がれなかった。実際、時間的拘束や進

路実績に対する重圧などの負担が大きいことから、特別進学コースの教科指導に携わる教員が教科内の一部の人に偏ってしまっていたことも少なからず影響した。

教育課程は第1学年においては全員共通として、第2学年からの類型編成は文Ⅰ（数ⅠAまで履修）、文Ⅱ（数ⅡBまで履修）、理系（数ⅢCまで履修）に分かれた。2005（平成17）年度から医学部理科3科目入試に対応するために特別理系が設定されたが、実際は開講されなかった。このことから一人ひとりの進路志望に合わせた受験指導が可能になった。

生徒の学力向上に効果的な学習スタイルを確立するために、山陽女子特別進学コース独自の「方法と技術」を作成し、導入した。

まず「方法」は独自の学習プログラムとして、「技術」は生徒の能力別の解答方法や覚え方、テスト別の解答方法や覚える順序、傾向別の解答方法や覚え方、時間の使い方にまで及んだ。新入生を対象として、4月入学直後に勉強ガイダンスを実施した。校外の閑谷学校などの研修所において各教科の高校での学習の方法を教科担当者から直接学び、今までの方法と照らし合わせて今後の学習につなげた。入学者の中には、公立受験に失敗した生徒もおり、目標設定をしっかり確認することで気持ちを切り換えてモチベーションアップにもつながった。

特進コースの1日の流れとして、希望者のみの参加で上位者補習にあたるパワーアップゼミ（20〜30分）を「0校時」と称して、午前8時より職員朝礼前まで実施した。内容は各教科で異なったが、1週間を1ブロックとし、現役受験生が弱くなりがちな内容を取り上げ、得意教科をさらに伸ばすための講義、演習、課題解説が主であった。遠方の通学者は、物理的に参加は難しかったが、普段利用する電車を繰り上げて参加する生徒も少なくはなかった。

通常授業は、月曜日から金曜日までの平日1〜7校時まで行われた。さらに7校時終了後、基礎知識の定着と学習内容の確認のためにフォローアップゼミ（通称リターン）を全員参加で実施した。各教科の小テスト形式で行い、基準に達していなければ再テストを課すなど、担任や教科担当者は既習内容における反復学習のために工夫をした。ただし、数学は

この形式では有効に定着を図れなかったために、別途時間を設けて数学担当者が直接対応した。

　土曜日には早期進学対策講座(土曜講座)と称して、学期ごとに定期考査日割り発表前の週まで時間割を組み、担当者を割り振り計画的に実施した。内容は学年、教科によって異なったが、第1学年の1学期は中学校の復習に重点を置き、特に高校の学習につながることに専念した。そのため基本的には国語、数学、英語が中心であった。2学期以降は高校内容となり、入試に向けた内容として通常の授業で取り組むことのできない入試問題に即した演習や講義を行った。2年生以降は全国模試の対策や実践問題の対策が中心となった。また年に数回であったが、外部の進路情報機関等のサポートを受けて独自の大学説明会や小論文対策を組み込んだ。特に5月は校外の会場で特進コースだけを対象に30〜50校程度の大学を招き、個別ブースを作り各自希望の大学の説明を聞くことができた。招く大学の選定は生徒の希望校調査から反映させ、大学関係者と個別に面談できる貴重な経験から事前・事後指導を含めて面接指導の側面も担っていた。

　各学期の期末考査終了後に学力能力強化講習会を実施した。内容は学年・教科によってその状況に応じて設定した。第1学年の夏の前半までは中学の復習に重点を置き、早期進学対策講座との連続性をもたせた。後半は高校内容に転換し、主に基礎的内容の演習と講義を行った。さらに春、夏の講習会後には、閑谷学校や吉備国立少年自然の家などで2泊3日の勉強合宿を実施した。第1学年は講義を中心とし、第2、3学年は自主演習が中心であった。内容は模試分析などにより弱点の強化、得意教科を伸ばすこと、自主学習のスタイル確立を目的とした。演習内容は個人により異なり、教員が質問を受け個別に解説指導を行った。

　第3学年では、系統別受験指導として各生徒に対してAO入試、推薦入試、一般入試のすべての受験について分析や研究をし、小論文、面接をはじめプレゼンや志望理由書の書き方などを個別に指導した。担任は普段から学習状況や進路について生徒と面談を細かく行い、個別学習カルテを作成し、生徒一人ひとりの状況や要望を把握して受験指導を進め

ることを心がけた。

　設立当初は、担当教員の自宅のFAX番号やメールアドレスを開示して、定期考査前や受験対策期間中などに自宅からの質問にも対応するシステムが存在したが、教員の個人情報を保護する観点から廃止された。

　進路指導における全国偏差値や志望校に対する合格可能性などの情報を得るために、外部模試は進研模試（ベネッセ）や全統模試（河合塾）を定期的に受験し、校内実力テストの代用としてその結果を活用した。大学入試センター試験（以下センター試験）は卒業試験として、外部模試同様に全員受験とした。直前の1、2カ月は授業内容もセンター試験対策中心となった

　主要新聞各社のコラムを1枚のプリントにまとめたものを毎朝生徒に配布して、小論文指導の教材とした。第1学年は全文写し、第2学年以降は要約に取り組んだ。

　第2学年の夏に、机上の学習だけでなく日常の生活を離れて視野を広げ、その場に応じた判断力と行動力を育てることを目的として、海外研修旅行を修学旅行に代えて実施した。海外研修では、異文化体験を通して国際感覚を肌で感じることができ、特にニュージーランド研修では豊かな自然に恵まれ、日本では味わうことのできない雄大な農場でのファーム体験やホームステイを行った。また、女性尊重の国として知られており、社会における女性の地位の高い国であることから、女子校である本校生徒にとって学ぶことの多い国であった。さらにマオリ文化という貴重な学習を通して国際レベルの人権意識を高めることができた。それ以降、タイ王国、八重山諸島やオーストラリア、グアム・サイパンへと、その時の予算や社会状況によって目的地を変更した。

　学園の精神の実践として、ボランティア活動にも数多く取り組んだ。4月には緑の羽根募金への参加、「ひまわり号」における障害者へのサポート、毎年3学期にはハンセン病療養施設邑久光明園への訪問ボランティア、勉強ガイダンスや勉強合宿で国宝閑谷学校の清掃にもコース全体で取り組んだ。

　コース主任が発行する生徒保護者向けの通信の表題「Step Forward」

「Progress」に象徴されるように、生徒の進路達成を最優先とし、見直すべき点は見直し、年々一歩でも前進できる方法を考え改善した。これらはひとえにコース担当教員の熱意によるところが大きく、日々朝早くから放課後学校が施錠されるまで生徒につき添い、土曜日や長期休業中もひたすら指導に当たった。本校初めての特別進学コースであり、何らノウハウがあったわけでもなく、手探りで作り上げたコースであった。関わった教員の熱意とその指導を受けとめる生徒の真剣な態度が、幅広い成績層の生徒を大学進学という一つの目標に向き合わせ、一定の実績をあげるに至った。2005（平成17）年以降は入学者の減少により、2学級から1学級に減少した。コースの担当教員数も8人から3、4人に削減された上に1学級に3類型を抱えて、多様な進路を希望する生徒の受験指導を一人担任で切り盛りせざるを得なかった。第3学年の受験期における指導では普段の校務に加えて、推薦書等の出願書数は軽く3桁に及ぶこともあった。このコースにおける教育活動は、現在の進路指導、受験指導に引き継がれて生き続けている。

　進学実績においては、この間学校設立以来最高の国公立大学合格者を出した。理系生徒による進学実績も飛躍し、岡山大学薬学部、筑波大学合格などにも現れた。その進学者の中から現在理科教師に就いている卒業生も数多くいる。2009（平成21）年からはスーパー特別進学コースと併設となった。

山陽新時代

　2009（平成21）年、これまでの特別進学コースの指導体制を一新し、旧帝大を念頭においた難関大学や難関学部（特に医・歯・薬学部）を目指すスーパー特別進学コースを高校に新たに設置した。定員は当初10人という少人数であり、コースに在籍する生徒は全員授業料免除以上の特待生となった。スーパー特別進学コースは、公立普通科の受験生を取り込むことを第一の目的としていた。また、同じ2009（平成21）年、中学を特別進学コースと総合コースの2つのコースに再編したため、中学の特別進

学コースの受け皿として高校スーパー特別進学コースを考えることも出来るようになった。これにより中学入試において静かで落ち着いた学習環境で6年間過ごせることを期待した新たな受験者層が開拓でき、中学の入学者増とレベルアップにつながった。また、公立中学校から高校のスーパー特別進学コースに入学する生徒の学力向上にも良い影響を与え、中学・高校の進学指導に良好な相乗効果をもたらすことが出来た。

　スーパー特別進学コースは、当初難関国公立大および国公立大の医・歯・薬学部への合格を目標とした。そのため、学力面では5教科をバランスよく強化することが求められ、高校入試科目は5教科であった。スーパー特別進学コースの1日の流れとして、早朝テストを始業前に行い、7校時までの通常授業後に月～木曜日まで放課後講座を全員参加で実施した。放課後講座では、岡山大学医学部の現役女子大生によるチューター制度も新たに導入された。年齢も近く、受験勉強や大学生活についての相談もできる生徒にとって有益な時間となった。キャリアアップ活動では、より高い進路目標をもつために山陽学園大学学長や大学・企業の研究室訪問などを定期的に行った。教育課程は、私立文系型は設置せず国公立文系型及び理系型の2類型とした。受験に関しては、原則AO・推薦入試等に力を費やさず、大学入試センター試験を活用した一般入試において最大限に実力発揮できるように徹底した受験指導を行った。初年度は、6人中4人が岡山大学理学部をはじめ国公立大学に合格するに至った。大学入試センター試験のように普段と異なる環境で他校の生徒に囲まれた受験においては、普段から身につけた実力を発揮できる精神力が、その結果に大きく影響した。少人数クラスで手厚く指導できる反面、生徒のたくましさを育むことが現在も対策を必要とする課題となっている。

　2011（平成23）年、高校では音楽科を募集停止し、新たに普通科Musicコースを設置した。Musicコースは普通科の教育課程を取り入れることで多様な進学希望に応えつつ、これまでの実技指導を維持することが目的であった。実際、幅広い音楽関係の生徒を受け入れる体制により、有名音楽大学以外にも国公立大学への合格者も輩出するに至っている。またミュージカル専攻の生徒が増えたことで、オープンスクールなどの校

内行事や社会貢献活動などこれまで以上に活躍の場ができ、Musicコース全体としても活性化した。

　アクティブイングリッシュコースの志願者は、年々減少の一途をたどり長期留学参加者も少数に留まっていた。一方、高校特別進学コースもスーパー特別進学コースの設置により在籍生徒の成績は低下してきていた。これら2つのコースのいずれかの廃止、両者の合流等の検討がなされた。それぞれのコースには、他コースにない特徴、優位性があったが、それらを取捨選択して合流する意見には廃止同様に、コース担当者からの反対意見が強く出た。結局、十分な解決策は見いださないまま、岡山大学をはじめとした国公立大学や有名私立大学を目指す新たな進学系コースの設立が決定した。

　2012（平成24）年、高校の特別進学コースとアクティブイングリッシュコースの2つのコースを募集停止し、新たな進学系コースとしてエクセルコースを新設した。エクセルコースの設立については、従来2つのコースが育んできた特徴ある教育活動を統合するにあたって問題点がいくつかあった。2つのコースの担当教員を中心に準備委員会を立ち上げて、大学入試に向けた教育課程を検討した。学力で5教科の総合力を求めるスーパー特別進学コースに対して、得意教科や部活動などの特技を入試における優位性として最大限に強調し活用できる生徒を育成することを目標とした。

　その結果、エクセルコースは3週間程度の海外研修を第1学年の夏季に実施して、2年生から国公立大学文系学部受験における標準的なカリキュラムの特別進学系と長期留学者専用のアカデミックイングリッシュ系に分かれて、それぞれの分野での進学を目指すことになった。海外研修や長期留学に向けた事前事後指導は、アクティブイングリッシュコースでのノウハウが活かされ、第1学年のみ2人担任制でこのうち1人は英語教員が担当した。授業以外の教育活動を校内外に関わらず「エクセルタイム」と称して、生徒が自らの進路に合わせて選択して、校外の活動においては実績レポートなどの提出を課して志望理由書等の入試書類の作成に備えた。しかし、ネイティブ教員とマンツーマン英会話指導を

受ける「One on One」、基礎学力講座や検定対策講座などは検定合格や外部模試の成績上昇など一定の成果を収めた。中学校から入学して、学習はもちろんスポーツ活動や文化部の活動を個性として評価し、その結果を進学に最大限活用した。さらに海外留学や語学習得などに興味関心をもつ生徒が、エクセルコースに進級して、さらに大きく飛躍する可能性が出てきた。今後エクセルコースが大きく発展し、本校教育活動の特徴となることを期待する。

　2009（平成21）年、中学校に特別進学コースを高校のスーパー特別進学コースに併せて設置した。県下の中学校には国公立の進学校として岡山大学教育学部附属中学校（以下岡大附属中学校）に加えて、中高一貫校が県立岡山操山中学校・高等学校の開校を皮切りに、倉敷天城中学校・高等学校、岡山大安寺中等教育学校、津山中学校・高等学校が現在までに設立された。これにより岡山県内の中学校受験は一気に加熱した。当然、それにあわせて大手進学塾をはじめとした学習塾の数は大幅に増加した。中学入試において受験生の動向を知る上で入試広報の上からも学習塾との関係は大変重要になっていった。成績上位の児童の受験を促すために、特別進学コースの入試方式も県立中学校に準拠した適性検査方式と岡大附属中学校に準拠した4教科学力試験方式を取り入れた。入試広報部による塾への広報活動も功を奏して、これにより多くの優秀な受験生を集めることができた。しかし、受験生の公立志向と依然併願校としての認識も強く歩留まり率は高くはなかった。6カ年教育をうけた生徒の進学実績がこれまで以上に重要である。

現在の学園生活のめざすところ

　2016（平成28）年度、創立130周年を迎える年になった。2008（平成20）年度から現在までは、少しずつではあるが生徒数は増加の一途をたどっている。現在中学校に2つ、高校に4つのコースを設定して、それぞれのコースの目的にしたがって教育を行っている。また、学園の教育理念は一つの柱として共通に指導され、学校行事についても全校で取り組む

など、学校としてのまとまりを重視している。教師は学年団と縦割りのコース制とで二重のつながりを強め、情報交換をしつつ目標達成に向かって組織的に行動している。

　現在の学校は適正なクラス人数を設定して、女子教育の場にふさわしい大変落ち着いた教育環境である。生徒数が減少したことでもう一度新たな学校規模を検討し、40人をできるだけ超えないクラス人数など、目標が達成しやすい環境への試行錯誤が続けられた。昨年、全校生徒に授業アンケートを実施したが、おおむね良好な回答であった。また、「体罰・いじめアンケート」を生徒と保護者に実施して3年目になるが、生徒課を中心に小さな訴えも逃さず取り組んでいる。

　中高6カ年計画を実施して、現在8年目に入っている。2009（平成21）年から、高校にスーパー特別進学コース、中学校に特別進学コースを新設し、学校中に学びの風を巻き起こしている。ただ特別進学コースだけが勉強するのではなく、基礎学力に不安のある生徒には特別指導を、応用力を身につけたい生徒にも放課後の特別講座を、ある生徒は部活動と両立をしながら、確実に学習課題を果たしていく。そして、現在一人ひとりの持てる力を最大限伸ばすために、到達目標を教師が示しながら、粘り強く指導をしているところである。

　中学校第2学年末にコースセレクト試験を実施するとともに、中学校第3学年で長期2週間、短期1週間の海外修学旅行としてオーストラリア研修を体験し、早期に海外体験を積むことでグローバルな視野を広げる。そのためには、中学校の3年間の中で英検2級、準2級に挑戦していくことを日常的な目標とする。また、高校3年間を4、5、6年生と称して第4学年時にキャリア教育を積み、生徒の思考力、判断力、表現力を高めていく授業を展開することで、新しく大学入試に導入される「新テスト」への対応も視野に入れている。第5、6学年では一人ひとりの進路希望が実現できるように、個別の課題を明らかにして取り組ませる。現在、試行錯誤を重ねながら、理念に基づいた具体的な教育活動を組み立てているところである。

（浅野貴行）

第14章

山陽学園短期大学の教育

設立時の状況

　1960年代に入ると、山陽女子高等学校の大学進学希望者は40%を超え、1968（昭和43）年には70%を超えていた。大学を設置してほしいとの学園内の声を受けて、短期大学を設置する構想が練られ始めた。これが外部に明らかになったのは1961（昭和36）年10月の学園創立75周年記念式においてである。また同年12月に開催されたPTA、同窓会の幹部会においても公表された。翌1962（昭和37）年には短期大学設立を後援する緑会（PTA）中心の「後援会設立準備会」と、理事会の中に「短大設置研究委員会」が組織された。学園理事会は短期大学構想を立ち上げるとともに校地を探し始め、候補地としていた上代淑前校長が眠る東山に隣接する岡山市平井西谷2180番地の丘陵地、約39,400㎡を適地とした。そして、1966（昭和41）年3月24日の理事会においてこれを正式に承認した。当時の平井地区は自然豊かな原野の残るのどかな田園地帯であった。その後、1966（昭和41）年に「短期大学設立準備委員会」が設置され、1969（昭和44）年の開学をめざして、具体的な準備を進めた。所要資金は1億7500万円で、そのうち8600万円を準備委員会で集めることとし、その内訳は、緑会（PTA）が2500万円、同窓会が2500万円、理事会が3600万円であった。

　女学校を開設してから80年余り後の1969（昭和44）年4月15日に山陽学園短期大学を家政科、定員150人、入学者数188人で開学した。名称は、すでに「山陽女子短期大学」が広島県にあったので、「山陽学園短期大学」とした。1967（昭和42）年8月の短期大学設立趣意書では、設置学科を「教養科」としていたが、3カ月後の1967（昭和42）年11月の理事会において、「家政科」とすることが決まった。

短期大学開設当時の原野の残る平井の風景の一部を、墨と和紙で表現した宮忠子の作品「レクイエム」

　短期大学は、人文科学、社会科学、自然科学の3分野にわたる基本的な知識の上に立って、現代の社会と文化とを総合的に理解、研究させようとするものであり、本学園の短大でも「愛と奉仕」の精神と女性の情操を培い、文学的教養と家庭的技能を身につけて、機械化された現代社会に人間性豊かな母性を育成しようとするという目的で設置したのであった。

　初代学長は、1965（昭和40）年4月に68歳で山陽女子高等学校校長として帰岡していた上代晧三で、1984（昭和59）年5月に死去するまで学長として教育に尽力した。上代晧三は、山陽学園の主柱ともいうべき上代淑の養子で、研究者として、また教育者として深い見識を備えていた。

　山陽学園短期大学設立準備委員は以下のような人たちが名前を連ねている。準備委員は127人で、その中には、林原次郎（林原グループ）、星島義兵衛（本学園理事長）、大本榮一（大本組）、大原総一郎（大原美術館）、高山峻（岡山県立短期大学）、宇野仁治（宇野バス）、野崎正衛（岡山県教

育長)、黒住宗和(黒住教第五代教主)、松田基(両備グループ)、小坂淳夫(岡山大学)、赤木五郎(岡山大学)、更井良夫(岡山博愛会)、守分 十(ひさし)(中国銀行)などの岡山の著名人の名前が見える。

　本学開設当時は、団塊の世代の進学の受け皿として多くの大学等が開設されたが、特に短期大学については濫立を防ぐために、適切な設置趣旨、地方文化の向上に役立つこと、新設費も大半が自己資金であることの3点が強く求められた。

開学時の社会状況

　開学した1969(昭和44)年頃は、第2次世界大戦終結から四半世紀が経ち、地方でも経済的なゆとりが感じられたころである。1956(昭和31)年には、経済企画庁が前年の1955(昭和30)年のGNPが戦前1935(昭和10)年頃に戻ったということで経済白書「日本経済の成長と近代化」で「もはや戦後ではない」と結び、人々の前向きな気持ちを言葉で後押しした頃である。三種の神器として、冷蔵庫、洗濯機、テレビの3つの家電製品が具体的な消費の目安となり、経済的な豊かさを実感するようになった。また、1957(昭和32)年には国際連合にも加盟し、そのことも人々に自信を取り戻させた。そうした時期の1961(昭和36)年に短期大学構想は出された。

　山陽女子中学校で生徒数が激増したのは1954(昭和29)年からであった。高校は数年遅れで激増し、1960(昭和35)年には入学者数は400人から560人となり、1964(昭和39)年には640人が高等学校に入学し、中学校・高等学校の生徒数は2,100人を超えた。こうした生徒数の増加により、経済的安定がもたらされたと同時に、さらに充実した教育を提供したいということは自然の流れでもあった。

短期大学の変遷

　1969(昭和44)年に開学した本学は、高等教育機関進学者の増加を受け、

20年間余りは順調に推移した。その後は社会情勢の大きな変化などに対応するため、改組などを行ってきた。

　本学は開学した当初は家政科1学科であった。1970（昭和45）年には家政学科家政学専攻、家政学科食物栄養専攻の2専攻になったのち、1972（昭和47）年には幼児教育学科を増設した。さらに1988（昭和63）年には国際教養学科を増設した。国際教養学科は、社会の国際化の潮流を取り入れると同時に、それまでの実学中心から教育の幅を拡げ、教養を重視することを目指すことでもあった。1994（平成6）年には国際教養学科を4年制とし、山陽学園大学国際文化学部を設立した。1991（平成3）年には食物栄養専攻を食物栄養学科に独立させた。2009（平成21）年には大規模な改組を行い、家政系のキャリアデザイン学科を大学既設の心理系とあわせて4年制の生活心理学科とした。その結果、短期大学は、食物栄養学科（定員80人）と幼児教育学科（定員130人）および附属幼稚園となった。2011（平成23）年からは幼児教育学科は定員を100人とした。

　開設時からの家政科は、次第に古い印象を持たれるようになっていった。世界的にフェミニズムの動きが起こったことにも呼応し、生活を科学的に捉えるということで、生活科や生活科学科と名称変更するところが全国的にも多くなった。本学でも、1991（平成3）年に生活学科と名称変更し、家庭科全般に相当する「生活学専攻」と被服や住居に相当する「生活造形専攻」とした。しかしこれでも、入学者を十分確保することができなくなり、1999（平成11）年には、「生活学科　生活学専攻」を「人間文化学科」に、「生活学科生活造形専攻」を「生活デザイン学科」とした。その後も定員充足には努力を要し、2003（平成15）年には2科を統合して、全国的にもコンセプトが注目されていた自分のキャリアをデザインするという意味の「キャリアデザイン学科」とした。その後2009（平成21）年には山陽学園大学総合人間学部「生活心理学科」とした。2009（平成21）年には大学に新しく看護学部を設置するのを契機に、短期大学、大学ともに男女共学とした。したがって2009（平成21）年から短期大学は、食物栄養学科と幼児教育学科の2学科のみとなった。両学科の特性を活かして「子どもと食育」を開講し「子育て愛ネット」等の事業も行っている。

専攻科はより高度な教育の実践を目指して、短期大学の最初の卒業生を出す時期に合わせて設置した。専攻科家政学専攻は1971（昭和46）年から1995（平成7）年まで、専攻科食物栄養学専攻は翌年1972（昭和47）年から1994（平成6）年まで、家政学科が生活学科に改組されたのに合わせて、専攻科家政学専攻は専攻科生活学・生活造形専攻とし1996（平成8）年から2003（平成15）年まで、専攻科幼児教育学専攻は1975（昭和50）年から2000（平成12）年まで設置されていた。その後、食物栄養学科と幼児教育学科では、「専攻科」を「学位授与機構認定専攻科」に改組した。1年制学位授与機構認定専攻科食物栄養学専攻は1995（平成7）年から2003（平成15）年まで、2年制学位授与機構認定専攻科幼児教育学専攻は2001（平成13）年から2010（平成22）年まで設置されていた。

短期大学の教育

　短期大学は1949（昭和24）年に新制大学が生まれた1年後に、学校教育法の一部改正で1950（昭和25）年に暫定措置として生まれた。そのため、目的や性格は極めてあいまいで、大学設置審議会設置認可の基準として定めた「短期大学設置基準」によると「実際的な専門職業に重きを置く教育を施し、よき社会人を育成する」ことを目的とするとされている。内容も、一般教育科目は少なく、外国語も必修ではなく、職業的な専門教育が主であった。

　そのため、実験、実習、演習などが多く行われたことにより、試行錯誤を重ねながらもじっくり物事に取り組み、思考力を磨くことにつながった。また、グループ学習が多く用いられたため、協調性が培われ、学生同士が相互理解のもとに能力を引き出し、科目の修得だけでない教育的な効果もあった。

　一方、教育体制に目を向けると、より良い教育を構築するために、国の定めたFD（Faculty Development；大学教授団の資質改善または資質開発のこと）活動を行っている。現在は、教員相互の授業参観の実施や授業方法についての研修会の開催、学生による授業評価などを実施してい

る。7年ごとの受審が求められている一般財団法人短期大学基準協会による第三者評価も受審している。また、食物栄養学科と幼児教育学科では厚生局の指導調査等も定期的に受審している。学生による授業評価に基づき所謂「ベスト・ティーチャー賞」も設けている。

食物栄養学科

　食物栄養学科は短期大学であると同時に栄養士養成施設でもあり、厚労省の基準のもとに教育を実施している。学修内容は、2001（平成13）年制定の新しいカリキュラムに合わせて、専門科目、単位、授業内容の項目までほとんど国が定めた通りとした。国家資格である栄養士は、

臨床栄養学および栄養の指導の実習

どの養成施設を修了しようとも同じ力を持つことが要求されているためである。教育内容は実験・実習科目が多く、自ら考える力、グループ内での調整能力、数値を正確に判断する力などを伸ばすことである。それらの能力は、就職した後、複数の職域の専門職の人たちと協働するときの役に立っている。目指す栄養士像は給食の管理運営ができることを中心としていたが、最近は、栄養士法に定められた栄養の指導にも力を入れるようになってきている。本学の特徴は、附属幼稚園児への給食実習である。県内で附属幼稚園を持っている大学は少ないため、子どもたちにも保護者にも、学生たちからも喜ばれている。また、以前に行われていた食品加工実習の缶詰製造は同窓生の共通の良き思い出である。校外実習は基準の2倍の2週間実施している。実習前は緊張して臨むが、喫食者や給食に携わる人たちの温かさに支えられ、栄養士実務の良い経験になると同時に、社会人としての勉強にもなっている。

幼児教育学科

　学生の目的意識がはっきりしており、ほとんどの学生が保育士免許を取得して、保育士として就職する。非常に細やかに学生に就職指導を行っている。県内の多くの施設で卒業生が働いており、彼らは後輩の指導育成にも貢献し、望ましい好循環を形成している。

附属幼稚園での実習

　短期大学附属の幼稚園が同一キャンパスにあることは特色のひとつとなっており、幼児教育学科の学生の実習の場ともなっている。音楽、美術、舞台衣装などの芸術、および国語など複数の科目担当者が連携する総合演習科目で演じていたオペレッタなどは特徴的で、学生の自主的な学習を伸ばしてきた。また、「こっこスクール」という名称で附属幼稚園での預かり保育ボランティアを行い、学生時代から保育者としての経験をさせている。幼児教育学科の学生は、学習内容により気質が現れるのか、明るく楽しい雰囲気を持っている。幼い人間の人格形成に深く関わる仕事だけに、明朗で温かい性格は保育者に適しているといえる。

　ほとんどの学生が保育士として就職しているが、学科の立脚点は初等教育、中等教育と続いていく教育体制の出発点にあたる幼児教育である。よって、保育に関する学習だけではなく、人間性、芸術、文学など学習の範囲は広い。在学中に100冊の絵本を読む、という教育活動が長年にわたり行われている。

活躍する卒業生

　修業年限は2年間であるが、職業を持つことを重視した教育や就職指導を行っていたため、就職率は高い。家政学科と国際教養学科は一般事務職への就職が多かったが、次第に純粋な事務職ではなく、営業や販売

といった仕事への就職が多くなっている。

　食物栄養学科では、ほとんどの学生が栄養士免許を取得し卒業している。栄養士への就職率は全国平均では約30％であるが、本学では50％近くと高かった。近年、景気が悪くなるにつれ栄養士への就職率は更に大きくなり70％程度にまでなっている。就職先は、高齢者施設、保育所、給食会社、病院、食品会社などである。

　幼児教育学科ではほとんどすべての学生が保育士免許（以前は保母）と幼稚園教諭免許を取得する。約90％の学生が保育士として保育所に就職する。残りの10％が、幼稚園や養護施設や一般職に就職している。

（青木三恵子）

【参考資料】上代晧三『非情への傾斜』（日本文教出版）

第 15 章

山陽学園短期大学附属幼稚園の教育

はじめに

　1974（昭和49）年に山陽学園短期大学附属幼稚園を開設し、初代園長となった上代晧三は明らかに上代淑の遺志を意識していた。卒園生に向けた詩には、わかりやすい表現を選んで幼児に語りかけようとする気持ちがにじみ出ている。そうした詩を書くとき、旭東日曜学校で幼児に語りかける上代淑の姿がほうふつと浮かんでいたことだろう。

本園の特色

大学・短大との関係
　本園は短大幼児教育学科の教育実習施設という性格をもっている。毎年3月と5月には学生が集中的に教育実習をうけている。入学前のオープンキャンパスでも、幼児教育学科志望の高校生は必ず本園を見学し、保育室や遊戯室、絵本コーナーなどで丁寧に説明を受けている。玄関を入ってすぐある下駄箱の上の壁には、学生が演習で制作した壁面装飾が2、3点飾られている。それを見て、見学に訪れた高校生は興味を抱く。また本園の主要な行事である「お泊り保育」や運動会には、いつも学生ボランティアが10人前後参加している。短大の食物栄養学科の学生も集団給食の実習で、幼児向けに調理された給食を11月から12月にかけて提供しているが、幼児は楽しみにするばかりでなく、給食を契機として食べられなかった食材が皆で食べる楽しさから、いつのまにか食べられるようになったりする。
　また、6月4日の虫歯予防の日には、大学の看護学部の学生が、紙芝居や寸劇を交えながら歯磨き指導をしている。さらには年長組を対象と

して、総合人間学部の英語担当教員が学生と一緒に、英語だけを使ってゲームや歌の指導をこの6年間続けている。その成果は毎年2月の子ども会で保護者たちに披露されるのだが、子どもたちが夢中で英語の遊戯や歌にはまり込んでいる姿に、保護者の多くは強く印象づけられるようだ。こうした大学、短大との交流は附属幼稚園ならではの特色と言えよう。

運動会の定例プログラム

　秋の運動会には毎年組まれる2つのプログラムがある。1つは、年長・年中組が出演するオペレッタ「海賊たちと宝島」である。1975（昭和50）年以来、途中2回を除いて毎年演じられてきた。園児たちは秋が近づくと、オペレッタの中のどの役をやりたいかということが大きな話題になる。20〜30分かかるオペレッタをこれほど長く運動会種目の定番としている園も少ないだろう。今ではかつての園児が保護者となって、親は自分がかつてやった役を、子どもに楽しそうに語っている。

　もう1つの定例プログラムは、卒園児のための競技種目である。綱引きであったり、かけっこだったり年度によって変わることがあるが、毎年1〜6年の卒園児が数十人参加している。例年8月初めに「やあ！元気会」という名称の同窓会が、その年の3月の卒園児を対象として開かれているが、運動会はもう1つの同窓会の感がある。卒園児はいつまでも親密な感情を本園にもっている。こうした定例プログラムも本園の目立たない特色と言えるだろう。

絵本コーナー

　本園の玄関と遊戯室との間の中央スペースに絵本コーナーがある。幼児は想像力や予感能力が豊かである。心はイメージタンクともいわれるが、幼児が日々新しくイメージを貯えていくスピードは大人の想像を超えるものがある。絵本は想像力を刺激し、またイメージを言葉に結びつける表現力を養う。今では絵本コーナーのある園もめずらしくはないが、本園では早くから絵本への興味づけに力を入れてきた。テレビを見せる

よりも、保育者が肉声で語る読み聞かせや、語り聞かせを重視している。大人になっても、人生の様々な局面を切り開き、閉塞状況を打ち破るためには、想像力と予感能力が必要である。絵本は、積木などの遊具とともに幼児の想像力や予感能力を育ててくれる。歴代の多くの教員が、絵本コーナーを大事にしていることも、本園の特徴のひとつである。

附属幼稚園の歩み

　附属幼稚園は、短期大学幼児教育学科1期生が卒業した1974（昭和49）年4月に開園した。附属幼稚園の開設は、上代淑校長、上代晧三短期大学学長の長年の構想であったが、幼児教育学科設置認可の条件でもあった。開園準備には、開園に先立って来任した和田好枝教諭を中心に幼児教育学科の教員をまじえて計画が熟考され、園舎は1974（昭和49）年1月23日に完成した。

　1974（昭和49）年4月11日、新園舎に81人の新入園児を迎えて第1回の入園式を挙行した。3歳児2組、4歳児1組、5歳児混合組合計4学級編成であった。初代園長に上代晧三山陽学園短期大学学長が就任した。4月22日から、幼児教育学科の教育実習が始まり、5月7日からは家政学科食物栄養学専攻の学生による集団給食も開始した。5月18日には山陽学園短期大学創立5周年の記念式典並びに附属幼稚園開園式を挙行した。

　第1回卒業式は1975（昭和50）年3月22日に行ったが、この年の卒業生はわずか8人であった。上代園長から子どもたち一人ひとりに「あめにもまけず　かぜにもまけず　みんななかよく　いつもげんきで　かじろこうぞう」の色紙が贈られ、子どもたちから教職員へは、まだ荒地の面影を残す園庭の手作り花壇に美しく咲いていたパンジーを花束にして、「先生ありがとう」の言葉とともに贈られるという、思い出深い卒業式であった。上代園長はこれ以後亡くなるまで、ほとんど毎年、卒園児に詩を贈った。

　1975（昭和50）年、入園児数が急増し、総数182人に達し、クラス数も2クラス増えて計6学級編成となった。通園バスも開園時に購入された

46人乗りから69人乗りの大型のものに替えた。

　10月14日第２回運動会を開催した。プログラムの最終には、年長児まつ組、ふじ組が野外劇「海賊たちと宝島」を約30分にわたって演じて、クライマックスのうちに終了した。このオペレッタは、前年（昭和49年）10月20日幼児教育学科主催で本学体育館において開催した、県下幼稚園の先生を対象とした音楽リズム講習会のなかで、講師の藤田妙子から紹介されたもののひとつだった。藤田は幼児教育のオペレッタの第一人者で、県下各幼稚園から集った172人の先生たちを前にして、自分が作曲した「ビクビク兎」、「おサルと花笠や」「海賊たちと宝島」などの幼児のためのオペレッタを講習内容として、歌とリズムの演技指導を一日中活発にくり広げた。そしてこの講習会に参加した附属幼稚園の教員たちが、とくに印象づけられた「海賊たちと宝島」を翌年から、運動会の演目としてとりあげるようになったのである。このオペレッタの衣装や小道具は、幼児教育学科専攻科の教員の指導の下に、工作のテーマの一環として学生が創作した。

　母の会の協力を受けながら、園の環境整備が徐々に着実に進み出した。1976（昭和51）年には玄関ホールに絵本コーナーを設置した。以来、絵本の冊数も年々増やし、1981（昭和56）年からは絵本の貸し出しを始め、「絵本の好きな子どもに育てよう」という草創期の母の会の願いは、40年後の今も受け継がれている。1977（昭和52）年には、円形花壇や倉庫が設置されるとともに、この年の４月から待望の50平方メートルの「子どもの菜園」が幼稚園正門のすぐ近くに設置された。夏野菜や大根、サツマイモなど野菜作りを体験させ、また皆で試食したりして、大地に触れながら情操を育んでいる。「子どもの菜園」は、教職員と園児の手作りから始まったが、今では進んで協力してくれる地元住民もいて、子どもたちは皆で栽培することの楽しさや収穫の喜びを知り、自然との触れ合いを体験している。

　開園以来、入園希望者が次第に増加し、1978（昭和53）年４月には定員を175人から185人に増員した。通園バスの運行は、開園以来、赤・青の２コースだったが、交通事情により青コースの「新保・青江方面」は、こ

の4月から運行を中止した。この年10月21日、山陽学園短期大学創立10周年並びに附属幼稚園5周年記念式典が挙行された。

　1979（昭和54）年2月15日、附属幼稚園園歌が制定された。作詞は短大の大岩徳二教授、作曲は同じく短大の奥山勝太郎助教授で、生活発表会で披露された。この年交通事情により通園バス1台だけでは園児の通園が困難となり、15人乗りの2号車を購入した。同年10月25日には、岡山県私立幼稚園連盟指定の公開保育研究会が本園で開催され、県下私立幼稚園の教員約250人が参集した。1980（昭和55）年4月から幼児教育学科長の安芸義雄教授が園長室付として就任した。このころから全国的にも園児の減少傾向が現れ、特に私立幼稚園にとっては深刻な問題となった。

　1982（昭和57）年4月、安芸園長室付が副園長に就任した。前年11月13日に園舎東側の敷地1,110平方メートルを借用する契約を結んだが、この年1月から借用した土地の造成作業を開始した。造成に先立ち教育実習の学生にも応援を頼み、教職員全員で真夏の蒸し暑い藪の中で蚊に悩まされながら竹を切り、生け垣作りをした。竹藪の一部は芝を張った小山にし、残りの部分も切り開いて9月には遊具を移設した。子どもたちは、園庭にできた小山を見て、一気に山に駈け登ったり転がったりして大喜びであった。この小山はその後今日に至るまで園児たちのお気に入りのスポットであるばかりか、卒園児たちにとっても思い出深い場所となっている。

　1983（昭和58）年3月、留守番電話を利用したテレホンサービスが設置された。園では毎月1回「幼稚園だより」を発行したり、個人連絡帳などで家庭との連絡をとっているが、忙しくて目を通せない保護者も多い。そこで電話なら聞いてくれやすいのではということで4月1日から「声のたより」が始まった。内容は、月間、週間の行事予定、PTAの連絡事項、園児たちの生活ぶりなど様々な情報が入っていて、月2回のペースで更新した。県下の幼稚園では初の試み。保護者だけでなく、卒園児が懐かしがってかけてきたりもした。この4月から、園児数減少により3歳児2組、4歳児2組、5歳児1組、計5学級編成となった。通園バス2号車（15人乗り）を49人乗りに買い替え、通園バス1号車と大型2台で運行するこ

とにより、時間差登降園が解消された。10月20日本園創立10周年記念式典を挙行した。なおこれに先立ち10周年記念事業として、4月7日にジャンボすべり台を、園舎東側の小山に設置し、9月26日には山陽女子高等学校卒業の木原光知子による「スポーツとわたし」と題する記念講演を短大図書館で行った。

　1984（昭和59）年4月1日、園児数が回復し、再び6学級編成となった。5月22日、上代晧三園長逝去。本園にとって最も悲しい日となった。やさしく立派だった園長先生の遺影に、子どもたちは小さな手を合わせてお別れをした。翌年1月、上代家から記念樹として桜の木が寄贈され玄関前に植えられた。

　1985（昭和60）年6月1日、安芸義雄幼児教育学科長が第2代園長に就任した。

　1986（昭和61）年1月には、小山の上にメルヘン調の「夢の家」を設置し、先に設置したジャンボすべり台との組み合わせで、まさに「おとぎの国」の雰囲気を漂わせ始めた。この年園児数減少のため5学級に減級。12月23日終業式の日、「黄色いバス」で親しまれてきた通園バス1号車がいよいよその任務を終えることになり、お別れ式を行った。教職員にとって、この1号車には様々な思い出があり感無量であった。

　1987（昭和62）年1月8日、新通園バス1号車（82人乗り、冷暖房付き）を購入し、出発式を行った。3月31日安芸義雄園長退任に伴い、4月1日、第3代園長に福田稔山陽学園短期大学学長が就任した。この年園児数減少により4学級（3歳児2組、4歳児1組、5歳児1組）に減級。

　1988（昭和63）年10月7日、広く一般の人々に本園の特色や幼児教育の実態を理解してもらうため、はじめて「幼稚園公開日」を実施した。これ以後毎年実施するようになる。

　1989（平成元）

1974（昭和49）年のスクールバス出発式での上代晧三先生

年、家庭ふれあいの日として1学期に1回土曜日を休日とする。10月21日山陽学園短期大学創立20周年並びに附属幼稚園15周年記念式典挙行。

1992（平成4）年4月1日、佐藤章一山陽学園短期大学副学長が第4代園長に就任。この9月から第2土曜日を休日とするようになる。9月18日、濱田栄夫幼児教育学科長が第5代園長に就任。

1994（平成6）年11月2日、山陽学園短期大学附属幼稚園創立20周年記念式典を挙行した。記念事業として、園庭で使用する各種遊具を保管するためのプレイハウスを園庭南側に設置した。11月3日、本園創立20周年記念同窓会が開催され、久し振りに訪れた卒園生と教職員の間で懐かしい思い出話に花が咲いた。児童の更生教育に尽力し、「岡山いのちの電話」の立ち上げと運営に功績のあった金光洋一による講演会を開催した。

1995（平成7）年4月1日第6代園長に秋山和夫山陽学園大学・短期大学副学長が就任した。

1998（平成10）年、園児数減少により定員を100人にする。

1999（平成11）年4月1日、宮川数君幼児教育学科教授が第7代園長に就任。9月1日本園創立25周年記念式典挙行。

2001（平成13）年4月1日、第8代園長に大黒トシ子山陽学園大学・短期大学学長就任。

2003（平成15）年10月27日、本園創立30周年記念式典を挙行し、村中由紀子幼児教育学科教授を講師として、記念講演会を開催した。

2005（平成17）年5月、子育て支援として預かり保育を開始した。

2006（平成18）年4月、5学級編成となる。6月、子育て支援として育児相談を開始した。村中由紀子幼児教育学科教授を相談室長として毎月1回の割合で相談を受けつける。8月に平成18年度中国地区私立幼稚園教育研修会（山口大会）の研究発表園になる。また10月には岡山市私立幼稚園協会公開保育研究会の会場園も引き受けた。この年12月に園舎北側にサンルームを新設した。

2007（平成19）年4月1日、第9代園長に赤木忠厚山陽学園大学・短期大学学長就任。

2008（平成20）年4月、6学級編成となる。定員を100人から120人に変

更。今まで長年にわたって「母の会」で親しまれた保護者の会の名称を「PTA」に変更した。諸行事への父親の参加が増えてきたことと、男女共同参画社会実現へ向けての社会の動きを反映してのことであった。8月平成20年度全国私立幼稚園教育研修会（鳥取大会）提案発表園となる。11月7日本園創立35周年記念式典挙行。村中由紀子を講師として記念講演会を開催した。

　2010（平成22）年には4学級編成となる。

　2011（平成23）年4月1日、加藤泰子副園長に就任。子育て支援として育児相談日を年3回設けた。

　2012（平成24）年1月園舎東側フェンスと用水路が岡山市墓地管理課によって改修された。7月、落雷による被害を受けた園庭時計、屋上貯水槽、警備システム等の修理を完了した。

　2013（平成25）年、第10代園長に實成文彦山陽学園大学・短期大学学長就任。8月本園創立40周年記念式典挙行。同時に記念演奏会を開催した。

　2015（平成27）年、第11代園長に濱田栄夫山陽学園大学・短期大学副学長就任。

　2016（平成28）年4月1日、里真佐子副園長に就任。

初代園長上代晧三が卒園児に贈った言葉

　上代園長は、1975（昭和50）年3月22日に行われた第1回卒業式から、亡くなる前年の1983（昭和58）年の第9回卒業式まで、毎年、平仮名で色紙に書いた詩を、子どもたちに贈った。4行から8行ぐらいの短い詩だが、次にまとめる。青年時代（六高の操山寮に寄宿していた頃）上代淑が運営していた旭東日曜学校に一教師として参加した経験を思い起こしながら、卒業式が近づいた早春の日々の中で、いろいろな思いを込めてこれらの詩を色紙にしたためたことだろう。

　昭和57年の色紙以外は、どの詩にも「みんな」という言葉がでてくる。昭和57年の色紙も「なかよしアヒルの子」ということばは字数の関係で「みんななかよしアヒルの子」となっていないが、「みんな」を含んでいる

あめにもまけず
かぜにもまけず
みんななかよく
いつもげんきで
　　　かじろこうぞう

（昭和50年3月）

はなさくはる
せみなくなつ
もみじちるあき
ゆきふるふゆ
みんなげんきで
いつもたのしく
　　　かじろこうぞう

（昭和51年3月）

いぬがはしる
ねこがはしる
ぼくもはしる
わたしもはしる
みんなではしろう
　　　かじろこうぞう

（昭和52年3月）

そらにとびがなき
たけやぶにすずめがなく
うれしくてないているのだ
だからわたしたちも
みんなでうたをうたおう
うれしいうたを
　　　かじろこうぞう

（昭和53年3月）

さくらがさき
たんぽぽもさいて
はるになると
みんなしょうがくせいだ
あたらしいせんせい
あたらしいともだち
みんながまっているよ
さようなら
　　　　かじろこうぞう

（昭和54年3月）

しろいはなは　わらってる
くろいねこは　いじわるだ
あかいとりは　おこっている
あおいむしは　なきむしだ
いぬ　ちゃいろで　おちゃめさん
みんなそろってそつえんだ
それではみなさんさようなら
　　　　　　かじろこうぞう

（昭和55年3月）

はるかぜがふいて
みなみのそらから
はくちょうがくる
みにくいアヒルのこが
はくちょうになるのだ
なかよしアヒルのこ
　　　　かじろこうぞう

（昭和57年3月）

はるになったら
がっこうにゆく
はるのはながさいて
すずめやいぬも
まっているだろう
あそぼうよみんなで
　　　　かじろこうぞう

（昭和58年3月）

と解釈できる。昭和57年の詩は、それまでの詩、あるいは昭和58年の詩と少し傾向が異なり、晩年に時々体調をくずされ入院されることもあった上代園長のひとりひとりの子どもへの願いが、いつもより強く表現されている印象を受ける。アララギ派の歌人で、数冊の歌集を世に出している上代園長の詩心を、これらの色紙はよく伝えている。

附属幼稚園の自然環境

　1989（平成元）年に出版された『山陽学園短期大学20年史』は、附属幼稚園の「教育の特色」について記述しながら、自然環境について次のように言及している「本園は小高い丘の上、澄んだ空気と太陽と緑に包まれ、四季おりおりに豊かな自然環境に恵まれている。この自然環境を生かして、自然愛、人間愛をはぐくむ保育を行うことである。自然の中には、子どもたちの心を躍動させるものが豊かに秘められている。どんな小さな草花や生き物にも心を動かし、「きれい」と感じたり、生命のいとなみに気づき、やさしさやいたわりを持つことのできる子ども、また自然に対して驚きや疑問を感じ思考する子供に育てる」と。

　本園は操山山塊と呼ばれる岡山市東部の丘陵地帯に、山陽学園大学・短期大学の敷地に隣接する最上部の丘に建っている。従って大学・短期大学が位置する平井地区の住宅街やバス道路からは、キャンパスの校舎群にさえぎられてまったく見えない。平井地区の市民であっても、附属幼稚園の正門前に立つまでは、自分の眼で附属幼稚園の存在を確認できない。附属幼稚園と短期大学の建物の間に一本の舗装道路があるが、日常的な利用者の大半は、園児を送り迎えする保護者と園の教職員である。こうした一見不便で人目につきにくい環境に立地しながら、開園以来四十余年間、附属幼稚園は保護者と平井地区の住民の温かい眼に支えられて保育を展開してきた。この四十余年間の岡山市内の環境の変化（全国的にも言えることなのだが）を思うとき、附属幼稚園の自然環境がよく守られてきた背景には、常識的には大変不便と思われるこの立地条件が幸いしたのだろう。

園庭に立つと、四十数年前とまったく変わらず、高く広い大空をいつでも見上げることができる。正門近くの桜の木（3月末から4月始めには満開になる）の幹にはキツツキの作った巣穴があり、四季折り折りには様々な小鳥や昆虫が園庭を訪れる。園庭の東側には、芝を張った小山がある。この小山は、1982（昭和57）年1月から竹藪を含む1,110平方メートルの隣接敷地を借用し、造成作業をすすめたもので、翌年の1983（昭和58）年に附属幼稚園創立10周年を記念して、母の会寄贈によるジャンボすべり台が小山の斜面に設置された。子どもは小山に駆け登ったり、転がりおりたり、すべりおりたりするのが好きだ。これは今の子どもたちに特有の現象ではない。ネーデルランドの画家ピーテル・ブリューゲルが16世紀中期に描いた「子どもの遊び」という作品には、91種類の当時の子どもの遊びが描かれているが、その中には小山へ駆け登ったり、駆け降りたりする子どもの姿が明確に認められる。1986（昭和61）年には、子どもたちがその中に入れるだけの空間のある「夢の家」が小山の頂上付近に設置された。小山には木陰もあり、ジャンボすべり台はほかの園では見られないほどの規模の大きなものである。園庭はもともとこの平井地域の高台にあり、平地で見るより空が大きく広く見えるのだが、小山に上がるとより一層空が広く見えるだけでなく、近づいて見える。小山と周辺の隣接地との境界線は竹でできた生け垣が張りめぐらされているので、子どもたちは安心して走り回ることができる。全国の幼稚園、保育園、子ども園の中で、今もなおこのような小山が園庭のどこかに保存されている園はいったいどのくらいあるだろうか。夏休みなどで久しぶりに園を訪れてくれた卒園児たちもよく喜んで小山に駆け登っている。

　園児たちは園庭の中だけで自然を楽しむわけではない。正門前の道路を隔てた畑を、1977（昭和52）年に教職員と園児で本格的に整備し、「子どもの菜園」と名づけて、野菜作りを楽しむようになった。「子どもの菜園」は地域の方々の協力に支えられながら、今も毎年夏野菜の収穫や秋の芋掘りを楽しんでいる。

　さらにまた大学・短期大学のキャンパス内では、様々な樹木が四季折り折りの姿を見せてくれる。とりわけ園児たちにとって、春に見られる

ハナミズキの群落（B棟と池の間）、秋に見られるイチョウの落ち葉（幼児教育棟と池の間）、正門付近で秋に見られるタイワンカエデの見事な紅葉は印象深く、落ち葉拾いを毎年楽しんでいる。体育館とD棟との間のカシの木は沢山ドングリの実をつけてくれるのでドングリ拾いも楽しめる。こうして長年にわたり育てられ整備されてきた自然環境は、附属幼稚園の大きな財産であり、子どものやすらぎの場としての園の雰囲気づくりに多大の貢献をしている。

同窓会と母の会（PTA）

　毎年夏休みになると、8月にその春巣立っていった子どもたちの同窓会が開かれる。第1回は1976（昭和51）年5月5日に、「やあ！げんき会」という名前で開催された。それ以来毎年開催されているが、1979（昭和54）年から今年に至るまで夏休みの8月に開かれている。

　その日は子どもたちが今通っている小学校の制服を着て登園する。子どもたちは、この日幼稚園時代と同じ様にスクールバスの送迎を受ける。園に向かうスクールバスの中で、久し振りにあった子どもたちは大はしゃぎであるが、職員室で迎え待つ教員たちも、スクールバスと無線で連絡をとりながら、今どのあたりをはしっているかとそわそわしている。バスが正門前に到着すると、先生たちとの挨拶ももどかしく、子どもたちは3月まで自分たちの部屋だった年長組の部屋に向かって園庭を突っ走り、なつかしそうに部屋に入る。ちょっと落ち着いたところで先生たちの挨拶が始まり、それに続いてひとりひとりの子どもが、小学校での生活（担任の先生の名前や好きな科目など）を報告したり、友達のことを語りあったりする。園庭に出て自由に遊んだりもする。小山の途中で記念写真を撮ったり、ゲームをしたり、歌ったり、おやつやプレゼントをもらったりして、子どもたちは半日楽しく過ごす。子どもにとっても教員にとっても、心がはずむ一日である。

　「母の会」は、1974（昭和49）年本園創立と同時に発足した。創立以来、園の諸行事への協力、環境整備、暗渠清掃、奉仕活動など積極的な活動

が続けられている。とりわけ遊具、施設等充実のための援助についてはめざましいものがある。毎年11月に盛大に開催されているバザーは、役員を中心に全会員が参加して大きな成果をあげている。地域の人たちの評判もよく、開店前から長蛇の列をなす人々が多い。バザーの収益金では、絵本コーナー、ジャンボすべり台、時計塔、プレイハウス、夢の家など数多くの遊具や施設が順次整備され、屋内野外ともに充実してきた。

　最近の傾向として、入園式や卒園式への父親参加の多さが目立つようになってきているが、園の諸行事への父親の参加も増えてきた。1999（平成11）年の男女共同参画社会基本法の成立以来、子育てへの父親参加も徐々に強まりつつある。こうした社会の変化にも配慮しつつ、「母の会」の名称は、2008（平成20）年から「PTA」に変更されて現在に至っている。

（濱田栄夫）

―――第 **16** 章―――

山陽学園大学の教育

大学開設と山陽学園の教育憲章

　大学開設の基本理念は、上代晧三が1984（昭和59）年に起草した山陽学園の教育憲章にも象徴的に表れている。

　　山陽学園の進むべき道は、いわゆる規格化教育によって人間性を
　軽視しようとする傾向に抗して、独創と自由と自立とによる人類永
　遠の繁栄を希求するところにある。　　山陽学園教育憲章（第3条・抜粋）

　ここに記された理念は、学園全体の教育の核になるものであると言えよう。混沌として先行き不透明な現代社会に山積する教育問題、青少年問題、少子高齢化問題、地球規模の環境問題、民族問題などに対して、我々がどのように向き合い、どのように応えていくのか。山陽学園大学が目指すのは、単なる資格取得や、専門教育に偏ることなく、真の意味で人間力を高め、「愛と奉仕」の精神を育成し実践する、まさに人間性を重視した教育でなければならないだろう。
　このような学園の教育理念を踏まえ、1993（平成5）年12月、山陽学園短期大学の国際教養学科（2年制）が、実際的な語学力の修得と幅広い成熟した国際人としての人間教育を目的として、4年制の山陽学園大学国際文化学部に改組転換した。1994（平成6）年4月に山陽学園大学国際文化学部コミュニケーション学科（定員70人・国際コミュニケーションコース、メディア・人間コミュニケーションコース、英語コミュニケーションコースの3コース）と比較文化学科（定員80人・日本文化研究コース、北アメリカ文化研究コース、西ヨーロッパ文化研究コースの3コース）を設置した。

国際文化学部

学部構成と教育目標

　国際文化学部は、既に述べた通り、コミュニケーション学科と比較文化学科の2学科で構成し、前者は実践的なコミュニケーション能力の涵養を主たる目標とし、英語を中心とした外国語の実践的運用能力の開発向上に力点を置きつつ、英語のほか国際、メディア・人間（のち心理と情報）の各コミュニケーションを学ぶコースを用意した。後者は、地球上の様々な人間文化を特定領域からだけではなく、歴史、文学、地理、言語など様々な切り口から領域横断的に学ぶことを通じて、真の国際人を養成することを目指した。具体的には地域割りして日本文化研究コース、北アメリカ文化研究コース、西ヨーロッパ文化研究コースの3コースを設け、日本の中から日本文化を研究するか、日本以外の文化を研究しつつ外から日本文化を再認識するかの2通りの方向性を選択できるように、グローバルな視点を重視したコース制の導入であった。

1994年6月4日大学・短期大学の体育館にて

コミュニケーション学科のコース編成と特色

　コミュニケーション学科は、社会的変化に対応すべく、1998（平成10）年度からコースおよびカリキュラムの見直しと改訂を3度行っている。1998（平成10）年度、1999（平成11）年度のコミュニケーション学科は、以下の3コース編成であった。

　①国際コミュニケーションコース
　②メディア・人間コミュニケーションコース
　③英語コミュニケーションコース

その後2000（平成12）年度には、「メディア・人間コミュニケーションコース」が、「情報コミュニケーションコース」および「心理コミュニケーションコース」へと分割拡充し、4コース制となり、翌年の2001（平成13）年度には、「国際コミュニケーションコース」を廃止し、以下の3コース編成となる。

①情報コミュニケーションコース

　コミュニケーションの手段としてのメディアと情報について学習研究するとともに、とりわけユーザとしてコンピュータを十分駆使できる能力を育成する。

②心理コミュニケーションコース

　コミュニケーションの主体である人間について心理学の立場から学習研究する。

③英語コミュニケーションコース

　コミュニケーションの手段としての言語（英語）の学習研究を行うとともに実践場面での運用能力を育成する。

比較文化学科のコース編成と特色

　比較文化学科は、「日本文化研究コース」「北アメリカ文化研究コース」「西ヨーロッパ文化研究コース」という3つのコースに分かれており、2000（平成12）年度から2002（平成14）年度において同じカリキュラムを維持した。

①日本文化研究コース

　日本の歴史、地理、文学、思想をトータルで学べる点に特色がある。特に岡山を中心とした瀬戸内の地域研究については、その特性を直接肌で感じられるようにできる限り現地に足を運ぶフィールドワークにも力を入れている。

②北アメリカ文化研究コース

　アメリカ合衆国の歴史、文化、芸術、制度などを検証しながら、アメリカの本質を学ぶことを目標とする。アメリカを理解することは、その影響を強く受けてきた日本を再認識することにもつながるのである。

③西ヨーロッパ文化研究コース

　ヨーロッパ文化の独自性を思想、文学、美術、政治、経済、宗教、社会生活などの観点から学ぶことを目標とする。民族移動や宗教的、社会経済的な変革を遂げてきたヨーロッパ文化の発展過程を検証することは、日本への理解を深めることにもなる。

取得できる免許・資格

　コミュニケーション学科では、中学校教諭一種免許状「英語」、高等学校教諭一種免許状「英語」の教員免許状が取得でき、当学科と直接関連ある資格・称号としては、認定心理士と上級情報処理士がある。

　比較文化学科では、中学校教諭一種免許状「社会」、高等学校教諭一種免許状「地理歴史」「公民」の教員免許状が取得できる。

　両学科共通で取得できる資格としては、学芸員資格の他に、日本語を母語としない人々に対して日本語教育を行う教員を養成する本学のプログラムにおいて、所定の科目を履修し、所定の単位を修得した者には、「日本語教員養成プログラム修了証書」が授与される。

国際文化学部の検証

　コミュニケーション学科は、1998（平成10）年度から2002（平成14）年度までの5年間で、3度のコース及びカリキュラム改定を行っている。これは、学部開設以来「国際人としての人間教育」を目指し、その実現に向けてコース編成やカリキュラムを前向きに検討した結果であった。しかしながら、改定したカリキュラムを実施していくうちに、入学してきた学生の学力が、実際の学びの現状と乖離するようになり、当時の学生のニーズに応えきれなかった側面がある。他方、在籍する教員の専門性などがコースやカリキュラムの実情と合わなくなったことなども問題点としてあげられる。

　比較文化学科は、世界の中で、地域文化の独自性と普遍性を日本文化、北アメリカ文化、西ヨーロッパ文化を中心に多様な視点から学ぶことを目標としてきたが、それぞれの文化を理解し、その上で比較研究するこ

とは、かなり難易度が高い。北アメリカ文化や西ヨーロッパ文化を学ぶことは、異文化理解を深めることを通じて、日本文化の独自性を再認識することでもあった。それは、世界の中から日本を学ぶという視点と、日本の中で日本を学ぶという視点に分類することができるだろう。比較文化学科は、2003（平成15）年度より、改組してコミュニケーション学部コミュニケーション学科に再編成されることとなったが、これはまさに日本文化を検証し直すという取り組みでもあった。

コミュニケーション学部

学部構成と教育目標

　国際文化学部は、2003（平成15）年度に「コミュニケーション学部」に名称変更され、コミュニケーション学科1学科のみの1学部1学科体制へ移行し、コミュニケーションに関する専門の学芸を教授するとともに、幅広く深い教養及び総合的な判断力を培い、豊かな人間性を涵養することを目的とすることとなった。新しいコミュニケーション学科はこれまでの国際文化学部コミュニケーション学科を母体としつつ、あわせて旧比較文化学科の一部を吸収継承するものであった。国際文化学部が目標とした「実際的な語学力の修得」と「幅広い成熟した国際人としての教育」は、コミュニケーション学部にも継承された。現代社会の様々な場面で求められる実践的なコミュニケーション能力の涵養を目指した旧コミュニケーション学科の学びや、異文化理解を深めることを通じて、日本文化の独自性を再認識することを重視した比較文化学科の学びは、新コミュニケーション学部コミュニケーション学科のコースの学びの精神にも継承されていったことは確かである。

新学科のコース編成とその特色

　新しいコミュニケーション学科では、旧学科のこれまでの3コースを継承発展する「臨床心理・カウンセリングコース」「英語・英米文化コミュニケーションコース」「情報・情報文化コミュニケーションコース」の3

コースの他、主として比較文化学科の日本文化研究コースを継承する「日本語・日本文化コミュニケーションコース」の4コースから成っている。

①臨床心理・カウンセリングコース

　本コースは主として2002（平成14）年度までの国際文化学部コミュニケーション学科の心理コミュニケーションコースを発展的に継承しており、心理学の基礎分野から応用分野に至る幅広い分野を網羅するカリキュラムが綿密に組まれている。変化の激しい現代社会において高い適応能力とコミュニケーション能力を養い社会をリードしていく人材の育成を目標に掲げ、心理学の基礎学力を培うとともに、臨床心理学やカウンセリング能力を養成することを目的としていた。

②英語・英米文化コミュニケーションコース

　2003（平成15）年度、コミュニケーション学部への改組に伴い、従来の国際文化学部コミュニケーション学科英語コミュニケーションコースを核として成立したコミュニケーション学科英語・英米文化コミュニケーションコースではカリキュラムの抜本的改革を行った。本コースの最大の特徴は、「英語専門科目」すべてが学年枠を取り払った完全習熟度別クラス編成になっていることである。このことで、学生一人ひとりが各人にあったレベルから学習を始めることができる。また、英語科目は、そのほとんどが聴く、話す、読む、書くというスキル別に開講されるので、学生は弱いスキルをより効果的に強化できるはずである。次に、旧学部では比較文化学科に所属していた北アメリカ文化研究コース、及び西ヨーロッパ文化研究コースが本コースに統合されたことにより、英語だけではなく文学を含め文化に興味ある学生も、英語と並行してそれらを学べるカリキュラムとなっている。さらに、旧カリキュラムにおいては、4年次配当の英語科目がないため、4年次に英語科目を履修しない学生がいたが、新カリキュラムでは4年次配当の科目も設けられ、4年次生も英語科目を履修することができる、というより4年次生も英語科目を履修することが奨励され、結果的に4年次に英語力が落ちることがないよう配慮されていた。以上の点は学生を中心に考えられたカリキュラムと

して評価されて良い。

③日本語・日本文化コミュニケーションコース

　日本語・日本文化コミュニケーションコースは、2003（平成15）年度より改組したコミュニケーション学部コミュニケーション学科の中の一つのコースであるが、本コースは、改組する前の国際文化学部比較文化学科の日本文化研究コースを再編成したものである。「世界の中の日本を学ぶ」「日本の中で日本を学ぶ」をコンセプトにし、日本語や日本文化を学ぶことを通じて、コミュニケーション能力を高めることを目標に設置した。

　本コースの特色としては、日本語の言語としての特性やその成り立ちの研究を通じて、日本語のあり方を理解すること、そして、正しく美しい日本語の運用能力を高め、日本語教育に資する人材の養成を目指す。さらに、日本の文学や歴史、思想、文化交流、社会風土などの幅広い研究を通して、日本人と日本社会、そして、日本語の理解の前提となるべき日本文化の探究と理解を目標とする。本コースでは、こうした日本語と日本文化の学習や研究を基礎にして、社会人としてのコミュニケーション能力や豊かな人間関係を築く能力を磨くための科目群が用意されていた。

④情報・情報文化コミュニケーションコース

　情報・情報文化コミュニケーションコースは2003（平成15）年度に発足したコミュニケーション学部コミュニケーション学科において改組前の国際文化学部コミュニケーション学科の情報コミュニケーションコースを母体としてそれを拡充したもので、その目標は高度情報通信ネットワーク社会を担う人材である。

　本コースの特色としては、コンピュータ、携帯端末、インターネット等の普及により、それらを用いた情報コミュニケーション（情報伝達）のシステムが、社会のさまざまな分野で必要不可欠な時代になる中で、本コースでは、現在の社会を情報文化の面から理解し、IT（情報技術）を活用した実践的な情報コミュニケーションの方法を学習するものである。

　コースの専門教育科目や関連する一般教育科目を履修することにより、

情報関連の資格取得の基礎能力が養成される。「シスアド概論」という授業では、国家試験の「初級システムアドミニストレータ試験」の受験指導も行っている。システムアドミニストレータとは、システムエンジニアのようにシステムを作る側でなく、利用者の立場から社内や部署内の情報化の促進を図るリーダーを育成する目的で設けられた国家資格である。なお、所定の科目の単位を修得すれば、全国大学・短期大学実務教育協会認定の「上級情報処理士」称号を申請することができる。こうした国家試験の受験指導は、情報化社会に対応した具体的な学習支援の一環であったと評価できる。

取得できる免許・資格

　コミュニケーション学部で取得できる資格・免許としては、中学校教諭一種免許状「英語」、高等学校教諭一種免許状「英語」の教員免許状、学芸員資格、上級情報処理士、認定心理士がある。この他に、日本語を母語としない人々に対して日本語教育を行う教員を養成する本学の「日本語教員養成プログラム」を修了した者には修了証書が授与される。

コミュニケーション学部の検証

　コミュニケーション学部コミュニケーション学科は、2003（平成15）年度から2008（平成20）年度まで、1学部1学科体制で教育を行ってきた。言葉によるコミュニケーションはもちろん、情報機器を用いたコミュニケーションや、言葉に頼らないノンバーバルコミュニケーションなど、様々なコミュニケーションの仕組みや機能、性質について学び、社会で必要とされるコミュニケーション能力を育てていくことを目標とした。学生は「心理、情報、英語、日本語」という4つの専門コースのいずれかに所属しながら、それぞれの専門コースが用意した資格取得のためのカリキュラムも履修できるような配慮が施されていた。そのため、入学前には興味の対象ではなかった資格についても、入学後に関心を持ち、資格取得を目指す学生もおり、意欲のある者にとっては充実した学びの環境であったと言える。しかしながら、1学部1学科体制の中に置かれた4つ

の専門コースは、その学びの内容が外部からは見えにくく、入学前の高校生に各コースの特色をアピールすることが十分にできず、結果として更なる学部改組に踏み切ることとなった。

　また、コミュニケーション学部に改組する前年の2002（平成14）年度から、外国人留学生が入学者の半数を占めるようになったことも、日本人学生による定員充足を難しくしていったことと無関係ではない。例えば、コミュニケーション学科の4つの専門コースのうち「日本語・日本文化コミュニケーションコース」に所属する圧倒的多数は、中国からの留学生であった。これらの外国人留学生と日本人学生が、互いの文化を理解し合いながら、切磋琢磨して学ぶ環境は整っていたが、実際には「他者から学ぶ」という意識が双方に希薄であったために、異文化理解、多文化共生を背景とした真の国際交流には至らなかった面がある。

総合人間学部

学部構成と教育目標

　2009（平成21）年にコミュニケーション学部を改組転換して総合人間学部とし、生活心理学科（定員60人）・言語文化学科（定員60人）を設置した。総合人間学部は、国際化、情報化、多様化した現代社会の中で、自己を確立して人間らしく生き、より良好な社会や人間関係を構築するための理念や方途を教育研究し、それによって次世代を担う人材の社会貢献に資することを目標とする。

　生活心理学科は、コミュニケーション学部コミュニケーション学科の「臨床心理・カウンセリングコース」と、短期大学のキャリアデザイン学科を統合する方向で、「生活」の中に表現される「心」の問題を理解できる専門職業人の育成を目標とした。2013（平成25）年より、「生活科学コース」と「心理学コース」に分かれ、コースの専門性をより強化することとなった。

　言語文化学科は、コミュニケーション学部コミュニケーション学科の「英語・英米文化コミュニケーションコース」と「日本語・日本文化コミュ

ニケーションコース」を統合したもので、自己表現できるコミュニケーション能力を備えた人材の育成を目指している。

また、本学園はこれまで地域における女子教育の役割を果たしてきたが、現代における地域のニーズの変化に対応するために、法人全体での協議も慎重に重ねた結果、「愛と奉仕」の理念を全人教育の視点から追求すべく、大学・短大は2009（平成21）年度をもって男女共学とした。

生活心理学科の学びと特色

心理テストの一種「箱庭」を体験する学生

生活心理学科では、心理学を現実生活に応用し、質の高い生活を実現させることのできる人材の育成に力点を置いている。具体的には、①社会において、人間関係の構築を「こころ」の面からサポートできる人材、②ビジネスの現場において「こころ」の分析を円滑なコミュニケーションの実践や顧客心理の理解に応用できる人材、③家庭や地域において、「こころ」に対する助言者として信頼に足る人材の育成を目指している。

生活心理学科における学びの特色は、生活学と心理学の結びつきを学生に学ばせることを目指している点である。各授業においては、実生活における例を取り上げたり、映像資料を活用したりするなど様々な工夫を行っている。その工夫とは、①グループワークの導入、②フィールドワークの導入、③専門を異にする教員による協同授業などである。例えば、「プロジェクト演習」では、住居展への出品や学園祭での研究発表など、課題解決型のテーマを幾つか設定し、希望に応じて学生をグループに分け、企画から発表に至るまでの一連の過程を体験させている。

言語文化学科の学びと特色

言語文化学科では、将来の多文化共生社会への対応を考慮し、言語研究、

言語学習および文化研究を通じて、言語能力および異文化理解能力を涵養し、地域社会や国際社会に貢献できる人材の育成を教育目標としている。

　言語文化学科における学びの特色は、言語を中心とした実践的なコミュニケーション能力の開発養成を教育研究の主眼としているため、理論を学ぶだけではなく、演習や実習を重視している。

　英語の語学教育では、コミュニケーション能力の向上に重点を置き、習熟度別に編成された少人数教育を実施している。また、授業での演習を深める場として、英語担当教員が「ラーニングセンター」という英語自習室を運営している。そこでは、課題のための英語教材が整備され、学生は授業外でも英語担当教員の指導を受けることができる。

　また、言語文化学科では、海外で研修を受けるチャンスが豊富に用意されていることも特色の一つである。「異文化理解実習Ａ・Ｂ」や「日本語教育実習」では、10日間から2週間程度の期間で、教員の引率の下、異文化理解体験、日本語教育実習、ホームステイなどの貴重な機会を得ることができる。「短期語学研修」では、ニュージーランドにある協定校で1カ月程度の英語研修とホームステイが可能であり、アメリカ、ニュージーランド、韓国、台湾の協定校で半年、または1年の「長期留学」をする学生もいるが、在籍期間は4年で卒業が可能となっている。

取得できる免許・資格

　生活心理学科の生活科学コースでは、中学校教諭一種免許状「家庭科」、高等学校教諭一種免許状「家庭科」の教員免許状が取得でき、心理学コースでは、高等学校教諭一種免許状「公民」の教員免許状と、「認定心理士」の資格が取得できる。

　言語文化学科では、中学校教諭一種免許状「英語」「国語」、高等学校教諭一種免許状「英語」「国語」の教員免許状が取得できる。

　両学科共通で取得できる資格としては、教職課程を履修した学生のみ取得できる「学校図書館司書教諭」、この資格とは別の「図書館司書」資格、「学芸員」資格の他に、日本語を母語としない人々に対して日本語教育を行う「日本語教員資格」（本学認定資格）などがある。

就職支援のプログラム

　総合人間学部では、企業やグローバル化時代に必要とされる即戦力の学生を育てるために3つのプログラムを実施している。

①IELP（Intensive English Language Program）英語集中特別プログラム（課外授業科目）

　90分間英語漬けの特別レッスンや、TOEFL・TOEIC対策講座を集中して受講でき、英語圏の大学への留学対策だけでなく、ビジネスに必要なコミュニケーション能力も鍛えることができる。グローバルに世界で活躍する人材だけでなく、ローカルに地域に貢献する人材の育成にも力を入れている点が、このプログラムの特色の一つである。

②ホテル・エアラインプログラム（課外授業科目）

　日本を代表するANAとJALグループでの客室乗務員としての経験豊富な講師が、自らの経験談を交えながら、ホテル・エアライン業界について講義をし、空港見学、ホテル見学などの実習も行う。大学1年次からの受講が可能であることから、学生は入学後の早い段階で就業意識を高めることができる。また、ホスピタリティ産業のみならず、実社会で活躍するために必要な社会人としての基礎力も身に付ける意義も大きいと言える。

③ビジネス能力開発プログラム（正課授業科目）

　人材開発企業のプロ講師を招き、「ビジネス能力検定」の全員合格を目標とする。企業の採用試験でも重視される「グループディスカッション」の実践練習など、就職活動に直接役立つ内容の講義でもある。「ビジネス能力開発Ⅰ・Ⅱ」は、生活心理学科は必修、言語文化学科は選択となっている。

看護学部

学部設置の趣旨と教育目標

　2009（平成21）年に看護学部看護学科（定員80人）を設置したことは、本学において建学の理念「愛と奉仕」の精神をより一層具現化するための取

り組みであった。本学園で51年間の長きに渡り校長として献身し、学園の歴史を築いた上代淑（1871～1959）は1907（明治40）年から1908（明治41）年にかけて9カ月間、欧米の教育事情視察の途についていた折、イギリスにおいて、少女時代から尊敬の念を抱いていたナイチンゲールの自宅と看護学校を訪問した。この時、上代はナイチンゲールが病気のために直接会うことはできなかったが、「人生は人に奉仕してこそ生きがいがある」というナイチンゲールの考えに共感し、「愛と奉仕」の精神で人生を歩むことを決意した。看護学部の開設は、その時以来、上代が抱いていた「愛と奉仕の精神をもった看護師の育成」という悲願の実現をめざすものである。

　看護学部は、とりわけ生命の尊厳や基本的人権を擁護できる高い倫理観、科学的思考法と専門的知識・技術を体得し、社会的信頼を得るに足りる看護専門職者を育成するための教育研究を行い、もって保健・医療・福祉の向上に貢献することを使命として設置した。

看護学科の学びと特色

　看護学科の各授業科目では、講義だけでなくグループワークや演習を取り入れ、授業を通して、学習課題に対し自ら探究する習慣が身につくよう工夫されている。「専門科目」においては、看護・教育職として豊富な実践経験を持った教員を中心に、専門知識と技術を系統的に学習できるように体系づけ、演習と実習を取り入れた少人数の編成とし、学生が効果的に学習できるように配慮している。

　また、各看護学領域の授業展開は、最初に「概論」を教授した後に、「援助論」で専門的知識・技術を各種シミュレーションや視聴覚教材を活用しながら演習するという方法を取っている。各看護学の講義・演習で習得した専門的知識・技術を看護実践の場面に適用し、看護の理論、知識、技術を統合するために医療機関で臨地実習を行っている。看護ゼミナールでは論理的な思考能力や表現力・プレゼンテーション能力を習得することを目標とする。

取得できる資格と免許
　①看護師国家試験受験資格
　②保健師国家試験受験資格
　③養護教諭一種免許状
　④助産師国家試験受験資格（専攻科）

大学における英語教育の取り組み

　本学の英語学習を支援するためのプログラムは、当時「アルプス（ALPS: Autonomous Learning Promotion System）」と呼ばれ、2002（平成14）年度まではコミュニケーション学部の共通基幹英語科目（必修）とそれを受講する全学部生を対象に学習支援を行っていた。2003（平成15）年度より、学科共通英語科目（必修）が1年次2科目のみとなり、アルプスの支援の中心は、必修の共通科目から、選択の専門科目へと移行した。

　2003（平成15）年度以降のアルプスは、英語・英米文化コミュニケーションコースを中心とした学習支援と、完全習熟度別クラス編制のカリキュラムを実現することに尽力した。従来の活動を継続しながらラーニングセンターを中心に課外学習環境の充実に努め、教材や図書の購入、検定受験を奨励する新たな取組みなどを実施した。大学受験人口の減少をはじめとする、大学を取り巻く情勢が急速に変化していく中で、習熟度別クラス編制の実施に力を注ぎ、2006（平成18）年度からEnglish Days行事を始め、2007（平成19）年度にEnglish Newsを創刊した。2008（平成20）年度に英語学習カウンセリング（Learning Clinic）を廃止し、スピーチコンテストの開催を見合わせた。

　2009（平成21）年度の改組により、名称が「ALPS委員会」から「英語教育委員会」へ変更され、委員会の構成員に大学と短期大学の教務部長が加わった。また、英語学習支援の対象は、看護学部、短期大学、総合人間学部の1年次必修英語科目、および言語文化学科の専門英語科目へと広がり、短期大学も含む全学の英語科目受講者へと拡大した。

　こうして英語教育委員会は、興味や関心のある分野はもとより、英語

力、国籍、学習経験、学習スタイルなど、極めて多種多様な学生を対象に学習支援を行うことになった。そのため、授業内容の再検討を含む学習支援の見直しが必要となり、各学科の特性を考慮して科目の目的を設定し、学生の実情に応じた指導方法を検討した。英語

英語レシピを読んでパンケーキ作り

学習への関心を高めることを重視し、学習の動機付け、意欲向上、受講促進を目指した支援を行った。2009（平成21）年度から2014（平成26）年度の英語教育委員会の年間活動の主な項目は以下のとおりである。

①全学の英語科目の目的、内容、教育方法などの研究
②クラス分けテストの実施とレベル別クラス指定
③英語オリエンテーション（年2回）
④ニュースレターの発行（年2〜4回）
⑤English Days 英語での親睦行事の実施（年2〜4回）
⑥English News 英語新聞の発行（年2回）
⑦Presentation Day の実施（年1回）
⑧Conversation Hours の実施（毎週1回）
⑨ラーニングセンターの運営管理
⑩TOEIC IP、TOEIC 模試の実施（年各2回）
⑪受講者による英語科目評価（年2回程度）
⑫高大連携活動（高教研公開授業「イングリッシュ・オン・キャンパス」年1回）
⑬地域貢献活動（小学校外国語活動研修講座）
⑭英語教育研究活動

　総合人間学部では、必修英語科目は1年次で終了し、2年次以降は全て選択科目である。言語文化学科では将来の目標に向かって自由に専門

科目を選択できる制度をとっているが、実際には学生が英語科目を敬遠し、系統性や継続性を無視して選択するなどの傾向がみられた。そのため、一人でも多くの学生がひとつでも多くの英語科目を履修することを最優先とし、履修指導と授業の満足度を高める改善を重ねた。このような学習支援の結果、授業の理解度や受講意欲に向上がみられ、特に上位レベルの学生に英語力向上の兆しがみられた。英語を母語としない留学生にとって英語は必修ではないが、言語文化学科の留学生の多くが、そして生活心理学科の留学生の半分以上が、卒業するまでに何らかの英語科目を履修した。

外国人留学生の受け入れと教育

本学の大学教育を語る上で避けて通れないのは、外国人留学生の受け入れと教育についての問題である。国際文化学部を開設して、最初に外国人留学生を受け入れたのは1995（平成7）年度のことである。コミュニケーション学科を志願して入学してきたのは、国籍が中華人民共和国の留学生1人であった。入学の時点で岡山に居住し、大学の授業に支障ないと判断される十分な日本語力を有していた。その後、数年間は外国人留学生の志願者もなかったが、将来的な外国人留学生の受け入れに備えて、留学生の日本語教育についてカリキュラムの検討がなされた。

しかしながら、本学における外国人留学生は、当初の予想をはるかに超えて、2002（平成14）年度以降、入学者の約半数を占めるにいたった。その是非については、議論の分かれるところであるが、国際化社会の中で、「幅広い成熟した国際人としての人間教育」を目的として、大学を開設したことから鑑みれば、外国人留学生の受け入れ自体は、否定的に受け止められるべきものではない。しかし、そこには定員充足のためという消極的な姿勢があったことも否めなかった。

日本語教育とカリキュラム

本学が受け入れた外国人留学生は、その大半が中華人民共和国からの

留学生であった。しかし、日本語能力にはバラつきがあり、そのままでは大学の授業に十分についていけないとみなされる学生も、少なからず入学した。これに対応する教育上の措置としては、できるだけ日本語力の確かな留学生だけを入学させるようにする一方で、入学後に日本語教育を行い、日本語力が授業を十分に理解できる段階まで上昇するよう支援した。本来は日本語で教育が行われる日本の大学に入学する以上、それにふさわしい日本語能力を備えた上で志願・入学すべきところであるが、日本語力がいつまでも不十分なままでは単位修得もままならず、4年間での卒業も危ぶまれるので、止むを得なかったといえる。

1998（平成10）年度からは、外国人留学生向けの日本語科目（読解Ⅰ・Ⅱ、聴解Ⅰ・Ⅱ、作文Ⅰ・Ⅱ、会話Ⅰ・Ⅱの計8科目、各1単位、重複履修可）を履修し、単位修得すれば、共通基幹科目のうち外国語科目に代えられることが明確に定められた。これは、留学生にとっては日本語が外国語であることに配慮したものである。ただし、日本語力が十分に高く日本語科目の履修を要しない者は、日本人学生同様の外国語科目の履修が必要であった。

2001（平成13）年度からは、カリキュラムの見直しがはかられたことにより、領域別ではなく段階別の科目編成（初級日本語、中級日本語）に改められ、留学生の実際の日本語力が様々である実情に対応することとし、あらかじめプレイスメントテストを実施して、履修すべき科目を指示することにした。また、日本に来たばかりの留学生には、単に言語だけを学ぶのではなく、日本事情や生活習慣等を教える必要から、日本語・日本事情という科目も設けられた。しかし、その一方で、日本語力は十分にある留学生が、本来履修する必要のない初級レベルの日本語科目を履修するという事態は解消されなかった。また、予習・復習の大変な語学科目であるため、安易な考えに流され、初級を終えると中級を履修したがらない留学生もいた。そのため、教員の懇切丁寧な履修指導にも関わらず、授業を理解するに充分な日本語力養成の成果は、当初期待したほど上がらなかった。

2003（平成15）年度から始まったコミュニケーション学部の新カリキュ

ラムでは、外国人留学生の日本語科目については、初級日本語4科目、中級日本語6科目、日本語・日本事情2科目、コンピュータ日本語2科目が用意され、年度始めにプレイスメントテストを実施して、履修すべき科目を教員が指定することにした。中級日本語6単位のうち4単位は必修とし、テストの結果、中級の履修を要しない者、中級から履修しなければならない者、初級から始めなくてはならない者に三分されることになった。中級日本語4単位を必修としたことで、卒業要件との関係がより明確に規定され、日本語力が十分ではない外国人留学生は、初級日本語を学び終えた後で、中級日本語を履修するようになり、日本語教育の制度上の諸問題はかなり整備された。

なお、この方針は2009（平成21）年に、コミュニケーション学部を改組転換して設置された総合人間学部でも継承されている。

現状と今後の課題

現在、外国人留学生を受け入れているのは、総合人間学部のみである。本学部のカリキュラムの基幹部分においては、外国人留学生を特に考慮した科目を独立して開設しているわけではない。これは、外国人留学生といえども、大学教育を受けるに十分な日本語能力を身に付けた上で、日本人学生と同じカリキュラムで学修するべきであるという見識を示したともいえるが、カリキュラムが外国人留学生を考慮できていないということでもある。外国人留学生を積極的に受け入れている諸大学では、留学生向けの科目やクラスを相当数設ける例も見られる。

また、東日本大震災以降、これまで数多く受け入れてきた中国からの留学生が激減する一方で、近年、ベトナム出身の留学生の志願者が急増している。それに伴い、これまでとは異なる問題も生じてきている。ベトナムのような非漢字圏の留学生にとって、日本語学習はハードルが高いようで、漢字圏の留学生に行ってきたこれまでと同様の学習支援では事足りないのが実情である。

学生による自主的な活動

学びの足跡

　国際文化学部比較文化学科に所属する学生有志によって、1995（平成7）年の創刊号から2003（平成15）年の第7号まで、「えすぺーろ」という学科誌が発行された。自分たちの所属する学科を学生がどのように見ていたのかが窺え、興味深い。大学で学んだことは社会人になった時の即戦力にはならないけれど、長い人生の中で、生涯にわたって自分を支えてくれる貴重な財産であり、具体的な資格以上に価値あるものだ、という学生の声もある。

　コミュニケーション学部コミュニケーション学科でも、「えすぺーろ」を引き継ぐ形で「クローバー」という新たな学科誌が、2005（平成17）年に1号だけ発行されているが、継続できなかったことは残念であった。

ボランティア活動

　授業を契機とした学生のボランティア活動も盛んで、地域の高齢者の活動や交流の場に参加するなど、学生自身が自発的に身近な異文化体験をしている。具体的には、足守まちづくり奉仕活動、大学周辺のゴミ拾い、平井デイサービスへの慰問活動、養護老人ホーム友楽園での清掃活動、傾聴ボランティア、東山公民館での中国語講座、留学生による料理教室の開催、岡山市中心部の散策地図を英語版、中国語版、韓国語版で作成するなど学生が地域に根ざしたボランティア活動をし、「愛と奉仕」を実践している。

山陽学園大学に学んだ卒業生の思いと活躍

　国際文化学部に入学してきた学生は、「国際社会で活躍したい」といった漠然とした夢を語ることはできるが、その実現のための具体的なビジョンを持っている学生はそう多くなかった。ただ、資格取得や専門分野のスキルを上げることだけに力を注ぐよりも、あらゆることを吸収して、そ

こから学ぼうとする傾向が強かった。学生生活においては、学友会や部長会といった学生による自治組織に積極的に参加する者が少なくなかったという印象がある。一方、卒業後も同窓会の役員などを進んで引き受け、大学と関わろうとする姿勢が見られ、帰属意識の高い卒業生は多い。中国銀行、トマト銀行、おかやま信用金庫、岡山木村屋、岡山村田製作所など地元の優良企業に就職した卒業生は、同じ職場に10年以上勤務するなど、就職した先でも自らが帰属意識を持って仕事をしている事例が多い。

　コミュニケーション学部で学んだ学生は、卒業後の進路をできる限りイメージしようとし、例えばTOEICのスコアを少しずつ上げるなど、在学中から地道な努力をし、就職に結びつけた者も少なくない。岡山全日空ホテル（現ANAクラウンプラザホテル岡山）に就職し、フロントで働く卒業生や、全日本空輸株式会社（ANA）に正規社員として採用され、客室乗務員として働く卒業生などは、高校時代からホテルや航空会社で働きたいという夢を持ち、コミュニケーションを学べる大学を探し、本学に入学してきた。在学中に多くの留学生と交流し、異なる価値観を受け入れることを経験できたことは就職においても役立ったという。

　また、コミュニケーション学部の卒業生の中に、岡山大学の大学院に進学し、公立中学校の英語教諭として勤務している者がいる。社会人としての第一歩は、公立中学校の非常勤講師であった。実際の教育現場で働きながら、教員採用試験の勉強を続けた結果の合格であった。

　こうした卒業生の多くが口にすることは、大学卒業後も親身になって相談に乗り、自分の心に寄り添ってくれた大学の恩師の存在である。山陽学園で学んだことが、自分という人間の原点であると語る卒業生は少なくない。

　総合人間学部は、2009（平成21）年に男女共学にし、2013（平成25）年に初めて男子の卒業生を社会に送り出した。アパレル系を志望していたある男子学生は、就職試験の面接で、男子学生の少ない大学で、在学中にバスケットボールサークルを立ち上げ、組織構築を経験できたことをアピールし、ユニクロから内定をもらった。大学で身につけたコミュニ

ケーションスキルが、社会でも通用するものであったことを改めて実感したという。

　また、総合人間学部には、システムエンジニアとして日進測量株式会社で働いている男子の卒業生もいる。在学中は、情報・ビジネス関係の授業を積極的に受講し、モバイル端末のソフトウエアのアプリケーションの作成も経験した。理系の学部を卒業した人に比べ、文系の学部を卒業した自分は、知識の面では劣る部分もあるが、仕事では絶えず新しいことを吸収し、自分自身が成長するプロセスを楽しむようにしているという。これは、在学中に他者から学ぶ姿勢を身につけたからにほかならない。

　看護学部では、2013（平成25）年に1期生を社会に送り出しているが、その中に高度先進医療を提供している岡山大学病院に就職し、脳神経外科で看護師として働いている卒業生がいる。病気と向き合う患者に対しては、より心理的なサポートが求められるほか、覚えなければならない専門知識もたくさんあり、命と向き合う現場は、日々、緊張の連続である。しかしながら、充実した設備のある山陽学園大学で学んだことは、実際の医療現場で確かな知識や技術として大変役立っており、大学在学中に恩師から手厚いサポートを受けたことで、今の自分があるのだと実感しているという。また、自分たちこそ「愛と奉仕」の実践者だという自覚が強いが、これは山陽学園大学看護学部の卒業生すべてに共通する思いである。

　山陽学園大学で学んだ外国人留学生の多くは帰国するが、日本の大学院に進学する者や日本の企業に就職する者もいる。総合人間学部を卒業した外国人留学生の男子は、倉敷市児島にあるスクールユニフォームのパイオニアメーカー日本被服株式会社に就職した。大学時代は、授業に熱心に取り組む一方で、オープンキャンパスや不登校児対象の合宿でのボランティア活動などの行事にも積極的に参加し、日本人学生との交流を大切にしていた。採用試験の面接の際に、日本社会で働くために必要な常識や慣習を大学生活からも学ぶことができたことは貴重だったと語ったという。職場では「言うべきところでは、自分の意見をきちんと伝え

るが、その発言には周囲への配慮があり、公私ともに裏表がなく誠実な人柄で、日本人以上に日本人らしい社員の一人」との高い評価をいただいている。これは、本人の資質によるところが大きいだろうが、山陽学園大学での「人間教育」が外国人留学生にも浸透していることの一つの証でもある。

　ここに紹介した卒業生は、誰のために学ぶのか、何のために学ぶのかを理解している。それは、上代晧三が『非情への傾斜』の中で主体性の基本について以下のように述べていることを自ら実践していることに他ならない。

　「他人にむかって示すことではなく、自分の中で必死に育て、磨き、つとめるべき心がけなのである。」

(昭和53年「ある感想から」)

　私たちは、各学部で専門教育のさらなる充実を図るとともに、本学に学ぶ全ての学生に対して「必要とされた時に、手を差し伸べられる人であるために、信念を持って生き、日々の実践を積む」ことを教育していかなければならない。

(佐藤雅代)

コラム　グローバル化と共生理念

明治の開学設立趣旨書で「英学ヲ以テ高等普通文学ヲ教授シ」と高らかに謳った英語での教育が、我国グローバル化の第一波。まさに本学園は130年前の開学当初から、その最先端に位置していた。グローバル化とは、個別文化の差異を個々が背負いながら、同時に共通の土壌で競合し共生していくことであり、国際交流・国際理解の根幹は、民族国家や宗教国家などという共同幻想を越えた相互の人間尊重にある。

米国ミドルベリー国際大学院大学モントレー校で終了式後に先生や級友と

かつて開設当初の国際教養学科の1～3期生を教えた。先日、美術館実習に、布で髪を覆ったムスリム（イスラム教徒）の女子学生がいた。話を聞いてみると、なんと母親が国際教養学科の1期生で筆者の教え子。上海に留学した際、知り合ったチュニジア出身の留学生と結婚、今は家族で岡山に住む。

米スタンフォード大学院で、教育社会学の修士号を取得して帰国した別の教え子もいる。伴侶はメキシコ人で、3人の子供をもつ彼女は英、西、日の3カ国語に堪能なトリリンガル。現在、同僚として英語集中プログラムを担当している。皆、自由でグローバルな幅広い視座を持って世界に飛翔し、郷里岡山に戻りローカルに地域貢献。抜きんでた上代（かじろ）魂を有し、理想的グローカルな人生を闊歩している。単に語学が堪能なだけでは、いずれ機械にとって代わられるだけで海外では評価されない。その奥にある総合的な人間力の涵養こそが重要で、皆これを実践し実現している。筆者掌中の宝といえる。

このような学生を育成するため、本学共生グローバルセンターでは日本および日本文化の理解度を向上させ、さらに進んでアジアや世界に眼を向ける視座の構築を図り、総合的人間力を涵養して、地球規模でグローバルに活躍し、地域に貢献できる人材教育の全学的展開を支援している。

そのための本学の留学・交流は、インターン、短期交流・中長期留学の三本立てで実施している。以下、まずインターンでは、国立屏東大学（台湾）で本学学生が日本語教育実習。参加した学生は、インターンで実際に現地の学生に日本語を教えるのであるから、実践的で本格的な教育経験を積む貴重な体験ができたと成果を語る。短期交流では、上代淑ゆかりのマウント・ホリヨーク大学へ。セブン・シスターズと呼ばれる米国の大学中の最難関の名門

女子大の一つである。広大な敷地と美しいキャンパスで、今では一般の米国人が忘れてしまったかのように見える建国の精神とリベラルアーツ（教養）教育を、身を以って体験できたのが大きな成果と参加者はいう。中長期留学では、ミドルベリー国際大学院大学モントレー校へ。英語など語学習得もさることながら、世界各地からやってきた級友と知り合いになり、豊かな交遊を結ぶことができたのが一番の成果という。文部科学省・国費外国人留学生（日本語・日本文化研修生）として本学に中長期留学する、フェデレーション大学（オーストラリア）、柳韓大学（韓国）、ダブルディグリー制度を利用する中華大学（台湾）など協定校の学生もおり、在学生は彼らとの交流を通してさまざまの異文化体験を居ながらにして経験できる。

　また、本学学生の英語力向上のための英語集中特別プログラムも実施している。これは、グローバル化に対応し、高い英語力を身につけることで、海外の協定大学等の留学を経て、世界で活躍し、地域に貢献する人材育成を目指すもの。一般授業終了後、90分の授業を正課外で行っている。正課外なので、何回でも繰り返し履修が可能である。講師は、英語授業経験豊富なネイティブ・スピーカー、英語力に定評のある日本人名誉教授、TOFEL・TOEIC指導堪能者、欧米有名大学院修了者など。英語圏大学への留学対策から、ビジネスに必要な交渉能力まで、少人数授業で徹底的に鍛えている。せめて社会に出るまでの数年間に、観念の世界に遊ぶ醍醐味や、知的探求の面白さを身を以って知ってもらい、薄っぺらな知識偏重ではない、真の人間力を形成し、全人的な教養の幅を広げてもらいたいと願って、日々の授業を行っている。

　現在の世界を振り返って見ると、貧困や格差の拡大、テロによる難民・移民の大量流入など、まさに民族大移動の感すらあり、地球規模のグローバルな課題となっている。国際社会の平和を維持し発展させる上でも、教育は極めて重要な要素。テロへの参加など若者の過激化を阻止するためには、民主主義や法の支配といった基礎的な価値観を伝え共有することも必須。文化、宗教、言語の異なる学生に対し、君は君、我は我、されど仲良きと、共に学ぶ教育を実施し、幅広い人間性を養うことが肝要である。そのため、授業では、異なる文化背景にある相手の主張や考えをよく理解し、自らの考えも堂々と述べ、議論して、違いは認めつつも、お互いの立場に理解を示す幅広い人間性を身に付けるよう指導している。自分と異なった考えの存在や、それがどこからもたらされるか、といった文化の淵源を根底から理解するための知識、上っ面でない真の教養を身に付けることこそ本学教育の真の目的である。

（谷一　尚）

第17章

山陽学園大学看護学部・助産学専攻科の創設

看護学部の設置とその趣旨

　看護学部は2009(平成21)年4月に男女共学として1学年80人定員、専任教員は35人で開学した。

　わが国は、世界に類を見ない少子超高齢社会となり、疾病構造の変化、在宅医療の進展、医療技術の高度化など、保健・医療・福祉を取り巻く環境は大きく変化している。生命倫理や終末期医療、最先端医療等にかかわる課題も発生し、国民の保健・医療・福祉へのニーズは多様化、高度化する中で、社会では高い資質と能力を持った保健・医療・福祉関係の職業人が求められている。

　保健・医療・福祉の最前線で看護を行う最大の専門職業団体である看護職は、人々の健康維持・増進、疾病の予防、診療および療養上の世話や健康の回復への援助など、すべての過程に幅広く関与している。しかし、病院病床数の増加、高齢化の進展、医療技術の高度化、看護業務の複雑化・多様化等によって看護職の需要は増え続け、慢性的な看護職不足が指摘されている(平成19年版「看護白書」)。

　このような背景、社会的要請を踏まえ、理事会は高い資質と能力を持った看護専門職者を育成するため、看護学部看護学科を設置することとした。さらに男女共同参画社会における地域社会の要望に応えるため、女子教育の理念を拡大発展させて男女共学とした。

　看護は、本学園の教育理念である「愛と奉仕」の精神の推進に最もふさわしいもののひとつであり、それを主導してきた上代淑は、1907(明治40)年に欧米の教育事情視察のため9カ月間出張した際、少女時代から尊敬していたナイチンゲール女史に会うため女史の自宅を訪問したほどである。

教員組織

看護学部の教員組織は、開設当初、専任教授8人、専任准教授9人、専任講師3人、及び専任助教3人の合計23人の専任教員と、12人の助手35人で構成した。

教員編成として、基礎看護学、成人・老年看護学、母性・小児看護学、地域・在宅看護学、精神看護学の領域には、それぞれ実績のある専任教授を配置し、それらの教授陣を中心に教育研究ができるような教員編成とした。

看護教育

大学での看護教育は医療の高度化、複雑化、多様化に対応できる専門的知識や技術を習得させることはいうまでもなく、幅広い教養を基盤とした豊かな人間性と倫理観を備え、コミュニケーション能力を修得した看護職者を育成している。

教育方法
1) 多彩な授業形態

各授業科目は、講義だけでなくグループワークや演習を取り入れ、授業をとおして学習課題に対し自ら探究する習慣が身につくようにする。各看護学領域の授業展開は、最初に「概論」を教授した後、「援助論」で専門的知識・技術を各種シュミレーションや視覚的教材を活用しながら演習する。さらに各看護学講義・演習で習得した専門知識・技術を看護実践の場面に適用し、看護

日本赤十字社の指導員を招き救急蘇生法を学ぶ

の理論、知識、技術を統合することに務めている。

2) 少人数制教育の実施

　学生が主体的・効果的に学習できるよう、演習及び実習は、授業科目に応じて少人数のグループにわけ、きめ細かな教育を行う。なかでも1、2年次の「基礎看護技術」演習では、ひとりの教員が10～12人の学生を受持ち、技術指導を丁寧に行う。また、4年次の「卒業研究」「看護ゼミナール」では、ひとりの教員が2～4人の学生を受持ち、1年間を通じて学生が希望するテーマに沿った研究に取り組み卒業研究を完成させている。

看護学実習
1) 実習の基本的考え方

　看護基礎教育課程における臨地実習（看護学実習）は、各看護学の講義、演習で習得した専門的知識・技術を看護実践の場面に適用し、看護学の理論、知識、技術を統合するための必要不可欠な科目である。
　看護学実習では、生命と人間の尊厳を重んじ、さまざまな健康レベル、発達段階にある人々や生活の場を総合的に理解し、専門的知識・技術を用いて質の高い看護実践能力の基礎を身につけることを目的としている。これらの知識と技術を身につけることにより、卒業後に看護師として就職し医療現場において活躍することが期待される。さらに、看護学実習の中で患者を受け持つことによりその患者の身体的な疾患だけでなく、精神的な側面や社会的側面もアセスメントすることで保健・医療・福祉分野における関連職種の役割と連携を理解し、看護職としての責務を自覚し、自己の価値観や倫理観および看護観を養うものである。

2) 実習科目の概要

　実習科目の構成は、「基礎看護学」、「成人看護学」、「老年看護学」、「母性看護学」、「小児看護学」、「精神看護学」、「総合実習」の7領域における実習からなる。領域毎の実習は、学内での講義・演習が終了した後に実施している。

3）実習施設

　看護学実習は、実習施設との契約書を交わしたうえで開始している。契約書では、実習目的、実習生、実習期間の他に、実習における倫理的行動基準及び事故発生時の対応、守秘義務、感染防止対策等に関する取り決めをしている。

　主な実習施設は、岡山大学病院、岡山市立市民病院、岡山赤十字病院、岡山県精神科医療センター、心臓病センター榊原病院、岡山労災病院、旭東病院、慈圭病院、河田病院、訪問看護ステーション、保健所等である。

病院での基礎実習

4）実習体制

　臨地実習においては、1、2年次の基礎看護学実習は80人の学生を5～7人のグループ編成として少人数制教育を実施する。また、各領域別の看護実習も、80人を6グループ（1グループ13～14人）に分け、さらに同一の看護部署には3～7人の学生を配置し、少人数制教育を実施することを基本としている。

5）高い実践能力をもつ専任教員による教育

　看護職および教育職としての豊富な実践経験をもつ教員を中心として、講義、演習、実習を効果的に展開し、科学的根拠に基づく質の高い看護実践能力を修得するための教育、指導を実施している。これらの教育、指導により学生は、患者に対して深く関心を向けて思いやりと優しさをもち、看護援助や支援を身につけて将来の看護師として成長していくことができる。

取得可能な資格

　本大学では、医療現場で働く看護師のほか、保健師、養護教諭を養成

している。保健師は地域や企業において健康教育、健康相談、生活習慣病予防など保健医療福祉活動の担い手となり、そして、養護教諭は学校現場で看護に関する専門知識・技術を生かし、生徒の指導にあたる。

卒業要件の単位を修得すると、卒業と同時に看護師国家試験受験資格が取得できる。また、保健師国家試験受験資格か養護教諭一種免許のいずれかが取得できる。

卒業後の進路

ほとんどの学生が病院勤務を希望して全国各地の病院に就職をしている。東京では、聖路加病院、東京女子医科大学、都立東京松沢病院等、岡山市内では、実習病院でもある岡山大学病院、岡山市立市民病院、岡山赤十字病院、岡山県精神科医療センター等、多くの医療施設へ就職をしている。

保健師としては、備前保健所や地域包括支援センターへの就職、養護教諭としても採用されている。

上代淑と看護学教育

1953（昭和28）年6月に上代淑の手記に「ナイチンゲールと私」（『上代淑先生訓話集』）がある。その中で上代淑は、ナイチンゲールの胸像の前で"This life is worth living"（この世は生きがいがある）の言葉を受取り、ナイチンゲールの「病める人、傷つく人のために捧げて、どんなにしてもこの人たちを治してあげたい、治らなければ安らかに天国に送ってあげたい・・・〈中略〉・・・後継者を作りたい」という情熱にふれたことで、人生は人に奉仕してこそ生きがいがあると確信したとしている。この手記の最後は、「私は看護婦にならなかった事を誠に惜しいことだと思うことが再々あった。・・・〈中略〉・・・もっと立派な看護婦さんが沢山若い婦人の中から出て下さる事を祈りつつ筆をおきます。」と括っている。上代淑の生き方や考え方は時代を超えて、人としてまた看護師として持つべき基本

的な理念である。

山陽看護学研究会

　2009（平成21）年4月、本学に看護学部看護学科が新設された。看護学生が看護師になるために必要な基礎教育や看護学教育において、どのように教授し育てるか、どのように地域社会に貢献するかについて研究することが必要だと考え、2010（平成22）年4月「山陽看護学研究会」を発足させた。

　研究会の目的は、「看護学に関する研究の進歩発展を図るとともに、地域社会に貢献することを目的とする。」としている。つまり、看護分野で実践・教育・研究に携わる者が、お互いに協力、連携し、さまざまな課題について活発に議論し、研鑽を積むことにより、看護の質を向上させ、地域に貢献することを狙いとしている。そのため、会員は山陽学園大学の教員だけでなく、他の大学の教員や病院に勤務する臨床看護師や看護学領域に関心のある人々も会員になれる会則としている。

　研究会の発足記念会では、野の花診療所の徳永進院長に「ケアの誕生」のテーマで講演をしてもらった。毎年3月には講演会の内容とともに、看護教員や臨床の看護師が投稿した研究を研究会誌として発行している。

（揚野裕紀子）

看護研修センター認定看護師教育課程

　山陽学園大学では2011（平成23）年に看護研修センターを設置した。岡山県看護協会と岡山県立大学と本学との三者が共同して行ういわゆる「岡山モデル」として、9カ月間の認定看護師教育を開始した。「岡山モデル」とは、共通科目を岡山県看護協会が担当し、専門科目などをそれぞれの大学で教育する方法である。岡山県立大学が糖尿病看護分野、本学が皮膚・排泄ケア分野を担当し、研修生は職場で勤務しながら週末（木・金・土）に受講した。このような「岡山モデル」とされる教育形態は我が国で

初めての試みであり、しかも皮膚・排泄ケア分野の認定看護師教育機関としては中国・四国地方での第1号だった。そのため遠く沖縄をはじめ東京以西の東海、関西など多くの地域から研修生が受講した。

修了生の1期生から4期生（1人を除く）までは全員が、本学での教育修了後受験する日本看護協会認定部の「認定看護師資格試験」に合格しており、今年度5月に行われた資格試験には5期生18人と4期生1人が受験した。受験者19人中、17人が合格した。

この課程への入学資格は、看護師として5年以上の経験者で、認定看護師の資格取得後も、5年毎の資格更新審査を受けることが義務づけられている。

（藤原泰子）

助産学専攻科

2016（平成28）年4月助産学専攻科を設置した。本学看護学部では、学園の教育理念「愛と奉仕」に基づき、社会で活躍する看護師、保健師、養護教諭を輩出してきた。このような、山陽学園大学の歩みに新たな期待が寄せられるようになった。新たな期待とは、母子保健に貢献出来得る人材の育成である。すなわち、助産師の育成を行うという事である。社会は、産科医の不足や産科施設の減少、出産率の低下などから、出産現場で産科医と協働し、役割分担を担う助産師に多くの期待が寄せられている。産科医療提供施設が減少した事を受けて、厚生労働省では「院内助産所、助産外来施設整備事業」が行われている。助産師が主体となり緊急時の対応が出来る病院の中で正常な出産を行う事や、医師と連携して妊婦健康診査や保健指導を行う事が推奨されている。このように、多様化する妊婦のニーズと安全な出産を目指し、妊婦健康診査時の異常の早期発見や分娩時の緊急対応など、高度な技術が助産師に求められるようになってきている。

また、近年女性の社会進出が進み、出産の高齢化やハイリスク妊産婦は増加している。

ハイリスクとなる妊産婦の生活に根差した指導や心理的なサポートに加え、緊急時の的確な判断ができる能力の育成が必要とされている。周産期医療システムにより、一次医療から周産期センターまで、リスクによる医療提供が速やかに行えるようになった。助産師の今後強化されるべき役割と機能として、正常な経過の助産診断技術のみならず、医師のいない場での活躍も期待されている。

このように、出産のみならず生涯を通したウイメンズヘルスへの支援が必要とされてきており、その支援を行うべき、専門職として助産師が強く求められている。生殖医療や出生前診断の進歩により、妊娠に至るまでの経過には、専門的な知識と支援の方法が必要とされている。くわえて、女性の社会進出は進み、就業女性への支援の必要性と子育て支援には国の施策や、地域の母子保健、医療連携のできる能力が助産師に求められている。

助産師は大学院や、専攻科の課程における養成が主流となっている。岡山県内においては、看護系大学は6校あり、助産師の養成を行っている専門学校は5校である。大学院助産学コースは2校、助産師学校（大学）1校、大学の助産学専攻科1校、助産学校が1校であり、年間の養成数は、入学定員から換算して、50人程度である。

そのような状況下で本学では、地域の助産師不足や専門性をもつ助産師の養成を目指して開設した。

その教員組織は専任教員3人で構成している。本学生は講義だけでなく、グループワークや演習を取り入れ、各種シミュレーション学習や視聴覚教材を活用する授業を通じて、学習課題に対し、自ら探求する習慣を身につけさせている。

入学定員を10人にした。開設に当たっては実習施設の確保が不可欠である。

学生一人当たり10例の助産介助の実習が必要であり、県内の施設ではまかないきれない状況であった。出産が高齢化していることやハイリスクな出産も多くなっており、緊急時のチーム医療を学ぶため周産期センターの役割を持つ規模の病院も外すことはできない。このため、近県の

分娩施設(病院)へも依頼することによって実習先が確保できた。

　助産学専攻科を修了した学生は、助産師として、病院、診療所、助産院、都道府県の保健所、市町村保健センター、各種専門学校の教員、海外での助産活動など、幅広い分野での活躍が期待できる。より高度な専門性を身につけるために大学院など高等教育機関への進学も可能であり、研究者や大学教員への道もある。

　　　　　　　　　　　　　　　　　　　　　　　　　　　（富岡美佳）

―――― 第18章 ――――

山陽学園大学大学院看護学研究科の創設

　大学に看護学部開設後、4年生が卒業する年に大学院看護学研究科を設置した。2013（平成25）年4月1日である。

　医療分野における先端技術が高度化、関連職種の専門分化が進展し、保健医療を取り巻く社会情勢が大きく変化するなかで、解決困難な問題をもつ個人や家族、集団、地域へ対応するためには高度の専門知識・技術を有する看護師が必要である。このような社会的要請に応じるため大学院を設置した。

　学部教育で修得した専門的知識と技術を基盤にさらに学識を深め、看護学の体系化と看護技術の開発を積極的に進展していく教育者、研究者を養成するものである。

　看護学研究科には「看護学研究コース」と「精神看護CNSコース」がある。

　看護学研究コースでは、①グローバル化した感染対策、②生活習慣病への対策、③在宅高齢者の支援システム、④地域における包括的ヘルスプロモーション活動、⑤急速な少子化対策、⑥成長における各期のメンタルヘルス対策などについて焦点を当て、その特性および課題と解決方法を創造的、先駆的に探求し、看護実践における現状の理解と課題の発見、探求を行っている。

　医療の高度専門化に伴い、1996（平成8）年「複雑で解決困難な看護問題を持つ個人、家族及び集団に対して水準の高い看護ケアを効率よく提供するための、特定の専門看護分野の知識及び技術を深め、保健医療福祉の発展に貢献し併せて看護学の向上をはかる」（日本看護協会）ことを目的として、専門看護師（Certified Nurse Specialist 以下CNS）制度が誕生した。CNSは、日本看護系大学協議会が認定した大学院で教育を受け、日本看護協会が実施する専門看護師認定審査に合格した者で、2011（平

成23)年4月にはがん看護、精神看護など10の特定分野で、795人のCNSが日本看護協会に登録されていた。岡山県においては、6分野14人の専門看護師登録があった。また、2012(平成24)年には、県内でCNS教育機関として1大学院のみが認定され、そこではがん看護分野の教育が実施されていた。

近年、うつ病や統合失調症などの精神疾患の患者は年々増え、従来の「4大疾病」をはるかに上回っていることから、2011(平成23)年8月厚生労働省は新たに、精神疾患をがん、脳卒中、心臓病、糖尿病と並ぶ「5大疾病」と位置づけ、重点対策を行うことを決めた。岡山県では2012(平成24)年4月1日時点で、精神看護CNSは3人のみと少なかった。

これらの状況を踏まえ、本大学院看護学研究科看護学専攻(修士課程)に、精神看護のCNSコースを設置した。

コース別学生指導内容

看護学研究コースでは、各看護学領域の先行研究について学び、分析し、現状や課題について検討することによって、今後の看護実践に活かせるような問題提起を行う。また、その課題解決に向け、2年間(もしくは3年間)かけ、調査、実験、介入(支援の実際)などを行い、実態や介入の効果などを明らかにし、プレゼンテーションや学会発表などを経験しながら論文にまとめ、さらには社会へ成果の還元をめざす。

精神看護CNSコースでは、専門看護師資格取得希望者が、当該専門領域における特定の課題に対して、担当指導教員の指導、助言のもと、各自の行った看護実践について振り返り、看護実践力を高めるための論文としてまとめる。

精神看護学実習

精神看護CNSコースでは、臨床における精神看護学実習が必修である。精神看護学で必要な卓越した看護実践能力、ケア向上のための教育・研

究能力、総合的な調整能力、倫理的判断能力等を開発するため、専門看護師等によって高度な看護実践が行われている医療機関等で実習する。

　学生は、精神看護専門看護師としての役割と機能を果たすために、優れた実践を行っている精神科病院で、精神看護専門看護師と教員のスーパーバイズを受ける。学生は、解決困難な難治性精神障害者、法的対応が必要な精神障害者、長期入院患者の退院促進、精神科アウトリーチ、早期支援、予防を実践する。

　実習先は、複数の精神看護CNSが在職し、最先端の高度な医療、看護が実践されている東京女子医科大学病院、東京武蔵野病院、関西労災病院、岡山精神科医療センター、慈圭病院、河田病院などである。病棟看護師では解決困難な患者の対応や看護師と多職種との連携などの解決策を探るべく、相談、介入を実際に行う。また、その過程と効果について、レポートにまとめ、振り返り、精神看護領域におけるエキスパートである専門看護師となるべく臨床で知識・技術を高める実習を行っている。

（田村裕子）

第19章

山陽学園同窓会の歴史

1 中学校・高等学校の同窓会

　同窓会が発足したのは、第1回の卒業生が巣立ってから11年後の1902（明治35）年。同窓会誌『みさを』も同年から発刊された。同窓会の歴史も100年以上ということになる。

　学園は創立以来数年は、生徒も増えていたが、社会の変動の影響等で生徒数の減少もあり、何度も危機に直面していた。学園存続に関わる程の経済的危機も度々であった。しかしその都度、関係者の献身的な努力、働きにより立ち直っている。その窮地には必ずと言ってよい程、同窓会の経済的援助がなされている。

　初期の『みさを』誌上では、大西絹幹事が母校のために「基本基金」の設立を始めたことを発表している。そして、上代淑は、創立記念日前後に開催する「同窓会総会」において、必ず「母校を忘れないで、力を貸して欲しい」と語っていた。当時の同窓生の胸の中には、この言葉がいつもあった。

　同窓生個々の寄付ばかりでなく、1920（大正9）年には母校を支えるため、母校基本金大音楽会を山田耕筰を中心として2日間にわたって開催した。

　山田耕筰は、創設された第六高等学校の初代英語教師エドワード・ガントレット（E.Gauntlett）夫人恒子の弟であった。少年時代、岡山市門田屋敷の姉夫妻の家に同居し、世話になっていた。彼が音楽に目覚めたのは、音楽にも堪能であった義兄の影響が大きかったといわれている。恒子は1902（明治35）年、短期間ではあったが、山陽高女の教師として英語と音楽を教えていた。ガントレット夫妻と上代淑は同じ信仰で固く結ばれていたこともあって、山田耕筰と山陽は深い親交をもっていた。

講演会なども企画し、当時では珍しい文化的行事には、同窓生自身も知性と教養を高めるために、誘い合って多数参加していた。山陽の卒業生であることに、誇りを感じるひと時であったと偲ばれる。

　留学を終え、帰国した上代淑の発案で始められた岡山初のバザーには多数の来客があり、後に同窓会の事業のひとつとして有名になった。

　戦後「灰の中から立ち上りましょう」の上代淑の呼びかけのもと、学校の再建を目指して、生徒たちが音楽、舞踊、演劇などを携え、県内を公演して回った。この時の裏方は、すべて同窓生が担い、生徒と共に母校の復興支援をした。このような活動を行うことが出来たのは、上代淑と卒業生一人ひとりの絆の強さの表れといえる。

　世の中が落ち着いた1950（昭和25）年頃、岡山には洋裁学校が多数開校した。それは以前、花嫁修業は和裁、茶道、華道等を習得することとされていたが、それに加えて洋裁学校に通うという風潮ができたからである。山陽の卒業生も、数人が洋裁学校の経営者となり、自身も生徒たちに山陽の精神を伝えていた。その中、同窓会の役員でもあった3人が、それぞれの学校で指導する生徒と共に山陽の制服を仕立てることを始めた。仕立て代のほとんどは蓄え、母校の慶事、経済的援助の必要な時に寄付をしてきた。

　改めて、学園と共に歩んだ同窓会の歴史を振り返ると、上代淑の教えを受けた先輩たちが、ただひたすら母校を想い、「勤倹節約」に勤め、奉仕の精神を持ち歩み続けたことがわかる。

　つい最近も、90歳代半ばで亡くなった昭和初期の卒業生の遺言によって、同窓会に多額の寄付があった。生涯、山陽での教えを心として生きてきた人だったと感動をし、感謝を持って納めた。

同窓会の活動

　同窓会館は、以前、校門脇の建物を使っていたが、同窓生の強い希望もあり、校地のいちばん奥に新築移転した。多くの同窓生からの寄付によって、立派な2階建ての素敵な会館が完成した。

1997年に落成した同窓会館

近年は、同窓生の親睦をはかるため、種々の活動をしている。

年1度の総会開催、同窓会報「みさを」の発行。関東、関西、名古屋、広島、九州に各支部を置き、年1度の支部会を開催している。

同窓会館では月に1度、卒業生の指導によるビーズ教室、フラワーアレンジメント教室を開いている。また、学園の備品を借り、ハンドベルの練習を続けて、方々の施設などで演奏会を行っている。クリスマスには、学園と関係深い近隣の二つの教会に招かれて、演奏することも定例となっている。学園の文化祭「みさお祭」ではバザー、喫茶で参加している。同窓生も大勢訪れて、なつかしい1日となっている。

卒業式で「上代賞」を授与された生徒に、同窓会からお祝いの記念品を贈っている。また、日々部活動に励み頑張っている生徒を応援するため、年間で優秀な成績を残した数部に「同窓会奨励賞」を贈っている。

卒業して、新しく同窓会会員となる高校3年生には「同窓会入会式」を上代淑記念館で行っている。

(三浦裕子)

2　山陽学園大学・短期大学同窓会の歴史

現在の同窓会は大学と短期大学のそれぞれの同窓会が合併して、山陽学園大学・山陽学園短期大学同窓会という一つの組織になっている。愛称は「花水木会」。

山陽学園は1969(昭和44)年に短期大学が設立され、1994(平成6年)に大学が設立された。同窓会もそれにともない、短期大学同窓会は1971

（昭和46）年3月、また大学同窓会は1998（平成10）年3月に、それぞれ第1期生が卒業した日に発足している。短期大学同窓会発足当時は会則も決まっておらず、形ばかりのものだったが、第1期生のクラス顧問の一人であった村岡知子教授の呼びかけで、数人の卒業生が集結し、基盤となる同窓会会則案の作成に取りかかった。そして、翌年2月20日、学内において第1回同窓会総会を開催し、会則案が決定され、同年3月1日から施行されることになった。第2期卒業生を含めた同窓会会員名簿の第1号を発行し、同窓会活動は本格的に歩み始めた。

　1972（昭和47）年以降の大学祭には同窓生のための会合の場が設けられるようになった。同窓会の運営については正式役員の選出が急務であった。1975（昭和50）年10月の第2回同窓会総会で役員の選出、会費の納入方法などについて審議し、幹事19人を選出した。そして、1977（昭和52）年5月の幹事会で同窓会初代会長に中村みき枝が就任し、同窓会組織が確立した。

　1973（昭和48）年、短期大学創立5周年に先駆けて、キャンパス内の池のまわりに花水木を植樹し、平井のキャンパスはしだいに彩られていった。1978（昭和53）年には短期大学創立10周年を迎えるためにキャンパス内の池の噴水1基を贈呈した。

　1984（昭和59）年5月に逝去した上代晧三初代学長の学園葬には、会長中村みき枝が同窓会を代表して参列、献花し、弔意を表した。その8月には1期生54人が集まり、当時のクラス顧問ら開学時からの教員とともに上代学長を偲びつつ旧交を温めた。その後も、多くの教員の協力により同窓会会費の納入方法や会員名簿の作成、会則改正、役員改選などを手掛け、1987（昭和62）年度卒業生から終身会費制へ移行した。

　1988（昭和63）年8月の総会では第2代会長日笠佐知恵が就任し、かねてから発行が待ち望まれていた同窓会会報を創刊した。

　1974（昭和49）年の開学5周年記念式典には生花を贈呈したことをはじめとして、山陽学園創立記念や短期大学開学記念の節目には学園や学生のために、寄付ができるまでになった。

　それ以外にも、様々な災害時には被災地に向けて寄付をしている。

1976（昭和51）年　山陽学園創立90周年記念
1995（平成7）年　阪神淡路大震災のため、被災地への支援金
1996（平成8）年　山陽学園創立110周年記念
1999（平成11）年　山陽学園短期大学創立30周年記念
2004（平成16）年　新潟県中越地震災害義援金
2008（平成20）年　山陽学園大学・山陽学園短期大学の改組記念
2011（平成23）年　東日本大震災のため、被災地への支援金
2014（平成26）年　山陽学園創立130周年記念

　短期大学創立20周年には、同窓会会報第2号を発行し、以後毎年発行することとなった。また、この年には創立20周年を記念して、学生会館が建設され、その建物の一室を同窓会事務室として使用することになった。

　順調に動きはじめた同窓会は、1992（平成4）年の会報より、福田稔学長の提案で「はなみずき」と名付けられた。翌年より「花水木」に変更。

　1994（平成6）年には、山陽学園大学設立とともに建設された本館塔屋に時計を贈呈。1995（平成7）年には、第10回同窓会総会・親睦パーティーが開催され、この頃から卒業20周年の同窓生を招待するということになった。翌年、山陽学園創立110周年記念館にて、第11回同窓会総会・親睦パーティーを開催した。

　2002（平成14）年、ボランティア部「花水木の会」を発足し、年に数回、旭川児童院でおしめたたみのボランティアを行っている。

　2003（平成15）年、第3代会長として、岡本友美が就任。2006（平成18）年、同窓会事務室をD棟1階に移転し、同窓生が集うことができるスペースを確保した。同年、山陽学園創立120周年を記念して、タレントの西川ヘレンを招いて講演会を開催。

　1998（平成10）年には、山陽学園大学第1期生が卒業し、岡共仁子会長のもと有志により同窓会組織が発足した。同窓生の年齢も若く、留学生も徐々に増え、なかなか同窓会活動をするまでには至っていなかった。

　2004（平成16）年2月18日、当時の大学同窓会岡共仁子会長と短期大学

同窓会岡本友美会長が会談を持った。その際、大学と短期大学、また日本人と留学生などと区別しないで、同じ平井のキャンパスで学んだ仲間として、ひとつの組織で活動することが理想であるとお互い同じ思いを持っていることを確認した。

　2007（平成19）年、活動内容を情報発信できるように、短期大学同窓会のホームページを開設。

　同年より、山陽女子中学校・高等学校の同窓会役員との交流会を始める。活動報告や意見交換をすることによって、「山陽学園」というひとつの絆であることを再認識するこができた。この交流会は以後毎年行っている。その結果、2016（平成28）年には山陽女子中学校・高等学校の同窓会と山陽学園大学・山陽学園短期大学同窓会が協力し、脳科学者である茂木健一郎を招き、山陽学園創立130周年記念事業として講演会を開催した。

　2008（平成20）年10月　大学同窓会が初めて、卒業10周年を記念し、卒業生パーティーを学園内「Domus Amicitiae」において開催している。この際に、山陽学園短期大学同窓会との合併にむけ、案内している。

　2009（平成21）年2月大学同窓会は第1回総会を開催し、短期大学同窓会との合併につき、規約の改正、役員改選等を諮っている。

　同年、短期大学同窓会は同窓会会員全員にアンケートはがきを送り、合併に関する合否を問うた。426通の返信があった。395人が賛成、26人が反対、5人がその他という結果だった。

　全く別の2つの組織が1つになるということは、難しいのではないか、という意見もあった。それぞれの代表メンバーが集まり、幾度となく話し合いを持った。しかし、その心配をよそに、それぞれの代表メンバーは譲り合い、お互いを尊重し合い、どちらにも公平になるように検討し、順調に合併を進めることができた。

　最終的に合併に至るまでには5年もの月日を要したが、2009（平成21）年、大学と短期大学の同窓会はめでたく合併することができた。

　これを機に新しく「OGプロジェクト」（現在は男女共学になったため「OG・OBプロジェクト」）という名称で大学祭に参加するためのグルー

プを発足。発足当時には、大学祭のステージでの手話を用いて「ハナミズキ」という歌を披露した。また、食物栄養学科卒業生を中心に何度もメンバーが集まり、美味しいみたらし団子や黒蜜団子のレシピを研究した。そして、大学祭当日、模擬店として「花水木家」という団子屋を開き、振る舞った。この「花水木家」は現在も続いている。

2014(平成26)年10月、2年後に迎える山陽学園創立130周年の年に咲くようにと、キャンパス内の池の傍に御衣黄(ぎょいこう)、そして、学生会館横に同窓会のシンボルである花水木を記念植樹する。御衣黄は、緑色の花が咲く桜である。これは、山陽学園のスクールカラーのオリーブグリーンをイメージして選んだ花である。

植樹

2015(平成27)年、続いて山陽学園創立130周年記念事業として、太陽光発電システムを大学看護棟屋上に設置。太陽光発電システムを設置することで、環境に配慮した学園であることをPR。

また、売電収入の約半分を学園に20年間に渡り、毎年寄付することとし、また、残りの半分を同窓会が受け取ることで、20年間で設置当初投資した金額を回収することができるようになっている。

これら以外にも、年間行事として現在では、会報「花水木」の発行をはじめ、同窓会総会及び卒業20周年記念親睦パーティーや様々な文化教室、大学祭への参加、親睦旅行、留学生支援などの活動を行っている。

ソーラーパネル

こうして同窓会活動が継続できるのも、母校を愛する役員、理事、「OG・OBプロジェクト」メンバーを中心とする、多くの同窓生の「愛と奉仕」の精神のお蔭である。

(岡本友美)

第20章

上代淑の教えを受けた母が育てた息子たち

はじめに

　上代淑の教えで山陽学園関係者にもっとも身近なものは、日めくりになっている「日々のおしえ」であろう。この「日々のおしえ」は、上代淑が語った言葉を、生徒がそれぞれの手づくりノートに書き留めた「お守り帳」を基に、1954（昭和29）年に作られたものである。1カ月、1日から31日までにまとめられ、日めくりカレンダー式になっている。現在でも山陽女子中学校・高等学校では、生徒も教師も毎日読み、心のよりどころとし実行を心掛けている。また、生徒たちは礼法の講話の授業では、新しく編集された「お守り帳」を読み、31日分の「日々のおしえ」の言葉の背景を知り、上代淑の教えを受け継いでいる。

　上代淑の教えは、学園設立趣旨に記載されている「キリスト教をもって道徳の基とし……」に沿ったもので、学園の建学の精神は130年間連綿と続いている。したがって、山陽女子中学校・高等学校の道徳とは、上代淑の教えを学び実行することである。すなわち、「日々のおしえ」を体得することであると言えよう。

　淑の教えは12歳、13歳の中学生にも理解できる平易な言葉を使い、人として当たり前のことを、細かく具体的に、そして繰り返して語ることで自然に定着するという特徴がみられる。要するに"耳にタコができる"ほど、事あるごとに繰り返して語ったのである。実際、上代淑から直接教えを受けた卒業生の多くが「在学中はまたかという気持ちであったが、卒業後は思い出し、いろいろな場面で大変役に立っている」と語る。

　生徒は一人の人間として大切にされ、卒業式では、「あなた方一人ひとりを私は糸で結んでいます。私の娘です」と言われ、門出を惜しまれながら、社会へと羽ばたいていった。この卒業生が体得した淑の教えは、彼

女たちが作った家庭でどのように具現化されたのだろうか。女子校ゆえに入学できない男子、つまり息子やその家族にどのように伝えられたのだろうか。

日々のおしえを「子育てフレーズ」に使っていた母

研文館吉田書店社長・吉田達史氏が語る
母吉田金代（旧姓渡辺）さん、1932（昭和7）年卒業

　私の家は母（7年前96歳没）を始めとして、親戚一同で10名ぐらいの山陽学園の卒業生がいます。一番若いのが60歳代の妹で、半数はかなりの齢になっており、あとは物故者になりました。みんな中学校から通っていたので、まるまる山陽さんだったと思います。母の在学中の山陽学園の学生は、岡山で昔よく言われた分限者（そこそこの裕福なお金持ち）の良家の子女が多く、ゆったりと恵まれた学生生活を過ごしたようでした。しかし、学園には上代淑先生の優しくも厳しい教えがあり、「愛」と「奉仕」と「感謝」というキリスト教的なセンスの精神でもって、生徒一人ひとりが糸で結ばれていたと母から聞きました。

　「清く正しく明るく強く」がどんな場面に遭遇しても、母の心の支えになっているキーワードになっていました。現在でも「日々のおしえ」として脈脈とうけつがれています。具体的には、「ねたまず・憎まず・たかぶらず」「美しい行いは美しい心から」「物の命を大切に」「素直な心で明るい返事」「辛抱第一何くそで」「人のため尽くす事こそ私たちの喜び」といった出来そうで忘れがちのこれらのフレーズを基礎にして、母は子育て教育をしていたように記憶している。私の場合は男の子だから、「辛抱第一何くそ」の精神で頑張れとよく言われた。

　私の家は1875（明治8）年から、生業として書店を営み、戦前から現在に至るまで山陽学園の教科書、図書館用、先生個人の本を購入いただいている。私も幼いころから学園に出入りしていた。上代淑先生が車いすに座り、「グッドモーニング」と生徒に声をかけられている場面に遭遇したことがあった。母から聞かされている先生に出会ったのでした。

学校との関連では、私が高齢者になって思い起こされる子供時代のことがある。母の学生時代の友人で、牛窓の岡明さんという大きな造船会社のお嬢さんがいた。学生の頃は勉強もトップ、美人でなんでもこなす、今でいうスーパーウーマンの方でした。太平洋戦争の末期、岡山も空襲で焼け野原になり行き先の無い時、広い心で離れの一軒家に無償で私の家族5人を受け入れてくれた。母はこのことを私たち子供に御恩を一生忘れてはいけないといつも言っていました。終戦になって私たちは岡山の表町に帰りましたが、その後、母は親友中の親友として家族ぐるみでお付き合いしていました。

　真の親友とは不思議なもので、同じ年に体調を崩し、7年前の9月に岡のおばちゃんが亡くなりました。このことは母には隠しておりました。母は3カ月後におばちゃんが先に逝っていることも知らず、あとを追うように黄泉の国へ旅立って行きました。あの世で二人は再会して楽しくやっていることでしょう。

　母の葬儀の時、あることを思い出しました。それは小渕首相の葬儀の時、テレビに早稲田大学校歌"都の西北"が流れ、私は自分の母校の校歌に感動し涙が流れました。母の葬儀には私も好きな女子校らしい校歌を静かに流して見送りしました。参列してくださった方も、母自身も喜んでくれたと思います。

　伝統校　山陽学園　永遠に！　そして山陽さんがんばれ!!

「マウント・ホリヨーク大学留学」を勧められた母

　　　岡山県立大学名誉教授　平田　稔氏が語る
　　　母・平田八重子（旧姓平田）さん、1928（昭和3）年卒業

　母は山陽高等女学校へ大正時代の終わりに入学し、昭和の初めに卒業しました。在学中に箏曲生田流の師範免許を得ていたので、卒業の翌年に箏曲教授の看板を揚げました。

　1936（昭和11）年結婚しました。一人娘でしたから父勇を婿として迎えます。父は今でいうと国土交通省に相当するところに勤めていました。私

は1938（昭和13）年に生まれました。父は1944（昭和19）年4月に召集令状を受け、姫路部隊に入り、5月に満州第74部隊に配属されます。家族は当時、岡山大学付属小学校の近くに住んでいました。1945（昭和20）年6月29日深夜の岡山大空襲に遭遇します。家は全焼し火の中を逃げることになりました。終戦を迎え、満州の父はハバロフスクに抑留され、やっとの思いで1947（昭和22）年4月に舞鶴に引き上げてきました。それまでの間、食べることに困った母は自身の帯を仕立て直したリュックを背負い、小間物の行商で家族を支えてくれました。

　このような日常生活の中で、母の心の支えは上代校長とお琴でした。事あるごとに「上代校長が……」と話してくれます。母にとって上代校長は神様でありました。小間物の行商は楽ではなかったようですが、陽気に振る舞い、窮地にあっても「何くそ」の精神で開き直り、好転を信じる人でした。

　この母が何度か語って聞かせてくれたのが、女学生の頃、上代校長から留学を勧められた話です。上代校長は私の祖母に、アメリカのマウント・ホリヨーク大学へ娘を留学させないかと誘いをかけられたそうです。祖母にとっては予想外のお話で、留学費用の工面も出来かねると申し上げたようです。上代先生が「費用はなんとでもなり、ホームステイ先では、限られた時間ベビーシッターをする方法もあります。」と言われたようです。祖母はベビーシッターの意味を知ると「娘をアメリカまで子守に出すことはできません！」と、お断りしたそうです。母は相当未練があったようで、この話は何度も聞かされました。母の女学校時代の英語の先生は斉藤栄（旧姓高橋栄）先生でした。同じ斉藤先生に、私は西大寺高校で英語を習います。不思議な縁を感じます。

　留学への未練が残る母は、父もそうですが、私の美術系進路には協力的でした。父の仕事の関係で、西大寺での生活は小学4年生から大学1年まで続きます。美術の先生との出会いにも恵まれます。小学校では日展系の団体に属しておられた木村初男先生、西大寺高校では進学のための木炭デッサンを教えていただいた後安重信先生、岡山大学教育学部特設美術課程では竹内清先生にご指導をいただきました。特に竹内先生と

は、卒業後もずっと師弟の関係が続きます。

　岡山県立大学でデザイン学部長を務めていて、退官記念展を開く時期に、学内の問題処理に忙殺され、展覧会どころではなかったのですが、同僚の先生方のお力添えを得て無事開催できました。苦しい時の母の「何くそ」は私の体内に住み着いています。

　上代先生の教えと箏曲の師匠の教えを守った母は喜寿の歳に「いつ果てる命なるかはしらねども　今日大事に　今日を頑張る」と毛筆で書き残しています。

　父が他界した後、母は独り住まいをしていました。私たちとの同居を何回も勧めましたが断られました。近くに友達もいて、市内中納言町から歩いて岡山大学付属病院へ通う独立独歩の人でした。2002（平成14）年、92歳であっと言う間に亡くなりました。

　私には三つ子の孫がいます。世話が大変ですが、息子の妻は明るく頑張っています。母も含めて、女性の力は偉大だと実感しています。

「神に祈る」2人の母

　　　玉井宮東照宮宮司佐々木講治氏が語る
　　　実母佐々木知（旧姓須々木）さん、1944（昭和19）年卒業
　　　養母佐々木佐於子（旧姓佐々木）さん、1945（昭和20）年卒業

　私の一族は山陽女子校出身ばかりです。実母、養母、祖母、娘二人です。

　実母知は岡山市中区表町で生まれ、山陽へ進学しました。運動好きで、在学中はソフトテニス部に属していた一方、日本舞踊も嗜むお嬢さん育ちでもありました。卒業と同時に山陽新聞社勤務の父佐々木一郎と結婚し、2人の男子が生まれました。弟の方が私です。父は玉井宮の長男でしたが、跡を継ぎませんでした。私は結婚後、叔母夫婦が後を継いでいる玉井宮佐々木の養子になりました。同居していた実母は穏やかでしたが、明るく天真爛漫な性格でした。女学校時代からの友人が多く、集まって、いつも家はまるで同窓会をしているかのようでした。運動部員共通

の「辛抱第一何くそで」が身に付き、単身赴任の多かった父の代わりに、神社の手伝いをしながら頑張ってくれました。岡山大空襲で東山の自宅や山陽の校舎がすべて焼けた時も頑張りました。(同席した由起子夫人「とても良い姑(はは)でした。実の親子のようにいろいろなことを教えてくれました。このお守り帳を読むと、いつも言われていたいろいろな言葉が思い出されて……」と涙ぐまれた。)

母は、子どもからみても、朗らかで芯は強くて病気になったこともない人でした。しかし、その母が病魔に襲われ、65歳で亡くなりました。亡くなるまでの3年間は弱気になってはいたものの愚痴をこぼさず、明るく日々を過ごしていました。実家が毛糸屋なので編み物が好きな人でした。何か祈りをささげるかのような姿で毛糸編みをしていた母の姿が思い出されます。

私たち夫婦は玉井宮の神職を引き継ぎました。養母佐於子もやはり山陽の卒業生です。養母の母(祖母)も山陽の卒業生です。祖母は早く亡くなった祖父の代わりに戦後の神社維持のために苦労し、いろいろと辛いこともあったようです。でも自分の辛さを口に出すこともなく、愚痴をこぼさなかったそうです。が、次第に祈りを求め、羽仁もと子の考えに傾倒していったようでした。どうしてと尋ねたら、「私だって辛いことがあるから救われたかった」と言いました。

私のうちは神職の家系であるにもかかわらず、キリスト教の教えを学園の精神にしている山陽に一族の女性が進学しました。これは神に祈ることは同じだからです。どのような神であっても、神を信じて祈り、感謝するという山陽の上代淑の教えや学園の精神は現代にも大切なことです。

長女彩乃は山陽女子高等学校を卒業(2005年3月)して、東京の大学に進学しました。このとき、中村慎先生の的確なアドバイスを受け、大学卒業後も神職の資格を取ることもできる総合大学を選び、やがて自らの意志で神職の資格を取りました。最初の3年間は東京の神社で巫女をしていましたが、やはり神職につきたいと転職して、今は他宮で神主になっております。女性神主となって神に感謝し祈る生活をしている娘の心の

支えは、山陽の日々のおしえであり、友達との結束です。そして彼女の目標は、高校時代にオーストラリア留学して培った英語力で他国の人と語ることです。

次女悠乃は特進コースを選びました。故月本吉信先生を始め大勢の先生から丁寧な指導を受けたおかげで卒業（2009年3月）後、岡山大学に進学できました。今、会社勤めをしております。私は娘たちを山陽女子高校に進学させて、大変良かったと思いました。感謝しております。

家訓はみんな仲良く「50センチ向こうまで」と廊下を拭く

岡山トヨタ自動車KK元代表取締役梶谷陽一氏が語る
母梶谷歌子（旧姓河本）さん、1924（大正13）年卒業

私の母歌子は、津山の出身で地元校への進学を考えていたが、第六高等学校在学中のいとこから山陽高等女学校を強く勧められ進学した。賢い人で愚痴を言わない明るい人であった。父の結婚相手が歌子と知った時、父の妹マス子も山陽高等女学校に在学中で、山陽で一番の才媛が私の義姉になると学校で話していたそうです。父堅一郎も聡明な人で、母は父を尊敬していました。大地主の跡取りであった父は自動車の時代が来ることを予見し、戦前から自動車販売を起業していた。その父の才覚で、資産の分散ができていたことが、戦後の農地改革による旧家逼塞（ひっそく）の運命から梶谷家はのがれることができたのです。

私の記憶では母は「上代校長が……」という言葉を使った話はあまりしていなかったが、とにかく「みんな仲良く」であった。母が諭した言葉では「バスに乗るとき人を押しのけてはだめ」と次の弟は記憶しているという。

とにかく梶谷は代々の親戚が大変多い家である。父の兄弟が子供たちをつれて戦争疎開をしてきた時も、お手伝い任せにするのではなく、母はてきぱきと取り仕切り、自ら体を動かして根限り親切に世話をした。終戦の時は、私は20歳になったばかりでした。その時の生活を思い出したら、母はよう世話をやっていた。この年になっても、80歳になっている

いとこ達といまだにいとこ会を持つことは母のお蔭でうれしい。いとこたちは、うちの両親の結婚60周年記念会には、子や孫とともに駆けつけて祝ってくれた。その時の大集合写真がある。

　私たち夫婦も2014（平成26）年に結婚60周年を迎えました。父たちの時のように大勢の身内が集まってお祝いをしてくれて嬉しかった。母の「みんな仲良く」が梶谷の家訓です。

　日めくりの「50センチ向こうまで」は、長い廊下を拭くとき、母がよく言いながら妻と掃除したそうです。「物の命を大切に」とお菓子の空き箱や包み紙も再利用していた。また、母はたかぶらず、近所の誰にでも気軽に声をかけていました。依頼を受けて、倉敷の製糸工場で働く人に度々講話をしたが、母の話はわかりやすく、人として当たり前のことを話したことも妻から聞きました。家で家族によく言っていたことを語っていたそうです。

　大家族を守り会社経営の父を支え、私から見たらいつも元気よく動き回り、いつも何かをしている母でした。山陽学園の同窓会長もしましたね。他には保護司、調停委員を70歳まで引き受けていました。とにかく動くことが好きな明るい母でした。

　都子夫人「山陽の教育は人間として当たり前のことを教えていると私は思います。私は自由学園の創設者羽仁もと子さんを敬愛していました。あの自由学園の教育と山陽の上代先生の教えはよく似ていて、基本理念は同じですね。今も母の時代と同じように、空き箱や包み紙などは大切に保存して、いろいろと再利用しています。」

母の生活はすべてが上代先生

　　　「タクシーに乗る。そんなことをしたら、上代先生に叱られる！」
　　　　パリー在住画家赤木曠児郎氏が語る
　　　　　母赤木美恵子（旧姓結城）さん、1931（昭和6）年卒業
　母は山陽高等女学校のキリスト教を基調にした教えが好きで進学した。在学中上代校長を信奉していた。国鉄職員の父と結婚し、赤木家で普通

の主婦になりました。戦前のその頃は自分が縫った衣服を着ることが当たり前であったが、母は和服のお裁縫は大変不得意でした。それでその頃、東京から帰岡した平田貞子さんが洋裁学校を開かれました。母はさっそくその洋裁学校に入学し、幼い私を連れて生徒になって学びました。少しずつ洋裁を手掛け、近所の人に親切に縫い方を教えることもあった。終戦後、母は疎開先の西大寺で洋裁学校を設立しました。学校は、生徒が自分の服を縫うことができるようになることを目標にしたものであったが、洋裁を教えることだけでなく、上代淑先生に来ていただいて、講話会などを開き人間教育もしていました。

　母と一緒に洋裁学校へ行った私は、絵や映画が好きな子供でした。その私が岡山大学理学部物理学科へ進学したのはあることがきっかけでした。私の高校時代、湯川秀樹博士がノーベル物理学賞を受賞して戦後の日本に元気を与えてくれたのです。私は物理という言葉に惹かれて進学したのですが、物理はさっぱりだめで、やっと卒業はしたものの、物理を続ける気持ちは無くなりました。ただ、好きな絵を趣味として始め、岡大在学中も、大学に新設された教育学部特設美術科の聴講生にもなって教室に入り込んでいたことはありました。

　大学時代まで母と同居していた私が覚えていることは、母の生活は上代淑がすべてでありました。「上代先生がこのように話した」とか、口ずさむ歌は上代先生の歌でありました。麦稈真田を組む女工の歌もあり、淑の声を吹き込んだレコードを度々聴いていた。特に記憶している言葉と言うよりも、日めくりのすべての言葉が残っている。母は、いつも「上代先生が……」であったから、幼いころ「自分が上代先生になれば！」と言ったことも覚えている。

　母が洋裁学校を開いていたので、私は洋服などのファッションに興味があり大学卒業後東京に行き、絵では食べられませんから、帽子や服のデザインを手がけました。帽子は皇后様（昭和天皇妃）の帽子デザイナーベルモード筒井光康先生のもとで勉強しました。それを妻が仕立てる手助けをしながら、一度はこの目で本物の源流を見たいと、フランス留学のもろもろの準備をしたわけです。7年後私が30歳の時、妻とパリーに行

き、以後50年のフランス生活となってしまいました。グローバル人の上代淑を手本にしている母であったが、私のフランス行きだけは支援せず、「帰って来い」を言い続けていました。

　私が母の生き方から受け継いだといえるものは、母からいつも聞いていた山陽の上代先生の言葉です。そして赤木の家には母方の祖父が書や掛け軸にした聖書の言葉があふれていました。キリスト教に入った母方祖父の家には、戦前から戦中、キリスト教関係者が集い、関西からも有名な人びとが来ていました。母が山陽に入学したのも、当時の岡山キリスト教会の縁でした。そのような環境の中で、私は自然に上代先生の言葉や聖書の原点に思いを馳せました。人に与えることができ、大切にされるこれらはなんだろうか。この世にこのように多くの人に愛され求められているものがあること知り、自分の大切なものは何かを求めました。

　私は、大学時代に物理を学んだこともあって、従来の画家が持つ既成概念を脱却した新しい画を求めました。そして、赤色の線で描くパリの街々は高い評価を得ました。数多くの賞を受けることができました。まだまだ描きます。

　私が、かつて母が山陽学園同窓会会長（1999年〜2003年）になることを反対した理由は、どのような会でもトップは政治的感覚を持ち、経営責任を果たさなければならないからです。赤木の家は名士でもなく、裕福でもなく、普通のサラリーマン家庭で、学園と特別深い縁があるでもなく、上代先生を知っているだけでは、名門山陽学園の同窓会長にはふさわしくなく、学校に迷惑が掛かると私は思ったからでした。今日、母の書いた上代先生のお守り帳の本や、生前の母が話したことなどを聞き、母の思いを受け止めてくださったことが理解できて嬉しかったです。学園のお役にたって、息子として安心しました。

おわりに

　上代淑の教えを受けた卒業生を母に持つ息子5人に2015（平成27）年夏にインタビューした。

吉田達史さんは来校されることも多くあったが、当時全国教科書販売協会長職でお忙しく書簡となった。
　株式会社三浦印刷所社長三浦克文(よしふみ)さんから紹介された平田稔さんと新校舎で初対面することは楽しみであった。上代淑が留学を勧めた女学生がいたという話は私にとっては初耳であったからである。平田八重子さんの遺品コピーも頂戴し、女学生姿の卒業写真も贈ることもできた。
　玉井宮は路面電車東山停留所傍の東山公園を抜けて階段を昇ったところにある。かつて、この付近にはアメリカからの宣教師が住む異人館が建ち、山陽英和女学校設立に協力してくれた人たちが住んでいた。現在は本校生徒が総合学習の時間に散策・清掃奉仕をしている。また運動部員が階段を上下してトレーニングする場所でもある。社務所で佐々木講治ご夫妻にインタビューした。佐々木ご夫妻のお二人の娘は共に山陽女子高等学校の卒業生である。
　90歳の山陽学園前理事長梶谷陽一さんは股関節骨折の怪我でやや不自由なご様子であったが、矍鑠(かくしゃく)とされていた。倉敷市酒津の築300年の旧家(くにえ)にて都子(みやこ)夫人同席でお話を伺った。歌子さんは3男1女に恵まれ、長男が陽一さんである。娘と三男の妻は山陽卒業生である。都子夫人は会社経営で忙しい夫陽一さんを助け、歌子さんと共に梶谷家を支えていた。歌子さんは山陽学園同窓会会長を1962（昭和37）年から1991（平成3）年の間務めた。
　フランス在住の赤木曠児郎(こうじろう)さんとのインタビューは、西大寺在住の妹難波淑子さん（1966年卒業）の橋渡しで実現した。赤木さんは2014（平成26）年フランスの芸術文化勲章シュバリエを受け、記念展を京都と大阪のデパートで開催するために2015年9月、岡山へ帰国していた。新校舎が対談の場となり、西大寺のお宅からタクシーで学校までのお越しを要請すると「そんなことをしたら、上代先生に叱られる！バスで行きます。」と元気よく返答された81歳の男性である。上代淑先生は、列車利用は常に3等車で、もったいないから2等車には乗らなかったと記されていたことを思い出し、この言葉に驚いた。お土産の映画"でーれーガールズ"DVDを大そう喜ばれた。
　齢70から90歳になった息子が語る母の生きざまは迫力があった。戦前

に豊かな生活を山陽高等女学校で過ごした女学生は、卒業後結婚し男子を出産した。やがて日本は太平洋戦争に突入して敗戦を経験した。岡山空襲でもろに戦禍を被った。筆舌し難い困難を受け止めて家族を守ったのは、太陽のような母の明るさであり、愚痴をこぼさず健気に生きる強さであった。山陽の日々のおしえの「何くそ」で頑張り、親切で人を思いやる愛があった。母たちは口にこそ出さなかったが、それぞれが信じる神を持ち、祈り、守られていることに感謝していたことを息子たちは知っていた。息子たちが母から受けた上代淑の教えは、いつの時代でも人間として当たり前の大切な教えであり、人を幸せにする生き方として、悠久に引き継がれてゆくだろうと確信した。

　これからも、上代淑が生徒に求めた生活信条「清く正しく明るく強く心に愛を育てよう」の「明るく強く」を受け継いだ生徒が大人になり、21世紀の新しい男女共同参画社会を創ることを期待する。生徒たちが好きな日々のおしえ第1位は「与えた親切忘れても受けた親切大きく感謝」である。この言葉が好きな山陽女子中学校・高等学校の生徒たちを誇りに思う今日である。

（熊城逸子）

コラム　上代淑は日本人初の女性校長か

　NHK朝の連続ドラマ「あさが来た」で江戸時代の終わりに生まれたヒロイン広岡浅子は、明治時代に実業家となり、成瀬仁蔵の女子教育論に心を動かされて日本女子大学設立に貢献した。

　なんと、この広岡浅子が、山陽高等女学校に講演に来ていたのである。この事実を聞いて、講演内容を調べたところ、そこには驚くことが記されている。浅子は上代淑について「日本で女子にして校長になってお出でなさいます方は恐らくは先生お一人であります。」と語っている。もしや、上代淑は日本初の女性校長だろうかと調べた。

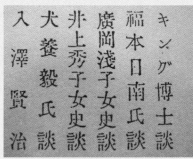

広岡浅子の講演記録

　明治期に活躍した女性教育者を調べたところ、上代淑が校長に就任した1908（明治41）年より前に女性が学校代表者になっている例はある。それでは広岡浅子はただの勘違いで上代淑を日本で一人の女性校長と表現したのだろうか。広岡浅子自身、女子教育の中心地である東京で日本女子大学校設立に関わり、決して女子教育界と縁がない人物ではない。もし勘違いであったとしても、なぜそのように表現をしたのだろうか。

　上代淑と他の女性校長との違いに焦点をあてると、多くの場合、自らが創立に関わった女学校の代表者になっている。上代淑は山陽英和女学校創立の時には、大阪の梅花女学校の生徒であったため創立には関わっておらず、4年目を迎えた本学に教師として赴任している。その後、アメリカ留学と海外視察の期間を除いては、生涯を終えるまで山陽学園で女子教育に尽力し、山陽に生涯を捧げた人だった。

　財力も血縁者の支援もない淑は、梅花女学校時代、成瀬仁蔵、宮川経輝、澤山保羅らに支えられ、アメリカ留学を果たした。外国で貴重な経験をし、最先端の知識を修得した淑は帰国後、出身校である梅花女学校に招聘され、新渡戸稲造から東京女子大学校への要請もあったが断った。

　伊予松山出身の上代淑が岡山という地方都市にこだわり、結婚もせず、山陽でその力を発揮し続けたことはいささか不思議なような気もする。しかしながら、それこそが上代淑の覚悟だったのではなかろうか。

　1899（明治32）年に出された高等女学校令によって、全国に高等女学校は急増した。しかし、女性が校長になることには、世間も自身も抵抗がある時

代であった。山陽高等女学校には男性教員がおり、歴代校長はすべて男性だったにも関わらず、37歳の上代淑が校長に就任した。上代淑の校長就任から2年後の1910（明治43）年、広岡浅子は講演で、初めての女性校長だとし「先生の清い愛と熱心さとで、遂に立派な校長として認められたのでございましょう」と語っている。この言葉の奥底には、自らの意志と実力でひとりの教師から教頭、そして校長になった上代淑に、さらには、男女の隔てなく学校運営を実現した本学に対しての最大の賛辞が込められていたのではないだろうか。遂に新進気鋭の女性校長が誕生したのである。

（熊城逸子、岩本奈緒子）

資料編

山陽英和女學校設立趣旨

彼有名ナル佛帝ナポレオン一世マタムテスチリー女ニ問フニ佛國強盛ノ術ヲ以テス同女之レニ答テ曰ク若シ佛國ニ眞ノ強盛文化ヲ來サント欲セバ先ツ佛國ノ母タルモノヲ教育スルニアリト是レ只ニ佛國一時ノ適術ニ留マラズ万古不拔ノ金言ニシテ古今各國ノ學士政治家凡テ具眼者ノ悉ク着目スル所且ツ泰西今日ノ輿論ナリ今暫ラク其理由ヲ考ニ夫レ天下國家ハ純乎タル一塊物ニ在ラズ一人一家相集合シテナルモノナリ其家貧シテ何ヲ以テ其國ヲ富サン其國家貧シテ何ヲ以テ其天下ヲ富サン一家ニ人才ナクシテ何ヲ以テ國家ニ英雄人物ヲ生スルヲ得ン然ラバ天下國家ノ富強貧弱ノ元因文明ノ本源ハ只瑣々タル一家ニ在リ一家ハ一小帝國ニシテ男女ノ以テ此ヲ組織維持スルモノナリ男女ハ尙車輪羽翼ノ如シ兩輪兩翼平均宜シキヲ得テ始メテ其運動ヲ便ニストハ世人ノ常ニ稱スル所ニシテ其實如何ナルモノ果シテ兩輪兩翼タルヘキカハ今日切要ノ問題ナリ果シテ東洋腐學ノ說ノ如ク只ニ貞操三從ノ教ヲ守リ或ハ內實ト稱シ或ハ牝鷄ノ晨スルハ是レ家ノ索ルナリト恰モ器具ノ如ク寶物ノ如ク只深閨ニ屈居スルノ女子能ク一輪一翼タルヘキ眞正ノ婦人ナランヤ是レ誤マレルノ甚タシキナリ夫レ眞正ノ婦人ハ溫良恭謙ノ婦德ヲ備ヘ智德男子ニ劣ルナク志望ヲ共ニシ精神ヲ齊フシ以テ社會ノ公益ヲ謀ルヘキナリ然レトモ男女各其性ヲ異ニスレハ男子外ニ務メ女子內ニ修ムルハ天下ノ通理ナリ男子外ニ働クトキハ女子內ニ此カ手足トナリ同心同力相謀リ相助ケ入テハ以テ一家ヲ維持シ出テハ以テ天下ヲ裨益ス故ニ政治家ノ妻ハ同シク政治家タラザル可カラズ學術家ノ妻ハ同シク學術家タラザル可ラズ商法家ニ商法家ノ妻アリ農ニ農ノ妻アリテ始メテ一家琴瑟和合安寧輯睦國ニ富強文明ヲ來スヲ得ベシ聞ク當時歐米諸國ノ天下ヲ左右スルモノハ彼堂々タル政治家ニ在ラズ碩學家ニ在ラズシテ只暗々陰々裡ニ在ル智德兼備溫柔謙遜ノ婦女子ノ手ニアリトハ近時卓見家ノ名說ナリ若シ此ニ反シタトヘ男子學ニ進ミ智ニ富ミ有爲ノ英才ヲ有スルモ內ニ此ヲ補佐翼成スル婦人ナクンハ何ゾ能ク其運動ノ宜シキヲ得其有爲ノ英才ヲ伸ルヲ得ンヤ此レ婦女子ノ力ヲ天下國家ニ有スルノ第一ナリ

又人誰レカ慈母ノ膝下ニ養育セラレザルモノアランヤ其此ヲ生シ此ヲ乳シ此ヲ育シ此カ摸範トナルハ誰ゾヤ蓋シ人ノ生ルヽヤ其性軟弱外物ニ感染シ易ク且ツ其見ル所其聞ク所ヲ模倣ス笑ヲ見テハ則チ笑ヒ怒ヲ見テハ則チ亦怒リ而シテ其此カ摸範トシ此ニ擬スルモノハ旦夕ニモ起臥ニモ離レザルノ慈母ナリ故ニ其母温良恭謙ナレバ其子女モ亦温良恭謙母ノ性輕率傲慢ナレバ其子女モ亦然リ此ヲシテ善ナラシムルモ惡ナラシムルモ賢ナラシムルモ愚ナラシムルモ只其慈母膝下ノ撫育ニ在リ故ニ西語ニ曰ク人間ノ生涯ヲ定ムルハ七歲以下ニアリト以テ家庭教育ノ重要知ルヘキナリ是レ婦女子ノ力ヲ社會ニ有スル第二ナリ

嗚呼夫レ婦女子ノ國家天下ニ有スルノ力豈ニ大ナラズヤ其國ヲ富强安寧ナラシムルモ善良婦人ニアリ其國ニ英雄人物ヲ生ズルモ亦婦女子ニ在リ此ヲ以テ文化ノ度進ムニ從ヒ女學盛ニ女風進ミ男子大學ニ學ベハ女子モ亦大學ニ學ビ男子專門科ヲ修ムレバ女子モ亦此ヲ修メ且ツ歐米ノ如キハ諸大學多ク男女同校ニ勉學ス是レ歐米ノ開明富强ノ本源ナリ故ニ國家富强ノ本源ハ婦人社會ニアリト言フモ可ナランカ是レ識者ノ此ニ着目スル所以ナリ

今一步ヲ進メ我國近古ノ狀態ヲ回想スルニ彼二千有余年ノ頑雲一砲ノ下ニ破ラレ暗黑ノ世ハ忽チ變シテ開明ノ世トナリ政治ニ教育ニ工業ニ日ニ月ニ歐米ノ豪華ニ擬セザルナク歐州諸國數世紀ノ開明ヲ僅カ三十余年ノ歲月ニ盡ク此ヲ洋溢ス其進步ノ速ナル此ヲ古今ノ史ニ徵スルモ未ダ其比類ナキ一帝國ニシテ東洋文化ノ嚆矢ト稱スルモ過言ニアラザル者ノ如ク然リ而シテ悲哉尙狹猴ニシテ冠スルガ如キノ歎ヲ免ルヽ能ハサルモノアルガ如シ熟々我國ノ內狀ヲ觀察スルニ國ニ有爲ノ士少ナク家ニ才學ノ子弟稀ニ國家日ニ微弱ヲ表ハシ家ニ不給ヲ訴ヘ表裏相反スルノ狀ナキ能ハズ是レ何物ゾ夫レ然ラシムル我國果シテニートンノ學者ナキカワシントンノ英雄ナキカハンプトン、ミルトンノ自由義士ナキカ我國果シテ國ヲ富マスノ法ナキカ國ヲ開明ニ進ムルノ術ナキカ思フニ夫レ然ラザルナリ其人ナキニアラズシテ只此ヲ補佐翼成スル婦人ナキナリ其子弟ナキニアラズシテ此ヲ薰陶撫育スル其母ナキナリ其方術ナキニアラズシテ此ヲ作爲スル本根ナキナリニートンノ母ニシテニートンノ智アリ英米ノ婦人ニシ

テ今日ノ英米アリ我國豈ニ其人ナカランヤ豈ニ其國ナラザランヤ見ヨ我國能ク彼ノ如ク智德兼備節操貞烈内ニ子女ノ教育宜シキヲ得外ハ良人ノ羽翼トナルノ婦人果シテアルカ彼温順博愛社會ノ爲ニ身ヲ犠牲トシ粉骨碎身厭フナキナイチンゲールノ如キ女子果シテアルカ彼婦人社會ノ賤劣ヲ憐レミ百折不撓力ヲ尽シ思ヲ焦ラシ遂ニ女子大學ヲ設立セシメレーライオンノ如キ女傑果シテアルカ孟母ノ賢果ノアルカワシントンノ母果シテアルカ嗚呼悲哉悲哉只ニ裨益ヲ社會ニ及ホスノ其人ナキノミナラズ其一個一人ノ位置スラ尚保ツ能ハザルナリ我輩思ヲ此ニ及ホス毎ニ痛歎悲憤ニ堪ヘザルナリ其學識智德男子ト懸隔スルノ天地ノ如ク只ニ此カ羽翼タラザルノミナラズ却テ此ガ害物トナリ或ハ此カ翫弄物タルニ過キズ不義ノ器タルニ過キズ甚タシキニ至テハ其姿ハ趙女ニ其音ハ鄭聲ニ其事ハ桑中ノ恥ヲナシテ厭ハサルモノアリ見ヨ當時我國ノ恥辱ヲ外國ニ賣ルモノハ多ク婦人社會ニアルヲ是レ尚英國タラント欲シテ英國タル能ハス米國ニ擬セント欲シテ擬スル能ハザル所以ノモノナリ

嗚呼我國ヲシテ眞ノ文明開化ノ域ニ進メ英米ト肩ヲ比シ富強ノ國タラシムルモ或ハ無智賤劣ノ域ニ陷ラシメ外貌美ニシテ其實ナキ柑賣者ノ柑タラシメ一蹴瓦解貧苦ノ一小國タラシムルモ亦今日ノ婦人社會ノ如何ニ在リ一家ニ和樂ノ聲アリ國ニ安寧ノ喜アリ家富ミ國榮ヘ内外彬々トシテ開化ノ度ニ進ムモ亦然ラザルモ只今日ノ婦女子社會ニアリ然ラバ我國家ヲ今日ニ救濟スルハ乃チ今日ノ婦女子ノ任ナリ至大ナル哉至重ナル哉我同胞婦女子ノ任ヤ果シテ同胞姉妹ハ其任ニ堪ユルヤ否ヤ

嗚呼我同胞ノ有志諸君ハ我貴重ノ天下ノ盛衰ヲ此賤劣無學ノ婦女子ニ託シテ厭フ事ナキカ又我愛撫措カザルノ子女ヲ此不德不學ノ婦女ニ委シテ滿足セラルヽヤ若シ然ラズバ何ゾ速ニ此カ法ヲナサザル又巳ト共ニ天ノ愛育セラルヽ万物ノ上ニ位スヘキモノニシテ男子ノ奴隷翫弄物トナリ專制ノ下ニ苦シミ尚ホ禽獸ノ如キ慘狀ニ陷リタル我同胞姉妹ヲ憐レムノ心ナキカ若シアラバ何ゾ自ラ率先シテ此カ爲ニ其所ヲ備ヘザル抑々其法トハ何ゾヤ其所トハ何ゾヤ管弦禮讓以テ阿從ヲ教ヘンカ是レ何ソ眞正ノ婦女子ヲ生ジ智德兼備家ニ在テハ良人ノ羽翼トナリ外ニ在テハ社會ノ監料トナリ温順謙遜ノ婦德ヲ備ヘ眞正ノ教育ヲ士女ニ及ボスノ今日ニ切要ナ

ル女子タラシムルコトヲ得ンヤ然ラバ此ヲ得ルノ法如何只智德兼備ノ敎育ヲ授クヘキ女學校ヲ設立スルニアルノミ是レ我國方今ノ急務中ノ最大急務ナリ

而シテ我政府曩ニ此ニ着目アリテ東京ニ女子師範學校ノ設アリ近クハ高等女學校ノ開設アリ尙ホ密カニ聞ク專門科ニ限リ帝國大學ニ女子ノ入學ヲ認許セラルヽトノ評議アリトカヤ世人モ亦大ニ我國現今ノ女風ノ改良スヘキト敎育スヘキヲ悟リ或ハ私立女學校ノ企アリ女子モ亦自ラ振テ女弊ヲ鋤去シ眞正ノ婦女子ノ位置ニ至ランコトヲ希望シ進テ學バントスルノ傾向アルハ實ニ賀スヘキ喜ブヘキノ美事ナリ然レトモ德育ノ如キハ我國近時ノ敎育ニ於テ一大欠点タリシヲ以テ或ハ智力ノ開發ニノミ傾キ溫良順從ノ婦德ヲ欠キ聊カ學識ヲ得レバ忽チ傲慢不遜ニ流レ男子タラズ女子タラズ眞ニ一種奇怪ノ女流ヲ生ジ男子ノ羽翼且ツ眞正ノ母タルニアラズシテ却テ此ヲ輕蔑視シ大ニ女風ヲ亂ルニ至ル故ニ往々世論ヲシテ女學ハ風敎ヲ害スルニ非サルヤト疑ハシメ甚タシキハ全ク女學ヲ厭フノ感ヲ抱カシメ折角有爲ノ女子モ爲メニ其志ヲ達スル能ハザルノ恐レアリ我等深ク此ヲ憂ヘ大ニシテハ我國ノ盛衰ヲ思ヒ小ニシテハ一家ノ禍福ヲ察シ婦女子ノ賤劣ヲ憤リ奮激慨歎已ム能ハズ退テ有爲ノ士ヲ待タンカ進ンテ自ラ率先センカ狼狼遲々タルコト茲ニ數年終ニ志ヲ決シ已レノ無力無學ヲ顧ミズ智德兼備完全ノ敎育ヲ以テ當時有爲ノ賢女ヲ陶正セント欲シ同志相謀リ茲ニ山陽英和女學校ナルモノヲ岡山東中山下ニ設立シ基督敎ヲ以テ道德ノ基トシ英學ヲ以テ高等普通文學ヲ敎授シ且漢文裁縫唱歌等ヲ加ヘ智德兼備ノ女子ヲ養成シテ聊カ憫然タル婦人社會ノ改良ヲ謀ラントス而シテ敎授ニハ先年神戶英和學校ヲ卒業シ其後三年間該校ニ於テ助敎セラレシ西山小壽女ヲ聘スルヲ得タレバ此ニ敎授上ノ專任幷ニ生徒管督ヲ委託シ且內外敎師數名ヲ聘シテ各科ノ敎授ヲ託セントス嗚呼世ノ愛國ノ諸士ヨ敎育熱心家諸君ヨ願ハ我國社會ノ爲メ我同胞姉妹ノ爲メ我等ノ微衷ヲ憐察シ應分ノ義捐ヲ以テ此擧ヲ贊助シ玉ハンコトヲ切望ノ至リニ堪ヘザルナリ

明治十九年九月　　　　　　發起者頓首

上代淑先生遺訓　日々のおしえ

1. 美しい日は美しい月を　美しい月は美しい年を　美しい年は美しい生涯を
2. 清く正しく　あかるく強く　心に愛を育てよう
3. 夜の眠りに「明日こそは」　朝のめざめに「今日こそは」
4. さわやかな挨拶　あかるい一日
5. 人のために尽す事こそ　私達のよろこびである
6. 重荷を負う人に　手をかしましょう喜んで
7. 近所隣へ思いやり　愛の種を蒔きましょう
8. 事ごとに感謝し　祈りましょう
9. 車掌さんにも　運転手さんにも「ありがとう」
10. 老人や体の不自由な人に　すすんで席をゆずりましょう
11. 与えた親切忘れても　受けた親切大きく感謝
12. 辛抱第一何くそで
13. はたらけはたらけ　苦労は心の糧になる
14. 「から手であるな」　首をひねって手を働かせ
15. あたえられた仕事は　五〇センチ向こうまで
16. さっさ　せっせと働こう　手のあれたのはあなたの誇り
17. あなたの最善今すぐに
18. 美しい行いは　美しい心から
19. ねたまず　憎まず　たかぶらず
20. 逢う人ごとにやさしい思いと　やさしい行いを
21. 礼儀正しく清潔に　言葉づかいはていねいに
22. 素直な心で明るい返事
23. 無駄なおしゃべり禍のもと
24. 道や広場を清潔に
25. 整頓は人目につかぬところまで
26. 物の命を大切に
27. いらぬガス消せ電気消せ　水一滴もむだにすな
28. 使ったものは元の場へ　借りた品物すぐ返せ
29. 「アイロン・スイッチ」「アイロン・スイッチ」これ忘れたら大火事だ
30. いつでも後をふりかえれ　しのこしないか　戸締りよいか
31. 広い大空のように　ゆたかな心を

■ 入学者数の変遷

年度	中学	高校	短大	大学	大学院	幼稚園
1954（昭和29）	★ 115	★ 279				
1955（昭和30）	★ 110	★ 368				
1956（昭和31）	★ 101	★ 346				
1957（昭和32）	★ 109	★ 367				
1958（昭和33）	★ 78	★ 395				
1959（昭和34）	★ 109	★ 401				
1960（昭和35）	★ 165	★ 403				
1961（昭和36）	★ 213	★ 347				
1962（昭和37）	★ 203	★ 469				
1963（昭和38）	★ 150	★ 518				
1964（昭和39）	★ 104	★ 646				
1965（昭和40）	★ 87	★ 569				
1966（昭和41）	★ 84	★ 516				
1967（昭和42）	★ 92	★ 506				
1968（昭和43）	★ 68	★ 562				
1969（昭和44）	★ 87	★ 500	188			
1970（昭和45）	★ 100	★ 506	＊ 213			
1971（昭和46）	92	504	＊ 220			
1972（昭和47）	70	522	＊ 354			
1973（昭和48）	76	508	＊ 351			
1974（昭和49）	80	554	345			35
1975（昭和50）	57	493	459		＊	48
1976（昭和51）	66	436	422		＊	45
1977（昭和52）	58	473	493		＊	46
1978（昭和53）	68	396	476		＊	46
1979（昭和54）	50	447	448		＊	46
1980（昭和55）	56	413	451		＊	39
1981（昭和56）	47	423	461		＊	33
1982（昭和57）	59	423	467		＊	44
1983（昭和58）	40	480	440		＊	39
1984（昭和59）	45	440	492		＊	42
1985（昭和60）	45	516	372		＊	42
1986（昭和61）	45	538	518		＊	39

年度	中学	高校	短大	大学	大学院	幼稚園
1987(昭和62)	44	506	526			* 40
1988(昭和63)	★ 45	★ 535	602			* 40
1989(平成元)	★ 33	★ 549	616			* 40
1990(平成2)	28	516	602			35
1991(平成3)	34	491	626			36
1992(平成4)	40	507	684			40
1993(平成5)	35	458	680			40
1994(平成6)	47	428	476	180		44
1995(平成7)	56	406	474	171		36
1996(平成8)	45	408	523	177		42
1997(平成9)	47	465	483	125		36
1998(平成10)	37	500	461	96		36
1999(平成11)	33	447	432	67		38
2000(平成12)	33	375	395	59		35
2001(平成13)	18	319	394	91		47
2002(平成14)	24	297	366	103		40
2003(平成15)	26	261	371	101		42
2004(平成16)	20	233	316	98		42
2005(平成17)	17	176	317	93		24
2006(平成18)	24	173	268	70		44
2007(平成19)	18	178	266	70		45
2008(平成20)	15	129	209	53		37
2009(平成21)	56	185	156	125		35
2010(平成22)	44	189	175	210		31
2011(平成23)	55	161	202	175		28
2012(平成24)	60	169	193	183		24
2013(平成25)	53	167	209	153	5	35
2014(平成26)	71	198	172	165	5	24
2015(平成27)	65	205	175	152	3	40
2016(平成28)	52	164	123	151	2	37

★はみさお会会員名簿から、*は『二十年史』(山陽学園短期大学)より。
※1960(昭和35)年の高校入学者数は、『山陽学園百年史』では560人となっている。

■年表

	自	至	
第Ⅰ期	1886（明治19）	1907（明治40）	創立から
第Ⅱ期	1908（明治41）	1944（昭和19）	上代淑校長就任から
第Ⅲ期	1945（昭和20）	1964（昭和39）	戦災から
第Ⅳ期	1965（昭和40）	1986（昭和61）	高度経済成長期から
第Ⅴ期	1987（昭和62）		創立101年から

第Ⅰ期

西暦	年号	出来事
1886	明治19	岡山市中山下に山陽英和女学校開校、設置者石黒涵一郎
1888	明治21	岡山市徳吉町に新校舎、講堂、寄宿舎が落成
1890	明治23	生徒数減少と校舎建築費の負債で財政難深刻
1892	明治25	山陽女学校と改称し良妻賢母主義教育へ転換
1894	明治27	再び財政危機に陥り、募金活動、生徒募集に奔走
1897	明治30	県立移管の声もあったが、学校委員会、評議委員会は私学として維持することを確認 生徒も封筒貼りなどで学校財政に協力しようと愛校会を結成
1898	明治31	中川横太郎が学校資金募集に尽力 山陽高等女学校と改称
1899	明治32	岡山県から初めて補助金を受ける
1904	明治37	財団法人となる

第Ⅱ期

西暦	年号	出来事
1908	明治41	上代淑校長就任
1924	大正13	制服を洋服とする
1926	大正15	上代淑校長がマウント・ホリヨーク大学から教育への功労が著しいとしてファイ・ベータ・カッパ章を受ける
1927	昭和2	家政専攻科を設置
1934	昭和9	現行の冬制服を制定 日本女子オリンピック庭球大会少女の部で、本校運動部初の全国優勝
1935	昭和10	第1回優勝旗祭開催
1936	昭和11	創立50周年記念式 長島愛生園に山陽高女寮を寄贈
1938	昭和13	山陽高等女学校管弦楽団を組織
1939	昭和14	出征軍人農家への勤労奉仕開始
1944	昭和19	鐘淵岡山絹糸工場等への通年動員が始まる

第Ⅲ期

西暦	年号	出来事
1945	昭和20	米軍の岡山空襲により学校全焼 鐘淵岡山絹糸工場寄宿舎を仮校舎として授業再開 倉敷絹織酒津工場寄宿舎を校舎に倉敷分校開校
1946	昭和21	生徒による復興資金募集芸能会の巡業始まる 復興会議において赤澤乾一理事長、岡山市での復興を決断 実行委員を選出して校地買収折衝、復興資金募集に入る
1947	昭和22	岡山市門田屋敷の現校地を買収 学制改革により山陽高等女学校に併設中学校を設置 現校地に校舎(第1期工事)落成、本校を移転
1948	昭和23	山陽女子高等学校を設置　併設中学校を山陽女子中学校と改称 財団法人を山陽学園と改称 倉敷分校を廃止し本校と統合
1949	昭和24	校友会を改組しみさお会発足　第2期校舎落成
1950	昭和25	山陽女子洋裁学校を設置(1953年廃止)
1951	昭和26	学校法人山陽学園発足　初代理事長に赤澤乾一氏が就任 赤澤理事長が高齢のため辞任、星島義兵衛理事が理事長に就任
1952	昭和27	講堂兼体育館落成
1955	昭和30	バドミントン部、全日本選手権で単・複に優勝、全国高校大会及び国体でも初優勝 庭球(軟式庭球)部、全日本高校選手権大会で優勝
1957	昭和32	創立70周年記念図書館開館、視聴覚教室落成(現在の第2南館) 上代淑藍綬褒章受賞
1958	昭和33	上代淑校長、岡山市名誉市民に推薦される
1959	昭和34	初の鉄筋建築としての西校舎落成 上代淑校長逝去　岡山市・山陽学園合同葬
1960	昭和35	星島義兵衛理事長が校長を兼任 大橋広日本女子大前学長が校長顧問に就任 硬式庭球部、全国高校選手権で初優勝
1961	昭和36	火災により中央校舎焼失 硬式庭球部、全国高校選手権で前年に続き優勝 鉄筋4階建の本館落成
1962	昭和37	体操部、全国高校選手権に初優勝　岡山国体でも優勝
1964	昭和39	水泳の木原光知子選手、オリンピック東京大会に出場

第Ⅳ期

西暦	年号	出来事
1965	昭和40	上代晧三校長就任
1966	昭和41	高校に音楽科設置 創立80周年記念東館、中央館完成 水泳の木原光知子選手、全日本選手権とアジア大会優勝 短大設立準備委員会設置　委員長に岡崎林平岡山瓦斯社長(学園理事)

西暦	年号	出来事
1968	昭和43	川上亀義専務理事就任、短大設立準備事務を担当 硬式庭球部が全国高校選手権大会で団体戦と個人戦シングルスに優勝 岡崎林平理事長就任
1969	昭和44	山陽学園短期大学開学（家政科）　初代学長に上代晧三就任（中学・高校校長と兼任） 山陽学園短期大学協助会発足　初代会長松田基両備バス社長 放送部、NHK杯全国高校放送コンテストで文部大臣賞受賞
1970	昭和45	短大家政科を家政学科家政学専攻と家政学科食物栄養学専攻に分離
1971	昭和46	短大に専攻科家政学専攻を設置 卓球部、全国高校卓球選手権大会、個人戦ダブルスで初の全国優勝
1972	昭和47	短大に幼児教育学科及び専攻科食物栄養学専攻を設置 創立85周年記念体育館落成
1974	昭和49	鉄筋3階建ての南館落成 短大に附属幼稚園を開設 短大創立5周年並びに短大附属幼稚園開園式
1975	昭和50	短大に専攻科幼児教育学専攻を設置
1976	昭和51	短大に図書館完成 高校錬成会発足 学園創立90周年記念式
1977	昭和52	硬式庭球部が全国中学生大会で優勝 放送部、全国高校放送コンクールで第1等 体操部、青森国体で団体総合優勝
1978	昭和53	鉄筋3階建の寄宿舎完成　全建物の不燃化達成 高校普通科に国公立大学志望者向けの2コースを設置 放送部、NHK杯全国高校放送コンテスト研究発表部門で総合優勝の文部大臣賞 短大創立10周年・短大附属幼稚園創立5周年記念式 硬式庭球部がアジアジュニア選手権ダブルス優勝
1979	昭和54	杉本勝校長就任 硬式庭球部、宮崎国体で優勝 書道部が全国学生比叡山競書大会で伝教大師賞受賞 体操部が全国中学生大会跳馬で優勝
1981	昭和56	巽盛三理事長就任
1982	昭和57	高校普通科に有名私立大学志望者向けの3コースを設置 短大に学生寮完成
1983	昭和58	河本泰輔校長就任 硬式庭球部が全国中学校テニス選手権ダブルスで優勝 短大附属幼稚園10周年記念式
1984	昭和59	上代晧三学長・学園長逝去 高山峻が学長代行に就任 中学・高校合唱団が第2回日中青少年学生交流大会参加で中国を訪問

西暦	年号	出来事
1985	昭和60	福田稔短期大学長就任 硬式庭球部が全日本ジュニアテニス選手権16歳ダブルスで優勝 短大家政学科の佐藤薫が全日本学生弓道選手権で個人戦優勝
1986	昭和61	学園創立百周年記念音楽会、ラーンキ・ピアノリサイタル 上代淑記念館竣工 「山陽学園百年史」刊行 学園創立100周年記念式典及び祝賀会 高校・中学で米国への短期海外研修を開始

第Ⅴ期

西暦	年号	出来事
1987	昭和62	茶道教育を高校全学年に拡大して実施
1988	昭和63	短大に国際教養学科を設置 短大がデアンザ・カレッジと姉妹大学協定を締結 硬式庭球部が全日本ジュニアテニス選手権16歳シングルスで優勝 卓球部が全国中学校選抜卓球大会団体と個人シングルスで優勝
1989	平成元	小体育館(体操部練習場)落成 短大に学生会館が完成 卓球部が全日本卓球選手権カデット女子ダブルスで優勝 短大創立20周年・短大附属幼稚園創立15周年記念式
1990	平成2	川上亀義理事長就任 上代淑人学園長就任
1991	平成3	短大家政学科食物栄養専攻を食物栄養学科に改組、家政学科を生活学科に名称変更し、生活学科に生活学専攻・生活造形学専攻の2専攻を置く 短大に専攻科国際教養学専攻を設置 中学・高校の制服に合服を導入、夏服を改定
1992	平成4	西本達二校長就任
1993	平成5	高校普通科に国際文化コースを設置 中学・高校のほぼ全館に空調設備を設置 音楽科の浅野多恵子が、滝廉太郎記念全日本高校声楽コンクールと第47回全日本学生音楽コンクール声楽部門で第1位を獲得
1994	平成6	オーストラリア、アデレードへの中学生の海外研修開始 山陽学園大学(国際文化学部)を開学　福田稔短期大学長が大学学長を兼任 放送部がNHK杯全国高校放送コンテスト・ラジオ番組で優勝、「この短歌が空に響くまで」 南オーストラリア州アデレードのセント・ピーターズ女学院と姉妹校提携成立 短大附属幼稚園創立20周年記念式
1995	平成7	短大専攻科食物栄養学専攻が学位授与機構認定専攻科となる 国際文化コースがロンドンでの約1カ月間の海外研修を開始 110周年記念図書館兼体育館アリーナ竣工、淑徳館と命名

西暦	年号	出来事
1996	平成8	冬服の手直しなど、制服の改定 短大専攻科家政学専攻を生活学・生活造形学専攻に名称変更 短大国際教養学科を廃止 ブラッドフォード大学と姉妹大学協定を締結 大学に110周年記念館が竣工、DUMUS AMICITIAE(友愛の館)と命名 学園創立110周年記念式典及び祝賀会
1997	平成9	英国のプレスデールズ・スクールとの姉妹校縁組成立 守分勉理事長就任 馬場克彦校長就任
1998	平成10	4月から全校一斉に「朝の10分間読書」を開始 テニス部が全国中学校テニス大会ダブルスで優勝 ワイカト大学、モントレー大学院大学、ケント大学と姉妹大学協定締結
1999	平成11	マウント・ホリヨーク・カレッジと姉妹大学協定締結 秋山和夫学長就任 短大生活学科生活学専攻、生活造形学専攻を人間文化学科、生活デザイン学科の2学科に分離改組 福田稔理事長就任 短大附属幼稚園25周年記念式 短大創立30周年記念式挙行 バドミントン部が第42回中国高校選手権大会で団体優勝40回を達成 音楽科がオーストリアへの修学旅行を開始 中学校が沖縄への修学旅行を開始
2000	平成12	文部省から「読書活動優秀実績校」の表彰を受ける 卓球部が全国中学校選抜卓球大会で団体優勝
2001	平成13	短大専攻科幼児教育学専攻が大学評価・学位授与機構の認定専攻科となる 大黒トシ子学長就任 高校普通科を特別進学コース、総合進学コース、国際文化コースに再編成 高校音楽科に器楽専攻と音楽専攻を新設、ピアノ、声楽とあわせて4専攻とする
2002	平成14	学校週五日制開始 国際文化コースの生徒を会員に山陽女子高等学校インターアクトクラブ発足 特別進学コースがニュージーランド修学旅行を開始 体操部が全国中学校総体・跳馬で優勝
2003	平成15	大学国際文化学部をコミュニケーション学部に名称変更 短大生活デザイン学科をキャリアデザイン学科に名称変更 海本博允校長就任 梶谷陽一理事長就任 体操部が全国中学校総体・跳馬で2年連続優勝 短大附属幼稚園創立30周年記念式 長島愛生園の歌人、谷川秋夫を招いて講演会、「道ひとすじ」
2004	平成16	卓球部が全国中学校選抜卓球大会で団体優勝 体操部が全国中学校総体・ゆかで優勝

西暦	年号	出来事
2005	平成17	短大人間文化学科を廃止 高校普通科国際文化コースをアクティブイングリッシュコースと改称 体操部が中学校総体・ゆかで2年連続優勝、団体では2位 中国安徽師範大学と協定を締結 短大専攻科生活学・生活造形学専攻及び食物栄養学専攻を廃止 短大附属幼稚園預かり保育開始
2006	平成18	高校音楽科にピアノ演奏家専攻を設置　あわせて5専攻とする 大杉猛校長就任 学園創立120周年記念式典及び祝賀会
2007	平成19	赤木忠厚学長就任
2008	平成20	高校音楽科にミュージカル専攻を設置 梶谷陽一校長就任(理事長兼務) 熊城逸子校長就任(8月) 短大附属幼稚園創立35周年記念式 大学のコミュニケーション学部募集停止 短大のキャリアデザイン学科を募集停止 体操部が全国高校総体で団体総合優勝
2009	平成21	大学の看護学部校舎(G棟)竣工(3月) 大学に看護学部看護学科を開設 大学に総合人間学部生活心理学科・言語文化学科を開設 大学・短大が男女共学になる 高校普通科にスーパー特別進学コースを設置 中学校を特別進学コースと総合コースに再編成 中学校・高等学校の夏冬新制服を制定
2011	平成23	高校の音楽科を募集停止　普通科にMusicコースを設置 渡邊雅浩理事長就任 上代淑人学園長逝去(6月) 大学の看護研修センターで認定看護師教育を開始(平成23~27)
2012	平成24	山陽学園中期計画発表(平成24~28) 高校普通科特別進学コース、アクティブイングリッシュコース募集停止、エクセルコース設置 中学総合コースにエクセルスタイルとスタンダードスタイルを導入
2013	平成25	實成文彦学長就任 大学院看護学研究科設置 短大附属幼稚園創立40周年記念式 中学・高校地歴部「2013ストックホルム青少年水大賞」グランプリ受賞
2014	平成26	中学・高校の新校舎竣工(8月) 中学に6年制中高一貫教育を導入
2015	平成27	中学・高校の新校舎落成式(1月) 塩山啓子校長就任 短大附属幼稚園満3歳児の受け入れ開始 大学・短大に広報・山陽スピリット推進室を設置
2016	平成28	大学看護学部に助産学専攻科設置 齊藤育子学長就任 全国中学校ソフトテニス大会団体と個人で優勝

創立から高等女学校になるまでの科・校名の変遷

年	学年						校名
	尋常小学校卒業者	1年生	2年生	3年生	4年生	5年生	
1886（明治19）		予備科	本科	本科	本科		山陽英和女学校
1890（明治23）		本科	本科	本科	高等科	高等科	山陽英和女学校
1891（明治24）	予備科	普通科（邦語科） / 普通科（英語科）	普通科（邦語科） / 普通科（英語科）	高等科	高等科		山陽英和女学校
1892（明治25）	予備科	普通科 / 手芸科	普通科 / 手芸科	高等科 / 手芸科	高等科		山陽女学校
1894（明治27）	予備科	普通科 / 手芸科	普通科 / 英語科 / 専修科甲（和漢）/ 専修科乙（英語）/ 手芸科	普通科 / 英語科 / 専修科甲（和漢）/ 専修科乙（英語）/ 手芸科	英語科 / 補習科		山陽女学校
1898（明治31）			本科 / 手芸科	本科 / 手芸科	本科 / 手芸科	補習科	山陽女学校
1899（明治32）		技芸専修科	本科 / 技芸専修科	本科 / 技芸専修科	本科 / 技芸専修科	本科	山陽高等女学校

■学部・学科・コース等の変遷

1945(昭和20)年	1946(昭和21)年	1947(昭和22)年	1948(昭和23)年	1949(昭和24)年	1950(昭和25)年

- 山陽高等女学校
  - 倉敷分校 1945.11 ──────────── (廃止) 1948.9
- 山陽女子高等学校
  - 普通科
    - 普通コース ──── 第2部
    - 家庭コース ──── 第1部
- 山陽高等女学校併設中学校 ── 山陽女子中学 ────────────
- 山陽高等女学校家政専攻科 ── 山陽女子高等学校専攻科
- 山陽女子学院洋裁

1951(昭和26)年	1952(昭和27)年	1953(昭和28)年	1954(昭和29)年	1955(昭和30)年	1956(昭和31)年
		Bコース			
Aコース					
		(廃止)			
1951(昭和26)年	1952(昭和27)年	1953(昭和28)年	1954(昭和29)年	1955(昭和30)年	1956(昭和31)年

	1957(昭和32)年	1958(昭和33)年	1959(昭和34)年	1960(昭和35)年	1961(昭和36)年	1962(昭和37)年
山陽女子高等学校	Bコース ――					
	Aコース ――					
山陽女子中学校	――					
	1957(昭和32)年	1958(昭和33)年	1959(昭和34)年	1960(昭和35)年	1961(昭和36)年	1962(昭和37)年

1963(昭和38)年	1964(昭和39)年	1965(昭和40)年	1966(昭和41)年	1967(昭和42)年	1968(昭和43)年

音楽科
- ピアノ専攻 ————————
- 声楽専攻 ————————
- バイオリン専攻 ———————— - - - - -

1963(昭和38)年	1964(昭和39)年	1965(昭和40)年	1966(昭和41)年	1967(昭和42)年	1968(昭和43)年

	1969(昭和44)年	1970(昭和45)年	1971(昭和46)年	1972(昭和47)年	1973(昭和48)年	1974(昭和49)年
山陽学園短期大学	家政科———	家政学科家政学専攻———————————————————————				
		家政学科食物栄養学専攻———————————————				
				幼児教育学科———————————		
						山陽学園短期大学附属幼稚園
短大専攻科				家政学専攻———————————		
				食物栄養学専攻———————		
山陽女子高等学校	Bコース———————————————————————				┐	
	Aコース———————————————————————				┘	
	ピアノ専攻———————————————————————————————					
	声楽専攻———————————————————————————————					
山陽女子中学校	———————————————————————————————————————					
	1969(昭和44)年	1970(昭和45)年	1971(昭和46)年	1972(昭和47)年	1973(昭和48)年	1974(昭和49)年

| 1975(昭和50)年 | 1976(昭和51)年 | 1977(昭和52)年 | 1978(昭和53)年 | 1979(昭和54)年 | 1980(昭和55)年 |

幼児教育学専攻 ────

2コース
1コース

| 1975(昭和50)年 | 1976(昭和51)年 | 1977(昭和52)年 | 1978(昭和53)年 | 1979(昭和54)年 | 1980(昭和55)年 |

	1981(昭和56)年	1982(昭和57)年	1983(昭和58)年	1984(昭和59)年	1985(昭和60)年	1986(昭和61)年
山陽学園短期大学	家政学科家政学専攻―――――――――――――――――――――					
	家政学科食物栄養学専攻――――――――――――――――――					
	幼児教育学科――――――――――――――――――――――――					
		山陽学園短期大学附属幼稚園――――――――――――――				
短大専攻科	家政学専攻―――――――――――――――――――――――					
	食物栄養学専攻―――――――――――――――――――――					
	幼児教育学専攻―――――――――――――――――――――					
山陽女子高等学校		2コース―――――――――――――――――――――――				
			3コース―――――――――――――――――――――			
	1コース―――――――――――――――――――――――――					
		ピアノ専攻―――――――――――――――――――――				
		声楽専攻――――――――――――――――――――――				
山陽女子中学校	――――――――――――――――――――――――――――					
	1981(昭和56)年	1982(昭和57)年	1983(昭和58)年	1984(昭和59)年	1985(昭和60)年	1986(昭和61)年

1987(昭和62)年	1988(昭和63)年	1989(平成元)年	1990(平成2)年	1991(平成3)年	1992(平成4)年

　　　　　　　　　　　　　　　　　　　　　　　　　　　├─生活学科生活学専攻────
　　　　　　　　　　　　　　　　　　　　　　　　　　　└─生活学科生活造形専攻───
　　　　　　　　　　　　　　　　　　　　　　　　─食物栄養学科──────────

　　　　　　　　　─国際教養学科──────────────────────────

　　　　　　　　　　　　　　　　　　　　国際教養学専攻

┌─Ⅰコース文Ⅰ──────────────────────────┐
├─Ⅰコース文Ⅱ──────────────────────────┤
├─Ⅰコース文Ⅲ──────────────────────────┤
└─Ⅰコース理系──────────────────────────┘

1987(昭和62)年	1988(昭和63)年	1989(平成元)年	1990(平成2)年	1991(平成3)年	1992(平成4)年

資料編　　377

	1993(平成5)年	1994(平成6)年	1995(平成7)年	1996(平成8)年	1997(平成9)年	1998(平成10)年
山陽学園短期大学	生活学科生活学専攻────────────────────────────────── 生活学科生活造形専攻──────────────────────────────── 食物栄養学科────────────────────────────────────── 幼児教育学科────────────────────────────────────── 国際教養学科(大学へ)────────────					
	山陽学園短期大学附属幼稚園────────────────────────────					
短大専攻科	家政学専攻─────────────────── 生活学・生活造形専攻────────── 食物栄養学専攻──────────── 1年制学位授与機構認定専攻科食物栄養学専攻─── 幼児教育学専攻───────────────────────────────── 国際教養学専攻──────────── (廃止)					
山陽学園大学			国際文化学部コミュニケーション学科国際コミュニケーションコース─── 国際文化学部コミュニケーション学科メディア・人間コミュニケーションコース── 国際文化学部コミュニケーション学科英語コミュニケーションコース───── 国際文化学部比較文化学科西ヨーロッパ文化研究コース───── 国際文化学部比較文化学科北アメリカ文化研究コース─────── 国際文化学部比較文化学科日本文化研究コース────────			
山陽女子高等学校	2コース────────────────────────────────────── 3コース────────────────────────────────────── 1コース────────────────────────────────────── 国際文化コース──────────────────────────────── ピアノ専攻──────────────────────────────────── 声楽専攻───────────────────────────────────					
山陽女子中学校	──					
	1993(平成5)年	1994(平成6)年	1995(平成7)年	1996(平成8)年	1997(平成9)年	1998(平成10)年

1999(平成11)年	2000(平成12)年	2001(平成13)年	2002(平成14)年	2003(平成15)年	2004(平成16)年

- 人間文化学科 ──────────────── キャリアデザイン学科 ────
- 生活デザイン学科 ────────────────────────────────

- ──────────────────────────── (廃止)
- ──────────────────────────── (廃止)
- ────── 2年制学位授与機構認定専攻科幼児教育学専攻 ──────

- ────────── (廃止)
- ── 国際文化学部コミュニケーション学科情報コミュニケーションコース ──
- ── 国際文化学部コミュニケーション学科心理コミュニケーションコース ──
  - コミュニケーション学部コミュニケーション学科情報文化コミュニケーションコース
  - コミュニケーション学部コミュニケーション学科臨床心理・カウンセリングコース
  - コミュニケーション学部コミュニケーション学科英米文化コミュニケーションコース
  - コミュニケーション学部コミュニケーション学科日本語・日本文化コミュニケーションコース

- 特別進学コース国公立文系 ────────────────
- 特別進学コース国公立・私立理系 ──────────────
- 特別進学コース私立文系 ──────────────────
- 総合進学コース食物栄養系 ─────────────────
- 総合進学コース保育系 ───────────────────
- 総合進学コース医療看護系 ─────────────────
- 総合進学コース社会福祉系 ─────────────────
- 総合進学コース国際・英語系 ────────────────
- 総合進学コース芸術系 ───────────────────
- 総合進学コースビジネス系 ─────────────────
- 総合進学コース一般受験系 ─────────────────

- 器楽専攻 ─────────────────────────
- 音楽専攻 ─────────────────────────

1999(平成11)年	2000(平成12)年	2001(平成13)年	2002(平成14)年	2003(平成15)年	2004(平成16)年

	2005(平成17)年	2006(平成18)年	2007(平成19)年	2008(平成20)年	2009(平成21)年	2010(平成22)年
山陽学園短期大学	キャリアデザイン学科――――――――――――――――――――(大学総合人間学部へ)					
	食物栄養学科――――――――――――――――――――――――――――――――					
	幼児教育学科――――――――――――――――――――――――――――――――					
	山陽学園短期大学附属幼稚園―――――――――――――――――――――――――					
短大専攻科	2年制学位授与機構認定専攻科幼児教育学専攻―――――――――――――――――					
山陽学園大学	コミュニケーション学部コミュニケーション学科情報・情報文化コミュニケーションコース―┐ 総合人間学部生活心理学科―――					
	コミュニケーション学部コミュニケーション学科臨床心理・カウンセリングコース――┤					
	コミュニケーション学部コミュニケーション学科英語・英米文化コミュニケーションコース―┤ 総合人間学部言語文化学科―――					
	コミュニケーション学部コミュニケーション学科日本語・日本文化コミュニケーションコース―┘ 看護学部看護学科――――――					
山陽女子高等学校					スーパー特別進学コース―――――	
	特別進学コース国公立文系――――――――――――――――――――――――――					
	特別進学コース国公立・私立理系―――――――――――――――――――――――					
	特別進学コース私立文系――――――――――――――――――――――――――					
	総合進学コース―――――――――――――――――――――――――――――――					
	アクティブイングリッシュコース―――――――――――――――――――――――					
		ピアノ演奏家専攻―――――――――――――――――――――――――				
	ピアノ専攻――――――――――――――――――――――――――――――――					
	声楽専攻―――――――――――――――――――――――――――――――――					
	器楽専攻―――――――――――――――――――――――――――――――――					
	音楽専攻――――――――――――― 音楽芸術専攻 音楽総合コース――音楽総合専攻――――――					
				音楽芸術専攻ミュージカルコース―ミュージカル専攻―――		
中学校山陽女子	―――――――――――――――――――――――――――――特別進学コース―――					
	―――――――――――――――――――――――――――――総合コース―――――					
	2005(平成17)年	2006(平成18)年	2007(平成19)年	2008(平成20)年	2009(平成21)年	2010(平成22)年

2011(平成23)年	2012(平成24)年	2013(平成25)年	2014(平成26)年	2015(平成27)年	2016(平成28)年

(廃止)

――総合人間学部生活心理学科生活科学コース――
――総合人間学部生活心理学科心理学コース――

看護学部専攻科
助産学専攻

大学院　大学院看護学研究科――

――エクセルコース特別進学系――
――エクセルコースアカデミックイングリッシュ系――

普通科
- Musicコース音楽実技系――
- Musicコースミュージカル系――
- Musicコース吹奏楽系――
- Musicコース教育音楽系――

――総合コースエクセルスタイル――
――総合コーススタンダードスタイル――

2011(平成23)年	2012(平成24)年	2013(平成25)年	2014(平成26)年	2015(平成27)年	2016(平成28)年

近代における門田地域で展開された教育事業及び社会福祉事業の人脈図

同志社英学校(1875)
明治8年11月29日開校式
入塾生　10名
通学生　18名

熊本バンド(1876)
金森通倫、横井時雄、海老名弾正、宮川経輝、徳富猪一郎(蘇峰)らが、熊本花岡山で奉教の誓いを立てる。彼らは1870年開校の熊本洋学校の生徒たちで、L. L. ジェーンズ(1837-1909)の指導を受けた。

明治9年はじめ熊本洋学校の生徒たち30名ほどが大挙入学(聖職者志望グループ、研究者志望グループ、政治青年グループ)

大西祝(1864-1900)
　1878年新島襄から受洗
　1881年普通科、1884年神学科卒業
　号は操山
　西洋哲学・倫理学の導入に多大の貢献をした
　『大西祝選集Ⅰ 哲学篇』(岩波文庫)
　『大西祝選集Ⅱ 評論篇』(岩波文庫)
　『大西祝選集Ⅲ 倫理学篇』(岩波文庫)

留岡幸助(1864-1932)
　1899年　東京巣鴨に家庭学校創設
　1914年　北海道家庭学校設立
　高瀬善夫『一路白頭ニ到ルー留岡幸助の生涯ー』(岩波新書)

山室軍平(1871-1940)
　日本救世軍の創設者

東山宣教師館(1879)
高崎五六県令は明治12年に宣教師ベリーらに東山丘上に西洋館3棟の建築を許可
ベリーは組合教会の宣教医として明治5年に来日
ベリーは大久保内務卿と、監獄改良事業で意志相通じるものがあった
高崎県令は大久保内務卿の懐刀といわれた人物
ベリー夫妻、ペティー夫妻、ケーリ夫妻らが住む

薇陽学院(1890)
岡山教会二代牧師**安部磯雄**(1887-1897)が校長
正宗白鳥(1879-1962)、**岡野貞一**(1878-1941)らが学ぶ
⇒「故郷」「おぼろ月夜」「紅葉」「春が来た」などの作曲者

岡山博愛会(1891)
アダムス女史(1866-1937)来岡
　1891.5.1
　宣教師ペティーのいとこ

第六高等学校(1900)
E. ガントレット(1868-1956)
第六高等学校に赴任　1900.9
三友寺に下宿
ガントレット恒子、**山田耕筰**(1886-1965)

岡山教会(1880)
初代牧師　**金森通倫**(1880-1886)
岡山教会設立式
　1880.10.13
洗礼式　**新島襄**(1843-1890)の司会
按手礼(聖職者任命儀式)同
諸教会代表挨拶　**横井時雄**(1809-1869、横井小楠の長男　小楠は幕末の思想家で徹底した討論による公論形成の推進者として知られている)
上代知新(1852-1921)も大阪教会代表として出席
宣教師の参加者
　アッキンソン、タルカット、ベリー(1847-1836)、ペティー(1851-1920)、ケーリ(1851-1932)
33名の教会員のなかに
　大西ひで(絹の母)
　木全かよ(絹の二姉、祝の母)
　大西絹

山陽英和女学校（1886）
封建時代における女子差別の打破

石黒涵一郎（1854－1917）設置者
京都府舞鶴市出身の弁護士

小野田元
1882（明治15）年金森通倫より洗礼を受ける
1893年岡野寿美（1870－1946、岡野貞一の実姉）と結婚

西山小寿
小野田の教え子
又新小学校（後の深祇小学校）時代に大西祝と同級生
金森通倫と結婚
　新島は1887年7月12日付金森宛書簡でふたりの結婚を祝福している

大西絹（1858－1933）
1889年から約20年間舎監を勤める

上代淑（1871－1959）
梅花女学校で澤山保羅（1852－1887）、成瀬仁蔵（1858－1919）らの指導を受ける
⇒成瀬仁蔵は米国留学後、大阪の女性実業家広岡浅子（1849－1919）の支援を受け、1901年に日本女子大学校を創設
1886年宮川経輝（1857-1919）より受洗
1889年赴任
マウントホリヨーク大学留学（1893－97）
山陽高等女学校校長（1908－1959）
岡山市名誉市民（戦後）1958

旭東日曜学校（1881）
宣教師ベリー
宣教師ペティー
上代淑

岡山孤児院（1887）
石井十次（1865－1914）
明治17年11月3日　金森通倫より受洗
明治20年　岡山孤児院開設（三友寺にて「孤児教育会」として設置。前原定一他二名）宣教師ペティー、炭谷小梅（1850－1920）の協力
明治24年　濃尾地震の震災孤児救済に着手
明治27年　一地方紙が「偽善者石井某」の社説を掲げる
明治28年夏　岡山市に流行したコレラが孤児院を襲う
同9月18日　夫人品子永眠
同12月16日　宣教師ベリーの指導を受けた同志社看護学校卒業生吉田辰子と再婚

大原孫三郎（1880－1943）
岡山孤児院への多大の援助

児島虎次郎（1881－1929）
明治40（1907）年「情（なさけ）の庭」と題して、岡山孤児院の生活風景を描いた作品を発表

明治39年2月23日　東北凶作地孤貧児救済に着手
3月26日　第一回収容孤貧児　243名
4月 4日　第二回収容孤貧児　120名
4月11日　第三回収容孤貧児　67名
4月15日　第四回収容孤貧児　51名
4月26日　第五回収容孤貧児　72名
5月17日　第六回収容孤貧児　272名
　全体の院児数1200名となる
　2カ月間に従来の在院数の約2倍の児童を収容
岡山の門田屋敷で取り組む孤貧児救済事業は、日本全体の、さらにはアジアの孤貧児救済事業を高めることにつながるという信念があった。

編集後記

　山陽学園の歴史を多様な角度から取り上げることにし、テーマごとに時代を貫く体裁にいたしました。創立後、100年間の歴史は『山陽学園百年史』として確立されているので、本誌は百年史以降の30年間に重きを置いた130年間の記述になりました。

　編集会議では、山陽学園関係者それぞれの130年の歴史があっていいのではないかとの思いから、「130年史」ではなく「コラム」などを挿入することなどによって、読み物としての「130年誌」を心掛けました。このように、執筆者の山陽学園への思いを尊重したことにより、統一性に欠けるところもありますが、山陽学園の幅の広がりが出たのではないかと考えています。

　本誌編纂中、第2章を担当した太田健一先生が出稿後、急逝され、本稿が絶筆となりました。本書を手にされることができなかったことは誠に残念でなりません。

　なお、編集にあたっては、文体を常体とし、敬称は省略させていただきました。また参考文献として『創立五十年史』『山陽学園70年史』『山陽学園90年史』『山陽学園百年史』『山陽学園創立110周年記念写真集』『山陽学園120周年記念誌』『山陽学園短期大学二十年史』『スポーツ百年史』『幼稚園創立20年記念誌』を使用しましたが、特に「注」を付しませんでした。

　この記念誌を山陽学園の来し方を偲び、行く末のための糧にしていただければ望外の幸せです。

愛と奉仕 ―山陽学園創立130周年記念誌―

2016年10月18日　初版第1刷発行

編　集―――学校法人山陽学園
　　　　　　〒703-8275
　　　　　　岡山県岡山市中区門田屋敷2-2-16
　　　　　　TEL:086-272-1181　FAX:086-272-3026
　　　　　　http://www.sanyojoshi.ed.jp/

装　丁―――牧尚吾

発行所―――吉備人出版
　　　　　　〒700-0823　岡山市北区丸の内2丁目11-22
　　　　　　電話086-235-3456　ファクス086-234-3210
　　　　　　振替01250-9-14467
　　　　　　メール books@kibito.co.jp
　　　　　　ホームページ http://www.kibito.co.jp/

印刷所―――株式会社三門印刷所

製本所―――日宝綜合製本株式会社

©SANYO Gakuen 2016, Printed in Japan
乱丁・落丁本はお取り替えいたします。ご面倒ですが小社までご返送ください。
ISBN978-4-86069-481-4　C0037